Entscheidungsverhalten in Organisationen

Herbert A. Simon
Nobelpreisträger für Wirtschaftswissenschaften

Entscheidungsverhalten in Organisationen

Eine Untersuchung von Entscheidungsprozessen in Management und Verwaltung

Deutsche Übersetzung von Wolfgang Müller unter Mitarbeit von Jürgen Eckert und Bernd Schauenberg

Übersetzung der 3., stark erweiterten und mit einer Einführung versehenen englischsprachigen Auflage.

verlag moderne industrie

CIP-Kurztitelaufnahme der Deutschen Bibliothek

Simon, Herbert A.:
Entscheidungsverhalten in Organisationen:
E. Unters. von Entscheidungsprozessen in Management
u. Verwaltung / Herbert A. Simon. Übers. von
Wolfgang Müller unter Mitarb. von Jürgen Eckert
u. Bernd Schauenberg. – Übers. d. 3., stark erw.
u. mit e. Einf. vers. amerikan. Aufl. – Landsberg
am Lech: Verlag Moderne Industrie, 1981.
Einheitssacht.: Administrative behavior (dt.)
ISBN 3-478-39260-8 Lw.

Wolfgang Dummer & Co., 8910 Landsberg am Lech
Satz: IBV Lichtsatz KG, Berlin
Druck: Sulzberg-Druck, Sulzberg
Bindearbeiten: Thomas-Buchbinderei, Augsburg
Printed in Germany 390 260/281 403
ISBN 3-478-39260-8

Inhaltsverzeichnis

Für D. P. S.

Vorwort zur deutschen Übersetzung

Meinen Vorfahren, die väterlicherseits Weinbauern in der kleinen Ortschaft Ebersheim bei Mainz waren, wäre *Entscheidungsverhalten in Organisationen* ein rätselhaftes Buch gewesen – gleich ob in Deutsch oder in Englisch. Das Phänomen der Organisation war ihrer Erfahrungswelt fremd, wie überhaupt den Erfahrungen der meisten Menschen früherer Jahrhunderte. Heute haben Organisationen die Stelle von Bauernhöfen und Weinbergen als jene Umwelten eingenommen, die die meisten von uns verstehen müssen, wenn wir erfolgreich arbeiten und leben wollen. Dieses Buch versucht, zu diesem Verständnis beizutragen, indem es den Entscheidungsprozeß in Organisationen analysiert.

Die Idee von *Entscheidungsverhalten in Organisationen* haben in der deutschsprachigen Betriebswirtschaftslehre bereits eine freundliche Aufnahme gefunden, denn der entscheidungsorientierte Ansatz zur Untersuchung organisatorischen Verhaltens hat in den vergangenen dreißig Jahren schnell wachsende Aufmerksamkeit gewonnen. Deutsche Wissenschaftler und Gelehrte sind, ebenso wie ihre Kollegen in den Niederlanden und in Schweden, besonders tatkräftig bei der Entwicklung der empirischen Grundlagen für Entscheidungstheorien gewesen, vor allem durch Fallstudien über tatsächliches wirtschaftliches Verhalten. Deshalb sehe ich es mit besonderer Freude, daß die dritte Auflage von *Entscheidungsverhalten in Organisationen* den deutschen Lesern in ihrer eigenen Sprache zugänglich gemacht wird.

Da ich in meiner im Jahre 1976 geschriebenen Einführung zur dritten englischsprachigen Auflage zu den jüngeren Trends in der Organisationstheorie Stellung genommen habe, brauche ich diese Bemerkungen hier nicht zu erweitern. Das Gebiet ist in den letzten Jahren erheblich bereichert worden, ohne daß jedoch, wie ich glaube, die Fundamente des in diesem Buch gewählten Ansatzes zur Untersuchung des Entscheidungsprozesses verändert wurden.

Ich möchte Herrn Professor Wolfgang Müller und seinen Mitarbeitern bei der Übersetzung, Herrn Jürgen Eckert und Herrn Dr. Bernd Schauenberg, für ihre Mühe bei der Erstellung dieser deutschen Auflage herzlich danken. Aus meiner früheren Zusammenarbeit mit Professor Müller, der einige Zeit an dieser Universität verbrachte, habe ich volles Vertrauen, daß er die Ideen, die diesem Buche zugrunde liegen, genau versteht, und deshalb habe ich keine der Bedenken, die ein Autor oft darüber haben muß, wie gut diese Ideen in neue Worte gefaßt werden.

Es würde mich sehr freuen, wenn die Veröffentlichung dieser Übersetzung die Entwicklung organisatorischer Untersuchungen in Deutschland weiter anregen und dadurch unser Verständnis menschlicher Entscheidungsprozesse vertiefen würde.

Herbert A. Simon
Carnegie-Mellon University
Pittsburgh, Pennsylvania, USA
19. September 1980

Vorwort der Übersetzer

Der wissenschaftliche Rang dieses Buches, die weitreichende Bedeutung der in ihm entwickelten Vorstellungen für das Verständnis und die Gestaltung von Organisationen, bedürfen an dieser Stelle keiner ausführlichen Würdigung. Der Autor, Professor Dr. Herbert A. Simon, hat im Jahr 1978 den Nobelpreis für Wirtschaftswissenschaften mit ausdrücklicher Hervorhebung dieses grundlegenden Werkes erhalten.

Dennoch werden sich selbst dem an Organisationsproblemen Interessierten leicht einige Fragen stellen, die er geklärt haben möchte, bevor er sich zum Lesen dieses Buches entschließt. Immerhin ist der zentrale Teil des hier vorliegenden Buches schon im Jahre 1945 erschienen – entspricht er also noch dem aktuellen Stand der wissenschaftlichen Diskussion? Ist ein wissenschaftlich derartig bedeutendes Werk auch für den Nichtspezialisten zugänglich, insbesondere für den Praktiker, der täglich mit Organisationsproblemen zu tun hat? Welche Organisationen und welche Organisationsprobleme werden überhaupt angesprochen? Auch die Übersetzer mußten sich zur Klärung ihrer Aufgabe mit diesen und ähnlichen Fragen auseinandersetzen. Es erscheint deshalb angemessen, einige erläuternde Anmerkungen vorauszuschicken, die zugleich auch einige wichtige Aspekte der bei der Übersetzung verfolgten Richtung deutlich machen sollten.

In der hier vorliegenden dritten Auflage ist das Buch keineswegs ein wissenschaftshistorisches Dokument, sondern sowohl für organisationstheoretische als auch für organisationspraktische Fragen von höchster Aktualität. Diese angesichts des heute selbstverständlich erscheinenden vehementen Fortschritts in allen Wissensbereichen erstaunliche Tatsache hat mehrere Gründe. Der offensichtlichste liegt in der Ergänzung des ursprünglichen Textes um mehrere Aufsätze und eine völlig neue, sehr ausführliche Einführung durch den Verfasser. Dadurch wird der Zusammenhang zwischen dem ursprünglichen Theorieentwurf und späteren konkreten theoretischen und praktischen Entwicklungen im Organisationsbereich hergestellt. Ein zweiter Grund ist darin zu sehen, daß die von Simon entwickelte Konzeption zur Betrachtung und Analyse der Vorgänge in Organisationen für lange Zeit nicht mit dem Hauptstrom organisationstheoretischen Denkens übereingestimmt hat. Bei Simon spielt das menschliche Verhalten die zentrale Rolle in der Organisation – und in der Organisationstheorie. Diese Sichtweise hat erst beträchtliche Zeit nach Erscheinen des Buches begonnen, spürbaren Einfluß insbesondere auf die deutsche Organisationstheorie auszuüben. Zahlreiche Fragestellungen, die Simon bereits erkannt und analysiert hat, sind dementsprechend erst heute Gegenstand der Diskussion geworden – wobei bisweilen das Rad noch zu erfinden ist. Nicht minder wichtig für die Aktualität dieses Werkes ist schließlich seine praktische Relevanz. Für zentrale Probleme der heutigen Organisationsgestaltung, wie z. B. die Vereinbarkeit persönlicher Interessen der Organisationsmitglieder mit Autoritätsausübung und wirtschaftlichen Effizienzkriterien oder die organisatorischen Konsequenzen der Computertechnologie, bietet Simon eine theoretische Grundlage, deren Potential noch längst nicht hinreichend ausgeschöpft ist.

Trotz seiner generellen Betrachtungsperspektive und grundlegenden theoretischen Bedeutung ist dieses Buch nicht nur für Spezialisten zugänglich. Es gehört zu jenen wichtigen herausragenden Werken, die auch bei einem höchst komplexen Untersuchungsgegenstand durch die Klarheit des konzeptionellen Entwurfs zur Klarheit der sprachlichen Formulierung gefunden haben. Simon selbst betont an mehreren Stellen, daß das Buch sowohl für Beobachter wie für Macher, also für Theoretiker und Praktiker gedacht ist. Dementsprechend hat er einen möglichst einfachen Sprachstil gewählt, seine Vorstellungen an zahlreichen praxisnahen Beispielen demonstriert und nicht zuletzt in der Einführung zur dritten Auflage sowie in Kapitel I den Aufbau des Buches systematisch erläutert, so daß der Leser auch ausschnittweise vorgehen kann. Die Übersetzung des Buches versucht, diesen Stil zu erhalten. Deshalb wurde soweit wie möglich auf spezielle Fachausdrücke verzichtet, selbst auf die Gefahr hin, daß an einigen Stellen die theoretisch erwünschte Schärfe der Begriffsbildung etwas leiden könnte. Deshalb wurden auch alle Beispiele übersetzt, obwohl sie sich manchmal auf konkrete amerikanische Institutionen beziehen, die dem deutschen Leser weniger vertraut sein mögen. Die von Simon beabsichtigte Demonstration grundsätzlicher Überlegungen wird dadurch jedoch nicht beeinträchtigt.

Durch diese Bemerkungen zur relativ leichten Zugänglichkeit des Buches soll freilich nicht darüber hinweggetäuscht werden, daß eine theoretische Untersuchung, noch dazu eines so komplexen Gegenstandes wie der Entscheidungsprozesse in Organisationen, selbstverständlich ohne ein gewisses Maß an leistungsfähigen theoretischen Konzepten nicht auskommen kann. Zudem bringt die interdisziplinäre verhaltenswissenschaftliche Denkweise von Simon, in der eine wichtige Wurzel der theoretischen Kraft seiner Entscheidungs- und Organisationstheorie zu suchen ist, eine Reihe von Konzepten mit sich, die auch in der deutschen betriebswirtschaftlichen Literatur noch immer nicht fest eingeführt sind. Da sie jedoch durchweg gut erläutert werden, sollten auch die Übersetzungen dieser Konzepte für den Leser keine Probleme bringen. Nur in ganz wenigen Fällen erschien es notwendig, vollständig neue Begriffe vorzuschlagen. Ein solcher Begriff bedarf der besonderen Erwähnung. Die ökonomische Theorie hat eine lange Tradition, die Modellvorstellung vom wirtschaftlich rational handelnden Menschen, wie immer dieser auch konzipiert sei, als „homo oeconomicus" zu bezeichnen. Die englische Fachsprache kennt die äquivalente Bezeichnung „Economic Man". In Anlehnung an diesen englischen Begriff hat Simon sein Modell des in der Organisation beschränkt rational handelnden Menschen als „Administrative Man" bezeichnet. Um der deutschen Begriffstradition zu entsprechen, haben wir uns mit fachkundiger altphilologischer Unterstützung entschlossen, das Simonsche Modell des Menschen als „homo organisans" zu bezeichnen.

Eine noch grundlegendere Übersetzungsentscheidung impliziert zugleich eine Einschätzung des Geltungsbereiches der von Simon vorgelegten Entscheidungs- und Organisationstheorie. An zahlreichen Stellen des Buches ist eindeutig zu erkennen, daß Simons Auseinandersetzung mit Organisationsproblemen ihren Ausgangspunkt in der öffentlichen Verwaltung genommen hat. Die entstandene Theorie selbst ist in ihrer Grundstruktur und ihren Aussagen jedoch keine Theorie eines speziellen Organisationstyps, weder der öffentlichen Verwaltung noch des privaten Unternehmens, des Militärs oder anderer Spezialformen. Sie soll vielmehr für alle diese Organisationen gültig sein. Dagegen nimmt Simon eine Abgrenzung nach „unten" vor. Seine Theorie bezieht sich primär auf den Verwaltungsbereich jener Organisationen, also den Bereich, in dem geplant, entschieden, kontrolliert und Büroarbeit geleistet wird. Sie ist dagegen weniger relevant für den Bereich der Fertigungsorganisation, insbesondere der materiellen Produktion im Industriebetrieb. Diese Absicht kann durch den englischen Begriff „administrative organization", den Simon häufig verwendet, sehr treffend zum Ausdruck gebracht werden. Da die genaue deutsche Übersetzung „Verwaltungsorganisation" allzu leicht im Sinne von öffentlicher Verwaltung fehlinterpretiert werden kann, wird in der Übersetzung in der Regel generell von Organisation gesprochen. Obwohl diese Begriffswahl in der Regel keine Schwierigkeiten bereiten sollte, ist doch in Grenzfällen die oben gekennzeichnete Einschränkung zu beachten.

Zugleich wird ein weiterer höchst bemerkenswerter Aspekt des Buches sichtbar. Trotz seiner besonderen Sensibilität für die „speziellen" Merkmale der öffentlichen Verwaltung vertritt Simon die Auffassung, daß eine weitgehende Übereinstimmung bei den Steuerungsproblemen und Verhaltensweisen in privatwirtschaftlichen und öffentlichen Organisationen besteht und seine Entscheidungs- und Organisationstheorie für beide Bereiche gültig und anwendbar sei. Dieser Aspekt dürfte nicht nur für die Würdigung des Werkes von Simon von Interesse sein, sondern auch für die konkreten Fragen der Beurteilung und Gestaltung öffentlicher Organisationen.

Nach all diesen Überlegungen sollte das Buch also für einen breiten, vielschichtigen Leserkreis zum besseren Verständnis des gegenwärtigen Organisationsphänomens beitragen – für Praktiker und Theoretiker mit recht verschiedenartigen Organisationsinteressen, für Studenten und nicht zuletzt für den „Laien", der das berechtigte Bedürfnis hat, eines der dominierenden Elemente unserer heutigen Gesellschaft, die Organisation, besser verstehen zu wollen.

Der Autor dieses Werkes hat der Übersetzung in seinem Vorwort liebenswürdige Vorschußlorbeeren erteilt. Es ist zu hoffen, daß sie diesem Vertrauen gerecht wird. Oberstes Ziel der Übersetzungsarbeit war es jedenfalls immer, die Absicht, den Sinn und das Wort des Originals möglichst unbeschädigt ins Deutsche zu transformieren.

Während der Arbeit ist uns von mancherlei Seite Rat und hilfreiche Kritik zuteil geworden. Frau B. Datz und Frau F. Siara haben aufmerksam und geduldig die oft schwierige Schreibarbeit übernommen. Ihnen allen sei herzlich gedankt.

Die Übersetzer

Einführung zur dritten Auflage

Entscheidungsverhalten in Organisationen ist im Grunde ein Buch für Organisationsbeobachter und für Organisationsgestalter. Wie im Vorwort zur ersten Auflage erklärt wird, soll in diesem Buch gezeigt werden, wie Organisationen anhand ihrer Entscheidungsprozesse verstanden werden können. Fast jeder Mensch ist als Organisationsbeobachter anzusehen, denn wir verbringen den größten Teil unseres wachen Lebens im Einflußbereich von Organisationen. Viele Menschen sind auch als Organisationsgestalter anzusehen, denn sie haben mehr oder weniger umfangreiche Führungsverantwortung für die Erhaltung und Veränderung von Organisationen. Auch in unserer Rolle als Staatsbürger sind wir alle Organisationsbeobachter. In den letzten Jahren ist der Arbeitsweise der Organisationen unserer Gesellschaft zunehmende Aufmerksamkeit gewidmet worden: ihren großen Unternehmen und ihren öffentlichen Verwaltungen. Daher könnte das vorliegende Werk auch als ein Buch für jedermann beschrieben werden – denn es schlägt eine Betrachtungsweise für organisatorische Fragen vor, die uns alle angehen.

Ebenso wie in der zweiten, ist auch in dieser dritten Auflage der Text der Originalarbeit (Kapitel I bis XI) unverändert geblieben, denn es gibt im wesentlichen nichts darin, das ich zurückzunehmen wünsche. *Entscheidungsverhalten in Organisationen* hat mir als ein nützlicher und verläßlicher Ausgangspunkt für Entdeckungsreisen in menschliches Entscheidungsverhalten gedient: im Hinblick auf die Beziehung der Organisationsstruktur zu Entscheidungsprozessen, die formalisierten Entscheidungsprozesse des Operations Research und der Management Science und, in den letzten Jahren, die individuellen menschlichen Denk- und Problemlösungsaktivitäten.

Wenn ich auch keine Notwendigkeit zum Widerruf sehe, so möchte ich doch die Darstellung mit umfangreichem zusätzlichem Material anreichern, das einige der wichtigen Themen der ersten Auflage weiterentwickelt und erläutert. Dementsprechend sind dieser Auflage sechs neue Kapitel (Kapitel XII bis XVII) hinzugefügt worden. Jedem dieser Kapitel liegt ein früher veröffentlichter Aufsatz zugrunde, der entweder eine Fragestellung ausführlicher erläutert, die in den vorhergehenden Kapiteln knapper behandelt wurde, oder der die Analyse dieser früheren Kapitel auf konkrete Organisationsprobleme anwendet.

Wie in der zweiten Auflage will ich auch in der vorliegenden diese Einführung dazu benutzen, einige zentrale Ideen dieses Buches im Lichte der Erkenntnisse zu erläutern und weiterzuentwickeln, die Organisationstheoretiker in der Generation seit der ersten Veröffentlichung gewonnen haben. Dadurch wird es mir möglich, jene Aussagen der ursprünglichen Darstellung stärker zu betonen, die mir heute, im nachhinein, als besonders wichtig für die Organisationstheorie und ihre praktische Anwendung erscheinen. Zugleich können damit die Verbindungen dieses Buches zu einigen wichtigen gegenwärtigen Entwicklungen der Theorie diskutiert werden.

Wie ich schon angemerkt habe, ist der Gegenstand der Organisationstheorie von beträchtlichem Interesse sowohl für Praktiker – Verwaltungs- und Führungskräfte in Wirtschaft, Regierung und Bildung – als auch für Verhaltenswissenschaftler – Wirtschaftswissenschaftler, Politologen, Soziologen, Sozialpsychologen und Denkpsychologen. Wenn ein Praktiker ein Exemplar dieses Buches in die Hand nimmt, wird er nach anderen Problemen suchen als ein Wissenschaftler; und selbst unter Sozialwissenschaftlern sind die Interessen und Fachausdrücke so unterschiedlich, daß alle Teile des Buches nicht von gleichem Interesse für alle Leser sein werden. Im ersten Abschnitt dieser Einführung werde ich den Aufbau und die Organisation des Buches erläutern, so daß sich der Leser ganz nach seinen speziellen Interessen leichter orientieren kann.

Der zweite Abschnitt der Einleitung wendet sich besonders an Führungskräfte – er versucht zu zeigen, wie die im Buch entwickelte Entscheidungstheorie auf praktische Organisationsprobleme angewendet werden kann. Im dritten Abschnitt wird eine entsprechende Orientierung für Verhaltenswissenschaftler unternommen, indem die Beziehungen der Organisationstheorie im allgemeinen und der hier vorgelegten Theorie im besonderen zu anderen Bezugssystemen in den Sozialwissenschaften erörtert werden.

Aufbau des Buches

Jeder, der ein Buch zu schreiben versucht, macht bald die Erfahrung, daß eine grundsätzliche Unvereinbarkeit zwischen der einfachen linearen Abfolge der Wörter, die er niederzuschreiben hat, und dem komplexen Netz seiner Gedanken besteht. Um dieser Schwierigkeit zu begegnen, sortiert er seine Vorstellungen so gut wie möglich in lange Gedankengänge und zieht diese dann so ordentlich wie möglich zusammen. Während er die wichtigsten Beziehungen in seinem Ideengefüge bewahrt, opfert er andere.

Die vorliegende Auflage von *Entscheidungsverhalten in Organisationen* besteht aus zwei Teilen. Teil I ist der Text der ersten Auflage; Teil II enthält die sechs neuen Kapitel, die hinzugefügt worden sind. Der grundlegende Aufbau der beiden Teile wird in den folgenden Abschnitten beschrieben.

Aufbau von Teil I

Kapitel I ist eine allgemeine Einführung und Zusammenfassung.

Kapitel II und III (zusammen mit dem Anhang zu Teil I) versuchen, einigen methodologischen Wildwuchs zu lichten, damit die Aufgabe der Theoriekonstruktion begonnen werden kann.

Kapitel IV und V stellen den Kern des Buches dar. In diesen Kapiteln wird eine Theorie der menschlichen Wahlhandlungen oder Entscheidungsprozesse vorgeschlagen, die sich darum bemüht, sowohl jene rationalen Aspekte der Wahlhandlung zu berücksichtigen, die das hauptsächliche Anliegen der Wirtschaftswissenschaftler gewesen sind als auch jene Eigenschaften und Beschränkungen des menschlichen Entscheidungsmechanismus berücksichtigt werden, die die Aufmerksamkeit von Psychologen und Entscheidungsträgern in der Praxis auf sich gezogen haben. Weil diese Kapitel eine so zentrale Rolle für die gesamten Überlegungen des Buches spielen, werde ich ihnen in dieser Einführung besondere Aufmerksamkeit widmen.

Kapitel VI ist eher eine Abschweifung – notwendig zwar, aber trotzdem eine Abschweifung. Während sich der Rest des Buches hauptsächlich damit beschäftigt, was „innerhalb" von Organisationen vorgeht, wird in Kapitel VI untersucht, was an ihren Grenzen stattfindet – die Entscheidungen, die Menschen über den Eintritt in oder das Ausscheiden aus Organisationen treffen. Dieses Kapitel ist weitgehend eine Neuformulierung der Ideen von Chester Barnard, der als erster einen systematischen Bezugsrahmen vorlegte, innerhalb dessen die menschlichen Motivationen diskutiert werden können, die an der „Zugehörigkeitsentscheidung" beteiligt sind.

In den Kapiteln VII bis X wird das Hauptthema wieder aufgenommen – die internen Entscheidungsprozesse von Organisationen. In diesen Kapiteln wird beschrieben, wie Organisationen die Entscheidungen ihrer Mitglieder beeinflussen, Konsistenz zwischen diesen Entscheidungen herbeiführen und sicherstellen, daß die Entscheidungen mit den obersten Organisationszielen vereinbar sein werden.

Der Inhalt dieser späteren Kapitel baut direkt auf dem Theoriegebäude auf, das in den Kapiteln IV und V errichtet wurde, und eine technische Neuerung, die in diesen Kapiteln eingeführt wurde, erweist sich als grundlegend wichtig. Anstatt Entscheidungen als elementare, nicht mehr analysierbare Einheiten anzunehmen, betrachten wir menschliche Wahlhandlungen als einen Prozeß, in dem „Schlüsse aus Prämissen gezogen werden". Dementsprechend dient als kleinste Einheit der Analyse die *Prämisse* (die in großer Zahl in jeder Entscheidung kombiniert wird) und nicht die ganze *Entscheidung*.

Wie wichtig es ist, Entscheidungen in ihre Prämissenbestandteile aufzubrechen, kann auf viele Arten erläutert werden, von denen ich eine erwähnen will. Diskussionen über die Zentralisierung und Dezentralisierung von Organisationen fahren sich meist an der Frage fest: „Wer trifft *wirklich* die Entscheidungen?" Eine solche Frage ist sinnlos – eine komplexe Entscheidung läßt sich mit einem großen Fluß vergleichen, der von seinen vielen Nebenflüssen die unzähligen Prämissenbestandteile bezieht, aus denen er selbst besteht. Zu jeder großen Entscheidung tragen viele Individuen und organisatorische Einheiten bei, und das Problem der Zentralisierung und Dezentralisierung ist das Problem der Anordnung dieses komplexen Systems in ein leistungsfähiges Gebilde.

Diese vier Kapitel (VII bis X) befassen sich dementsprechend mit der Untersuchung der Ströme von Entscheidungsprämissen und der Art, wie diese Prämissen zusammenfließen, um die Entscheidungsprozesse der Organisationsmitglieder zu beeinflussen (vgl. auch S. 55–59). Kapitel VII ist dem *Autoritätsmechanismus* gewidmet und Kapitel VIII den *Kommunikationsprozessen*, die in Organisationen zur Beeinflussung und Verknüpfung der einzelnen Wahlhandlungen ihrer Mitglieder genutzt werden.

Kapitel IX und X behandeln die beiden wichtigsten speziellen Klassen von Entscheidungsprämissen, die in diesem Strom enthalten sind. Das in Kapitel IX betrachtete *Effizienzkriterium* ist wichtig, um die knappen Ressourcen zu erhalten, die der Organisation zur Erfüllung ihrer Aufgaben zur Verfügung stehen. Die Loyalitäten gegenüber Zielen und Gruppen *(Identifikationen)*, die in Kapitel X beschrieben werden, führen zu einer Verzahnung der Unterziele von organisatorischen Einheiten mit den Zielen der gesamten Organisation.

In Kapitel XI werden diese verschiedenen Elemente im Prozeß zusammengesetzter Entscheidungen in einer Beschreibung des Gesamtprozesses wieder zusammengeführt. Hier wird die in den vorhergehenden Kapiteln entwickelte Analysemethode durch Anwendungen und Beispiele für die Planungs- und Steuerungsprozesse in Organisationen sowie das Problem der Zentralisierung bzw. Dezentralisierung nutzbar gemacht.

Aufbau von Teil II

Die neuen Kapitel (XII bis XVII), die auf die Kapitel VI bis XI aufbauen, sind alle bereits veröffentlicht worden. Ich habe sie aus meinen Aufsätzen über Organisationsprobleme ausgewählt, die nach dem Erscheinen von *Entscheidungsverhalten in Organisationen* geschrieben wurden, entweder weil sie eine wichtige Idee des Originaltextes verdeutlichen und vertiefen (Kapitel XII und XV), weil sie einen Aspekt der Organisationstheorie diskutieren, der in den letzten zwanzig Jahren wichtige Entwicklungen erlebt hat (Kapitel XIII und XIV) oder weil sie nützliche Beispiele dafür liefern, wie die in diesem Buch dargestellte Theorie angewendet werden kann (Kapitel XVI und XVII). Diese Kapitel werden im wesentlichen in ihrer veröffentlichten Form abgedruckt. Kapitel XIII liegt eine Rede bei der Tagung des Institute of Management Sciences 1967 in Mexico City zugrunde. Es ist etwas weniger formal als die anderen geschrieben, aber möglicherweise weiß der Leser ein wenig Entspannung zu schätzen, wenn er diesen Punkt des Textes erreicht. Zum Inhalt der einzelnen neuen Kapitel möchte ich noch einige Bemerkungen machen.

Kapitel XII, eine Analyse des Konzeptes „Organisationsziel", klärt die Beziehungen der individuellen Motive, die der „Zugehörigkeitsentscheidung" zugrunde liegen (Kapitel VI), zu den Zielprämissen, die aus der formalen Autoritätsstruktur der Organisation (Kapitel VII) und dem Effizienzkriterium (Kapitel IX) herrühren.

Die Kapitel XIII und XIV untersuchen noch einmal die Kommunikation (Kapitel VIII) im Lichte der neuen Informationsverarbeitungstechnologie, die mit dem Computer eingeführt worden ist. Im ersten dieser beiden Kapitel wird erklärt, was Wirtschaften in einer informationsreichen Welt bedeutet; das zweite untersucht die Auswirkungen der neuen Informationstechnologie für die Gestaltung von Organisationen.

Im kurzen Kapitel XV wird ein empirisches Beispiel für eine zentrale Aussage von Kapitel X gegeben: Organisationsmitglieder identifizieren sich mit bestimmten Unterzielen nicht allein (oder hauptsächlich) wegen des Anreizsystems, sondern weil diese Unterziele mit ihren täglichen Tätigkeiten am engsten verbunden sind und mithin am deutlichsten wahrgenommen werden. Die Identifikationen mit Unterzielen ist dementsprechend tief in den Grenzen der Rationalität verwurzelt, die in Kapitel V behandelt werden, sowie in der Selektivität, mit der das Individuum seine Umwelt wahrnimmt.

Die letzten beiden Kapitel (XVI und XVII) zeigen, wie mit Hilfe der in diesem Buch entwickelten Entscheidungsanalyse die Entwicklung oder die Gestaltung einer Organisationsstruktur erklärt werden kann. Kapitel XVI liefert weitere Belege für die kognitiven Grundlagen der organisatorischen Identifikation (Kapitel X), wohingegen Kapitel XVII auf die Diskussion der Organisationsgestaltung in Kapitel XI aufbaut.

Überblick über das Buch

Die Grundstruktur des Buches läßt sich daher recht einfach folgendermaßen umreißen: Es besteht aus fünf Problemschichten, von denen jede behandelt werden muß, um die Grundlage für die Behandlung der nächsten zu liefern.

1. In den Kapiteln II und III befassen wir uns mit bestimmten methodologischen Fragen, damit wir die Struktur der menschlichen rationalen Wahlhandlung analysieren können.

2. In den Kapiteln IV und V bauen wir eine Theorie der rationalen Wahlhandlung auf, damit wir die Einflüsse verstehen können, die bei Entscheidungsprozessen in einer organisatorischen Umwelt wirksam werden.

3. In den Kapiteln VII bis X untersuchen wir diese Beeinflussungsprozesse im Detail, damit wir die Wirkungen der Organisation selbst auf den Entscheidungsprozeß erörtern können.

4. In Kapitel XI erläutern wir, wie die Analyse genutzt werden kann, um Fragen der Organisationsstruktur zu behandeln.

5. In den Kapiteln XII bis XVII, die den Teil II bilden, erweitern wir eine Reihe von Fragestellungen, die in den Kapiteln der dritten und vierten Schicht eingeführt worden sind, wobei besonderes Gewicht auf Fragen der Organisationsgestaltung gelegt wird.

Kapitel VI ist dazwischen eingeschoben, um eine motivational begründete Verbindung zwischen dem Individuum und der Organisation zu schaffen – also zu erklären, warum Einflüsse der Organisation, und besonders der Einfluß der Autorität, so wirksame Kräfte bei der Formung menschlichen Verhaltens sind.

Entstanden ist das Buch in umgekehrter Reihenfolge – von den höheren Schichten (also Schichten 4 und 5) abwärts. Als ich vor 40 Jahren begann, Antworten auf einige Fragen der Kommunalorganisation zu suchen – ob beispielsweise ein Erholungsamt durch die Schulbehörde oder die Stadt verwaltet werden sollte, oder wie die Aufgaben der Stadtplanung organisiert werden sollten (siehe S. 230f. und 259f.) – entdeckte ich, daß keine vorliegende Theorie die Antwort liefern konnte, und ich war zu einer Analyse der Art und Weise gezwungen, wie die Organisation menschliche Wahlhandlungen beeinflußt. Da ich keine besseren Antworten auf dieser neuen Ebene der Fragestellung fand, begann ich, die Theorie des rationalen Entscheidens zu überprüfen. Diese Aufgabe erforderte ihrerseits, daß ich in meinen eigenen Vorstellungen einige Grundprobleme der Logik klärte. An diesem Punkt fand der Regress ein zeitweiliges Ende – teilweise, hoffe ich, weil die Grundlagen nun sicherer waren. *Entscheidungsverhalten in Organisationen* zeichnet die Antworten auf, die ich auf diese aufeinander folgenden Schichten von Fragen über Organisation und über das Wesen der rationalen menschlichen Entscheidung gefunden habe.

Lehren für die Organisation

In den vergangenen Jahren haben Organisationen keine gute Presse gehabt. Großen Organisationen, besonders internationalen Konzernen und dem allmächtigen Staat, ist für alle möglichen sozialen Übel die Schuld gegeben worden, einschließlich der weitverbreiteten „Entfremdung" von Arbeitern sowie Führungskräften von ihrer Arbeit und der Gesellschaft. Der empirische Nachweis, daß „Entfremdung" weiter verbreitet als in früheren Zeiten und in anderen Gesellschaften ist, liegt nicht vor, genausowenig wie der Nachweis, daß Entfremdung den Organisationen zuzuschreiben ist. Diese Art der Kritik hat jedoch einen Verdienst: Sie nimmt Organisationen ernst und erkennt, daß sie das Verhalten der Menschen beeinflussen, die in ihnen leben.

Eine etwas andere, oft von Managern zum Ausdruck gebrachte Sichtweise von Organisationen besagt, daß es nicht auf die Organisation ankomme, sondern auf den *Menschen.* Sicherlich haben Sie oft gehört: „Ich glaubte immer, daß Organisation wichtig ist, aber nun glaube ich, es ist viel mehr eine Frage der Persönlichkeit. Das Wichtige ist der Mensch. Wenn er Tatkraft, Fähigkeit und Einfallsreichtum besitzt, kann er in fast jeder Organisation arbeiten." Sicherlich ist „Persönlichkeit" ein nützliches Konzept. Menschen unterscheiden sich nach allen möglichen Dimensionen, von denen viele ihr Verhalten in Organisationen beeinflussen. Aber aus der Bedeutung von persönlichen Eigenschaften für die Organisationsleistung folgt nicht die Bedeutungslosigkeit von organisatorischen Charakteristika. Die komplexe Welt der menschlichen Angelegenheiten läuft nicht in solch einfältigen, monovariablen Bahnen ab.

Darüber hinaus wird die Persönlichkeit nicht in einem Vakuum geformt. Die Sprache eines Menschen ist nicht unabhängig von der seiner Väter, ebenso wie seine Einstellungen nicht von denen seiner Gefährten und seiner Lehrer getrennt werden können. Ein Mensch lebt nicht Monate oder Jahre lang in einer bestimmten Position in einer Organisation, einigen Kommunikationsströmen ausgesetzt, von anderen abgeschirmt, ohne die tiefgreifendsten Auswirkungen auf das, was er weiß, glaubt, beachtet, hofft, wünscht, hervorhebt, fürchtet und vorschlägt.

Wenn die Organisation unwesentlich ist, wenn alles, was wir brauchen, der Mensch ist, warum bestehen wir darauf, für ihn eine Stelle zu schaffen? Warum läßt man nicht jeden seine eigene Stelle schaffen, seinen persönlichen Fähigkeiten und Qualitäten angemessen? Warum muß der Chef „Chef" genannt werden, ehe seine kreativen Energien durch die Organisation verstärkt werden können? Und, wenn wir schließlich einem Menschen ein gewisses Maß an Autorität geben müssen, ehe seine persönlichen Qualitäten in wirksamen Einfluß umgewandelt werden können, auf welche Weise kann seine Wirksamkeit von der Art abhängen, in der andere in seiner Umgebung organisiert sind?

Die Antworten sind einfach. Die Organisation ist wichtig, erstens weil organisatorische Umwelten einen großen Teil der Kraft liefern, die persönliche Qualitäten und Gewohnheiten formt und entwickelt (siehe insbesondere Kapitel V, X und XV). Die Organisation ist zweitens wichtig, weil sie den Menschen in verantwortlichen Positionen die Mittel zur Ausübung von Autorität und Einfluß über andere an die Hand gibt (siehe insbesondere Kapitel VII und VIII). Die Organisation ist drittens wichtig, weil sie durch Strukturierung der Kommunikation die Informationsumwelten bestimmt, in denen Entscheidungen getroffen werden (siehe insbesondere Kapitel VIII, XIII und XIV). Wir können weder den „Input" noch den „Output" einer Führungskraft verstehen, wenn wir nicht die Organisation verstehen, in der sie arbeitet. Ihr Verhalten und dessen Wirkung auf andere sind Funktionen ihrer organisatorischen Situation.

Die Bedeutung der Organisation

Ein Teil des Widerstandes gegen die Beachtung von organisatorischen Einflußfaktoren beim Führungsverhalten rührt vom Mißverständnis des Begriffes „Organisation" her. Für viele Menschen ist eine Organisation etwas, das in Schaubildern gezeichnet oder in ausführlichen Handbüchern mit Arbeitsplatzbeschreibungen niedergelegt ist. In solchen Schaubildern und Handbüchern nimmt die Organisation mehr das Aussehen einer Reihe säuberlicher Zellen an, die nach einer abstrakten architektonischen Logik ersonnen wurden, als das Aussehen eines Hauses, das entworfen wurde, um von Menschen bewohnt zu werden. Die Tätigkeiten bei der Erstellung von Schaubildern und Handbüchern in den Organisationsabteilungen, die man in großen Unternehmen und öffentlichen Verwaltungen findet, verstärken eher diese stereotype Vorstellung von „Organisation" als sie zu zerstreuen.

In diesem Buch bezieht sich der Begriff *Organisation* auf die komplexe Struktur der Kommunikation und Beziehungen in einer Gruppe von Menschen. Diese Struktur liefert jedem Gruppenmitglied die meisten Informationen und viele der Annahmen, Ziele und Einstellungen, die in seine Entscheidungen einfließen, und stellt ihm auch eine Menge von stabilen und einsichtigen Erwartungen darüber zur Verfügung, was die anderen Gruppenmitglieder tun und wie sie auf das, was es sagt und tut, reagieren werden. Der Soziologe bezeichnet diese Struktur als ein „Rollensystem"; den meisten von uns ist sie als eine „Organisation" bekannt.

Vieles, was ein Manager tut, hat seine wichtigsten kurzfristigen Wirkungen auf den Alltagsbetrieb. Er trifft eine Entscheidung über einen Produktpreis, einen Materiallieferungsvertrag, den Standort eines Werkes, die Beschwerden eines Mitarbeiters. Jede dieser Entscheidungen hat eine direkte Auswirkung für die Regelung der vorliegenden speziellen Frage. Aber die wichtigste kumulative Wirkung dieses Stroms von Entscheidungen und Weigerungen zu entscheiden – ähnlich der Erosion, die durch ein kleines, aber stetiges Rinnsal verursacht wird –, richtet sich auf die Handlungsstrukturen in der ihn umgebenden Organisation. Wie wird der nächste Vertrag abgeschlossen? Wird er ihm überhaupt vorgelegt oder von einem seiner Untergebenen bearbeitet? Welche vorbereitenden Arbeiten sind getan worden, bevor er ihn erhält und welche Richtlinien leiten die Mitarbeiter, die ihn bearbeiten? Was kommt nach dem nächsten Vertrag, den nächsten zehn und den nächsten hundert?

Jeder Manager trifft seine Entscheidungen und wählt seine Handlungen mit einem Auge auf die vorliegende Angelegenheit und mit dem anderen auf die Wirkung *dieser* Entscheidung auf die künftige Struktur – d. h. auf ihre Konsequenzen für die Organisation (vgl. S. 169). Wenn er auf diese indirekten Konsequenzen achtet, dann befaßt er sich mit der *Organisation.*

Organisationen verstehen: Identifikationen

Ein guter Ausgangspunkt für das eigene Denken über die Organisation ist die eigene Tätigkeit. Welche Identifikationen besitze ich (Kapitel X und XV)? Welche Bindungen habe ich an Ziele und Organisationseinheiten? Was sind die wichtigen Situationen bei meiner Arbeit, in denen ich zwischen konkurrierenden Zielen und Loyalitäten wählen muß? Was zeigen mir meine Entscheidungen in solchen Situationen über meine Werte und die Werte, die mir andere in der Organisation zuschreiben?

Im nächsten Schritt ist herauszufinden, wie diese Ziele und Loyalitäten entstanden sind und was sie erhält. Bei Vorträgen vor Führungskräften habe ich manchmal eine hypothetische Unterhaltung zwischen einem Verkaufsmanager, einem Produktionsplaner, einem Betriebsleiter und einem Produktgestalter konstruiert. Die vier diskutieren über gemeinsame Probleme, die im Verlauf der Gestaltung, der Herstellung und des Verkaufs der Produkte des Betriebs aufgetreten sind. Selbstverständlich versucht jeder der Beteiligten, die anderen zur Änderung ihrer Arbeitsmethoden zu bewegen, um seine eigene Aufgabe zu erleichtern. Ich habe diese Unterhaltung als Übung für den prognostischen Wert der Organisationstheorie zusammengestellt – ich nahm einfach an, daß jeder Darsteller in dem Stück auf ein bestimmtes Problem im Verhältnis zum Umfang und Nachdruck der Informationen reagieren würde, die er darüber erhalten hatte. Ausgehend von dieser offensichtlichen Voraussetzung war leicht vorherzusagen, daß sich der Verkaufsmanager am meisten mit den Wünschen der Kunden nach niedrigen Preisen, pünktlicher Lieferung und Produktqualität beschäftigen würde; daß der Produktionsplaner die Voraussagbarkeit des Absatzes wünschen würde; daß der Betriebsleiter auf längere Vorlaufzeiten und weniger leichtsinnige Versprechungen gegenüber den Kunden drängen würde; daß sich der Produktgestalter über die Inflexibilität des Betriebes bei der Einführung von Gestaltungsverbesserungen beklagen würde und so fort. Die stereotypen Reaktionen in meinem Szenario sind Stereotypen der Rolle, nicht der Persönlichkeiten.

Beschreibe ich Ihren Betrieb? Ich beschreibe jedermanns Betrieb. Ein Verkaufsmanager reagiert wie ein Verkaufsmanager, weil er eine bestimmte Position in der Organisation einnimmt, bestimmte Arten von Informationen erhält, für bestimmte Teilziele verantwortlich ist und bestimmte Arten von Druck erfährt. Und ähnliches gilt für die anderen Darsteller in meinem Stück.

Organisationen verstehen: Autorität

Eine Führungskraft, die eine solche hypothetische Unterhaltung konstruieren kann, ist auf dem besten Wege zum Verständnis, wie die organisatorische Position Überzeugungen und Einstellungen formt. Sie hat auch den ersten Schritt zur Analyse gemacht, wie Überzeugungen und Einstellungen durch Veränderung der Kommunikationsflüsse modifiziert werden können. Sie kann seine Aufmerksamkeit nun der Autorität zuwenden, die er ausübt und die von anderen in seiner Umgebung ausgeübt wird (Kapitel VII).

Inwieweit kann ich die Autorität, die ich bei der Erledigung meiner Arbeit anwende, als selbstverständlich betrachten, und unter welchen besonderen Umständen muß ich mich mit ihr beschäftigen? Tun Menschen, was ich getan haben möchte (oder besser, was getan werden muß), weil ich die Macht zur Entlassung und Beförderung habe? Unterstützen oder untergraben die Einstellungen der Kollegen die bereitwillige Anerkennung der Autorität? Ist Autorität ein Joch oder ist sie ein mehr oder weniger anerkanntes Verfahren für die ordnungsgemäße Geschäftsführung?

Wenn man diese Fragen ernsthaft aufwirft – und mit dem Willen, grobe Selbsttäuschung zu vermeiden – dann kommt man zur Betrachtung der Motivationen der Menschen für die Anerkennung oder Ablehnung der Autorität und dafür, überhaupt in der Organisation zu verbleiben (Kapitel VI). Dies wirft eine Menge neue Fragen auf: Welche Bedingungen müssen wir in dieser Organisation schaffen und erhalten, damit Autorität eines der wirksamen Instrumente zur Erledigung unserer Aufgaben wird? Wie können wir die offensichtlichen Sanktionen, die jeder Arbeitgeber besitzt, durch die wirkungsvolleren Sanktionen der Legitimität und des Vertrauens ergänzen?

Keine Frage hat während der letzten Generation mehr Auseinandersetzungen hervorgerufen, als die nach dem richtigen Umfang und Gebrauch von Autorität bei Organisation und Management. Auf der einen Seite haben wir die klassische Organisationstheorie, die die formalen Autoritätsbeziehungen in einer hierarchischen Organisation hervorhebt und damit impliziert, daß legitime Anweisungen immer ausgeführt werden. Auf der anderen Seite gibt es die Forschungen und Schriften der „Human-Relations"-Schule, die den Wert breiter Partizipation an Entscheidungsprozessen unterstreicht, die Bedeutung der informalen Organisation und die daraus folgenden Grenzen formaler Autorität aufzeigt, sowie schwierige Fragen über die menschlichen Kosten von übertrieben autoritären Umwelten aufwirft. Am äußersten Rand der Human-Relations-Schule gibt es sogar Autoren, die jede Ausübung von Autorität als in Widerspruch zur menschlichen Freiheit und „Selbstverwirklichung" stehend ansehen und die sich eine Zukunft vorstellen, in der Organisationen in einer vollständig egalitären Weise ohne den Gebrauch formaler Autorität arbeiten.

Die Kapitel VI und VII nehmen eine mittlere Position zu diesen Fragen der Autorität ein – nicht um die Auseinandersetzung zu vermeiden, sondern weil diese mittlere Position die beste Erklärung ermöglicht, wie Autorität in Organisationen wirklich arbeitet, sowie für ihre Grenzen und die Konsequenzen ihrer Ausübung. Um zu verstehen, wo diese mittlere Position liegt, sollte der Leser den Begriff „Autorität" nicht zu eng interpretieren. Im Anschluß an Chester Barnard gehe ich davon aus, daß Autoritätsausübung in einer Organisation immer dann vorliegt, wenn eine Person zuläßt, daß ihre Entscheidungen durch Entscheidungsprämissen gesteuert werden, die ihr von einer anderen Person vorgegeben werden. So verstanden ist Autorität weder die begrenzte formale Autorität der klassischen Theoretiker noch stimmt sie mit dem Stereotyp der Autoritätsbeziehungen überein, der von den Autoren der Human-Relations-Schule gezeichnet wird.

Um in einer Organisation erfolgreich zu sein, muß man feststellen können, wann Autorität (nach ihrer weiteren Definition) ausgeübt wird, und beurteilen können, wann sie wirksam sein wird und wo ihre Grenzen liegen. Die Kapitel VI und VII zielen darauf ab, bei diesen Urteilen behilflich zu sein. Diese Kapitel haben wenig über die umfassenderen moralischen oder sozialen Probleme der angemessenen Rolle der Autorität in der Gesellschaft zu sagen. Das heißt nicht, daß diese Probleme unwichtig seien – im Gegenteil, sie sind von größter Wichtigkeit. Aber sie liegen größtenteils außerhalb der Reichweite dieses Buches. Ich möchte hier nur meine Ansicht darlegen, daß es nichts an sich Unmoralisches oder Erniedrigendes an der Existenz von Autoritätsbeziehungen zwischen Menschen gibt. Die wirklich moralischen Fragen sind alle relativ: Fragen, wieviel Autorität, aufgrund welcher Belohnungen oder Sanktionen, für welche Ziele angewendet wird und in welchem gesellschaftlichen Kontext. Die Wirtschafts-, Staats- und Bildungsorganisationen, die ich heute um mich herum sehe, sind wesentlich weniger „autoritär" (verwenden formale Autorität sparsamer) als die Organisationen vor einer Generation. Da ich ein Kind meiner Zeit bin, betrachte ich diese Verschiebung als allgemein nützlich, aber ziehe nicht die Schlußfolgerung, daß eine weitere Verwässerung der Autoritätsbeziehung gleichermaßen wünschenswert wäre oder daß sie unvermeidlich ist.

Organisationsstruktur: Die großen Fragen

Bis hierher habe ich bewußt die großen und aufregenden Fragen der Abteilungsreorganisation vermieden: Sollen wir zentralisieren oder dezentralisieren, die Linie stärken oder den Stab, nach Produkten oder Prozessen organisieren? Ich habe sie vermieden, weil diese umfangreichen Probleme oft in einer rein formalen und entmenschlichten Art behandelt werden, als ob sie nichts mit menschlichem Verhalten zu tun hätten und als ob sie außerhalb der Alltagsangelegenheiten der Führungskraft lägen.

Aus der Sichtweise dieses Buches erhält die Reorganisation – die Umgruppierung von Abteilungen oder ähnlichem – ihre Bedeutung durch ihre Wirkungen auf die Verhaltensweisen von einzelnen Führungskräften und Gruppen von Führungskräften. Reorganisation arbeitet durch die Mechanismen, die wir schon betrachtet haben – Identifikationen und Loyalitäten, Autorität, Kommunikation. (Siehe die einleitende Beschreibung dieser Einflüsse auf den Seiten 55–59 und die rückblickende Zusammenfassung auf den Seiten 239–246.) Eine Führungskraft, die die Probleme der Gesamtorganisation verstehen möchte, kann ohne weiteres bei der Organisation in ihrer unmittelbaren Umgebung anfangen. Wenn sie das gemacht hat, wird sie eine gewisse Basis haben, um sich anhand tatsächlicher menschlicher Verhaltensweisen die möglichen Wirkungen und Konsequenzen der Reorganisation im größeren Rahmen vor Augen zu führen. Sie wird gegen die bösartigsten Neigungen zu „Schablonismus" und „Direktivitis" immunisiert sein.

Organisationsgestaltung ist der architektonischen Gestaltung nicht unähnlich. Sie umfaßt die Schaffung großer, komplexer Systeme mit vielfachen Zielen. Es ist illusorisch anzunehmen, daß gute Entwürfe mit Hilfe der sogenannten „Prinzipien" der klassischen Organisationstheorie (Kapitel II, S. 63–76) geschaffen werden könnten. Obwohl diese „Prinzipien" noch einen bedeutsamen Platz in den Lehrbüchern einnehmen, scheinen ihr Wesen und ihre Grenzen heute besser verstanden zu werden als zur Zeit des Erscheinens der ersten Auflage von *Entscheidungsverhalten in Organisationen.*

Die Gestaltung einer Organisation erfordert den Ausgleich von konkurrierenden und konfliktären Überlegungen und Erfordernissen. Kein einzelnes Gestaltungsprinzip kann angewendet werden, ohne den Konsequenzen der zahlreichen alternativen Prinzipien Rechnung zu tragen, die ebenfalls anwendbar sind. Die in diesem Buch angeführten Beispiele zeigen, wie die Beachtung der Entscheidungs- und Kommunikationsprozesse einen lebensfähigen alternativen Ansatz zur Organisationsgestaltung anbietet, der die klassischen „Prinzipien" überflüssig macht.[1]

Die letzten Seiten des zweiten Kapitels (S. 78–83) erscheinen mir heute als eine unangemessene Darstellung der Art empirischer Forschung, die zur Organisationsgestaltung nötig ist. Zahlreiche Untersuchungen während der vergangenen zwanzig Jahre haben gezeigt, wie sich die Gestaltung einer Organisation an ihre Umwelt und ihre Technologie anpassen muß. Da wir kaum hoffen können, eine Menge invarianter „Gewichte" zu finden, die für alle Organisationen unter allen Bedingungen gültig sind, muß sich die Forschung über Organisationen mehr mit der Identifizierung und dem Verständnis der grundlegenden Mechanismen befassen, die in Systemen des organisatorischen Verhaltens vorhanden sind, als mit der Zuweisung von Zahlen zu speziellen Gestaltungsmerkmalen.

Zwei kurze Beispiele machen deutlich, wie die Theorie dieses Buches genutzt werden kann, um die Organisationsgestaltung in der Wirtschaft anzugehen. Zwei weitere Gestaltungsbeispiele – eines aus der öffentlichen Verwaltung, das andere aus der Bildungsorganisation – werden ausführlich in den Kapiteln XVI und XVII entwickelt.

Beispiel 1: Organisation des Rechnungswesens. Im folgenden wird gezeigt, wie die Methoden dieses Buches bei einer Untersuchung der Rechnungswesenabteilungen von Großbetrieben angewandt wurden.[2]

Die Fragestellung lautete: Wie sollte die Rechnungswesenabteilung einer Gesellschaft organisiert werden, damit die Daten, die sie sammelt, für das ausführende Management des Betriebes beim Entscheiden und Problemlösen von höchstem Nutzen sind?

Um diese Frage zu beantworten, mußte zuerst festgestellt werden, welche wichtigen Arten von Entscheidungen durch das ausführende Management getroffen werden, wie Daten des Rechnungswesens für diese Entscheidungen nützlich sein könnten und an welcher Stelle des Entscheidungsprozesses die Daten am nützlichsten eingebracht werden konnten. Durch Beobachtung des tatsächlichen Entscheidungsprozesses wurde der besondere Datenbedarf auf einzelnen organisatorischen Ebenen festgestellt – beispielsweise auf der Ebene der Abteilungsdirektoren, der Ebene der Werksleiter und der Ebene der Werksabteilungsleiter – von denen jede ganz verschiedene Kommunikationsprobleme für die Rechnungswesenabteilung mit sich brachte.

Aus der Analyse der Datenerfordernisse an bestimmten Stellen wurde eine Struktur für die Organisation der Rechnungswesenabteilung entwickelt, die das ausführende Management wirksam mit Daten versorgen sollte: Beispielsweise wurde vorgeschlagen, auf der Werksabteilungsebene einen oder mehrere Kostenanalytiker einzusetzen, die mit den Betriebsabläufen genauestens vertraut waren und den Abteilungsleitern helfen sollten, Kosten zu interpretieren und durch die monatlichen und anderen periodischen Kostenberichte zurückzuverfolgen. Für höhere Ebenen wurde andererseits vorgeschlagen, eine kleine Zahl strategisch angesiedelter Gruppen von Analytikern zu schaffen, die sich hauptsächlich mit Spezialuntersuchungen anstatt mit periodischen Berichten beschäftigen sollten – die die Kosten und Einsparungen analysieren sollten, die mit möglichen Veränderungen bei den Arbeitsverfahren und Anlagen verbunden waren.

Diese knappen Ausführungen skizzieren nur die Analyse der Probleme der Rechnungswesenorganisation, die in dieser speziellen Forschungsstudie durchgeführt wurde. Unser gegenwärtiges Interesse gilt den Konsequenzen der Untersuchung für die *Technik* der Organisationsgestaltung und Reorganisation. (1) Der Kern der Untersuchung war eine Analyse der Art, wie Entscheidungen tatsächlich getroffen wurden, und der Einordnung wichtiger Entscheidungsfunktionen. (2) Die empfohlene Organisationsstruktur für die Rechnungswesenabteilung wurde entsprechend ihrer Aufgabe der Information und Beeinflussung dieser Ausführungsentscheidungen aufgebaut. (3) Die Empfehlungen für organisatorische Veränderungen sollten umgesetzt werden, indem Veränderungen bei den Kommunikationsstrukturen herbeigeführt wurden – bei den „Wer mit wem wie oft über was spricht"-Strukturen und nicht durch formale Veränderungen der Organisationsschaubilder.

Beispiel 2: Produktentwicklung. Branchen, die ursprünglich auf einer vollkommen neuen Technologie aufgebaut sind, durchlaufen typischerweise mehrere Stadien bei der Entwicklung und Verbesserung der Produkte. In der ersten Phase liegt die hauptsächliche Quelle für die Produktverbesserung im allgemeinen in der neuen Technologie selbst und den ihr zugrunde liegenden Wissenschaften. Als die Computerindustrie in diesem Stadium war, hing dementsprechend die technische Führung stark von grundlegenden Verbesserungen in Computerspeichern und Schaltkreisen ab. Diese Verbesserungen stammten ihrerseits aus Fortschritten der Festkörperphysik und grundlegenden Untersuchungen zur Organisation von Computersystemen. In einem späteren Stadium wurde die Produktverbesserung wesentlich mehr eine Sache der Anpassung an die Produktanwendung – z. B. die Bereitstellung geeigneter Softwarepakete für Benutzeranwendungen.

Eine Analyse der Quellen für neue Ideen in diesen zwei Phasen würde zeigen, daß unterschiedliche Arten von Forschungs- und Entwicklungsfähigkeiten gebraucht wurden und daß unterschiedliche Kommunikationsstrukturen zwischen den technischen Abteilungen und ihren Umwelten bestanden. Langfristig erzwangen die Ereignisse in den meisten Gesellschaften die angemessenen organisatorischen Veränderungen, aber die systematische organisatorische Analyse des Produktentwicklungsprozesses hätte diese Veränderungen oft rascher und erfolgreicher herbeigeführt.

Etwas allgemeiner gesagt liegen die Hauptprobleme der Organisation von Forschungs- und Entwicklungsaktivitäten darin, Informationen aus zwei unterschiedlichen Quellen zusammenzubringen: aus den Fachwissenschaften, auf denen die verwendeten grundlegenden Technologien aufbauen, und aus den Umwelten, die die Anforderungen für den Endgebrauch der Produkte festlegen. Wie in Kapitel XVII gezeigt wird, stellt die Organisation einer fachlichen Hochschule nahezu identische Probleme des Informationsflusses und der Organisation.

Diese beiden Beispiele können als Hinweise dienen, wie die Analysemethoden, die in diesem Buch vorgeschlagen werden, auf spezielle Situationen angewendet werden können.[3] Der Schlüssel für den Prozeß ist die Entwicklung eines sorgfältigen und realistischen Bildes der Entscheidungen, die für die Tätigkeiten der Organisation erforderlich sind, und des Flusses an Prämissen, die zu diesen Entscheidungen beitragen. Dafür benötigt man ein Vokabular und Konzepte, die das Wichtige hervorheben und das Irrelevante weglassen. Das Vokabular und die Konzepte, die hier beschrieben werden, behandeln organisatorische Probleme in einer grundsätzlicheren Art als die hausbackenen Weisheiten, die in der Vergangenheit als Organisationsanalyse angesehen wurden.

Entscheidungsprozesse und der Computer

Die erste Auflage dieses Buches wurde veröffentlicht kurz nachdem der erste moderne Digitalcomputer auf die Welt kam und einige Jahre bevor der Computer auch nur die einfachsten Anwendungen im Management gefunden hatte. Trotz der ausgedehnten Nutzung von Computern in heutigen Organisationen leben wir noch ziemlich im Dampfmaschinenstadium der Computerentwickung. Das heißt, daß wir den Computer verwenden, um Aufgaben schneller und billiger zu erledigen, die wir früher mit Rechen- und Schreibmaschinen ausgeführt haben. Abgesehen von einigen Entscheidungsbereichen im mittleren Management, wo Operations Research-Techniken, wie lineare Programmierung, jetzt häufig angewendet werden, haben Computer die Prozesse von Führungsentscheidungen oder die Formen organisatorischer Gestaltung nur bescheiden verändert. Wir müssen jedoch bei der Extrapolation von der Vergangenheit in die Zukunft vorsichtig sein. Als das Automobil zuerst auf der Bühne erschien, hatte es auch eine bescheidene Wirkung: Es übernahm Transportaufgaben, die vorher durch Pferd und Wagen erfüllt wurden. Es gab wenig Hinweise auf seine künftigen gewaltigen Auswirkungen auf unser gesamtes Transportsystem und sogar auf unsere ganze Gesellschaft. Es gibt zahlreiche Gründe zu der Vermutung, daß auch der Computer etwas völlig anderes als eine übergroße Rechenmaschine und weit bedeutsamer für unsere Gesellschaft ist.[4]

Die wichtigste Lehre aus der neuen Computertechnologie für die Organisationsgestaltung ist, daß Informationen nicht länger knapp sind. Wir leben jetzt in einer informationsreichen Welt. Zwei neue Kapitel, XIII und XIV, erforschen die Probleme der Kommunikation und Organisationsgestaltung in einer solchen Welt. Das zweite dieser Kapitel erklärt, warum Management-Informationssysteme im allgemeinen nicht gerade ein großer Erfolg waren und skizziert die Form, die leistungsfähigere Informationssysteme in der Zukunft wahrscheinlich annehmen werden.

Organisationsverhalten und die zeitgenössische Verhaltenswissenschaft

Bis zu dieser Stelle haben wir vor allem die Kapitel VII bis XVII diskutiert, die ich oben als die oberste Schicht des Buches beschrieben habe. Ich möchte nun ein wenig tiefer graben, bis zur dritten Schicht, die aus den Kapiteln IV und V besteht. Diese Kapitel handeln von rationalen menschlichen Entscheidungen. Wahrscheinlich ist der einfachste Weg zur Erklärung ihres Aufbaus die Beantwortung der beiden folgenden Fragen:

1. Warum beschäftigen sich diese Kapitel vornehmlich mit *rationalem* Verhalten?
2. Warum betonen sie die *Grenzen* der Rationalität?

Ich werde versuchen, diese Fragen in den nächsten beiden Abschnitten zu beantworten und dann in den nachfolgenden Abschnitten diese Verhaltenstheorie mit anderen, jetzt in den Verhaltenswissenschaften verbreiteten Theorien in Beziehung zu setzen.

Rationales Verhalten und Organisation

Die Sozialwissenschaften leiden bei ihrer Behandlung der Rationalität unter akuter Schizophrenie. An dem einen Extrempunkt schreiben die Ökonomen dem homo oeconomicus eine widersinnige allwissende Rationalität zu. Der homo oeconomicus hat ein vollständiges und konsistentes Präferenzsystem, das es ihm immer erlaubt, aus den ihm verfügbaren Alternativen zu wählen; er ist sich immer vollständig bewußt, welche diese Alternativen sind; es gibt keine Grenzen für die Komplexität der Berechnungen, die er durchführen kann, um zu bestimmen, welche Alternativen die besten sind; Wahrscheinlichkeitsberechnungen sind für ihn weder ängstigend noch rätselhaft. Im Verlauf der letzten Generation hat dieses Theoriegebäude durch seine Ausweitung auf kompetitive Spielsituationen und Entscheidungen bei Unsicherheit einen Zustand von thomistischer Verfeinerung erreicht, der zwar eine große intellektuelle und ästhetische Anziehungskraft ausübt, aber wenig erkennbare Beziehungen zu dem tatsächlichen oder möglichen Verhalten von Menschen aus Fleisch und Blut besitzt.

Am anderen Extrempunkt gibt es jene auf Freud zurückführbaren Tendenzen in der Sozialpsychologie, die das gesamte Denken auf den Affekt zu reduzieren versuchen. So zeigen wir, daß Münzen für arme Kinder größer aussehen als für reiche (Bruner und Postman), daß der Druck einer sozialen Gruppe einen Menschen davon überzeugen kann, daß er Kleckse sieht, die es nicht gibt (Asch), daß der Prozeß des Problemlösens in Gruppen sich aufbauende und entladende Spannungen mit sich bringt (Bales) und so weiter. Die letzte Generation der Verhaltenswissenschaftler war in der Folge von Freud emsig zu zeigen bemüht, daß die Menschen nicht annähernd so rational sind wie sie selbst zu sein glaubten. Möglicherweise wird die nächste Generation zu zeigen haben, daß sie weit rationaler sind, als wir sie heute beschreiben – aber mit einer weniger grandiosen Rationalität als die von den Ökonomen verkündete.

Diese Schizophrenie spiegelt sich in den Kapiteln IV und V wider. Das erste dieser beiden Kapitel versucht, das Konzept der Rationalität zu klären, wie es in der ökonomischen Theorie und der formalen Entscheidungstheorie entwickelt worden ist. Das zweite Kapitel untersucht die Grenzen, die die beschränkten kognitiven Fähigkeiten des Menschen der Ausübung der Rationalität setzen. Also ist es Kapitel V und nicht Kapitel IV, das Rationalität so beschreibt, wie wir sie im realen Leben tatsächlich erwarten sollten.[5]

Für jeden, der Organisationen beobachtet oder sich mit ihrer Theorie beschäftigt hat, scheint es hinlänglich deutlich, daß das menschliche Verhalten in Organisationen, wenn auch nicht vollkommen rational, so doch zu einem guten Teil zumindest *beabsichtigt* rational ist. Ein großer Teil des Verhaltens in Organisationen ist, oder scheint, aufgabenorientiert – und manchmal durchaus wirksam bei der Erreichung seiner Ziele. Wenn wir also eine psychologische Darstellung des menschlichen Verhaltens in Organisationen geben sollen, dann muß die von uns verwendete psychologische Theorie Raum für rationales Verhalten lassen.

Für den Beobachter des Verhaltens in Organisationen erscheint es gleichermaßen einleuchtend, daß die dort entfaltete Rationalität nichts von der umfassenden Allwissenheit besitzt, die dem homo oeconomicus zugeschrieben wird. Also können wir nicht einfach die Psychologie über Bord werfen und die Organisationstheorie auf eine ökonomische Grundlage stellen. Tatsächlich – und ich werde diesen Punkt im nächsten Abschnitt näher ausführen – gibt es genau in dem Bereich, wo das menschliche Verhalten *beabsichtigt* rational, aber das nur *begrenzt* ist, Raum für eine eigenständige Theorie der Organisation und Verwaltung.

Die Grenzen der Rationalität

In einem Satz lautet die These der Kapitel IV und V wie folgt: *Das zentrale Anliegen der Organisationstheorie ist die Grenze zwischen den rationalen und den nichtrationalen Aspekten des menschlichen sozialen Verhaltens.* Die Organisationstheorie ist insbesondere die Theorie der beabsichtigten und beschränkten Rationalität – die Theorie des Verhaltens von Menschen, die *befriedigende* Lösungen anstreben, weil sie nicht den Verstand haben, zu *maximieren.*

Diese These wird explizit an drei Stellen des Buches diskutiert: in einer einführenden Weise auf den Seiten 78–80, in bezug auf die Psychologie der Entscheidung auf den Seiten 116 und in ihren Konsequenzen für die Organisation auf den Seiten 239–259. Die Durchsicht dieser Seiten wird nützliche Orientierungshilfen für das Lesen und die Interpretation der Kapitel IV und V vermitteln.

Kapitel IV bereitet den Weg für die Beschreibung der menschlichen Rationalität in Organisationen durch die Darstellung der umfassenderen Rationalität des homo oeconomicus und durch die Angabe der Voraussetzungen, die ein Mensch erfüllen müßte, wenn er seine Wahlhandlungen in der Art und Weise treffen wollte, die die ökonomische Theorie annimmt. Kapitel V versucht dann anzugeben, wie das tatsächliche Verhalten vom ökonomischen Modell abweicht und welche Rolle die organisatorische Umwelt bei diesem Verhalten spielt.

Zu der Zeit, als diese Kapitel geschrieben wurden, war das Modell des homo oeconomicus sehr viel vollständiger und stärker formal entwickelt als das Modell des *homo organisans* (zum Teil wegen der vorrangigen Beschäftigung der Psychologen mit dem Nichtrationalen). Dementsprechend wurden die Grenzen der Rationalität in diesem Buch weitgehend als Restkategorien bestimmt und die ausdrückliche Charakterisierung des Entscheidungsprozesses ist sehr unvollständig.

In der Psychologie hat es in den vergangenen zwanzig Jahren eine starke Renaissance des Interesses an der menschlichen Rationalität gegeben – im gesamten Sachbereich, der unter die Bezeichnung „kognitive Psychologie" gefaßt wird. Folglich ist es heute eher als zur Zeit der ersten Veröffentlichung von *Entscheidungsverhalten in Organisationen* möglich, ein Modell der rationalen Wahlhandlung zu konstruieren, das die tatsächlichen Eigenschaften menschlicher Wesen einbezieht und gleichzeitig einiges von der formalen Klarheit des ökonomischen Modells bewahrt. Wie sich herausgestellt hat, sind zwei kritische Veränderungen erforderlich, um den homo oeconomicus des Kapitels IV in den Menschen mit begrenzter Rationalität, den homo organisans des Kapitels V zu verwandeln, den wir aus dem alltäglichen Leben kennen.[6]

(1) Während der homo oeconomicus maximiert – die beste Alternative aus der Menge aller ihm verfügbaren Alternativen auswählt, sucht sein Vetter, der homo organisans, befriedigende Lösungen – er sucht nach einer Handlungsalternative, die befriedigend oder „gut genug" ist. Beispiele für Befriedigungskriterien, die dem Geschäftsmann gut vertraut sind, den meisten Ökonomen jedoch nicht, sind „Marktanteil", „angemessener Gewinn" und „fairer Preis".[7]

(2) Der homo oeconomicus befaßt sich mit der „realen Welt" in ihrer ganzen Komplexität. Der homo organisans erkennt, daß die Welt, die er wahrnimmt, ein drastisch vereinfachtes Modell des summenden, blühenden Durcheinanders ist, das die reale Welt darstellt. Er ist mit dieser groben Vereinfachung zufrieden, weil er glaubt, daß die reale Welt größtenteils leer ist – daß die meisten Fakten der realen Welt keine besondere Relevanz für eine der bestimmten Situationen haben, in denen er sich befindet, und daß die meisten bedeutsamen Ketten von Ursachen und Wirkungen kurz und einfach sind (siehe Seite 105–107). Also ist er bereit, jene Aspekte der Realität – und das heißt die *meisten* Aspekte – außer acht zu lassen, die zu einer bestimmten Zeit als irrelevant erscheinen. Bei seinen Entscheidungen verwendet er ein einfaches Bild der Situation, das nur einige der Faktoren berücksichtigt, die er als die relevantesten und kritischsten betrachtet.

Welche Bedeutung haben diese beiden Eigenschaften des homo organisans? Erstens, weil er befriedigende Lösungen anstrebt, statt zu maximieren, kann der homo organisans seine Entscheidungen treffen, ohne zuerst alle möglichen Verhaltensalternativen zu untersuchen und ohne sich zu versichern, daß dies tatsächlich *alle* Alternativen sind. Zweitens, weil er die Welt als ziemlich leer behandelt und die Interdependenz aller Dinge vernachlässigt (die so lähmend für Denken und Handeln ist), kann der homo organisans seine Entscheidungen mit relativ einfachen Daumenregeln treffen, die an seine Denkkapazität keine unmöglichen Anforderungen stellen.

Diese Beschreibung des homo organisans ist im wesentlichen eine Weiterentwicklung und Formalisierung der Beschreibungen auf den Seiten 116–118 von *Entscheidungsverhalten in Organisationen.* Aber woher wissen wir, daß sie eine richtige Beschreibung ist – genauer als beispielsweise das Modell des homo oeconomicus? Die erste und vielleicht nicht unwichtigste Überprüfung ist die durch den gesunden Menschenverstand. Es ist nicht schwer, sich die Entscheidungsmechanismen vorzustellen, die der homo organisans verwenden wird. Unser Bild von ihm stimmt ziemlich gut mit unserem introspektiven Wissen von unseren eigenen Urteilsprozessen überein und ebenso mit den stärker formalen Beschreibungen dieser Prozesse, die von den Psychologen gegeben werden, die diese Prozesse untersucht haben.

Die vergangenen zwanzig Jahre haben einen enormen Fortschritt auf dem Gebiet erlebt, das jetzt „Psychologie der Informationsverarbeitung" genannt wird. Menschliche Denkprozesse bei der Lösung schwieriger Probleme, beim Erwerb von Konzepten und bei Entscheidungsaufgaben sind erfolgreich mit Hilfe von Programmen für elementare symbolverarbeitende Prozesse beschrieben worden. Diese Erklärungen sind in derartigen Einzelheiten ausgeführt worden, daß konkrete Computerprogramme zur Simulation menschlichen Verhaltens geschrieben und enge Übereinstimmungen zwischen den Outputs der Computerprogramme und den Denke-Laut-Protokollen menschlicher Versuchspersonen, die mit den gleichen Aufgaben befaßt waren, erreicht worden sind.[8]

Hier ist nicht der Ort, um diese Entwicklungen in der Psychologie im Detail zu beschreiben. Für unsere Zwecke ist es wichtig, daß die grundlegenden Voraussetzungen über die menschliche Rationalität, die in diese Verhaltenssimulationen eingebaut waren, im wesentlichen die Voraussetzungen des oben beschriebenen Menschen sind, der befriedigende Lösungen sucht. Die Prüfungen dieser neuen psychologischen Theorien waren auch nicht auf Aufgaben in Laborsituationen begrenzt. Beispielsweise ist der Entscheidungsprozeß des Vermögensverwalters einer Bank bei der Auswahl von Investmentportefeuilles erfolgreich simuliert worden, und eine detaillierte Analyse darüber, wie Studenten nach Abschluß ihres betriebswirtschaftlichen Studiums ihre ersten Stellen auswählten, ist mit Hilfe von Informationsverarbeitungskonzepten durchgeführt worden.[9]

Angesichts des beträchtlichen Beweismaterials, das nun zur Unterstützung des Konzeptes der beschränkten Rationalität, der befriedigenden Problemlösung und der begrenzten Rationalität des homo organisans verfügbar ist, betrachte ich die Beschreibung der menschlichen Rationalität in den Kapiteln IV und V nicht mehr als hypothetisch, sondern in ihren Hauptzügen nun als bestätigt.

Die Beziehung zu aktuellen Entwicklungen der formalen Entscheidungstheorie

Es ist interessant und sogar ein wenig ironisch, daß es gerade zu der Zeit, da wir gelernt haben, ziemlich genaue und empirisch bestätigte Theorien des rationalen menschlichen Entscheidungsverhaltens zu entwickeln, eine lebhafte Renaissance des Theoretisierens über den homo oeconomicus gab. Die Renaissance kann einerseits auf den durch von Neumann und Morgenstern ermöglichten bemerkenswerten Fortschritt der Spieltheorie zurückgeführt werden und andererseits auf den gleichermaßen bemerkenswerten und eng verwandten Fortschritt in der statistischen Entscheidungstheorie, der durch Neyman und Pearson, durch Wald und durch Savage ermöglicht wurde.[10]

Diese Entwicklungen werden oft als einheitliches Ganzes behandelt; die verschiedenen Teile werden nicht immer vollständig getrennt. In der Spieltheorie von v. Neumann und Morgenstern sind mindestens fünf gesonderte und unterschiedliche Konzepte enthalten, die alle wichtig sind.

(1) Die Idee der Darstellung möglichen zukünftigen Verhaltens in einem „Baum", dessen Äste sich von jedem Entscheidungspunkt strahlenförmig so ausdehnen, daß das Individuum an jedem dieser Punkte den geeigneten Ast auswählen muß, dem es folgen will (siehe S. 104 unten). Dieses Konzept ist viel älter als die moderne Spieltheorie und kann zumindest bis 1893 zurückverfolgt werden. Es ist den meisten Schachspielern und den Psychologen, die Ratten durch Labyrinthe laufen ließen, intuitiv vertraut.

(2) Die Idee der Wahl der Minimaxalternative (der Wahl des Astes, der angesichts eines feindseligen Gegners das beste Ergebnis bringen wird) als Definition der rationalen Wahl in einer Konkurrenzsituation (siehe S. 107–109 unten). Dieses Konzept hat ebenfalls eine lange Geschichte. Es ist Schachspielern intuitiv bekannt und wurde schon 1912 von dem Logiker Ernst Zermelo formal beschrieben.[11]

(3) Die Idee der Verwendung einer gemischten Strategie (z. B. Bluffen) in einer Konkurrenzsituation, um zu verhindern, daß der Gegner die eigenen Absichten erkennt. Von Neumann hat 1928 bewiesen, daß immer eine „beste" Strategie in diesem Sinne existiert.

(4) Die Idee der Definition einer rationalen Entscheidung in Konkurrenzsituationen mit mehr als zwei Spielern anhand von Möglichkeiten zur Koalitionsbildung. Das war die wichtige neue Idee, die 1945 mit der Publikation von *The Theory of Games and Economic Behavior* vorgeschlagen wurde. Bis zum heutigen Zeitpunkt hat diese Idee einige Anwendungen in der Politikwissenschaft, aber kaum in der Ökonomie oder der Organisationstheorie gefunden.

(5) Der Nachweis, daß bei unsicheren Entscheidungen, bei denen nur die Wahrscheinlichkeitsverteilung der Ergebnisse bekannt ist, die Annahme der konsistenten Entscheidung gleichbedeutend mit der Annahme ist, daß der Entscheidungsträger eine kardinale Nutzenfunktion hat und so auswählt, daß er deren Erwartungswert maximiert. Diese Idee kann auf den englischen Philosophen Frank Ramsey (1926) zurückgeführt werden, wurde aber durch die Spieltheorie wieder in Erinnerung gerufen.

Die Theorie der beschränkten Rationalität in *Entscheidungsverhalten in Organisationen* schließt den Punkt (1) dieser Liste ein und ist mit Punkt (3) nicht unvereinbar, aber die verbleibenden Punkte charakterisieren den homo oeconomicus und nicht den homo organisans und sind kein Teil des hier verwendeten Modells. Dieser grundlegende Unterschied ist manchmal von Kritikern übersehen worden, die fälschlicherweise angenommen haben, daß der Begriff „rational" in *Entscheidungsverhalten in Organisationen* im wesentlichen dieselbe Bedeutung hat, die er für klassische Ökonomen, Spieltheoretiker und statistische Entscheidungstheoretiker besitzt.

Man muß einfach von der Virtuosität beeindruckt sein, die während der letzten Generation in der formalen Entscheidungstheorie gezeigt wurde, von der Schönheit einiger Ergebnisse und der Anwendbarkeit dieser Ergebnisse als normative Regeln für Entscheidungsprozesse unter gewissen ziemlich begrenzten Bedingungen.[12] Es muß aber klargemacht werden, daß die in diesem Buch entwickelten Theorien der menschlichen Entscheidung und der Organisation auf einer ganz anderen Beschreibung des rationalen Menschen beruhen als die Spieltheorie und die statistische Entscheidungstheorie.

Wenn wir ein gemeinsames konzeptionelles Dach finden wollen, unter dem sowohl der homo oeconomicus als auch der homo organisans leben könnten, dann kann darunter nur Punkt (1) der obigen Liste einbezogen werden – der „Baum" möglicher zukünftiger Verhaltensweisen. Bemerkenswerterweise stellt dieser Baum auch das zentrale Konzept für eine andere theoretische Entwicklung der letzten Generation dar, die breite Aufmerksamkeit gefunden hat – die Theorie der selektiven Information, die auf Shannon, Wiener und andere zurückgeht.[13] In der Psychologie machen die sogenannten stochastischen Lerntheorien, wahrscheinlich über die Theorie von Shannon, ihrerseits von genau der gleichen Vorstellung Gebrauch. Die Tatsache, daß dieses Konzept unabhängig in solch einer Vielfalt von Zusammenhängen als Rahmen für eine Verhaltenstheorie aufgegriffen wurde, läßt vermuten, daß es den wirklichen Kern des neuen verhaltenswissenschaftlichen *Zeitgeistes* darstellt.[14]

Psychologische Wurzeln der organisatorischen Identifikation

In Kapitel X werden die psychologischen Grundlagen der organisatorischen Identifikation kurz diskutiert (S. 228–230). Gegenwärtig würde ich dazu neigen, die kognitiven Faktoren (vgl. die Diskussion des „Aufmerksamkeitsschwerpunktes", S. 229–230) weitaus stärker als im vorliegenden Kapitel zu betonen. Das war sogar meine ursprüngliche Absicht, aber ich wurde von der damals üblichen Art der Sozialpsychologie mitgerissen, immer die affektiven den kognitiven Erklärungsmechanismen vorzuziehen. Deshalb wurde in Kapitel X zuwenig Gewicht auf die Grenzen der Rationalität als Erklärung der Unterzielbildung und der Loyalität zu Unterzielen gelegt und als Folge wurde die enge Abhängigkeit dieses Kapitels von Kapitel V undeutlich. Diese Lücke wird nun etwas durch das neue Kapitel XV geschlossen, das empirische Befunde dafür liefert, daß die selektive Aufmerksamkeit Identifikationen mit Unterzielen verursacht.

Der Mechanismus der Identifikation – oder zumindest seine kognitiven Aspekte – können wie folgt beschrieben werden:

(1) Höhere Ziele vermitteln nur geringe Anleitung zum Handeln, weil es schwierig ist, ihre Erreichung zu messen und ebenfalls schwierig, die Auswirkungen konkreter Handlungen auf diese Ziele zu messen. Die umfassenden Ziele (wie „langfristiger Gewinn", „öffentliche Wohlfahrt" usw.) sind also nicht *operativ* – und stellen auch nicht den „gemeinsamen Nenner" zur Verfügung, der in Kapitel IX über Effizienz als wesentlich für eine Wahl zwischen Alternativen erörtert wird.

(2) Entscheidungen werden folglich im allgemeinen anhand der höchsten Ziele getroffen, die operativ sind – der allgemeinsten Ziele, auf die die Handlung ziemlich eindeutig bezogen werden kann und die für die Beurteilung der Zielerfüllung eine gewisse Grundlage bieten. Die operativen Ziele liefern die Keime, um die sich das vereinfachte Modell der Welt des Entscheidungsträgers kristallisiert. Er zieht die Dinge in Betracht, die ziemlich direkt mit diesen Zielen in Beziehung stehen und wertet andere ab oder vernachlässigt sie.

(3) Seine Unterziele veranlassen den Entscheidungsträger nicht nur, seine Umwelt selektiv zu beobachten, sondern die von ihm zur Erreichung dieser Ziele aufgebauten Organisationsstrukturen und Kommunikationskanäle setzen ihn nur bestimmten Arten von Informationen aus und schirmen ihn von anderen ab. Wegen der Komplexität der ihn erreichenden Informationen werden dennoch selbst diese ausgewählten Informationen nur teilweise und unvollständig analysiert.

Beziehungen zur soziologischen Theorie

Es wird manchmal gefragt, ob eine Analyse von Organisationen anhand ihrer Entscheidungsprozesse „soziologisch" oder „psychologisch" sei. Die Frage ist ein wenig seltsam; sie ist wie die Frage, ob die Molekularbiologie zur Biologie oder zur Chemie gehört. Die richtige Antwort ist in jedem Falle „beides". *Entscheidungsverhalten in Organisationen* analysiert Organisationen anhand des Entscheidungsverhaltens ihrer Teilnehmer, aber gerade das organisatorische *System,* das dieses Verhalten umgibt, verleiht ihm seinen speziellen Charakter. Die Rollen der Organisationsmitglieder werden durch ihre Zielidentifikationen geformt, und Zielidentifikationen sind wiederum ein Produkt der Einordnung in der Organisation.

Natürlich ist die Analyse von Entscheidungsprozessen nicht der einzige Ansatz für die Untersuchung von Organisationen, ebensowenig wie die Biochemie der einzige Ansatz für die Untersuchung von Organismen ist. Eine Reihe von Forschern, vor allem Soziologen, zieht es vor, allgemeinere Merkmale von Organisationen zu betrachten und diese mit Variablen wie Organisationsgröße oder Organisationsumwelt in Beziehung zu setzen. Solche Untersuchungen haben einen wichtigen Platz in der

Organisationsforschung; aber letztendlich möchten wir natürlich die Beziehungen zwischen den verschiedenen Untersuchungsebenen finden. Wenn Organisationen, die in verschiedenen Branchen (z. B. Stahlbetriebe im Vergleich zu Werbeagenturen) tätig sind, typischerweise unterschiedliche strukturelle Merkmale annehmen, dann möchten wir diese Unterschiede durch die zugrunde liegenden Unterschiede bei den Entscheidungsprozessen erklären.

Entscheidungsprozesse in Organisationen laufen nicht in isolierten menschlichen Köpfen ab. Statt dessen wird der Output eines Mitglieds zum Input eines anderen. Wegen dieser Interdependenz, die durch ein vielfältiges Netz von teilweise formalisierten Kommunikationsbeziehungen unterstützt wird, sind Entscheidungsprozesse ein organisiertes System von Beziehungen, und Organisieren ist ein Problem der Systemgestaltung. Diese Sichtweise der Organisationsgestaltung wird in dem vorliegenden Band vielleicht am besten durch das neue Kapitel XVII demonstriert. Der Leser dieses Kapitels kann selbst entscheiden, ob er „Psychologie" oder „Soziologie" liest oder er kann die ganze Frage einfach als unwichtig abtun. Ich gestehe, daß ich die Neigung habe, genau das zu tun.

Rollentheorie. Das Konzept der *Rolle* liefert die „soziologische" Standarderklärung von Verhalten – der Kapitän geht mit seinem Schiff unter, weil er die Rolle als Kapitän akzeptiert hat, und weil Kapitäne in unserer Kultur das so tun. Der Begriff wird in *Entscheidungsverhalten in Organisationen* nicht häufig verwendet, aber das wäre leicht möglich gewesen, wenn meine sprachlichen Gewohnheiten in der Soziologie statt in der Politikwissenschaft geformt worden wären (siehe z. B. S. 132–134). Der Nutzen des Begriffs ist jedoch begrenzt, weil ihm nie eine hinreichend präzise Definition gegeben worden ist.

In ihrem ursprünglichen Begriffsinhalt als dramatischer Part impliziert „Rolle" ein zu spezifisches Verhaltensmuster. Eine Mutter redet keinen einstudierten Text; ihr Rollenverhalten paßt sich der Situation an, in der sie sich befindet, und hängt davon ab. Außerdem gibt es bei der Ausübung einer sozialen Rolle Raum für alle Arten idiosynkratischer Variationen. Nun weisen die Soziologen, die das Rollenkonzept verwenden, zwar auf diese Einschränkung hin, aber sie sagen uns nicht, wie diese in eine Rollendefinition einbezogen werden sollen und geben mithin nicht an, wie die Rollentheorie für die Vorhersage von Verhalten verwendet werden sollte.

Hierin liegt die Bedeutung meiner früheren Bemerkung, daß die Entscheidung eine zu grobe Analyseeinheit ist und in ihre Prämissenbestandteile zerlegt werden muß. Die Schwierigkeiten der Rollentheorie entfallen, wenn wir soziale Beeinflussung als Einfluß auf die *Prämissen* der Entscheidung betrachten. Eine Rolle ist eine Festlegung von einigen, aber nicht allen Prämissen, die den Entscheidungen eines Individuums zugrunde liegen (vgl. S. 239–246). Viele andere Prämissen fließen ebenfalls in die gleichen Entscheidungen ein, einschließlich informationaler Prämissen und idiosynkratischer Prämissen, die Unterschiede der Persönlichkeit ausdrücken. Verhalten kann also vorhergesagt werden, wenn die Entscheidungsprämissen in hinreichenden Einzelheiten bekannt sind (oder vorhergesagt werden können). Für einige Zwecke mag die Kenntnis der Rollenprämissen ausreichen (z. B. um das Verhalten eines Polizisten vorherzusagen, der sieht, wie Sie über ein Haltzeichen fahren); für andere Zwecke können die informationalen Prämissen oder andere entscheidend sein.

Solange die Prämisse nicht als Einheit gewählt wird, begeht die Rollentheorie einen Fehler, der dem der ökonomischen Theorie gerade entgegengesetzt ist – sie läßt keinen Raum für Rationalität im Verhalten. Wenn die Rolle ein Verhaltensmuster ist, dann kann die Rolle von einem sozialen Standpunkt aus funktional sein, aber der Ausführende der Rolle kann kein rational Handelnder sein – er spielt einfach seinen Part. Wenn eine Rolle andererseits aus der Festlegung von gewissen Wert- und Tatsachenprämissen besteht, dann wird der Rolleninhaber üblicherweise denken und Probleme lösen müssen, um diese Werte zu erreichen. Eine durch Prämissen definierte Rolle läßt Raum für die rationale Kalkulation beim Verhalten.

Die *Handlungstheorie,* wie sie von Talcott Parsons und seinen Schülern entwickelt worden ist, sieht sich vor der gleichen Schwierigkeit wie die Rollentheorie, wenn auch vielleicht in einer weniger akuten Form. Die „Handlung" ist eine weniger grobe Einheit als die „Rolle", aber der „Entscheidung" vergleichbar. Aus diesem und anderen Gründen erscheinen mir die Kategorien der Handlungstheorie von Parsons für die Beschreibung von Verhalten nicht stabil und flexibel genug. Die „Weltorientierung des Aktors" gestattet fast sicher eine sehr viel breitere Vielfalt, als durch die dichotomen Strukturvariablen von Parsons ermöglicht wird.

Wir ziehen also zur Rollentheorie und zur Handlungstheorie die gleichen Schlußfolgerungen: Es ist nicht möglich, eine geeignete Theorie des menschlichen Verhaltens ohne eine zweckmäßige Analyseeinheit aufzubauen. Die Rolle ist ebenso wie die Handlung eine zu grobe Einheit. Die *Entscheidungsprämisse* ist eine viel kleinere Einheit als diese beiden – denn an jeder einzelnen Entscheidung oder Handlung sind viele Prämissen beteiligt, und viele Prämissen sind in der Definition einer einzelnen Rolle enthalten. Sie ist außerdem eine Einheit, die mit der Beschreibung des Verhaltens durch den Entscheidungsbaum vollständig vereinbar ist. In jeder Hinsicht erscheint mir die Entscheidungsprämisse heute wie damals, als ich die erste Auflage dieses Buches schrieb, die geeignete Einheit für die Untersuchung menschlichen Verhaltens zu sein.

Die Umwelt der Organisation

Wie in Kapitel II dieses Buches gezeigt wird, versuchte die klassische Organisationstheorie irrtümlich, kategorische und unveränderliche „Organisationsprinzipien" zu entwickeln, die ohne Einschränkungen für alle Organisationen in allen Zeiten anwendbar sein sollten. Die „Prinzipien" sind schrittweise einem kräftigen Strom der Kritik gewichen sowie empirischer Forschung, die gezeigt hat, daß eine Organisation nur dann leistungsfähig sein kann, wenn ihre Gestaltung für ihre Funktionen sowie für ihre soziale und technische Umwelt geeignet ist. Wie William Dill in einer früheren Studie dieser Art gezeigt hat, muß sich ein Unternehmen, das einen breiten Bereich unterschiedlicher Produkte für Kunden in mehreren Branchen herstellt, zwangsläufig anders organisieren, wenn es überleben will, als ein Unternehmen, das eine einzige Produktart für eine homogene Gruppe von Kunden herstellt.[15]

Weitere Untersuchungen, die nun reiche Informationen über die Art der Anpassungen von Organisationen an die Umwelt bereitstellen, sind von Joan Woodward, Tom Burns und G. M. Stalker, Charles Perrow, James D. Thompson, P. R. Lawrence und J. W. Lorsch und einigen anderen durchgeführt worden.[16]

Die Kapitel XVI und XVII des vorliegenden Bandes wenden sich beide der Frage zu, in welcher Beziehung die Organisationsform zu Umwelt und Aufgabe steht. Das erste dieser Kapitel ist eine Fallstudie über die Economic Cooperation Administration, die 1948 zur Durchführung des Marshallplanes für Hilfe an westeuropäische Nationen organisierte Bundesbehörde. Das zweite Kapitel ist eine normative Diskussion über die Organisationsprobleme von Wirtschaftshochschulen, die stark auf meinen eigenen Erfahrungen an der Graduate School of Industrial Administration der Carnegie-Mellon University beruht.

Die ECA-Studie betont einen Aspekt der Organisation, der in der Organisationsliteratur nicht hervorgetreten, der aber eng mit dem sogenannten „Repräsentationsproblem" verbunden ist, das heute in der kognitiven Psychologie ausgiebig diskutiert und erforscht wird. In gegenwärtigen Theorien des Problemlösens werden zwei Stufen des Problemlösungsprozesses unterschieden: eine Anfangsstufe der Problemformulierung, während der der Problemlöser zu einer bestimmten Repräsentation der Problemsituation gelangt und eine nachfolgende Stufe, in der er die Problemsituation innerhalb der angenommenen Repräsentation manipuliert, um durch eine Abfolge von Bemühungen eine Lösung zu finden. Die zeitliche Trennung zwischen diesen beiden Stufen ist im allgemeinen nicht scharf – es gibt viele Überschneidungen – aber falls der Problemlöser nicht schon mit einer fertigen Repräsentation an das Problem herangeht (d. h., das Problem ist von einem Typ, mit dem er zuvor schon oft zu tun hatte), dann ist seine anfängliche Hauptbeschäftigung das Finden einer solchen Repräsentation und nur schrittweise bewegt er sich auf Versuche zur Problemlösung hin.[17]

Die ECA-Studie beschreibt einen sehr ähnlichen Prozeß der Repräsentationssuche in den anfänglichen Stufen der Bildung einer neuen Organisation. Erst als alternative Repräsentationen anhand der Anforderungen der Aufgabe der Behörde überprüft wurden und ein Konsens über eine geeignete Repräsentation erreicht wurde, nahm die Organisation der Economic Cooperation Administration eine eindeutige Form an. Die Fallstudie zeigt, daß die Stabilisierung der Entscheidungsstruktur in einer Organisation erfordert, daß mehr oder weniger übereinstimmende Bilder von dieser Struktur in den Gedächtnissen von vielen ihrer Mitglieder gespeichert sein müssen.

Genau so wie Anatomie und Physiologie komplementäre Ansätze für die Untersuchung von Organismen darstellen, bieten auch Struktur und Prozeß komplementäre Ansätze für die Untersuchung von Organisationen. Der größte Teil der gegenwärtigen Forschung, die die Organisation zur Umwelt in Beziehung setzt, betont die aggregierten strukturellen Merkmale von Organisationen. In diesem Buch betrachten wir die Mechanismen der Anpassung genauer: wie der Entscheidungsprozeß und das Kommunikationssystem zwischen der Organisation und ihrer Umwelt vermitteln.

Schluß

Wie diese Einführung erkennen läßt, ist seit dem Erscheinen der ersten Auflage von *Entscheidungsverhalten in Organisationen* in der Organisationstheorie eine Menge geschehen. Es hat einen breiten Strom von Schriften und Forschungsarbeiten über soziale Beziehungen und eine beharrliche Befragung der klassischen Sichtweise zur Ausübung von Autorität in Organisationen gegeben. Die Untersuchung der menschlichen Denk- und Entscheidungsprozesse ist nachdrücklich verfolgt worden, mit dem Ergebnis, daß die Theorie der beschränkten Rationalität auf feste empirische Grundlagen gestellt worden ist. Der Computer ist in der Wirtschaftswelt erschienen und hat sich vervielfacht, wodurch neue Konzepte der Kommunikation und der Informationsverarbeitung eingeführt wurden. Die Abhängigkeit der Organisationsstruktur und -prozesse von Umwelt und Technologie wird nun aus vielen Perspektiven untersucht.

Entscheidungsverhalten in Organisationen wurde unter der Annahme geschrieben, daß Entscheidungsprozesse der Schlüssel zum Verständnis von organisatorischen Phänomenen sind. Die oben zusammengefaßten Entwicklungen lassen diese Annahme heute noch begründeter erscheinen als vor fünfundzwanzig Jahren. Ich hoffe, daß dieses um einige neue Kapitel erweiterte Buch weiterhin allen helfen wird, die diese komplexen sozialen Systeme, die Organisationen, in denen wir unsere Arbeit tun, besser verstehen und wirksamer führen wollen.

Danksagungen

Ich bin DeWitt C. Dearborn besonders dankbar für seine freundliche Erlaubnis, unsere gemeinsame Arbeit über Identifikationen als Kapitel XV dieser dritten Auflage verwenden zu dürfen.

Im Laufe der letzten zwanzig Jahre haben zahlreiche Kollegen, DeWitt eingeschlossen, zu meiner fortwährenden Weiterbildung in Organisations- und Verwaltungsfragen beigetragen. Die Identitäten vieler dieser Kollegen sind aus den Fußnoten zu dieser neuen Einführung zu erkennen, aber ich möchte einige herausheben, mit denen ich am engsten verbunden war und die deshalb am meisten für das, was ich gelernt habe, verantwortlich sind. Am Illinois Institute of Technology waren es Donald Smithburg und Victor Thompson, mit denen ich bei der Abfassung von *Public Administration* zusammenarbeitete. Während der frühen 50er Jahre am damaligen Carnegie Institute of Technology waren meine wichtigsten Partner bei organisatorischen Untersuchungen zuerst Harold Guetzkow, George Kozmetzky und Gordon Tyndall; danach Richard Cyert, James March und William Dill. Ich bin ihnen allen zutiefst verpflichtet, ebenso wie mindestens zwei Dutzend weiterer Fakultätskollegen und begabter Studenten, die die Gebäude der Graduate School of Industrial Administration in den 50ern bevölkerten.

Die Erlaubnis für den Wiederabdruck von Kapitel XII wurde mir freundlicherweise von den Herausgebern von *Administrative Science Quarterly* erteilt; für Kapitel XIII von den Herausgebern von *Management Science*; für die Kapitel XIV und XVI von den Herausgebern von *Public Administration Review*; für Kapitel XV von den Herausgebern von *Sociometry* und für Kapitel XVII von den Herausgebern des *Journal of Management Studies*. Allen diesen Zeitschriften gilt mein Dank.

Während ich die Namen jener wieder lese, für deren Hilfe ich in der ersten Auflage gedankt habe, finde ich zwei Menschen, deren lebenslange Freundschaft ich zu meinen besonderen Segnungen zähle. Kein junger Mann hätte mit seinem ersten Chef glücklicher sein können als ich. Rückblickend staune ich über Clarence E. Ridleys Kombination von theoretischer Einsicht mit praktischem Scharfsinn, über seine Fähigkeiten sowohl zu planen als auch für die Erfüllung der Pläne zu sorgen und über sein Talent, seine Mitarbeiter dazu zu bringen, weit über sich selbst hinauszuwachsen. Ich bin ihm besonders dankbar für seine Toleranz gegenüber jugendlichem Ungestüm, seiner unbekümmerten Bereitwilligkeit, Verantwortung an die Jungen zu delegieren und für seine herzliche Freundschaft.

Meine Freundschaft mit Harold Guetzkow begann in einem Zug, der uns 1933 als Anfänger an die Universität von Chikago brachte. Harold war es, der mich zuerst für die kognitive Psychologie interessierte, als wir noch Studenten waren. Obwohl dieses Interesse über zwei Jahrzehnte schlummerte, während denen wir durch unsere gemeinsamen und getrennten Organisationsuntersuchungen in Anspruch genommen waren, wurde es seit der Mitte der 50er Jahre meine wesentliche Hauptbeschäftigung, wenn nicht gar meine Besessenheit. Neben vielem anderen verdanke ich Harold viel von der tiefen intellektuellen Freude, die mir diese Jahre gebracht haben.

Und was soll ich von meiner Frau Dorothea sagen, der diese Auflage von *Entscheidungsverhalten in Organisationen* ebenso wie die beiden vorherigen Auflagen gewidmet ist? Claude Barnard sagte einmal: „Wenn ich Leben in einem Wort definieren sollte, so würde ich sagen: ‚Leben ist Schöpfung'." Dem würde ich hinzufügen: Und es bedarf zweier Menschen, um schöpferisch zu sein. Zumindest ist das meine Erfahrung aus der erfüllten Partnerschaft, die Dot und ich durch unser ganzes erwachsenes Leben geteilt haben.

Herbert A. Simon
Pittsburgh, Pennsylvania
7. Januar 1975

Fußnoten: Einführung zur dritten Auflage

1 Zur Theorie des Gestaltungsprozesses und zu jüngeren Fortschritten in Richtung auf eine Technologie der Gestaltung siehe *Simon,* H. A., The Sciences of the Artificial, Cambridge 1969, Kap. 3: The Science of Design.

2 Diese Darstellung beruht auf einem Bericht über eine Untersuchung, die in Zusammenarbeit mit Harold Guetzkow, George Kozmetsky und Gordon Tyndall durchgeführt wurde. Vgl. *Simon,* H. A. / *Guetzkow,* H. / *Kozmetsky,* G. / *Tyndall,* G., Centralization vs. Decentralization in Organizing the Controller's Department, New York 1954.

3 In dem Buch „Public Administration" erörtern meine Kollegen Don Smithburg und Victor Thompson und ich eine Reihe von Fragen der Organisationsgestaltung bei großen Regierungsverwaltungen. Obwohl einige der Beispiele in diesem Buch den Lesern, die sich nicht an den zweiten Weltkrieg erinnern, ein wenig prähistorisch erscheinen werden, gibt es sonst wenig in der Darstellung, das heute überholt erscheint. Die Anpassung von Organisationen an Umwelt und Aufgabe wird besonders in Kapitel 7 und in den Kapiteln 12 bis 15 diskutiert. Vgl. *Simon,* H. A. / *Smithburg,* D. / *Thompson,* V., Public Administration, New York 1950.

4 An anderer Stelle habe ich diese Entwicklungen des Computers und im Operations Research sowie ihre gegenwärtigen und voraussichtlichen Folgen für Management und Organisation untersucht. Vgl. die Vorträge in *Simon,* H. A., The New Science of Management Decision, New York 1960; auch als Teil von *Simon,* H. A., The Shape of Automation, New York 1965, veröffentlicht. Eine überarbeitete Auflage dieser Vorträge liegt unter dem ursprünglichen Titel vor; vgl. *Simon,* H. A., The New Science of Management Decision, 3. Aufl., Englewood Cliffs 1977.

5 Ich meine heute, daß in Kapitel IX „Effizienz" der allwissenden Rationalität des homo oeconomicus zuviel Raum zugestanden wird. Das auf den Seiten 200–201 erörterte Fehlen eines „gemeinsamen Nenners" macht das Effizienzkriterium in der Form, die es in diesem Kapitel annimmt, hauptsächlich für Entscheidungen auf ziemlich niedrigen Ebenen anwendbar. Meine heutigen Auffassungen werden vollständiger wiedergegeben in dem Kapitel über Effizienz (Kap. 23) in *Smithburg / Thompson / Simon,* a.a.O. und in meinem Aufsatz *Simon,* H. A., A Behavioral Model of Rational Choice, in: Quarterly Journal of Economics 69, 1955, wiederabgedruckt in *Simon,* H. A., Models of Man, New York 1957.

6 Siehe *Simon,* H. A., A Behavioral Model of Rational Choice, in: *Simon,* Models of Man, a.a.O. und *Simon,* H. A., Rational Choice and the Structure of the Environment, in: Psychological Review 63, 1956, beide wiederabgedruckt in: *Simon,* Models of Man, a.a.O.

7 Siehe z. B. *Cyert,* R. M. / *March,* J. G., Organizational Factors in the Theory of Oligopoly, in: Quarterly Journal of Economics 70, 1956, S. 44–64.

8 Zu einer Einführung in diese Entwicklungen der Psychologie siehe *Simon,* The Sciences of the Artificial, a.a.O., Kap. 2. Eine vollständigere Darstellung der Forschung über Problemlösen ist zusammen mit einer ausführlichen Bibliographie zu finden in *Newell,* A. / *Simon,* H. A., Human Problem Solving, Englewood Cliffs 1972.

9 Über die Simulation des Vermögensverwalters wird berichtet in *Clarkson,* G. P. E., Portfolio Selection: A Simulation of Trust Investment, Englewood Cliffs 1962. Die Studie über die Stellenwahl wird kurz beschrieben in *Soelberg,* P., Unprogrammed Decision Making, in: *Turner,* J. H. / *Filley,* A. C. / *House,* R. J. (Hrsg.), Studies in Managerial Process and Organizational Behavior, Glenview 1972. Mehrere empirische Untersuchungen über organisatorische Entscheidungsprozesse sind enthalten in *Cyert,* R. M. / *March,* J. G., A Behavioral Theory of the Firm, Englewood Cliffs 1963. Eine beträchtliche Zahl weiterer Untersuchungen von Entscheidungsprozessen in Unternehmen, die fast alle das in *Entscheidungsverhalten in Organisationen* entworfene Bild vom homo organisans bestätigen, sind in den vergangenen zwei Jahrzehnten veröffentlicht worden. Bedauerlicherweise gibt es keine einzige Stelle, in der diese Untersuchungen oder Verweise auf sie zusammengefaßt worden sind.

10 Zur Spieltheorie siehe *Neumann,* J. v. / *Morgenstern,* O., Theory of Games and Economic Behavior, Princeton 1947 und *Luce,* R. D. / *Raiffa,* H., Games and Decisions, New York 1957. Zur statistischen Entscheidungstheorie siehe *Savage,* L., The Foundations of Statistics, New York 1954 und die Verweise auf Neyman und Wald in der Bibliographie von Savage.

11 Zur Geschichte der Spieltheorie siehe *König,* D., Theorie der endlichen und unendlichen Graphen, Leipzig 1936, Kap. 8.

12 Der größte Teil der betriebswirtschaftlichen Forschung über normative Regeln für die Produktions- und Lagersteuerung gehört ebenso zu dieser Entwicklungslinie wie die bedeutsamen Fortschritte, die in der linearen Programmierung stattgefunden haben. Dieses Problem wird näher erläutert in *Simon,* Models of Man, a.a.O., Teil IV.

13 Siehe *Wiener,* N., Cybernetics, New York 1948.

14 Ich habe nur einige der überraschendsten Beispiele zitiert, bei denen diese Idee eines Verhaltensbaumes in den letzten Jahren aufgetaucht ist. Ihr Erscheinen kann auf die frühe Entwicklung der Booleschen Algebra, der symbolischen Logik und der Mengenlehre zurückgeführt werden. Zu weiteren Kommentaren zur Geschichte dieser Vorstellung siehe *Newell / Simon,* a.a.O., S. 874–888.

15 Vgl. *Dill,* W. R., Environment as an Influence on Managerial Autonomy, in: Administrative Science Quarterly 2, 1958, S. 409–443.

16 Eine ausgezeichnete Einführung in diese Literatur wird gegeben durch *Starbuck,* W. H. (Hrsg.), Organizational Growth and Development, Harmondsworth 1971, insbesondere durch den einleitenden Aufsatz von Starbuck, Organizational Growth and Development, das Kap. 9 von *Pugh,* D. S. / *Hickson,* D. J. / *Hinings,* C. R. / *Turner,* C., The Context of Organization Structures (zuerst veröffentlicht in: Administrative Science Quarterly 14, 1969, S. 91–114) und die Bibliographie am Schluß des Buches von Starbuck.

17 Repräsentation beim Problemlösen und andere kognitive Aufgaben werden untersucht in *Newell / Simon,* a.a.O., Kap. 3, in *Simon,* H. A. / *Siklossy,* L. (Hrsg.), Representation and Meaning, Englewood Cliffs 1972 und in *Hayes,* J. R. / *Simon,* H. A., Understanding Written Problem Instructions, in: *Gregg,* L. W. (Hrsg.), Knowledge and Cognition, Potomac 1974.

Vorwort zur ersten Auflage

Diese Untersuchung stellt einen Versuch zur Erarbeitung von Werkzeugen dar, die für meine eigene Forschung auf dem Gebiet der öffentlichen Verwaltung nützlich sein sollten. Sie entstand aus meiner Überzeugung heraus, daß wir auf diesem Gebiet noch nicht über geeignete sprachliche und konzeptionelle Werkzeuge verfügen, um selbst eine einfache Organisation realistisch und sinnvoll zu beschreiben – also auf eine Art zu beschreiben, die die Grundlage für die wissenschaftliche Analyse der Leistungsfähigkeit ihrer Struktur und Abläufe liefert. Von den Organisationsuntersuchungen, die ich gelesen habe, haben nur wenige die tatsächliche Natur von Organisationen erfaßt und in Worten niedergelegt; noch weniger haben mich davon überzeugt, daß ihre Schlußfolgerungen über die Leistungsfähigkeit der Organisation oder die Empfehlungen für ihre Verbesserung zutreffend aus den dargestellten Belegen abgeleitet werden konnten.

Die Reaktion auf die vorläufige Auflage dieses Buches und auf mehrere veröffentlichte Aufsätze, die daraus entnommen worden sind, zeigt, daß sich diese Zweifel nicht auf mich beschränken, sondern von vielen Praktikern und Forschern auf dem Gebiet der Organisation geteilt werden. Diese Sachlage stellt eine ernsthafte Anklage an unsere Wissenschaft und an uns selbst als Wissenschaftler dar. Ein chemisches Experiment erhält seine Gültigkeit – seine wissenschaftliche Anerkennung – aus seiner Wiederholbarkeit; und wenn es nicht hinreichend genau beschrieben wird, um wiederholt zu werden, dann ist es nutzlos. In der Organisationstheorie haben wir bis jetzt nur eine sehr unvollständige Fähigkeit festzustellen, was bei unseren organisatorischen „Experimenten“ geschehen ist – von der Sicherstellung ihrer Wiederholbarkeit gar nicht zu sprechen.

Ehe wir überhaupt unveränderliche „Organisationsprinzipien“ aufstellen können, müssen wir in der Lage sein, in Worten genau zu beschreiben, wie eine Organisation aussieht und wie sie arbeitet. Als Grundlage für meine eigenen Organisationsuntersuchungen habe ich versucht, eine Sprache zu erarbeiten, die eine solche Beschreibung erlaubt, und dieser Band stellt die Ergebnisse dar, zu denen ich gekommen bin. Diese Ergebnisse bilden keine „Theorie“ der Organisation, denn außer einigen Aussagen in der Form von Hypothesen werden keine Organisationsprinzipien aufgestellt. Wenn überhaupt „Theorie“ enthalten ist, dann die, daß Entscheiden der Kern der Organisation ist und daß die Sprache der Organisationstheorie aus der Logik und Psychologie der menschlichen Wahlhandlung hergeleitet werden muß.

Ich hoffe, daß dieser Band für drei Personengruppen von einigem Nutzen sein mag: erstens für Individuen, die sich mit der Organisationswissenschaft befassen und die in ihm einige anwendbare Methoden zur Beschreibung und Analyse von Organisationen finden können; zweitens, für Praktiker, die es hilfreich finden, manchmal auf einer abstrakten Ebene der Verallgemeinerung über Organisationen nachzudenken; drittens, für Studenten, die ihre Lehrbücher durch eine eingehendere Untersuchung der Verhaltensprozesse ergänzen möchten, aus denen erst das wirkliche Gewebe der Organisation entsteht.

Dezember 1946
Herbert A. Simon

Teil I

KAPITEL I

Entscheidungsprozesse und Organisation

Organisieren wird gemeinhin als die Kunst des „Machens" verstanden. Das Hauptgewicht wird auf Prozesse und Verfahren zur Durchsetzung einschneidender Maßnahmen gelegt. Es werden Prinzipien vorgegeben, um abgestimmte Tätigkeiten bei Gruppen von Menschen zu gewährleisten. Bei all diesen Diskussionen wird jedoch wenig Aufmerksamkeit auf die Entscheidung gerichtet, die allen Maßnahmen vorangeht – auf die Bestimmung dessen, was getan werden soll, anstatt auf das tatsächliche Tun. Dieses Problem – der Auswahlprozeß, der zur Handlung führt – ist Gegenstand der vorliegenden Untersuchung. In diesem einleitenden Kapitel wird die Problemstellung entwickelt und eine Übersicht über die Themen gegeben, die in den weiteren Kapiteln aufgegriffen werden sollen.

Obwohl jede praktische Tätigkeit sowohl „Entscheiden" als auch „Machen" beinhaltet, ist bisher noch nicht allgemein erkannt worden, daß eine Organisationstheorie sowohl die Entscheidungsprozesse als auch die Ausführungsprozesse zum Gegenstand haben sollte.[1] Diese Vernachlässigung hängt vielleicht mit der Vorstellung zusammen, daß Entscheidungen auf die Formulierung der umfassenden Politik der Organisation beschränkt seien. Der Entscheidungsprozeß ist aber im Gegenteil nicht schon dann abgeschlossen, wenn der generelle Zweck einer Organisation festgelegt worden ist. Die Aufgabe des „Entscheidens" setzt sich durch die gesamte Organisation ebensosehr fort wie die Aufgabe des „Machens" – tatsächlich ist sie mit letzterer untrennbar verbunden. Eine allgemeine Organisationstheorie muß genauso Organisationsprinzipien einschließen, die richtige Entscheidungen sicherstellen, wie sie Prinzipien einschließen muß, die wirksame Maßnahmen sicherstellen.

Entscheidungen und ihre Ausführung

Offensichtlich fällt die tatsächliche physische Aufgabe zur Ausführung der Ziele einer Organisation den Personen auf der untersten Ebene der Organisationshierarchie zu. Das Auto als physischer Gegenstand wird nicht vom Ingenieur oder der Führungskraft, sondern vom Mechaniker am Fließband gebaut. Das Feuer wird nicht vom Branddirektor oder dem Hauptmann, sondern von der Gruppe von Feuerwehrleuten gelöscht, die den Schlauch auf die Flammen richten.

Ebenso klar ist, daß die Personen über dieser untersten oder operativen Ebene der organisatorischen Hierarchie nicht einfach „überflüssiges Gepäck" sind und daß auch sie eine wesentliche Rolle bei der Erfüllung der organisatorischen Ziele zu spielen haben. Obwohl im Hinblick auf physische Ursache und Wirkung der Maschinengewehrschütze und nicht der Major das Gefecht austrägt, hat der Major wahrscheinlich einen größeren Einfluß auf das Ergebnis eines Gefechtes als jeder einzelne Maschinengewehrschütze.

Wie wirken dann die Mitarbeiter in Verwaltung und Kontrolle einer Organisation auf die Arbeit dieser Organisation ein? Die Mitarbeiter auf den nicht-operativen Ebenen einer Organisation wirken an der Zielerreichung dieser Organisation in dem Ausmaß mit, wie sie die Entscheidungen der operativen Ebene – der Personen auf der untersten Ebene – der organisatorischen Hierarchie beeinflussen. Der Major kann das Gefecht in dem Maße beeinflussen, wie sein Kopf fähig ist, die Hand des Maschinengewehrschützen zu führen. Durch den Aufmarsch seiner Truppen auf dem Gefechtsfeld und die Zuweisung von besonderen Aufgaben an unterstellte Einheiten bestimmt er für den Maschinengewehrschützen, wo er seine Stellung einnehmen und welche Ziele er haben wird. In sehr kleinen Organisationen kann der Einfluß der Führungskräfte auf die Mitarbeiter der operativen Ebene direkt ausgeübt werden, aber in jeder größeren Einheit sind zwischen der obersten Führung und der operativen Ebene mehrere Ebenen mittlerer Führungskräfte eingeschoben. Sie werden selbst von oben beeinflußt und übermitteln, entwickeln und modifizieren diese Einflüsse, bevor diese die operative Ebene erreichen.

Wenn dies eine zutreffende Beschreibung des organisatorischen Prozesses ist, dann ist der Aufbau einer effizienten Organisation ein sozialpsychologisches Problem. Es besteht in der Aufgabe, einen Stamm ausführender Mitarbeiter aufzubauen und diesem Mitarbeiterstamm einen Führungsstab hinzuzufügen, der fähig ist, die operative Gruppe in Richtung auf ein koordiniertes und wirksames Verhalten zu beeinflussen. Der Begriff „Beeinflussung" anstatt „Anweisen" wird hier benutzt, weil Anweisen – verstanden als Einsatz von organisatorischer Autorität – nur einer von mehreren Wegen ist, durch die der Führungsstab auf die Entscheidungen der ausführenden Mitarbeiter einwirken kann. Dementsprechend umfaßt der Aufbau einer Verwaltungsorganisation mehr als die bloße Zuweisung von Funktionen und Verteilung von Autorität.

Bei der Untersuchung der Organisation muß der operative Mitarbeiter im Mittelpunkt der Aufmerksamkeit stehen, denn der Erfolg der Struktur wird durch seine Leistung in ihrem Rahmen beurteilt. Einblick in die Struktur und Funktion einer Organisation läßt sich am besten durch die Analyse der Art und Weise gewinnen, wie Entscheidungen und Verhalten dieser Mitarbeiter innerhalb der und durch die Organisation beeinflußt werden.

Wahlhandlung und Verhalten

Jedes Verhalten schließt die bewußte oder unbewußte Selektion von bestimmten Handlungen aus der Menge aller jener ein, die dem Handelnden oder jenen Personen, auf die er Einfluß und Autorität ausübt, physisch möglich sind. Der Begriff „Selektion" wird hier ohne jede Implikation eines bewußten oder beabsichtigten Prozesses verwendet. Er bezieht sich einfach auf die Tatsache, daß das Individuum, das eine bestimmte Handlungsmöglichkeit ausführt, dadurch auf andere vorhandene Handlungsmöglichkeiten verzichtet. In vielen Fällen besteht der Selektionsprozeß einfach aus einer eingeübten Reflexhandlung – eine Stenotypistin schlägt eine bestimmte Taste mit einem Finger an, weil ein Reflex zwischen einem Buchstaben auf einem beschriebenen Blatt und dieser bestimmten Taste eingeübt worden ist. Hier ist die Handlung, zumindest in einem gewissen Sinne, rational (d. h. zielorientiert), doch ist kein Bewußtseins- oder Absichtselement beteiligt.

In anderen Fällen ist die Selektion selbst das Produkt einer komplexen Tätigkeitsfolge, die als „Planungs"- oder „Gestaltungshandlungen" bezeichnet werden. Ein Ingenieur kann z. B. auf der Basis ausführlicher Analyse entscheiden, daß eine bestimmte Brücke als Ausleger gestaltet werden sollte. Sein Entwurf wird, nach der weiteren Ausführung durch Detailpläne für die Struktur, zu einer ganzen Kette von Verhaltensweisen der Individuen führen, die die Brücke bauen.

In diesem Buch werden viele Beispiele aller Arten von Selektionsprozessen gegeben werden. Alle diese Beispiele haben folgende gemeinsame Merkmale: Zu jedem Zeitpunkt gibt es eine Vielzahl alternativer (physisch) möglicher Handlungen, deren jede ein gegebenes Individuum durchführen kann; durch irgendeinen Prozeß werden diese zahlreichen Alternativen auf die eine eingeengt, die tatsächlich ausgeführt wird. Die Worte „Auswahl" und „Entscheidung" werden in dieser Untersuchung synonym zur Kennzeichnung dieser Prozesse verwendet. Da diese Begriffe im üblichen Gebrauch Bedeutungen von bewußter, beabsichtigter, rationaler Selektion besitzen, soll betont werden, daß sie hier jeden Selektionsprozeß einschließen, gleich ob die oben genannten Elemente vorhanden sind oder nicht.

Werte und Tatsachen im Entscheidungsprozeß

Oft ist Verhalten und besonders das Verhalten von Individuen in Organisationen zweckgerichtet – auf Ziele hin orientiert. Diese Zweckgerichtetheit führt zur Integration bei den Verhaltensmustern, ohne die Organisation sinnlos wäre; denn wenn Organisieren darin besteht, durch Gruppen von Menschen „Dinge zustande zu bringen", dann stellt der Zweck ein grundlegendes Kriterium dar, um zu bestimmen, welche Dinge getan werden sollen.

Die kleinsten Entscheidungen, die spezielle Handlungen steuern, sind unvermeidlich Teile der Anwendung von übergreifenden Entscheidungen im Hinblick auf Zweck und Methode. Wenn jemand geht, zieht er seine Beinmuskeln zusammen, um einen Schritt zu machen; er macht einen Schritt, um dem gewünschten Ort näherzukommen; er geht zu diesem Bestimmungsort, einem Briefkasten, weil er einen Brief absenden will; er schickt einen Brief, um bestimmte Informationen an eine andere Person zu übermitteln, usw. Jede Entscheidung beinhaltet die Wahl eines Zieles und eine dafür relevante Verhaltensweise; dieses Ziel kann seinerseits Bindeglied für ein etwas entfernteres Ziel sein und so weiter, bis ein relatives Oberziel erreicht ist.[2] Insofern Entscheidungen zur Auswahl von Oberzielen führen, werden sie „Werturteile" genannt; insofern sie die Durchführung solcher Ziele beinhalten, werden sie als „Tatsachenurteile" bezeichnet.[3]

Leider kommen die Probleme auf den Organisator nicht als sorgfältig verpackte Pakete zu, in denen Wertelemente und Sachelemente sauber sortiert sind. Zum einen werden die obersten oder endgültigen Ziele z. B. bei öffentlichen Organisationen und Maßnahmen gewöhnlich nur in sehr allgemeinen und ungenauen Begriffen formuliert, wie „Gerechtigkeit", „allgemeine Wohlfahrt" oder „Freiheit". Zudem können die so definierten Ziele lediglich Zwischenziele zur Erreichung von endgültigeren Zielen darstellen. Beispielsweise ist in bestimmten Handlungsbereichen menschliches Verhalten generell an „wirtschaftlichen Motiven" orientiert. Trotzdem ist wirtschaftlicher Vorteil für die meisten Menschen üblicherweise kein Selbstzweck, sondern ein Mittel zur Erreichung endgültigerer Zwecke: Sicherheit, Bequemlichkeit und Prestige.

Schließlich können die Wert- und Tatsachenelemente in manchen Fällen in einem einzigen Ziel verbunden sein. Die Verhaftung von Kriminellen wird gewöhnlich als ein Ziel einer städtischen Polizeibehörde angesehen. In einem gewissen Ausmaß wird dieses Ziel als eigenständiges Ziel betrachtet, d. h. als auf die Verhaftung und Bestrafung von Gesetzesbrechern gerichtet; aus anderer Perspektive wird allerdings Verhaftung als ein Mittel zum Schutze der Bürger, zur Rehabilitation von Straftätern und zur Abschreckung möglicher Straftäter angesehen.

Die Hierarchie der Entscheidungen. Das Konzept der *Zweckgerichtetheit* umfaßt die Vorstellung einer Hierarchie von Entscheidungen. Jeder Schritt abwärts in der Hierarchie besteht in einer Durchführung der Ziele, die auf der Stufe direkt darüber gesetzt wurden. Verhalten ist insofern zweckgerichtet, als es von allgemeinen Zielen gesteuert wird; es ist insofern rational, als es Alternativen auswählt, die zur Erfüllung der vorher gewählten Ziele förderlich sind.[4]

Daraus sollte nicht geschlossen werden, daß diese Hierarchie oder Pyramide von Zielen vollständig organisiert oder in jedes tatsächliche Verhalten integriert ist. Eine Behörde z. B. kann gleichzeitig auf mehrere verschiedenartige Ziele hin ausgerichtet sein: Ein Erholungsamt kann sowohl versuchen, die Gesundheit von Kindern zu verbessern, ihnen ein gutes Freizeitangebot zu machen und Jugendkriminalität zu verhindern, als auch ähnliche Ziele für die Erwachsenen in der Gemeinde zu erreichen.

Selbst wenn keine bewußte oder beabsichtigte Abstimmung dieser Ziele im Entscheidungsprozeß vorgenommen wird, sollte gesehen werden, daß im allgemeinen tatsächlich eine Abstimmung stattfindet. Obwohl der für Erholungsfragen zuständige Verwaltungsbeamte bei Entscheidungen für sein Amt versäumen mag, die verschiedenen und manchmal konfliktären Ziele im Hinblick auf ihre relative Bedeutung gegeneinander abzuwägen, werden doch seine tatsächlichen Entscheidungen und die Richtung, die er der Politik seiner Behörde gibt, praktisch auf bestimmte Gewichte für diese Ziele hinauslaufen. Betont das Programm Leichtathletik für männliche Jugendliche, dann erhält dieses Ziel in der Praxis ein tatsächliches Gewicht, das es so auch im Bewußtsein des programmplanenden Verwaltungsbeamten gehabt haben mag oder nicht. Obwohl mithin der Verwaltungsbeamte die Aufgabe der bewußten und absichtsvollen Integration seines Zielsystems ablehnen mag oder nicht imstande ist, sie durchzuführen, kann er die Folgen seiner faktischen Entscheidungen nicht vermeiden, die eine solche Synthese in der Realität herbeiführen.

Das relative Element in Entscheidungen. In einem bedeutenden Sinn ist jede Entscheidung eine Kompromißfrage. Die Alternative, die letztendlich gewählt wird, erlaubt nie eine vollständige oder perfekte Zielerreichung, sondern ist lediglich die beste Lösung, die unter den Umständen zur Verfügung steht. Die Umweltsituation beschränkt unvermeidlich die zur Verfügung stehenden Alternativen und bestimmt so eine Obergrenze für das mögliche Ausmaß der Zweckerreichung.

Dieses relative Element bei der Zielerreichung – dieses Kompromißelement – macht die Notwendigkeit, einen gemeinsamen Nenner zu finden dann noch unvermeidlicher, wenn Verhalten gleichzeitig auf mehrere Ziele ausgerichtet ist. Wenn z. B. die Erfahrung zeigte, daß eine Organisation wie die Work Projects Administration* gleichzeitig Unterstützung gewähren und öffentliche Einrichtungen bauen konnte, ohne eines dieser Ziele zu benachteiligen, dann könnte die Behörde versuchen, beide Ziele gleichzeitig zu erreichen. Wenn andererseits die Erfahrung zeigte, daß die Erfüllung eines dieser Ziele durch die Organisation die Erfüllung des anderen ernsthaft behinderte, müßte eines als Ziel der Behörde ausgewählt und das andere geopfert werden. Wenn ein Ziel gegen das andere abgewogen und versucht wird, einen gemeinsamen Nenner zu finden, wäre es notwendig, beide Ziele nicht mehr als endgültige Zwecke zu betrachten, sondern sie als Mittel für ein allgemeineres Ziel zu begreifen.[5]

Ein Beispiel für den Entscheidungsprozeß. Zum klaren Verständnis der engen Verbindungen, die bei jedem praktischen Organisationsproblem zwischen Wert- und

* Anmerkung der Übersetzer: Die Work Project Administration (WPA) war eine Behörde der amerikanischen Regierung, die von 1935–1943 bestand. Sie wurde mit der Schaffung und Durchführung öffentlicher Arbeiten zur Bekämpfung der Arbeitslosigkeit befaßt.

Tatsachenurteilen vorliegen, wird es hilfreich sein, ein Beispiel aus dem Bereich der Kommunalverwaltung zu untersuchen.

Welche Wert- und Tatsachenfragen entstehen bei der Erschließung und Verbesserung einer neuen Straße? Es ist notwendig, folgendes zu bestimmen (1) Die Gestaltung der Straße, (2) die richtige Abstimmung der Straße mit dem Stadtverkehrsplan, (3) die Mittel zur Finanzierung des Projektes, (4) ob das Projekt in Auftrag gegeben oder durch eigene Arbeitskräfte abgewickelt werden soll, (5) das Verhältnis dieses Projektes zu Baumaßnahmen, die als Folge der Verbesserung notwendig werden können (z. B. Versorgungsanschlüsse in dieser besonderen Straße) und (6) zahlreiche andere Fragen ähnlicher Art. Dies sind Fragen, für die Antworten gefunden werden müssen – jede verknüpft Wert- und Tatsachenelemente. Eine teilweise Trennung der beiden Elemente kann durch die Unterscheidung der Zwecke des Projektes von seinem Verfahren erreicht werden.

Einerseits müssen Entscheidungen zu diesen Fragen auf die Zwecke, denen die Straße dienen soll, und die sozialen Werte, die durch ihren Bau berührt werden, begründet werden – unter anderem (1) Geschwindigkeit und Bequemlichkeit bei der Beförderung, (2) Verkehrssicherheit, (3) Wirkung der Trassenführung auf Grundstückswerte, (4) Baukosten und (5) Kostenverteilung auf die Steuerzahler.

Andererseits müssen die Entscheidungen im Lichte des wissenschaftlichen und praktischen Wissens über die Wirkungen gefällt werden, die bestimmte Maßnahmen zur Realisierung dieser Werte haben werden. Hierzu gehören (1) die relative Ebenheit, Dauerhaftigkeit und Kosten jeder Art von Straßenbelag, (2) die relativen Vorteile alternativer Trassenführungen im Hinblick auf die Kosten und Bequemlichkeit des Verkehrs und (3) die Gesamtkosten und ihre Verteilung bei alternativen Finanzierungsformen.

Die endgültige Entscheidung wird somit sowohl vom relativen Gewicht abhängen, das den verschiedenen Zielen zugemessen wird, als auch vom Urteil darüber, in welchem Ausmaß jeder mögliche Plan jedes Ziel erreichen wird.

Diese kurze Darstellung soll als Hinweis auf einige der grundlegenden Eigenschaften von Entscheidungsprozessen dienen – Eigenschaften, die im Verlauf dieser Untersuchung weiter ausgearbeitet werden.

Entscheidungen im organisatorischen Prozeß

Organisatorisches Handeln ist Gruppenhandeln. Es sind einfache Situationen bekannt, in denen ein Mensch seine eigene Arbeit plant und selbst ausführt; aber sobald eine Aufgabe bis zu dem Punkte wächst, an dem die Leistungen mehrerer Personen zu ihrer Erfüllung erforderlich sind, ist dies nicht mehr möglich. Die Entwicklung von Prozessen zur Anwendung organisierter Bemühungen auf die Gruppenaufgabe wird notwendig. Die Techniken, die diese Anwendung ermöglichen, sind die organisatorischen Prozesse.

Es sollte beachtet werden, daß die organisatorischen Prozesse Entscheidungsprozesse sind: Sie bestehen darin, bestimmte Elemente der Entscheidungen der Organisationsmitglieder zu trennen sowie formale organisatorische Regeln einzuführen, um diese Elemente auszuwählen und festzulegen und den betroffenen Mitgliedern mitzuteilen. Wenn die Gruppenaufgabe der Bau eines Schiffes ist, wird ein Konstruktionsplan für das Schiff entworfen und von der Organisation übernommen. Dieser Entwurf beschränkt und lenkt die Tätigkeiten der Menschen, die tatsächlich das Schiff bauen.

Die Organisation nimmt somit dem Individuum einen Teil seiner Entscheidungsautonomie und ersetzt es durch einen organisatorischen Entscheidungsprozeß. Die Entscheidungen, die die Organisation für das Individuum fällt, betreffen üblicherweise (1) die nähere Bestimmung seiner Funktionen, d. h. den allgemeinen Umfang und die Art seiner Pflichten; (2) die Zuweisung von Autorität, d. h. die Bestimmung, wer in der Organisation Macht haben soll, weitere Entscheidungen für das Individuum zu treffen; und (3) die Festlegung von solchen anderen Beschränkungen seiner Entscheidungen, die zur Koordination der Tätigkeiten mehrerer Individuen in der Organisation notwendig sind.

Die Organisation ist durch Spezialisierung charakterisiert – bestimmte Aufgaben werden an bestimmte Teile der Organisation delegiert. Es wurde oben bereits darauf hingewiesen, daß diese Spezialisierung die Form der „vertikalen" Arbeitsteilung annehmen kann. Mehr oder weniger formalisiert kann eine Autoritätspyramide oder -hierarchie errichtet werden und Entscheidungsfunktionen können zwischen den Hierarchiemitgliedern spezialisiert verteilt werden.

Die meisten Untersuchungen zum Organisationsproblem haben die „horizontale" Spezialisierung – die Arbeitsteilung – als die grundlegende Eigenschaft organisierter Tätigkeit hervorgehoben. Luther Gulick führt z. B. in seinen „Notes on the Theory of Organization" aus: „Arbeitsteilung ist die Grundlage der Organisation; überhaupt der Anlaß für Organisation".[6] In dieser Untersuchung werden wir uns hauptsächlich mit „vertikaler" Spezialisierung befassen – der Teilung von Entscheidungsaufgaben zwischen ausführenden und leitenden Mitarbeitern. Eine Fragestellung wird die Gründe untersuchen, warum die ausführenden Mitarbeiter eines Teiles ihrer Entscheidungsautonomie beraubt und der Autorität und dem Einfluß von Vorgesetzten unterworfen werden.

Es scheint zumindest drei Gründe für die vertikale Spezialisierung in Organisationen zu geben. Erstens, wenn es irgendeine Form der horizontalen Spezialisierung gibt, ist vertikale Spezialisierung absolut notwendig, um Koordination zwischen den ausführenden Mitarbeitern zu erreichen. Zweitens, genauso wie horizontale Spezialisierung die Entwicklung größerer Geschicklichkeit und besserer Fachkenntnisse der ausführenden Gruppe bei der Aufgabenerfüllung ermöglicht, so ermöglicht die vertikale Spezialisierung bessere Fachkenntnisse beim Fällen von Entscheidungen. Drittens erlaubt die vertikale Spezialisierung, die ausführenden Mitarbeiter für ihre Entscheidungen verantwortlich zu machen: gegenüber der Geschäftsleitung im Falle einer Wirtschaftsunternehmung, gegenüber der legislativen Körperschaft im Falle einer öffentlichen Verwaltung.

Koordination. Gruppenverhalten erfordert nicht nur die Übernahme korrekter Entscheidungen, sondern auch die Übernahme der gleichen Entscheidungen durch alle Gruppenmitglieder. Angenommen, zehn Personen entschließen sich zur Kooperation beim Bau eines Bootes. Wenn jeder seinen eigenen Plan hat und sie sich ihre Pläne nicht mitteilen, wird das entstehende Fahrzeug wahrscheinlich nicht sehr seetüchtig sein; sie würden vermutlich mehr Erfolg haben, selbst wenn sie nur einen sehr mittelmäßigen Entwurf übernähmen und dann alle diesem gleichen Entwurf folgen würden.

Durch die Ausübung von Autorität oder anderer Formen der Beeinflussung ist die Zentralisierung der Entscheidungsfunktion möglich, so daß ein allgemeiner Aktionsplan die Tätigkeiten aller Organisationsmitglieder lenken wird. Diese Koordination kann entweder prozeduraler oder substantieller Art sein. Unter prozeduraler Koordination wird die Festlegung der Organisation selbst verstanden – d. h. die verallgemeinerte Beschreibung der Verhaltensweisen und Beziehungen der Organisationsmitglieder. Prozedurale Koordination legt die Autoritätsbeziehungen fest und gibt den Handlungsbereich eines jeden Organisationsmitgliedes an, während substantielle Koordination den Inhalt seiner Arbeit spezifiziert. In einer Automobilfabrik ist ein Organisationsschaubild ein Aspekt prozeduraler Koordination; Zeichnungen für den Motorblock des hergestellten Wagens sind ein Aspekt substantieller Koordination.

Fachkenntnisse. Um die Vorteile spezialisierter Fähigkeiten auf der ausführenden Ebene nutzen zu können, muß die Arbeit in einer Organisation so aufgeteilt werden, daß alle Prozesse, die eine spezielle Fähigkeit erfordern, von Personen durchgeführt werden können, die diese Fähigkeit besitzen. Um die Vorteile von Fachkenntnissen bei Entscheidungsprozessen zu nutzen, muß gleichermaßen die Verantwortung für Entscheidungen so zugewiesen werden, daß alle Entscheidungen, die eine spezielle Fähigkeit erfordern, von Personen getroffen werden können, die diese Fähigkeit besitzen.

Die Teilung von Entscheidungen fällt eher schwerer als die Teilung von manueller Leistung; denn während es gewöhnlich nicht möglich ist, das scharfe Auge des einen Arbeiters mit der ruhigen Hand des anderen zu kombinieren, um eine höhere Präzision bei einem bestimmten Vorgang zu erreichen, ist es oft möglich, die Kenntnisse eines Rechtsanwaltes denen eines Ingenieurs hinzuzufügen, um die Qualität einer bestimmten Entscheidung zu verbessern.

Verantwortung. Mit den politischen und rechtlichen Aspekten der Autorität befaßte Autoren haben betont, daß es eine primäre Funktion der Organisation sei, die

Konformität des Individuums mit Normen durchzusetzen, die durch die Gruppe oder ihre autoritätsausübenden Mitglieder festgelegt wurden. Der Ermessensspielraum von Untergebenen wird durch Richtlinien beschränkt, die nahe der Spitze der Organisationshierarchie bestimmt werden. Wenn die Aufrechterhaltung der Verantwortung ein zentrales Anliegen ist, dann ist der Zweck vertikaler Spezialisierung die Sicherstellung der Kontrolle über die Organisation, wobei den Mitarbeitern angemessener Ermessensspielraum gelassen wird, um technische Angelegenheiten zu handhaben, für die ein für die Politik der Organisation verantwortliches Organ nicht die Entscheidungskompetenz besitzen würde.

Formen der Beeinflussung in Organisationen

Auf den höheren Ebenen der Organisationshierarchie gefällte Entscheidungen werden für die Tätigkeiten der ausführenden Mitarbeiter wirkungslos bleiben, wenn sie nicht nach unten übermittelt werden. Die nähere Behandlung des Kommunikationsprozesses erfordert eine Untersuchung der Möglichkeiten, durch die das Verhalten des ausführenden Mitarbeiters beeinflußt werden kann. Diese Beeinflussungsmöglichkeiten lassen sich grob in zwei Kategorien einteilen: (1) Beim ausführenden Mitarbeiter *selbst* die Herausbildung von Einstellungen, Gewohnheiten und eines Bewußtseins, die ihn zur Erreichung der für die Organisation vorteilhaften Entscheidung führen, und (2) die Auferlegung von Entscheidungen auf den ausführenden Mitarbeiter, die an anderer Stelle in der Organisation getroffen wurden. Der erste Typus der Beeinflussung wirkt dadurch, daß dem Mitarbeiter Loyalität zur Organisation und Leistungsbewußtsein eingeprägt werden, und allgemeiner dadurch, daß er ausgebildet wird. Der zweite Typus der Beeinflussung hängt in erster Linie von Autorität sowie von beratenden und informationellen Leistungen ab. Diese Kategorien sind weder erschöpfend noch schließen sie sich gegenseitig aus, aber sie sind für die Zwecke dieser einführenden Diskussion hinreichend. Tatsächlich ist die gegenwärtige Diskussion etwas allgemeiner, als der vorangegangene Abschnitt andeutet, denn sie befaßt sich nicht nur mit organisatorischer Beeinflussung von ausführenden Mitarbeitern, sondern von allen Individuen, die in der Organisation Entscheidungen treffen.

Autorität. Das Konzept Autorität ist von Organisationsforschern ausführlich analysiert worden. Wir werden hier eine Definition verwenden, die inhaltlich mit der von C. I. Barnard vorgeschlagenen äquivalent ist.[7] Von einem Untergebenen wird dann angenommen, er akzeptiere Autorität, wenn immer er es zuläßt, daß sein Verhalten durch die Entscheidung eines Vorgesetzten gelenkt wird, ohne daß er die Gründe für diese Entscheidung selbständig prüft. Bei der Ausübung von Autorität versucht der Vorgesetzte nicht, den Untergebenen zu überzeugen, sondern nur seine Fügsamkeit zu erreichen. Natürlich wird in der Praxis Autoritätsausübung gewöhnlich stark mit Anregung und Überzeugung vermischt.

Obwohl es eine wichtige Funktion der Autorität ist, daß sie erlaubt, eine Entscheidung zu fällen und durchzuführen, selbst wenn Übereinstimmung nicht erreicht werden kann, ist dieser willkürliche Aspekt der Autorität vielleicht überbetont worden. Wenn jedenfalls versucht wird, Autorität über einen bestimmten Punkt auszudehnen, der als „Akzeptanzbereich" des Untergebenen beschrieben werden kann, wird Ungehorsam die Folge sein.[8] Die Breite des Akzeptanzbereiches hängt von den Sanktionen ab, die der Autorität zur Verfügung stehen, um ihre Anweisungen durchzusetzen. Der Ausdruck „Sanktionen" muß in diesem Zusammenhang weit interpretiert werden, denn positive und neutrale Stimuli – wie Gemeinsamkeit der Ziele, Gewohnheit und Führung – sind bei der Sicherung der Anerkennung von Autorität zumindest ebenso wichtig wie die Androhung physischer oder wirtschaftlicher Bestrafung.

Daraus ergibt sich, daß Autorität im hier definierten Sinne sowohl „aufwärts" und „seitwärts" wie auch „abwärts" in der Organisation wirken kann. Delegiert eine Führungskraft eine Entscheidung über Büroschränke an ihre Sekretärin und nimmt sie deren Empfehlungen an, ohne die Gründe zu prüfen, so akzeptiert sie ihre Autorität. Die „Autoritätsbeziehungen", die in Organisationsschaubildern dargestellt sind, haben jedoch eine besondere Bedeutung, weil auf sie gewöhnlich zurückgegriffen wird, um eine Auseinandersetzung zu beenden, wenn es sich als unmöglich erweist, einen Konsensus über eine bestimmte Entscheidung zu erreichen. Da dieser Gebrauch der Autorität als Berufungsinstanz im allgemeinen Sanktionsmittel erfordert, um wirksam zu sein, wird die Struktur der formalen Autorität in einer Organisation in der Regel mit der Einstellung, Disziplinierung und Entlassung von Personal verknüpft. Diese formalen Autoritätsbeziehungen werden gewöhnlich durch informale Autoritätsbeziehungen in der Alltagsarbeit der Organisation ergänzt, während die formale Hierarchie weitgehend der Beilegung von Auseinandersetzungen vorbehalten wird.

Loyalität in Organisationen. Ein vorherrschendes Charakteristikum menschlichen Verhaltens ist die Neigung der Mitglieder einer organisierten Gruppe, sich mit dieser Gruppe zu identifizieren. Bei Entscheidungen führt sie ihre organisatorische Loyalität dazu, Handlungsalternativen im Hinblick auf die Folgen ihrer Handlung für die Gruppe zu bewerten. Wenn eine Person eine bestimmte Handlungsmöglichkeit vorzieht, weil sie „gut für Amerika" ist, identifiziert sie sich mit Amerikanern, wenn sie diese Möglichkeit vorzieht, weil sie die „Wirtschaft in Berkeley fördert", identifiziert sie sich mit Berkeleyanern. Nationale und Klassenloyalitäten sind Beispiele für Identifikationen, die von grundlegender Bedeutung in der Struktur der modernen Gesellschaft sind.

Für die Untersuchung von Organisationen sind jene Loyalitäten von besonderem Interesse, die sich mit Organisationen oder Teilen von ihnen verbinden. Die Regimentsfahne ist das traditionelle Symbol dieser Identifikation in der Militärorganisation; in öffentlichen Verwaltungen ist ein häufig anzutreffender Loyalitätsbeweis der Ruf: „Unsere Abteilung benötigt mehr Mittel!"

Dieses Phänomen der Identifikation bzw. der organisatorischen Loyalität erfüllt eine sehr wichtige Funktion in Organisationen. Wenn ein Organisationsmitglied jedesmal, wenn es mit einer Entscheidung konfrontiert wird, dazu gezwungen wird, diese Entscheidung im Hinblick auf den ganzen Bereich menschlicher Werte zu beurteilen, dann ist Rationalität in Organisationen unmöglich. Wenn es die Entscheidung nur im Lichte begrenzter Organisationsziele betrachten muß, liegt seine Aufgabe näher im Bereich menschlicher Fähigkeiten. Der Feuerwehrmann kann sich auf Feuerprobleme beschränken, der Gesundheitsbeamte auf Krankheitsprobleme, ohne daß irrelevante Überlegungen hineinspielen.

Darüber hinaus ist diese Konzentration auf einen begrenzten Wertebereich nahezu lebensnotwendig, wenn das Organisationsmitglied für seine Entscheidungen verantwortlich gemacht werden soll. Wenn die Organisationsziele von einer höheren Instanz festgelegt werden, so wird dadurch dem Organisationsmitglied die bedeutendste Wertprämisse seiner Entscheidungen vorgegeben und ihm nur die Ausführung dieser Ziele überlassen. Würde man dem Branddirektor erlauben, den gesamten Bereich menschlicher Werte zu durchstreifen – zu entscheiden, daß Parkanlagen wichtiger als Feuerwehrautos sind, und dementsprechend seine Branddirektion in ein Amt für Erholung umzuwandeln – dann würde Chaos Organisation verdrängen und Verantwortung verschwinden.

Loyalität mit der Organisation führt jedoch auch zu bestimmten Schwierigkeiten, die nicht unterschätzt werden sollten. Die wichtigste unerwünschte Wirkung der Identifikation ist, daß sie das institutionell eingebundene Individuum in solchen Fällen an richtigen Entscheidungen hindert, in denen der begrenzte Wertebereich, mit dem es sich identifiziert, gegen andere, außerhalb dieses Bereiches liegende Werte abgewogen werden muß. Dies ist eine grundsätzliche Ursache der Konkurrenz und Auseinandersetzung zwischen Abteilungen, die jede große Organisation kennzeichnet. Die Organisationsmitglieder, die sich mit der Abteilung anstatt mit der Gesamtorganisation identifizieren, sind überzeugt, daß das Wohl der Abteilung wichtiger als das allgemeine Wohl ist, wenn die beiden miteinander im Konflikt stehen. Dieses Problem wird häufig im Falle der „internen Dienste" sichtbar, wo die Unterstützungs- und Hilfsfunktion der Abteilung bei dem Bemühen aus den Augen verloren wird, die Linienabteilungen zur Befolgung von standardisierten Verfahren zu zwingen.

Loyalität mit der Organisation führt auch zur Unfähigkeit nahezu jedes Abteilungsleiters, die Aufgabe der Abstimmung des finanziellen Bedarfs seiner Abteilung mit dem anderer Abteilungen zu lösen – deshalb die Notwendigkeit einer zentralen Budgetabteilung, die frei von diesen psychologisch bedingten Verzerrungen ist. Je höher wir in der Organisationshierarchie gehen und je breiter der Bereich sozialer Werte wird, die in das Blickfeld des Organisationsmitgliedes fallen müssen, desto schädlicher sind die Wirkungen von Wertverzerrungen und desto wichtiger ist es, daß das Organisationsmitglied von seinen engeren Identifikationen befreit wird.

Das Effizienzkriterium. Wir haben festgestellt, daß die Ausübung von Autorität und die Entwicklung von Loyalität mit der Organisation zwei grundlegende Mittel sind, mit deren Hilfe die Wertprämissen des Individuums durch die Organisation beeinflußt werden. Wie sieht es mit den Tatsachen aus, die seinen Entscheidungen zugrunde liegen? Diese werden weitgehend durch ein Kriterium bestimmt, das in jedem rationalen Verhalten enthalten ist: das Effizienzkriterium. Im weitesten Sinne bedeutet effizient zu sein einfach, den kürzesten Weg, die billigsten Mittel zur Erreichung der gewünschten Ziele zu nutzen. Das Effizienzkriterium ist vollständig neutral in bezug auf die Ziele, die erreicht werden sollen. Das Gebot: „Sei effizient!" übt einen bedeutenden organisatorischen Einfluß auf die Entscheidungen der Mitglieder jeder Organisation aus; und die Feststellung, ob dieses Gebot befolgt wurde, ist eine zentrale Funktion des Kontrollprozesses.[9]

Beratung und Informationen. Viele der Einflüsse, die die Organisation auf ihre Mitglieder ausübt, sind weniger formal als jene, die wir bisher erörtert haben. Diese Einflüsse lassen sich vielleicht realistisch am besten als eine Art interner Öffentlichkeitsarbeit betrachten, denn es gibt keine Garantie dafür, daß Ratschläge, die an einer Stelle in der Organisation produziert werden, irgendeine Wirkung an einer anderen Stelle der Organisation haben werden, wenn die Kommunikationsbeziehungen für ihre Weiterleitung nicht geeignet sind und wenn sie nicht in überzeugender Weise übermittelt werden. In Hauptverwaltungen herrscht das Mißverständnis, daß die interne Beratungsfunktion darin besteht, exakt formulierte Erläuterungsrundschreiben auszuarbeiten und sicherzustellen, daß sie in der richtigen Menge hergestellt und in das richtige Fach des „Verteilers" gelegt werden. Keine Plage hat eine höhere Sterblichkeit produziert als jene, die gewöhnlich die Mitteilungen der Zentrale in der Zeit zwischen dem Verlassen der herausgebenden Stelle und dem Moment befällt, zu dem angenommen wird, daß sie bei der veränderten Verfahrenspraxis der ausführenden Mitarbeiter wirksam geworden sind.

Informationen und Ratschläge fließen in allen Richtungen durch die Organisation – nicht allein von der Spitze nach unten. Viele entscheidungsrelevante Tatsachen sind von veränderlicher Natur, nur zum Zeitpunkt der Entscheidung und oft nur durch ausführende Mitarbeiter feststellbar. Beispielsweise ist bei militärischen Operationen die Kenntnis der Vorbereitungen der gegnerischen Kräfte von entscheidender Bedeutung und die Militärorganisation hat genaue Verfahren entwickelt, um einer Person, die eine Entscheidung zu treffen hat, alle relevanten Tatsachen zu übermitteln, die sie nicht persönlich feststellen kann.

Ausbildung. Wie Loyalität mit der Organisation und das Effizienzkriterium, aber im Gegensatz zu den anderen Beeinflussungsformen, die wir diskutiert haben, beeinflußt Ausbildung Entscheidungen „von innen nach außen". Das heißt, daß Ausbildung die Organisationsmitglieder vorbereitet, selbständig zufriedenstellende Entscheidungen zu erreichen, ohne die Notwendigkeit fortwährender Autoritätsausübung oder Beratung. In diesem Sinne sind Ausbildungsverfahren Alternativen zur Ausübung von Autorität und Beratung als Mittel zur Steuerung der Entscheidungen der Untergebenen.

Ausbildung kann vor oder während der Beschäftigung erfolgen. Wenn Personen mit bestimmten Bildungsqualifikationen für gewisse Tätigkeiten eingestellt werden, hängt die Organisation von dieser vorherigen Ausbildung als einem hauptsächlichen Mittel zur Sicherstellung richtiger Entscheidungen bei ihrer Arbeit ab. Die Wechselbeziehung zwischen Ausbildung und dem Ermessensspielraum, der einem Mitarbeiter zugestanden werden kann, ist ein wichtiger Faktor, der bei der Organisationsgestaltung berücksichtigt werden muß. Das heißt, es kann oft möglich sein, bestimmte Kontrollprozesse zu minimieren oder ganz darauf zu verzichten, wenn man den Untergebenen eine Ausbildung vermittelt, die sie befähigt, ihre Arbeit mit weniger Aufsicht durchzuführen. Ähnlich sollte bei der Festlegung der Qualifikationsanforderungen an Bewerber für bestimmte Stellen die Möglichkeit beachtet werden, Personalkosten durch die Einstellung von angelernten Arbeitskräften zu senken und diese dann für bestimmte Tätigkeiten auszubilden.

Ausbildung ist immer dann für den Entscheidungsprozeß geeignet, wenn die gleichen Elemente bei einer Vielzahl von Entscheidungen vorkommen. Ausbildung kann dem Mitarbeiter die Tatsachen vermitteln, die für diese Entscheidungen notwendig sind; sie kann ihm einen Bezugsrahmen für sein Denken geben; sie kann ihn „anerkannte“ Lösungen lehren oder sie kann ihm die Werte einprägen, in deren Sinne seine Entscheidungen getroffen werden sollen.

Das Gleichgewicht der Organisation

Als nächstes kann die Frage aufgeworfen werden, warum das Individuum diese Beeinflussungen durch die Organisation *akzeptiert* – warum es sein Verhalten an die Anforderungen anpaßt, die die Organisation von ihm verlangt. Um zu verstehen, wie das Verhalten des Individuums ein Teil des Verhaltenssystems der Organisation wird, ist es notwendig, die Beziehung zwischen der persönlichen Motivation des Individuums und den Zielen zu untersuchen, auf die sich die Handlungen der Organisation richten.

Wenn als Organisationstyp ein Unternehmen betrachtet wird, so lassen sich drei Arten von Teilnehmern unterscheiden: Unternehmer, Mitarbeiter und Kunden.[10] Unternehmer werden durch die Tatsache gekennzeichnet, daß ihre Entscheidungen letztendlich die Aktivitäten der Mitarbeiter steuern; Mitarbeiter durch die Tatsache, daß sie ihre (ungeteilte) Zeit und Arbeitskraft gegen Lohn zur Organisation beitragen; Kunden durch die Tatsache, daß sie Geld an die Organisation im Tausch gegen ihre Produkte beitragen. (Natürlich kann jeder Mensch in mehr als einer dieser Beziehungen zu einer Organisation stehen, z. B. ein Freiwilliger des Roten Kreuzes, der tatsächlich eine Mischung von Kunde und Mitarbeiter ist.)

Jeder dieser Teilnehmer hat seine eigenen persönlichen Motive für die Beteiligung in diesen organisatorischen Tätigkeiten. Vereinfacht man die Motive und stellt sich auf den Standpunkt der ökonomischen Theorie, so kann man sagen, daß der Unternehmer nach Gewinn strebt (d. h. nach einem Überschuß der Einnahmen über die Ausgaben), die Mitarbeiter Lohn anstreben und die Kunden den Tausch von Geld gegen Güter (zu bestimmten Preisen) lohnend finden. Der Unternehmer erwirbt das Recht, über die Zeit der Mitarbeiter zu verfügen, indem er Arbeitsverträge mit ihnen abschließt; er erhält durch den Abschluß von Kaufverträgen mit den Kunden Mittel, um Löhne zu zahlen. Sind diese beiden Gruppen von Verträgen hinreichend vorteilhaft, erzielt der Unternehmer einen Gewinn und, was vielleicht für unsere Zwecke wichtiger ist, die Organisation bleibt erhalten. Sind die Verträge nicht hinreichend vorteilhaft, so wird es für den Unternehmer unmöglich, die Anreize aufrechtzuerhalten, um andere in organisierter Tätigkeit bei sich zu halten, und er kann sogar seinen eigenen Anreiz zur Fortführung seiner organisatorischen Bemühungen verlieren. In beiden Fällen verschwindet die Organisation, wenn nicht ein Gleichgewicht auf einem gewissen Aktivitätsniveau gefunden werden kann. In jeder tatsächlichen Organisation wird der Unternehmer natürlich von zahlreichen anderen als den oben genannten rein ökonomischen Anreizen abhängig sein: Prestige, „good will", Loyalität und andere.

In einer Organisation, wie sie gerade beschrieben wurde, erscheint zusätzlich zu den persönlichen Zielen der Teilnehmer ein Ziel oder *Ziele der Organisation.* Ist die Organisation z. B. eine Schuhfabrik, dann verfolgt sie das Ziel, Schuhe herzustellen. Wessen Ziel ist das – das des Unternehmers, der Kunden oder der Mitarbeiter? Bestreitet man, daß es einem dieser Teilnehmer zugeordnet werden kann, so scheint es, als würde eine Art von „Gruppenbewußtsein" postuliert, eine organisatorische Einheit, die über ihren menschlichen Komponenten steht. Die zutreffende Erklärung ist einfacher: Das Organisationsziel ist indirekt ein persönliches Ziel *aller* Teilnehmer. Es ist das Mittel, mit dessen Hilfe ihre Aktivität in der Organisation verbunden wird, um die Befriedigung ihrer eigenen verschiedenen persönlichen Motive zu erreichen. Durch die Beschäftigung von Arbeitern zur Herstellung von Schuhen und durch deren Verkauf macht der Unternehmer seinen Gewinn; durch Anerkennung der Führung des Unternehmers bei der Herstellung von Schuhen verdient der Mitarbeiter seinen Lohn; und durch Kauf der fertigen Schuhe erhält der Kunde seine Bedarfsbefriedigung von der Organisation. Da der Unternehmer einen Gewinn wünscht, und da er das Verhalten der Mitarbeiter steuert (im Rahmen ihrer jeweiligen Akzeptanzbereiche), obliegt es ihm, das Verhalten der Mitarbeiter nach dem Kriterium der „Herstellung von Schuhen so effizient wie möglich" zu leiten. Insoweit er Verhalten in der Organisation steuern kann, setzt er mithin dieses Kriterium als das Verhaltensziel durch.

Es sollte beachtet werden, daß die Ziele des Kunden sehr eng und ziemlich direkt mit den *Zielen* der Organisation verbunden sind; die Ziele des Unternehmers sind eng mit dem *Überleben* der Organisation verbunden; während die Ziele des Mitarbeiters mit keinem dieser Ziele direkt verbunden sind, aber in das Organisationsschema durch die Existenz seines Akzeptanzbereichs eingebracht werden. Zugegeben, daß reine „Unternehmer", „Kunden" und „Mitarbeiter" nicht existieren; zugegeben auch, daß dieses Schema etwas abgewandelt werden muß, wenn es auf Organisationen mit freiwilliger Mitgliedschaft, religiöse und staatliche Organisationen passen soll. Trotzdem ist es die Existenz dieser drei Typen von Rollen, die dem Verhalten in Organisationen den bekannten besonderen Charakter gibt.

Aufbau dieses Buches

Der Bezugsrahmen für die Untersuchung, die in den folgenden Kapiteln unternommen werden soll, ist nun dargelegt worden. Wir schließen dieses Kapitel mit einer kurzen Übersicht über die Reihenfolge, in der die verschiedenen Themen aufgegriffen werden.

Kapitel II hat im gewissen Sinne ebenfalls einleitenden Charakter. Die vorliegende Arbeit wurde teilweise wegen der Unzufriedenheit des Autors mit den sogenannten „Organisationsprinzipien" unternommen, die in der gegenwärtigen Literatur zur Organisationstheorie anzutreffen sind. Im Kapitel II werden diese Prinzipien einer kritischen Analyse aus einer Perspektive unterzogen, die es erlaubt, ihre Unzulänglichkeit und die Notwendigkeit ihrer Weiterentwicklung in der hier vorgeschlagenen Richtung aufzuzeigen.

Im Kapitel III beginnt die eigentliche Darstellung mit einer Untersuchung der Rolle, die Wert- und Tatsachenfragen im organisatorischen Entscheidungsprozeß spielen. Dem folgt in Kapitel IV eine Beschreibung des konzeptionellen Apparates, der in diesem Buch zur Beschreibung und Analyse von sozialen Verhaltenssystemen, einschließlich dem Verhalten in Organisationen, benutzt wird.

Kapitel V wird die Psychologie des Individuums in der Organisation und die Art, wie die Organisation sein Verhalten verändert, betrachten. In Kapitel VI wird die Organisation – entsprechend der oben vorgeschlagenen Richtung – als System von Individuen betrachtet, deren Verhalten eine Art Gleichgewicht bewahrt. Kapitel VII wird im einzelnen die Rolle von Autorität und vertikaler Spezialisierung in Organisationen und die organisatorischen Prozesse, durch die diese Spezialisierung bewirkt wird, analysieren. Kapitel VIII befaßt sich mit dem Kommunikationsprozeß, durch den organisatorische Einflüsse übermittelt werden. In Kapitel IX wird das Konzept der Effizienz im Detail analysiert und in Kapitel X Loyalität bzw. Identifikation in Organisationen.

Kapitel XI schließt die Untersuchung ab mit einem Überblick zur Struktur von Organisationen und einer Erörterung der Probleme, denen sich die organisationstheoretische Forschung gegenübersieht.

Fußnoten zu Kapitel I

1 Zu zwei bemerkenswerten Ausnahmen dieser allgemeinen Vernachlässigung des Entscheidungsproblems vgl. *Barnard*, C. I., The Functions of the Executive, Cambridge 1938 und *Stene*, E. O., An Approach to a Science of Administration, in: American Political Science Review 34, 1940, S. 1124–1137.

2 In Kap. IV wird die Unterscheidung zwischen Zwischen- und Oberzielen genauer ausgearbeitet und ihre Notwendigkeit begründet.

3 Die Bezeichnung „faktisch" wird in Ermangelung eines besseren Ausdrucks gebraucht, obwohl sie vielleicht irreführend sein könnte. Es ist offensichtlich, daß die „Tatsachen", auf denen praktische Entscheidungen begründet werden, gewöhnlich eher Schätzungen oder Urteile sind als positive und gesicherte Sachverhalte. Die Verwirrung wird dadurch verstärkt, daß die Bezeichnung „Bewertung" oft gebraucht wird, um auf diesen Prozeß des Urteilens oder Schätzens von Fakten zu verweisen. Der Leser kann Verwirrung vermeiden, wenn er beachtet, daß „Wert" sich in dieser Untersuchung auf das „Sollen", wie sicher es auch sein mag, und „Tatsache" auf das „Sein", wie hypothetisch es auch sein mag, bezieht.

4 Diese Definition von „rational" ist nicht genau; sie wird in Kap. IV weiter ausgearbeitet.

5 Nach der Darstellung der WPA während ihres Planungsstadiums von MacMahon, Millett und Ogden scheint es, daß die Überlegungen über diese Integration zu dem Zeitpunkt, als die grundlegenden Entscheidungen getroffen wurden, in der Organisation nicht sehr weit entwickelt waren. Vgl. *MacMahon*, A. / *Millett*, J.D. / *Ogden*, G., The Administration of Federal Work Relief, Chicago 1941, S. 17–42.

6 *Gulick*, L. / *Urwick*, L. (Hrsg.), Papers on the Science of Administration, New York 1937, S. 3.

7 *Barnard*, a.a.O., S. 163ff.

8 *Barnard*, a.a.O., S. 169 nennt dies die „Indifferenzzone"; aber ich bevorzuge den Ausdruck „Akzeptanz".

9 Zu weiteren Ausführungen zum Effizienzkonzept vgl. *Ridley*, C. E. / *Simon*, H. A., Measuring Municipal Activities, Chicago 1943.

10 Wir folgen hier Barnard, wenn er darauf besteht, daß Kunden ein integraler Bestandteil des Systems organisatorischen Verhaltens sind. Ob sie nun „Mitglieder" sind oder nicht, ist eine weniger wichtige terminologische Frage. Materiallieferanten hätten oben als vierte Klasse von Teilnehmern hinzugefügt werden können, aber sie würden kein wesentlich neues Element zum Bild beitragen. Vgl. *Barnard*, a.a.O.

KAPITEL II

Einige Probleme der Organisationstheorie

Da in dem vorliegenden Buch ziemlich weit von der üblichen Darstellung der „Organisationsprinzipien“[1] abgewichen wird, sollten vielleicht einige Erläuterungen für diese Abweichungen und einige Beschreibungen der Mängel der gegenwärtigen Theorie gegeben werden, die diese Abweichungen nötig erscheinen ließen. In dem vorliegenden Kapitel wird zunächst eine kritische Analyse der „Organisationsprinzipien“ vorgelegt. Anschließend werden wir uns der Frage zuwenden, wie eine tragfähige Theorie des Organisationsverhaltens entwickelt werden kann. Dieses Kapitel legt also die methodischen Grundlagen für die nachfolgenden Kapitel.

Ein schwerwiegender Mangel der gegenwärtigen Organisationsprinzipien besteht darin, daß sie – ähnlich wie Sprüche – stets in Paaren auftreten. Für nahezu jedes Prinzip kann man ein ähnlich plausibles und akzeptables, aber widersprechendes Prinzip finden. Obwohl also diese Prinzipien genau gegensätzliche Empfehlungen zur Organisationsgestaltung aussprechen, sagt die Theorie nichts darüber, welches denn nun tatsächlich angewendet werden soll. Um diese Kritik zu belegen, ist es nötig, kurz einige der bekanntesten Prinzipien zu untersuchen.

Einige anerkannte Organisationsprinzipien

Zu den „Organisationsprinzipien“, die am häufigsten in der Fachliteratur erscheinen, gehören folgende:

1. Die organisatorische Effizienz wird durch die Spezialisierung der Aufgabe innerhalb einer Gruppe erhöht.

2. Die organisatorische Effizienz wird durch eine eindeutige Autoritätshierarchie zwischen den Mitgliedern einer Gruppe erhöht.

3. Die organisatorische Effizienz wird durch die Begrenzung der Leitungsspanne in allen Bereichen der Organisation auf eine kleine Zahl erhöht.

4. Die organisatorische Effizienz wird durch die Zusammenfassung der Arbeitskräfte zu Leitungszwecken nach den Kriterien a) Zweck, b) Prozeß, c) Kunden oder d) Standort erhöht. (Dies ist eigentlich eine Erweiterung des ersten Prinzips, verdient aber gesonderte Betrachtung.)

Da diese Prinzipien relativ einfach und klar erscheinen, sollte ihre Anwendung auf konkrete Probleme in Organisationen eindeutig und ein empirischer Test ihrer Güte einfach sein. Das aber scheint nicht der Fall zu sein.

Spezialisierung

Es wird behauptet, daß sich die organisatorische Effizienz durch zunehmende Spezialisierung erhöht. Aber kann dies so verstanden werden, daß *jede* Erhöhung der Spezialisierung zu einer Erhöhung der Effizienz führt? Wenn das der Fall ist, welche der folgenden Alternativen ist dann die richtige Anwendung des Prinzips?

(A) Ein Einsatzplan für Krankenschwestern sollte so ausgestaltet werden, daß die Schwestern verschiedenen Bezirken zugewiesen werden und dort jeweils alle anfallenden Pflegearbeiten ausführen, die aus der Überprüfung von Schulen, Hausbesuchen bei Schülern und Pflege von Tuberkulosekranken bestehen.

(B) Ein funktionaler Einsatzplan für Krankenschwestern sollte so ausgestaltet werden, daß verschiedene Krankenschwestern den drei Aufgabenbereichen zugeordnet werden. Die bisherige Methode des allgemeinen Pflegedienstes in jedem Bezirk erschwert die Entwicklung von speziellen Fähigkeiten in den drei sehr unterschiedlichen Aufgabenbereichen.

Beide organisatorische Regelungen genügen der Forderung nach Spezialisierung. Die erste erlaubt eine Spezialisierung bezüglich des Standortes, die zweite bezüglich der Funktion. Das Prinzip der Spezialisierung hilft überhaupt nicht bei der Wahl zwischen den beiden Alternativen.

Es scheint so, als ob die Einfachheit des Prinzips der Spezialisierung trügerisch sei – eine Einfachheit, die schwerwiegende Unklarheiten verbirgt. Denn „Spezialisierung" ist keine Bedingung effizienter Organisation: sie ist eine unausweichliche Konsequenz jeder gemeinsamen Tätigkeit, unabhängig davon, wie effizient oder ineffizient diese Tätigkeit auch sein mag. Spezialisierung bedeutet nichts anderes, als daß unterschiedliche Personen unterschiedliche Tätigkeiten ausüben. Da es physisch unmöglich ist, daß zwei Personen die gleiche Tätigkeit am gleichen Ort zur gleichen Zeit ausüben, werden zwei Personen immer Unterschiedliches tun.

Das eigentliche Problem der Organisation besteht also nicht darin, zu „spezialisieren", sondern genau in der Art und Weise zu spezialisieren, daß organisatorische Effizienz erreicht wird. Aber gerade diese Neuformulierung dieses „Organisationsprinzips" deckt seine grundlegende Mehrdeutigkeit auf: „Die organisatorische Effizienz wird durch eine solche Spezialisierung der Aufgabe innerhalb einer Gruppe erhöht, die zu höherer Effizienz führt."

Die weitere Untersuchung des Problems der Entscheidung zwischen konkurrierenden Formen der Spezialisierung wird später erfolgen. Sie muß hier zurückgestellt werden, bis zwei weitere Organisationsprinzipien untersucht worden sind.

Einheit der Auftragserteilung

Es wird behauptet, daß die organisatorische Effizienz verbessert wird, wenn die Mitglieder der Organisation einer eindeutigen Autoritätshierarchie zugeordnet werden, um „Einheit der Auftragserteilung" zu bewirken.

Eine Untersuchung dieses „Prinzips" setzt ein klares Verständnis davon voraus, was mit dem Begriff „Autorität" gemeint wird. Von einem Untergebenen kann man sagen, daß er immer dann Autorität akzeptiert, wenn er es zuläßt, daß sein Verhalten von der Entscheidung eines anderen geleitet wird, unabhängig davon, wie er selbst diese Entscheidung beurteilt.

In einem gewissen Sinne kann dieses Prinzip, ähnlich wie das Prinzip der Spezialisierung, nie verletzt werden, denn es ist einem Menschen physisch unmöglich, zwei sich widersprechenden Anordnungen zu genügen. Vermutlich muß das Prinzip der „Einheit der Auftragserteilung" mehr ausdrücken als diese physische Unmöglichkeit, wenn es ein Organisationsprinzip sein soll. Möglicherweise drückt es aus, daß es nicht erstrebenswert ist, ein Mitglied einer Organisation auf eine Stelle zu setzen, wo es von mehr als einem Vorgesetzten Anordnungen erhält. Dies ist offensichtlich die Bedeutung, die Gulick dem Prinzip beimißt, wenn er sagt:

„Die Bedeutung dieses Prinzips im Prozeß der Koordination und Organisation darf nicht aus dem Auge verloren werden. Bei der Entwicklung einer Organisationsstruktur wird man oft dazu verführt, einen Mann, der eine Aufgabe ausführt, die mehrere Beziehungen zu anderen Aufgaben hat, mehr als einem Vorgesetzten zuzuordnen. Selbst ein so großer Managementphilosoph wie Taylor hat diesen Fehler begangen, indem er getrennte Meister für Maschinen, Materialien, Geschwindigkeit usw. einsetzte, wobei jeder direkte Anweisungsrechte gegenüber dem einzelnen Arbeiter hatte. Ein strenges Festhalten an dem Prinzip der Einheit der Auftragserteilung mag seine Widersinnigkeiten haben; aber diese sind unwesentlich im Vergleich zu der sicheren Konfusion, Ineffizienz und Verantwortungslosigkeit, die aus der Verletzung des Prinzips folgen."[2]

Sicherlich kann ein derart verstandenes Prinzip der Einheit der Auftragserteilung nicht wegen mangelnder Klarheit oder wegen Mehrdeutigkeit kritisiert werden. Die oben angegebene Definition von „Autorität" sollte eine eindeutige Überprüfung der Frage ermöglichen, ob das Prinzip unter realen Bedingungen befolgt wird. Der wirkliche Fehler, der bei diesem Prinzip festzustellen ist, liegt darin, daß es mit dem Prinzip der Spezialisierung unvereinbar ist. Einer der wesentlichsten Zwecke des Einsatzes von Autorität in Organisationen ist es, Spezialisierung in Entscheidungsprozessen so zu ermöglichen, daß jede Entscheidung dort getroffen wird, wo das meiste Fachwissen vorliegt. Der Einsatz von Autorität sichert dann eine bessere Ausnutzung des Fachwissens bei Entscheidungen als es möglich wäre, wenn jede ausführende Arbeitskraft alle Entscheidungen treffen müßte, die mit ihrer Aufgabe verbunden sind. Der einzelne Feuerwehrmann entscheidet nicht, ob er einen Zwei-Zoll-Schlauch oder einen Feuerlöscher einsetzen soll. Diese Entscheidung wird von einem Vorgesetzten für ihn getroffen und durch eine Anweisung übermittelt.

Wenn aber Einheit der Auftragserteilung im Sinne von Gulick vorliegt, dann werden die Entscheidungen der Mitglieder auf allen Ebenen der organisatorischen Hierarchie jeweils alleine durch eine Autoritätsbeziehung beeinflußt. Sind die Entscheidungsprobleme aber so, daß sie Fachkenntnisse in verschiedenen Gebieten voraussetzen, dann muß auf Beratung und Informationsdienste vertraut werden, wenn jene Entscheidungsprämissen bereitgestellt werden sollen, die in einem Bereich liegen, der durch die Form der Spezialisierung der Organisation nicht abgedeckt wird. Wird z. B. ein Buchhalter in einer Schulverwaltung einem Pädagogen untergeordnet und nach der Einheit der Auftragserteilung verfahren, dann kann ihm die Finanzverwaltung nicht unmittelbar Anweisungen bezüglich der rechnungstechnischen Aspekte seiner Arbeit erteilen. Ebenso kann der Leiter eines Fuhrparks der städtischen Betriebe nicht unmittelbar Anweisungen über die Fahrzeugwartung an den Fahrer des Feuerwehrwagens erteilen.[3]

Gulick hat in dem oben angeführten Zitat klar auf die Probleme hingewiesen, die erwartet werden müssen, wenn nicht nach der Einheit der Auftragserteilung verfahren wird. Ein gewisses Ausmaß an Verantwortungslosigkeit und Konfusion wird sich dann wohl sicherlich ergeben. Aber möglicherweise ist dieser Preis nicht zu hoch, wenn man das zusätzliche Fachwissen bedenkt, das dann in Entscheidungen eingebracht werden kann. Notwendig erscheint ein Organisationsprinzip, das es ermöglicht, die relativen Vor- und Nachteile der beiden Handlungsalternativen zu vergleichen. Aber weder das Prinzip der Spezialisierung noch das Prinzip der Einheit der Auftragserteilung ist bei der Beurteilung dieser Kontroverse hilfreich. Sie widersprechen sich nur und bieten keinen Hinweis auf ein Verfahren, wie der Widerspruch überwunden werden kann.

Wenn dies allein eine akademische Frage wäre – wenn man allgemein der Überzeugung wäre und generell gezeigt worden wäre, daß Einheit der Auftragserteilung immer, auch bei einem Verlust an Fachwissen, zu befolgen ist – dann könnte man darauf bestehen, daß im Konfliktfall die Einheit der Auftragserteilung Vorrang haben sollte. Aber die Angelegenheit ist keineswegs klar und für beide Positionen können Experten in Anspruch genommen werden. Für die Seite der Einheit der Auftragserteilung kann das Urteil von Gulick und von anderen angeführt werden.[4] Für die Seite der Spezialisierung sprechen Taylors Theorie der funktionalen Kontrolle, MacMahons und Milletts Idee der „dualen Kontrolle" und die Praxis der technischen Kontrolle in militärischen Organisationen.[5]

Es mag zutreffen, wie Gulick versichert, daß die Vorstellung von Taylor und diesen anderen Autoren „falsch" ist. Wenn das so ist, dann sind die Beweise für diesen Irrtum niemals zusammengetragen oder veröffentlicht worden – außer ungenauen heuristischen Argumenten wie dem oben zitierten. Man wird alleine gelassen, ohne jede Beweisgrundlage eine Entscheidung zwischen gleich bedeutsamen Organisationstheoretikern zu treffen.

Alles, was über die Praxis von Organisationen bekannt ist, scheint darauf hinzudeuten, daß der Notwendigkeit zur Spezialisierung in einem sehr starken Maße Vorrang vor der Notwendigkeit zur Einheit der Auftragserteilung gegeben wird. Tatsächlich erscheint sogar die Behauptung kaum übertrieben, daß Einheit der Auftragserteilung im Sinne von Gulick nie in einer Organisation befolgt wurde. Wenn ein Linienmanager den Anordnungen des Rechnungswesens im Hinblick auf das Beschaffungsverfahren folgt, kann man dann sagen, daß er in diesem Bereich nicht der Autorität des Rechnungswesens unterworfen ist? In realen Organisationen ist Autorität stets begrenzt. Zu behaupten, daß diese Begrenzung dem Prinzip der Einheit der Auftragserteilung nicht widerspricht, erfordert einen ganz anderen als den hier verwendeten Begriff von „Autorität". Die Abhängigkeit des Linienmanagers vom Rechnungswesen ist im Prinzip nichts anderes als die Empfehlung von Taylor, daß ein Arbeiter im Hinblick auf den Arbeitsplan einem Meister und im Hinblick auf die Maschinenbedienung einem anderen Meister unterstellt sein soll.

Das Prinzip der Einheit der Auftragserteilung ist vielleicht eher zu verteidigen, wenn es wie folgt eingeschränkt wird: Im Falle zweier autorisierter, sich aber widersprechender Anweisungen sollte es eine einzige bestimmte Person geben, der der Untergebene zu folgen hat. Sanktionen gegenüber dem Untergebenen sollten allein eingesetzt werden, um seinen Gehorsam gegenüber dieser einen Person durchzusetzen.

Wenn das Prinzip der Einheit der Auftragserteilung durch diese Abschwächung eher zu verteidigen ist, dann löst es auch weniger Probleme. Zunächst erfordert es, abgesehen von der Regelung von Autoritätskonflikten, keine eindeutige Autoritätshierarchie mehr. Folglich läßt es die sehr wichtige Frage ungeklärt, wie die Autorität in einer bestimmten Organisation begrenzt werden sollte (d. h. die Formen der Spezialisierung) und auf welchen Wegen sie ausgeübt werden sollte. Schließlich widerspricht selbst dieses engere Konzept der Einheit der Auftragserteilung dem Prinzip der Spezialisierung, denn wenn immer Meinungsverschiedenheiten auftreten und die Organisationsmitglieder auf die formalen Autoritätsbeziehungen zurückgreifen, dann werden sich alleine jene spezialisierten Funktionen, die in der formalen Autoritätshierarchie berücksichtigt sind, in den Entscheidungen durchsetzen können. Übt der Ausbildungsleiter einer Stadt allein eine funktionale Kontrolle über den Ausbildungsleiter der Polizei aus, dann wird im Falle einer Meinungsverschiedenheit mit dem Polizeichef das spezielle Wissen über Polizeiprobleme ausschlaggebend sein, während das spezielle Wissen über Ausbildungsprobleme untergeordnet oder ganz vernachlässigt wird. Die häufigen Frustrationen funktionaler Vorgesetzter wegen ihres Mangels an Sanktionsbefugnissen machen deutlich, daß dies tatsächlich vorkommt.

Leitungsspanne

Es wird behauptet, daß sich die organisatorische Effizienz verbessert, wenn die Anzahl der einem Vorgesetzten direkt Untergestellten auf eine kleine Zahl – angenommen sechs – begrenzt wird. Die Vorstellung, daß die „Leitungsspanne" klein sein sollte, wird unbestreitbar als ein drittes unangreifbares Organisationsprinzip behauptet. Die üblichen, erfahrungsorientierten Argumente zur Beschränkung der Leitungsspanne sind bekannt und müssen hier nicht wiederholt werden. Es wird aber seltener erkannt, daß ein widersprechender Satz der Organisationstheorie formuliert und mit ähnlich plausiblen Argumenten unterstützt werden kann, obwohl er nicht so bekannt ist wie das Prinzip der Leitungsspanne. Der fragliche Spruch lautet wie folgt:

Die organisatorische Effizienz wird erhöht, wenn die Anzahl der organisatorischen Ebenen möglichst klein gehalten wird, durch die eine Angelegenheit laufen muß, bevor sie erledigt wird.

Dieser letztgenannte Spruch ist eines der grundlegenden Orientierungskriterien, das Organisationsanalytikern bei der Vereinfachung von Verfahren dient. In vielen Fällen führt aber die Anwendung dieses Prinzips zu Ergebnissen, die im direkten Widerspruch stehen zu den Forderungen der Prinzipien der Leitungsspanne, der Einheit der Auftragserteilung und der Spezialisierung. Wir beschränken uns hier auf den ersten dieser Konflikte. Zur Erläuterung der Schwierigkeiten werden zwei unterschiedliche Vorschläge für die Organisation eines kleinen Gesundheitsamtes dargestellt – der eine berücksichtigt die Beschränkung der Leitungsspanne, der andere die Begrenzung der Anzahl der Hierarchieebenen:

(A) Die gegenwärtige Organisation des Amtes belastet den Leiter zu sehr mit Verwaltungsaufgaben, da ihm alle elf Angestellten des Amtes direkt unterstehen und außerdem einigen der Mitarbeiter eine angemessene technische Ausbildung fehlt. Deshalb nehmen die klinischen Behandlungen von Geschlechtskranken und andere Einzeltätigkeiten einen übermäßigen Teil der persönlichen Aufmerksamkeit des Leiters in Anspruch.

Es ist früher empfohlen worden, daß der vorgeschlagene Amtsarzt mit der Leitung der Kliniken für Geschlechts- und Lungenerkrankungen sowie mit allen Aufgaben der Kinderhygiene beauftragt wird. Weiterhin wird empfohlen, daß einer der Inspektoren zum Chefinspektor ernannt und mit allen Aufsichtstätigkeiten des Amtes beauftragt wird. Außerdem soll eine der Krankenschwestern zur Oberschwester er-

nannt werden. Dadurch wird der Leiter des Gesundheitsamtes in beträchtlichem Maße von Detailaufgaben entlastet und ihm größere Freiheit gegeben, das Gesundheitsprogramm als Ganzes zu planen und zu überwachen, Gesundheitserziehung durchzuführen und die Arbeit des Amtes mit der anderer kommunaler Einrichtungen zu koordinieren. Wenn das Amt so organisiert wäre, könnte die Wirksamkeit aller Angestellten beträchtlich erhöht werden.

(B) Die gegenwärtige Organisation des Amtes führt zu Ineffizienz und übermäßigem Papierkrieg aufgrund der Tatsache, daß eine überflüssige Leitungsebene zwischen dem Leiter des Gesundheitsamtes und den ausführenden Angestellten liegt und daß die vier technisch am besten ausgebildeten der zwölf Angestellten hauptsächlich mit allgemeinen Verwaltungspflichten befaßt sind. Folglich entstehen unnötige Verzögerungen, um die Zustimmung des Amtsleiters bei Angelegenheiten zu erhalten, die ihm vorgelegt werden müssen, und zu viele Angelegenheiten erfordern Prüfung und nochmalige Prüfung.

Der Amtsarzt sollte die Leitung der Kliniken für Geschlechts- und Lungenerkrankungen sowie die Aufgabe der Kinderhygiene behalten. Es wird aber empfohlen, daß die Stellen des Chefinspektors und der Oberschwester abgeschafft werden und die Angestellten, die jetzt diese Stellen innehaben, normale Aufsichts- und Pflegedienste ausüben. Die jetzt von diesen beiden Angestellten ausgeführte detaillierte Aufgabenverteilung kann zweckmäßiger vom Assistenten des Amtsleiters wahrgenommen werden. Da allgemeinere Fragen der Politik sowieso immer die persönliche Befassung durch den Amtsleiter erforderten, wird die Abschaffung dieser beiden Stellen einen völlig unnötigen Prüfungsschritt ausschalten, eine Erweiterung der Aufsichts- und Pflegedienste ermöglichen und zumindest einen Anfang beim empfohlenen Programm zur Gesundheitserziehung erlauben. Die Zahl der dem Leiter direkt unterstellten Mitarbeiter wird auf neun steigen, aber da außer den obengenannten Bereichen der Aufgabenverteilung und Politikfragen nur wenige Angelegenheiten die Koordination dieser Mitarbeiter erfordern, wird diese Änderung seine Arbeitsbelastung nicht wesentlich erhöhen.

Das Dilemma ist: In einer großen Organisation mit gegenseitigen Beziehungen zwischen den Mitgliedern führt eine kleine Leitungsspanne notwendigerweise zu übermäßigem Papierkrieg, da jeder Kontakt zwischen Organisationsmitgliedern so lange nach oben getragen werden muß, bis ein gemeinsamer Vorgesetzter gefunden wird. Schon bei mittelgroßen Organisationen ist damit verbunden, daß alle solche Angelegenheiten zwecks Entscheidung über mehrere Hierarchieebenen nach oben und dann wieder in der Form von Anweisungen und Vorschriften nach unten getragen werden – ein mühseliger und zeitraubender Vorgang.

Die Alternative besteht darin, die Zahl der Personen zu erhöhen, die jedem Vorgesetzten unterstellt sind, so daß die Spitze der Pyramide schneller erreicht wird und weniger Zwischenebenen vorhanden sind. Aber das führt ebenfalls zu Schwierigkeiten, denn wenn ein Vorgesetzter zu viele Angestellte überwachen muß, wird seine Kontrolle über sie geschwächt.[6]

Wenn man zugibt, daß sowohl die Erhöhung als auch die Verminderung der Leitungsspanne einige unerwünschte Konsequenzen haben, wo liegt der optimale Punkt? Befürworter einer beschränkten Leitungsspanne haben drei, fünf, gar elf als zweckmäßige Größen vorgeschlagen. Sie haben aber nirgends die Gründe erläutert, die sie zu der von ihnen gewählten speziellen Zahl geführt haben. So, wie das Prinzip formuliert ist, sagt es nichts über diese kritische Frage.

Zweck, Prozeß, Klientel und Standort als Organisationskriterien[7]

Es wird behauptet, daß sich die organisatorische Effizienz erhöht, wenn man Arbeitskräfte nach den Kriterien (a) Zweck, (b) Prozeß, (c) Klientel oder (d) Standort anordnet. Aus unserer Untersuchung der Spezialisierung ist aber bekannt, daß dieses Prinzip in sich widersprüchlich ist. Zweck, Prozeß, Kunden und Standort sind miteinander konkurrierende Grundlagen der Organisation und an jedem Punkt der Aufteilung müssen die Vorteile von drei Kriterien geopfert werden, um die Vorteile des vierten Kriteriums zu erreichen. Sind z. B. die wichtigsten Ämter einer Stadtverwaltung nach dem Hauptkriterium Zweck organisiert, dann folgt, daß alle Ärzte, alle Juristen, alle Ingenieure oder alle Statistiker nicht in einem Amt angesiedelt sind, das ausschließlich aus Mitgliedern ihres Berufes besteht, sondern daß sie auf die verschiedenen Ämter, die ihre Dienste benötigen, verteilt sind. Die Vorteile der Organisation nach dem Prozeß gehen so teilweise verloren.

Einige dieser Vorteile können wiedergewonnen werden, wenn man die Organisation innerhalb der Ämter auf den Prozeß ausrichtet. So kann es ein Ingenieurbüro im Bauamt geben oder das Schulamt kann einen Schulgesundheitsdienst als wichtigen Arbeitsbereich haben. In ähnlicher Weise können innerhalb kleinerer Einheiten Aufteilungen nach dem Gebiet oder dem Kunden erfolgen. So wird die Feuerwehr einzelne Löschzüge über die Stadt verteilt haben, während das Sozialamt Aufnahme- und Betreuungsstellen an verschiedenen Orten haben wird. Wiederum gilt, daß die hauptsächlichen Formen der Spezialisierung nicht gleichzeitig erreicht werden können; an jedem Punkt in der Organisation muß entschieden werden, ob die Spezialisierung auf der nächsten Ebene durch die Unterscheidung nach Hauptzweck, Hauptprozeß, Klientel oder Gebiet erreicht werden soll.

Konkurrenz zwischen Zweck und Klientel. Der Konflikt kann dadurch erläutert werden, daß aufgezeigt wird, wie das Prinzip der Spezialisierung nach dem Zweck bei der Organisation eines Gesundheitsamtes zu einem anderen Ergebnis führen würde als eine Spezialisierung nach der Klientel.

(A) Die öffentliche Gesundheitsverwaltung besteht aus den folgenden Aktivitäten zur Krankheitsverhütung und Erhaltung von gesundheitsfördernden Bedingungen:

(1) Bevölkerungsstatistiken, (2) Kinderhygiene: Vorgeburts-, Schwangerschafts-, Nachgeburts-, Kleinkind-, Vorschul- und Schulgesundheitsprogramme, (3) Überwachung ansteckender Krankheiten, (4) Milch-, Lebensmittel- und Arzneimittelkontrolle, (5) Kontrolle sanitärer Anlagen, (6) Labordienste, (7) Gesundheitserziehung.

Eines der Hindernisse, mit denen das Gesundheitsamt zu kämpfen hat, ist die Tatsache, daß das Amt keine Kontrolle über die Schulgesundheit hat, die eine Aufgabe der Erziehungsbehörde des Bezirks ist. Es besteht geringe oder keine Koordination zwischen diesem sehr wichtigen Teil des städtischen Gesundheitsprogramms und dem übrigen Programm, das durch den gemeinsamen Stadt-Bezirks-Gesundheitsverband ausgeführt wird. Es wird vorgeschlagen, daß Stadt und Bezirk mit der Erziehungsbehörde Verhandlungen über den Transfer aller Schulgesundheitstätigkeiten und ihre Zuweisung an den gemeinsamen Gesundheitsverband aufnehmen.

(B) Dem modernen Schulamt ist die Sorge für die Kinder für fast die gesamte Zeit anvertraut, in der sie vom Elternhaus abwesend sind. Es hat gegenüber den Kindern drei hauptsächliche Verantwortlichkeiten: (1) für ihre Ausbildung in nützlichen Fertigkeiten und Wissen sowie im Charakter zu sorgen; (2) ihnen sinnvolle Spielmöglichkeiten außerhalb der Schulstunden zu bieten und (3) für ihre Gesundheit zu sorgen und die Erreichung von Mindestniveaus der Ernährung sicherzustellen.

Eines der Hindernisse, mit denen die Schulverwaltung zu kämpfen hat, ist die Tatsache, daß die Verwaltung mit Ausnahme der Schulmahlzeiten keine Kontrolle über die Gesundheit und Ernährung der Kinder hat. Es besteht geringe oder keine Koordination zwischen diesem sehr wichtigen Teil des Kindererziehungsprogramms und dem übrigen Programm, das durch die Erziehungsbehörde ausgeführt wird. Es wird vorgeschlagen, daß Stadt und Bezirk Verhandlungen über den Transfer der gesamten Gesundheitsarbeit für Kinder im Schulalter an die Erziehungsbehörde aufnehmen.

Hier stellt sich wieder das Dilemma, zwischen zwei alternativen, gleich plausiblen Organisationsprinzipien zu wählen. Aber das ist nicht die einzige Schwierigkeit im vorliegenden Fall, denn eine nähere Untersuchung der Situation zeigt grundlegende Mehrdeutigkeiten in den Bedeutungsinhalten der Kernbegriffe „Zweck", „Prozeß", „Klientel" und „Standort".

Mehrdeutigkeiten der Kernbegriffe. „Zweck" kann grob als das Ziel oder die Absicht definiert werden, für die eine Handlung ausgeführt wird; „Prozeß" als ein Mittel zur Erreichung eines Zweckes. Prozesse werden also durchgeführt, um Zwecke zu bewirken. Aber Zwecke ihrerseits können im allgemeinen in einer Art Hierarchie angeordnet werden. Eine Stenotypistin bewegt ihre Finger, um zu tippen; sie tippt, um einen Brief wiederzugeben; sie gibt einen Brief wieder, damit eine Anfrage beantwortet werden kann. Das Schreiben eines Briefes ist also der Zweck, für den das Tippen ausgeführt wird, während das Schreiben eines Briefes zugleich der Prozeß ist, durch den der Zweck erfüllt wird, eine Anfrage zu beantworten. Ein und dieselbe Handlung kann folglich als Zweck oder als Prozeß beschrieben werden.

Diese Mehrdeutigkeit kann für den Fall einer Verwaltungsorganisation leicht veranschaulicht werden. Betrachtet man ein Gesundheitsamt als eine Einrichtung, deren Aufgabe es ist, für die Gesundheit der Gemeinschaft zu sorgen, so ist es eine auf einen Zweck ausgerichtete Organisation. Betrachtet man das gleiche Amt als eine Einrichtung, die zur Erreichung ihrer Aufgaben die Medizin nutzt, so ist es eine auf einen Prozeß ausgerichtete Organisation. Gleichermaßen kann eine Erziehungsbehörde als eine „Zweckorganisation" (Erziehung) oder als eine „Klientenorganisation" (Kinder) betrachtet werden; die Forstverwaltung als eine Zweck- (Erhaltung des Waldes), Prozeß- (Verwaltung des Waldes), Klienten- (Holzfäller und Jäger, die öffentliche Wälder benutzen) und Bereichsorganisation (öffentlicher Waldbesitz). Zieht man konkrete Beispiele dieser Art heran, dann werden die Grenzen zwischen diesen Kategorien wirklich sehr verschwommen und unklar.

„Organisation nach dem Hauptzweck", so sagt Gulick[8], „dient dazu, in einer einzigen großen Abteilung alle jene zusammenzubringen, die durch ihre Arbeit versuchen, einen bestimmten Dienst zu leisten." Aber was ist ein bestimmter Dienst? Ist Feuerschutz ein einzelner Zweck oder nur ein Teil des Zweckes öffentlicher Sicherheit? Oder ist er eine Kombination von Zwecken, die Feuerverhütung und Feuerbekämpfung einschließen? Es muß der Schluß gezogen werden, daß es so etwas wie eine Zweck- oder *unifunktionale* (Einzweck-)Organisation nicht gibt. Was als *eine* einzige Funktion zu betrachten ist, hängt vollständig von der Sprache und den Techniken ab.[9] Wenn unsere Sprache einen umfassenden Begriff besitzt, der bei zwei Teilzwecken beide einschließt, dann ist es natürlich, daß man beide zusammen als einen einzigen Zweck auffaßt. Fehlt ein solcher Begriff, dann werden die beiden Teilzwecke eigenständige Zwecke. Andererseits kann eine einzelne Handlung zu mehreren Zielen beitragen. Aber wenn diese aus technischen (Verfahrens-)Gründen nicht trennbar sind, wird die Handlung als eine einzige Funktion oder ein einziger Zweck betrachtet.

Die schon erwähnte Tatsache, daß Zwecke eine Hierarchie so bilden, daß jeder Teilzweck zu einem höheren und umfassenderen Ziel beiträgt, hilft, die Beziehung zwischen Zwecken und Prozessen zu klären. „Organisation nach dem Hauptprozeß", sagt Gulick[10], „... führt dazu, daß in einer einzigen Abteilung alle jene zusammengebracht werden, die bei der Arbeit eine bestimmte Fertigkeit oder Technik benutzen oder zu der gleichen Berufsgruppe gehören." Betrachten wir eine einfache Fertigkeit dieser Art – etwa Maschineschreiben. Maschineschreiben ist eine Fertigkeit, die eine Zweck-Mittel-Koordination von Muskelbewegungen zustande bringt, aber auf einer sehr niedrigen Ebene der Zweck-Mittel-Hierarchie. Der Inhalt eines maschinegeschriebenen Briefes ist unabhängig von der Fertigkeit, die ihn herstellt. Die Fertigkeit besteht lediglich in der Fähigkeit, den Buchstaben t immer dann schnell anzuschlagen, wenn ein t vom Inhalt her gefordert wird, und den Buchstaben a anzuschlagen, wenn ein a vom Inhalt her gefordert wird.

Es gibt also keinen wesentlichen, sondern nur einen graduellen Unterschied zwischen einem „Zweck“ und einem „Prozeß“. Ein „Prozeß“ ist eine Handlung, deren unmittelbarer Zweck auf einer niedrigen Ebene in der Hierarchie von Mitteln und Zwecken steht, während ein „Zweck“ eine Sammlung von Handlungen ist, deren Orientierungswert oder -ziel auf einer hohen Ebene in der Zweck-Mittel-Hierarchie steht.

Betrachten wir als nächstes „Klientel“ und „Standort“ als Organisationsgrundlagen. Diese Kategorien stehen eigentlich nicht getrennt vom Zweck, sondern sind ein Teil von ihm. Eine vollständige Aussage über den Zweck einer Feuerwehr müßte auch das Gebiet, für das sie zuständig ist, einschließen: „Feuerschäden an Sachen in der Stadt X zu vermindern.“ Ziele einer Verwaltungsorganisation werden durch die zu erbringenden Dienstleistungen und das Gebiet, für das sie erbracht werden ausgedrückt. Üblicherweise soll sich der Begriff „Zweck“ nur auf das erste Element beziehen; aber das zweite ist ein gleichberechtigter Aspekt des Zwecks. Dienstleistungsbereich kann natürlich genausogut ein bestimmter Klientel sein wie ein geographischer Bereich. Im Falle einer Einrichtung, die in Schichten arbeitet, wird die Zeit eine dritte Dimension des Zwecks – eine bestimmte Dienstleistung in einem bestimmten Bereich (oder für eine bestimmte Klientel) während einer bestimmten Zeitperiode zu erbringen.

Nach diesen terminologischen Erörterungen ist als nächstes das Problem der Spezialisierung der Arbeit einer Organisation neu zu betrachten. Es erscheint nun nicht mehr zulässig, von einer „Zweckorganisation“ oder einer „Prozeßorganisation“, einer „Klientenorganisation“ oder einer „Bereichsorganisation“ zu reden. Dieselbe Einheit könnte in jede dieser vier Kategorien fallen, je nach der Art der größeren organisatorischen Einheit, von der sie ein Teil ist. Eine Einrichtung, die öffentliche Gesundheits- und medizinische Dienstleistungen für Schulkinder im Multnomah County erbringt, könnte betrachtet werden als (1) eine „Gebietsorganisation“, wenn sie ein Teil einer Einheit wäre, die die gleiche Dienstleistung für den Staat Oregon erbringt; (2) eine „Klientenorganisation“, wenn sie Teil einer Einheit wäre, die ähnliche Dienstleistungen für Kinder aller Altersstufen erbringt; (3) eine „Zweck“- oder „Prozeßorganisation“ (welche, könnte unmöglich gesagt werden), wenn sie Teil einer Erziehungsbehörde wäre.

Es ist falsch zu sagen, die Behörde A sei eine Prozeßbehörde. Richtig ist die Aussage, die Behörde A ist eine Prozeßbehörde *innerhalb* des Amtes X.[11] Diese letzte Aussage würde bedeuten, daß die Behörde A alle Prozesse einer bestimmten Art im Amt X in sich vereinigt, ohne Rücksicht auf irgendwelche speziellen Teilzwecke, Teilbereiche oder Teilklientel des Amtes X. Nun kann man sich vorstellen, daß eine bestimmte Einheit alle Prozesse einer gewissen Art vereinen könnte, aber daß sich diese Prozesse nur auf gewisse spezielle Teilzwecke des Amtszweckes beziehen. In diesem Fall, der der obenerwähnten Gesundheitseinrichtung in einer Erziehungsbehörde entspricht, wäre die Einheit sowohl nach dem Zweck als nach dem Prozeß spezialisiert. Die Gesundheitseinrichtung wäre in der Erziehungsbehörde die einzige, die die medizinische Kunst (Prozeß) einsetzt und sich mit Gesundheit (Teilzweck) befaßt.

Mangel an Spezialisierungskriterien. Selbst wenn das Problem der zweckmäßigen Verwendung der Begriffe „Zweck", „Prozeß", „Klientel" und „Bereich" gelöst ist, geben die Organisationsprinzipien keine Hinweise, welche dieser vier konkurrierenden Grundlagen der Spezialisierung in einer bestimmten Situation anwendbar ist. Das British Machinery of Government Committee hegte in dieser Angelegenheit keine Zweifel. Es hielt Zweck und Klientel für die beiden möglichen Grundlagen der Organisation und vertraute ganz auf die erste. Andere haben gleiches Selbstvertrauen bei der Wahl zwischen Zweck und Prozeß gehabt. Die Begründung, die zu diesen eindeutigen Schlußfolgerungen führt, läßt manches zu wünschen übrig. Das Machinery of Government Committee gibt dieses einzige Argument für seine Entscheidung an:

„*Die unausweichliche Konsequenz dieser Organisationsmethode (nach Klientel) ist eine Tendenz zur Lilliput-Verwaltung. Es ist unmöglich, daß die spezialisierte Dienstleistung, die jedes Amt für die Gemeinschaft zu erbringen hat, das gleich hohe Niveau haben kann, wenn seine Arbeit gleichzeitig auf einen bestimmten Personenkreis begrenzt und auf die ganze Vielfalt von Maßnahmen für ihn ausgedehnt wird, wie dann, wenn sich das Amt auf die Bereitstellung der bestimmten Dienstleistung für jedermann konzentriert und über die Interessen von vergleichsweise kleinen Gruppen hinwegsieht.*"[12]

Die Fehler in dieser Analyse sind offensichtlich. Erstens wird kein Versuch unternommen, um zu bestimmen, wie *eine* Dienstleistung abgegrenzt werden soll. Zweitens wird ohne jeden Beweis die dürftige Annahme eingeführt, daß z. B. eine Kindergesundheitsabteilung in einem Amt für Kinderfürsorge nicht in der Lage wäre, Leistungen des „gleich hohen Niveaus" anzubieten, wie dieselbe Abteilung, wenn sie sich in einem Gesundheitsamt befinden würde. Dabei wird nicht begründet, wie die Qualität der Arbeit dieser Abteilung allein durch die Verschiebung von einem Amt zu einem anderen verbessert oder beeinträchtigt würde. Drittens wird für das Urteil über die konkurrierenden Ansprüche von Zweck und Prozeß keine Grundlage angegeben – die beiden gehen in dem mehrdeutigen Begriff „Dienstleistung" auf. Hier muß nicht entschieden werden, ob das Komitee mit seiner Empfehlung recht oder unrecht hatte. Wichtig ist, daß die Empfehlung eine Wahl darstellte, die ohne jede erkennbare logische oder empirische Begründung zwischen widersprüchlichen Organisationsprinzipien getroffen wurde.

Noch bemerkenswertere Beispiele von Unlogik können bei den meisten Untersuchungen über das Verhältnis zwischen Zweck und Prozeß gefunden werden. Sie wären zu merkwürdig, um erwähnt zu werden, wenn sie nicht üblicherweise in ernsthaften politischen und organisatorischen Debatten verwendet würden.

„Wohin sollte z. B. die landwirtschaftliche Erziehung kommen: In das Ministerium für Erziehung oder das für Landwirtschaft? Das hängt davon ab, ob man die besten landwirtschaftlichen Verfahren durch möglicherweise veraltete pädagogische Methoden oder möglicherweise unmoderne landwirtschaftliche Verfahren in der modernsten und überzeugendsten Art vermittelt haben will. Die Frage beantwortet sich von selbst."[13]

Aber beantwortet sich die Frage wirklich von selbst? Angenommen, ein Amt für landwirtschaftliche Ausbildung würde gegründet, das z. B. von einem Mann geleitet würde, der breite Erfahrungen in der Agrarforschung oder als Leiter einer Landwirtschaftsschule gehabt hätte. Es sollte weiterhin mit Mitarbeitern mit ähnlich geeigneten Erfahrungen ausgestattet werden. Welche Gründe sprechen für die Annahme, daß sie altmodische landwirtschaftliche Verfahren mit neuartigen Methoden lehren würden, wenn sie dem Erziehungsministerium zugeordnet wären, während sie neuartige landwirtschaftliche Verfahren mit altmodischen Methoden lehren würden, wenn sie dem Landwirtschaftsministerium zugeordnet wären? Das organisatorische Problem eines solchen Amtes würde es sein, neuartige landwirtschaftliche Verfahren mit neuartigen Methoden zu lehren und es ist ein wenig schwer zu erkennen, wie die institutionelle Zuordnung des Amtes dieses Ergebnis beeinträchtigen würde. „Die Frage beantwortet sich von selbst" nur dann, wenn man einen ziemlich mystischen Glauben hat an die Wirksamkeit von Ämterverschiebungen als Mittel, um den Tätigkeiten einer Behörde eine neue Richtung zu geben.

Diese Widersprüche und Konkurrenzfälle haben in den letzten Jahren zunehmende Aufmerksamkeit von Organisationsforschern gefunden. So haben z. B. Gulick, Wallace und Benson gewisse Vor- und Nachteile der verschiedenen Arten der Spezialisierung angegeben und die Bedingungen betrachtet, unter denen die eine oder die andere Art am besten angewendet werden könnte.[14] Alle diese Untersuchungen bewegten sich auf einer theoretischen Ebene – in dem Sinne, daß keine Daten verwendet worden sind, um die überlegene Wirksamkeit zu zeigen, die für die verschiedenen Arten beansprucht wurde. Obgleich sie theoretisch war, hat der Analyse eine Theorie gefehlt. Da kein umfassender Bezugsrahmen entwickelt worden ist, in dem die Diskussion stattfinden könnte, hat die Analyse entweder zu der logischen Einseitigkeit, welche die oben zitierten Beispiele charakterisiert, oder zur Ergebnislosigkeit tendiert.

Die Sackgasse der Organisationstheorie

Die vier eingangs dargelegten „Organisationsprinzipien" sind nun einer kritischen Analyse unterworfen worden. Keines der vier Prinzipien hat in sehr gutem Zustand überlebt, denn in jedem Falle wurden statt eines eindeutigen Prinzips zwei oder mehr gegenseitig unvereinbare Prinzipien vorgefunden, die anscheinend in gleicher Weise auf die Organisation angewendet werden können.

Darüber hinaus wird der Leser erkennen, daß genau dieselben Einwände gegen die üblichen Diskussionen der Frage „Zentralisation" vs. „Dezentralisation" vorgetragen werden können, die in der Regel im wesentlichen zu dem Schluß kommen, daß „einerseits Zentralisation der Entscheidungsfunktion wünschenswert ist; Dezentralisation aber andererseits deutliche Vorteile besitzt".

Kann überhaupt etwas gerettet werden, das für den Aufbau einer Organisationstheorie nützlich sein wird? Tatsächlich kann nahezu alles gerettet werden. Die Schwierigkeit ist entstanden, weil als „Organisationsprinzipien" behandelt wurde, was in Wirklichkeit nur Kriterien zur Beschreibung und Diagnose von organisatorischen Situationen sind. Abstellraum ist sicherlich ein wichtiger Aspekt bei der Gestaltung eines gediegenen Hauses. Jedoch würde ein Haus, das vollständig im Hinblick auf ein Maximum von Abstellraum gestaltet wird und bei dem alle anderen Überlegungen vergessen werden, gelinde gesagt als etwas unausgewogen betrachtet werden. In ähnlicher Weise sind Einheit der Auftragserteilung, Spezialisierung nach dem Zweck und Dezentralisation Aspekte, die bei der Gestaltung einer effizienten Organisation zu berücksichtigen sind. Kein einzelnes dieser Prinzipien ist hinreichend bedeutsam, um als Leitprinzip für den Organisationsplaner zu genügen. Bei der Gestaltung von Organisationen muß, ebenso wie bei ihrer Arbeitsweise, die Gesamteffizienz das Leitprinzip sein. Gegenseitig unvereinbare Vorteile müssen gegeneinander abgewogen werden, ähnlich wie ein Architekt die Vorteile zusätzlichen Abstellraumes gegen die Vorteile eines größeren Wohnzimmers abwägt.

Wenn diese Position gültig ist, stellt sie eine Anklage gegen viele der heutigen Schriften über organisatorische Fragen dar. Wie die in diesem Kapitel zitierten Beispiele reichlich zeigen, gehen viele organisatorische Untersuchungen so vor, daß ein einziges Kriterium ausgewählt und auf eine organisatorische Situation angewendet wird, um zu einer Empfehlung zu gelangen. Die Tatsache, daß es gleich zweckmäßige, aber widersprüchliche Kriterien gibt, die mit gleichen Gründen, aber verschiedenen Ergebnissen angewendet werden könnten, wird bequemerweise vernachlässigt. Ein tragfähiger Ansatz für die Untersuchung von Organisationen erfordert, daß *alle* relevanten Diagnosekriterien herausgearbeitet werden, daß jede organisatorische Situation im Lichte aller Kriterien analysiert wird und daß Forschungsbemühungen eingeleitet werden, um zu bestimmen, wie den verschiedenen Kriterien Gewichte zugewiesen werden können, wenn sie, wie das in der Regel der Fall sein wird, miteinander unvereinbar sind.

Ein Ansatz zur Organisationstheorie

Dieses Programm muß Schritt für Schritt betrachtet werden. Erstens, was ist in der Beschreibung von organisatorischen Situationen für die Zwecke einer solchen Analyse enthalten? Zweitens, wie können den verschiedenen Kriterien Gewichte zugewiesen werden, um ihnen ihren richtigen Stellenwert im Gesamtzusammenhang zu geben?

Die Beschreibung von organisatorischen Situationen

Bevor eine Wissenschaft Prinzipien entwickeln kann, muß sie Konzepte besitzen. Bevor das Fallgesetz formuliert werden konnte, war es notwendig, die Begriffe „Beschleunigung" und „Gewicht" zu kennen. Die erste Aufgabe der Organisationstheorie ist die Entwicklung einer Reihe von Konzepten, die die Beschreibung organisatorischer Situationen in Begriffen dieser Theorie erlauben. Wenn sie für die Wissenschaft von Nutzen sein sollen, müssen diese Konzepte operational sein, d. h. ihre Bedeutungen müssen empirisch beobachtbaren Tatbeständen oder Situationen entsprechen. Die oben in diesem Kapitel angegebene Definition von „Autorität" ist ein Beispiel für eine operationale Definition.

Wie sieht eine wissenschaftlich relevante Beschreibung einer Organisation aus? Es ist eine Beschreibung, die, soweit möglich, für jede Person in der Organisation angibt, welche Entscheidungen diese Person trifft und welchen Einflüssen sie beim Treffen dieser Entscheidungen ausgesetzt ist. Gegenwärtige Beschreibungen von Organisationen genügen diesen Anforderungen bei weitem nicht. Zum größten Teil beschränken sie sich auf die Zuweisung von *Funktionen* und die formale *Autoritätsstruktur.* Anderen Arten der organisatorischen Beeinflussung oder dem Kommunikationssystem widmen sie geringe Aufmerksamkeit.[15]

Was bedeutet z. B. die Aussage: „Das Amt besteht aus drei Abteilungen. Die erste hat die Funktion..., die zweite die Funktion... und die dritte die Funktion...?" Was kann aus einer solchen Beschreibung über die Arbeitsfähigkeit der organisatorischen Regelungen erkannt werden? Wirklich sehr wenig. Denn aus der Beschreibung erhält man keine Vorstellung, in welchem Maße Entscheidungen auf der Abteilungsebene oder auf der Amtsebene zentralisiert sind. Es wird keine Vorstellung darüber gegeben, in welchem Ausmaß und mit welchen Mechanismen die (wahrscheinlich unbegrenzte) Autorität des Amtes über die Abteilungen tatsächlich ausgeübt wird. Es gibt keine Hinweise auf das Ausmaß, mit dem Kommunikationssysteme die Koordination der drei Abteilungen unterstützen; auch nicht, in welchem Umfang die Art ihrer Arbeit Koordination erfordert. Es gibt keine Beschreibung der Art der Ausbildung, die die Abteilungsmitglieder erhalten haben oder davon, in welchem Ausmaß diese Ausbildung Dezentralisation auf der Abteilungsebene erlaubt. Mit einem Wort, eine Beschreibung von Organisationen fast ausschließlich in Begriffen von Funktionen und

Autoritätsbeziehungen ist für die Zwecke der organisatorischen Analyse völlig unzureichend.

Betrachten wir den Begriff „Zentralisation". Wie wird bestimmt, ob die Vorgänge in einer bestimmten Organisation „zentralisiert" oder „dezentralisiert" sind? Belegt die Tatsache, daß Außenstellen vorhanden sind, irgend etwas über Dezentralisation? Könnte nicht die gleiche Dezentralisation in den Abteilungen von zentral gelegenen Büros bestehen? Eine realistische Untersuchung der Zentralisation muß eine Analyse der Verteilung der Entscheidungen in der Organisation sowie aller Beeinflussungsmethoden einschließen, die auf den höheren Ebenen verwendet werden, um die Entscheidungen auf tieferen Ebenen zu beeinflussen. Solch eine Analyse würde ein weitaus komplexeres Bild des Entscheidungsprozesses aufdecken als jede Aufzählung der geographischen Standorte organisatorischer Einheiten der verschiedenen Ebenen.

Organisationsbeschreibung leidet gegenwärtig an Oberflächlichkeit, Übervereinfachung und mangelndem Realismus. Sie hat sich zu eng auf den Mechanismus der Autorität beschränkt und hat es versäumt, die anderen, gleich wichtigen Formen der Beeinflussung von organisatorischem Verhalten in ihren Bereich einzubeziehen. Sie hat sich geweigert, die mühsame Aufgabe der Untersuchung der tatsächlichen Verteilung von Entscheidungsfunktionen zu übernehmen. Sie hat sich damit zufrieden gegeben, von „Autorität", „Zentralisation", „Leitungsspanne" und „Funktionen" zu reden, ohne nach operationalen Definitionen für die Begriffe zu suchen. Solange die Organisationsbeschreibung nicht eine höhere Entwicklungsebene erreicht, gibt es wenig Grund für die Hoffnung, daß schneller Fortschritt im Hinblick auf die Bestimmung und Absicherung tragfähiger Organisationsprinzipien erreicht wird.

Die Diagnose organisatorischer Situationen

Bevor konkrete Vorschläge gemacht werden können, ist es notwendig, etwas abzuschweifen und die genaue Art der Aussagen der Organisationstheorie näher zu betrachten. Die Organisationstheorie ist mit der Frage befaßt, wie eine Organisation aufgebaut sein und arbeiten sollte, damit sie ihre Arbeit effizient leisten kann. Ein grundlegendes Organisationsprinzip, das fast direkt aus dem rationalen Charakter einer „guten" Organisation folgt, besagt, daß aus mehreren Handlungsalternativen, die die gleichen Kosten mit sich bringen, immer jene ausgewählt werden sollte, die zur höchsten Erfüllung von Organisationszielen führt; und unter mehreren Alternativen, die zur gleichen Zielerfüllung führen, sollte jene ausgewählt werden, die die geringsten Kosten mit sich bringt. Da dieses „Effizienzprinzip" für jede Handlung charakteristisch ist, die das Erreichen von gewissen Zielen durch den Einsatz von knappen Mitteln in rationaler Weise zu maximieren versucht, ist es für die ökonomische Theorie ebenso charakteristisch wie für die Organisationstheorie. Der „homo organisans" nimmt seinen Platz neben dem klassischen „homo oeconomicus" ein.[16]

Das „Prinzip“ der Effizienz sollte eigentlich als eine Definition und nicht als ein Prinzip verstanden werden: Es ist eine Definition dafür, was unter „gutem“ oder „richtigem“ organisatorischen Verhalten verstanden wird. Es sagt nicht, *wie* Zielerfüllung maximiert werden soll, sondern nur, daß diese Maximierung das Ziel von organisatorischen Handlungen ist und daß die Organisationstheorie die Bedingungen aufdecken muß, unter denen die Maximierung stattfindet.

Welche Faktoren bestimmen nun das Effizienzniveau, das von einer Organisation erreicht wird? Es ist unmöglich, eine erschöpfende Aufstellung dieser Faktoren anzugeben, aber die hauptsächlichen Kategorien können aufgezählt werden. Der vielleicht einfachste methodische Ansatz besteht darin, ein einzelnes Mitglied der Organisation zu betrachten und zu fragen, welche Grenzen im Hinblick auf die Quantität und die Qualität seiner Ergebnisse bestehen. Zu diesen Grenzen gehören (a) Grenzen seiner *Leistungs*fähigkeit und (b) Grenzen seiner Fähigkeit, *richtige Entscheidungen zu treffen.* In dem Maße, wie diese Grenzen beseitigt werden, nähert sich die Organisation ihrem Ziel hoher Effizienz. Zwei Personen mit gleichen Fertigkeiten, den gleichen Zielen und Werten, dem gleichen Wissen und den gleichen Informationen können sich rational nur für die gleiche Handlungsalternative entscheiden. Die Organisationstheorie muß sich also für die Faktoren interessieren, die bestimmen, mit welchen Fertigkeiten, Werten und Wissen das Organisationsmitglied seine Arbeit angeht. Sie sind die „Grenzen“ der Rationalität, mit denen sich die Organisationsprinzipien befassen müssen.

Erstens ist das Individuum durch jene Fertigkeiten, Gewohnheiten und Reflexe begrenzt, die nicht mehr im Bereich des Bewußtseins liegen. Seine Leistung kann z. B. durch seine manuelle Geschicklichkeit, seine Reaktionszeit oder seine Kraft begrenzt sein. Seine Entscheidungsprozesse können durch die Geschwindigkeit seiner Denkprozesse, seine elementaren Rechenfähigkeiten usw. begrenzt sein. Auf diesem Gebiet müssen sich die Organisationsprinzipien mit der Physiologie des menschlichen Körpers und den Gesetzen der Ausbildung von Fertigkeiten und Gewohnheiten befassen. Dieser Bereich ist durch die Nachfolger von Taylor höchst erfolgreich gepflegt worden, und hier sind Zeit- und Bewegungs- sowie die Therbligstudien entwickelt worden.

Zweitens ist das Individuum durch seine Werte und jene Zweckvorstellungen begrenzt, die es bei seinen Entscheidungen beeinflussen. Wenn seine Loyalität zur Organisation groß ist, können seine Entscheidungen aufrichtige Akzeptanz der für die Organisation gesetzten Ziele zeigen. Mangelt es an dieser Loyalität, dann können persönliche Motive seine organisatorische Effizienz beeinträchtigen. Wenn seine Loyalität an die Abteilung gebunden ist, in der es tätig ist, dann kann das Individuum manchmal Entscheidungen treffen, die für die größere Einheit, zu der die Abteilung gehört, nachteilig sind. Auf diesem Gebiet müssen sich die Organisationsprinzipien mit den Determinanten von Loyalität und Moral, von Führungsstil und Initiative und mit den Einflüssen befassen, die bestimmen, wo die organisatorische Loyalität des Individuums liegen wird.

Drittens ist das Individuum durch den Umfang seines für seine Tätigkeit relevanten Sachwissens begrenzt. Dies gilt sowohl für das bei Entscheidungen notwendige Grundwissen – ein Brückenbauer muß die Grundlagen der Mechanik beherrschen – als auch für die Informationen, die benötigt werden, um seine Entscheidungen der gegebenen Situation anzupassen. Auf diesem Gebiet ist die Organisationstheorie mit grundlegenden Fragen wie den folgenden befaßt: Wo die Grenzen für die Menge des Wissens liegen, die der menschliche Geist ansammeln und anwenden kann; wie schnell Wissen aufgenommen werden kann; wie Spezialisierung in der Organisation zu der Spezialisierung des Wissens in Beziehung zu setzen ist, die in der gesellschaftlichen Berufsstruktur vorherrscht; wie das Kommunikationssystem Wissen und Informationen an die richtigen Entscheidungspunkte lenken soll; welche Arten von Wissen leicht übermittelt werden können und welche nicht; wie der Bedarf nach Austausch von Informationen durch die Formen der Spezialisierung in der Organisation betroffen wird. Dies ist wahrscheinlich die terra incognita der Organisationstheorie und unzweifelhaft wird ihre sorgfältige Erforschung viel Licht auf die richtige Anwendung der Organisationssprüche werfen.

Möglicherweise steckt dieses Dreieck von Begrenzungen den Bereich der Rationalität nicht vollständig ab und der Figur müssen weitere Seiten hinzugefügt werden. Auf jeden Fall wird die Aufzählung helfen, die Art von Überlegungen anzugeben, die in den Aufbau von gültigen und widerspruchsfreien Organisationsprinzipien eingehen müssen.

Als wichtige Tatsache ist zu bedenken, daß die Grenzen der Rationalität variabel sind. Am wichtigsten scheint, daß schon das Bewußtsein der Grenzen diese verändern kann. Angenommen z. B., in einer bestimmten Organisation würde entdeckt, daß organisatorische Loyalität zu kleinen Einheiten häufig zu einem nachteiligen Grad an innerorganisatorischem Wettbewerb geführt hätte. Dann könnte ein Programm, das Organisationsmitglieder schult, sich ihrer Loyalitäten bewußt zu sein und die Loyalität gegenüber der kleineren Gruppe jener gegenüber der größeren Gruppe unterzuordnen, zu einer sehr beachtlichen Veränderung der Grenzen in dieser Organisation führen.[17]

Damit hängt zusammen, daß sich der Begriff „rationales Verhalten“ in dem hier verwendeten Sinne dann auf Rationalität bezieht, wenn das Verhalten aus der Sicht der Ziele der übergeordneten Organisation bewertet wird. Wie nämlich gerade gezeigt wurde, ist der Unterschied zwischen den individuellen Zielen und denen der übergeordneten Organisation gerade eines jener Elemente der Irrationalität, mit denen sich die Organisationstheorie befassen muß.

Die Gewichtung der Kriterien

Ein erster Schritt bei der Überarbeitung der Organisationssprüche besteht also in der Entwicklung eines Vokabulars zur Beschreibung von Organisationen in der gerade vorgeschlagenen Richtung. Ein zweiter Schritt, der auch schon umrissen wurde, besteht in der Untersuchung der Grenzen der Rationalität zur Entwicklung einer vollständigen und umfassenden Aufzählung der Kriterien, die bei der Bewertung einer Organisation gewichtet werden müssen. Die geläufigen Organisationssprüche stellen nur einen fragmentarischen und unsystematischen Teil dieser Kriterien dar.

Wenn diese beiden Aufgaben ausgeführt worden sind, verbleibt die Aufgabe, den Kriterien Gewichte zuzuweisen. Da die Kriterien bzw. „Sprüche" häufig miteinander konkurrieren oder widersprüchlich sind, ist es nicht hinreichend, sie lediglich zu bestimmen. Beispielsweise nur zu wissen, daß eine spezifische Reorganisation die Leitungsspanne verkleinern wird, reicht nicht aus, um die Veränderung zu rechtfertigen. Dieser Gewinn muß dem möglicherweise resultierenden Verlust an Kontakt zwischen den höheren und niedrigeren Rängen der Hierarchie gegenübergestellt werden.

Folglich muß sich die Organisationstheorie auch mit der Frage der Gewichte befassen, die diesen Kriterien zu geben sind – mit den Problemen ihrer relativen Bedeutung in jeder konkreten Situation. Dies ist eine empirische Frage und ihre Lösung kann in einem Buch wie dem vorliegenden noch nicht einmal versucht werden. Erforderlich sind empirische Forschung und Experimente, um die relative Vorteilhaftigkeit alternativer organisatorischer Regelungen zu bestimmen. Mit dem Effizienzprinzip liegt der methodische Bezugsrahmen für diese Forschungsarbeiten bereits vor. Wenn eine Organisation, deren Tätigkeiten einer objektiven Bewertung zugänglich sind, untersucht werden soll, dann kann die tatsächliche Erfolgsveränderung, die sich aus der Modifikation organisatorischer Regelungen ergibt, beobachtet und analysiert werden.

Zwei Voraussetzungen sind für erfolgreiche Forschung in dieser Richtung unverzichtbar. Erstens ist es notwendig, daß die Ziele der zu untersuchenden Organisation in konkreten Begriffen definiert werden, so daß Ergebnisse, die anhand dieser Ziele dargestellt werden, genau gemessen werden können. Zweitens ist es notwendig, daß die experimentellen Bedingungen hinreichend kontrolliert werden, um die Isolierung der speziellen untersuchten Wirkungen von anderen Störfaktoren zu ermöglichen, die gleichzeitig auf die Organisation wirken könnten.

Diese beiden Bedingungen waren selten bei sogenannten „Organisationsexperimenten" auch nur teilweise erfüllt. Allein die Tatsache, daß ein Gesetzgeber ein Gesetz zur Gründung einer Verwaltungsbehörde verabschiedet, daß die Behörde fünf Jahre lang arbeitet, daß sie schließlich abgeschafft wird und daß dann eine historische Studie ihrer Tätigkeiten durchgeführt wird, reicht nicht hin, um aus der Geschichte dieser Behörde ein „Organisationsexperiment" zu machen. Die moderne amerikanische Gesetzgebung ist voll von solchen „Experimenten", die Rednern in Nachbarstaaten reichlich Munition liefern, wenn ähnliche Fragen in ihren Amtsbezirken auftreten, die aber in jeder Hinsicht dem Wissenschaftler wenig oder gar keine objektiven Fakten liefern.

In der Organisationsliteratur genügt nur eine Handvoll Forschungsstudien diesen fundamentalen methodischen Bedingungen – und sie liegen zum größten Teil am Rande des Organisationsproblems. Da sind vor allem die Studien der Gruppe um Taylor, die die technologischen Bedingungen der Effizienz zu bestimmen suchte. Vielleicht gibt es kein besseres Beispiel für die gewissenhaften Methoden der Wissenschaft als Taylors eigene Untersuchungen über das Metallschneiden.[18]

Untersuchungen, die sich mit den menschlichen und sozialen Aspekten der Organisation beschäftigen, sind noch seltener als die technologischen Untersuchungen. Zu den wichtigeren gehört die ganze Serie von Untersuchungen zur Ermüdung, die während des ersten Weltkrieges in Großbritannien begannen und in den Western Electric Experimenten ihren Höhepunkt hatten.[19]

Im Bereich der öffentlichen Verwaltung ist nahezu das einzige Beispiel für solche Experimente die Untersuchungsserie, die im Bereich der öffentlichen Wohlfahrt durchgeführt wurde, um die angemessenen Arbeitsbelastungen für Sozialarbeiter zu bestimmen.[20]

Weil abgesehen von diesen verstreuten Beispielen Organisationsstudien nicht mit Hilfe von kontrollierten oder objektiven Messungen der Ergebnisse durchgeführt worden sind, mußten sie sich bei ihren Empfehlungen und Schlußfolgerungen auf apriori-Überlegungen verlassen, die von „Organisationsprinzipien" ausgingen. Die Gründe dafür, daß die auf diese Weise hergeleiteten „Prinzipien" nicht mehr als „Sprüche" sein können, wurden in diesem Kapitel schon dargelegt.

Möglicherweise wird das hier entwickelte Programm als ehrgeizig oder gar weltfremd erscheinen. Sicherlich sollten für seine Durchführung im Hinblick auf die Dauer und die Irrwege keine Illusionen bestehen. Es ist jedoch schwer zu erkennen, welche Alternative noch verbleibt. Gewiß können weder der Organisationspraktiker noch der Theoretiker mit den mangelhaften analytischen Instrumenten zufrieden sein, die ihnen die Sprüche anbieten. Es gibt auch keinen Grund zu glauben, daß eine weniger drastische Umformung als die hier umrissene diese Instrumente wieder nutzbar machen wird.

Es kann der Einwand erhoben werden, daß Organisation nicht anstreben kann, eine „Wissenschaft" zu sein, daß sie wegen der Natur ihres Gegenstandes nicht mehr als eine „Kunst" sein kann. Ob richtig oder falsch, dieser Einwand ist für die vorliegende Diskussion irrelevant. Die Frage, wie „exakt" die Organisationsprinzipien formuliert werden können, kann nur durch die Erfahrung beantwortet werden. Ob sie aber logisch oder unlogisch sein sollten, darüber kann es keine Debatte geben. Selbst eine „Kunst" kann nicht auf Sprüchen begründet werden.

Wie schon angedeutet, wird das vorliegende Buch nur den ersten Schritt der Rekonstruktion der Organisationstheorie versuchen – den Aufbau einer adäquaten Sprache und eines analytischen Rahmens. Wenn man auf notwendige weitere Schritte hinweist, muß man vorsichtig sein, die Wichtigkeit oder Notwendigkeit dieses ersten nicht zu unterschätzen. Zweifellos hat es der Organisationsliteratur nicht an „Theorie" gefehlt, ebensowenig an deskriptiven und empirischen Studien. Was gefehlt hat, war eine Brücke zwischen diesen beiden, so daß die Theorie eine Anleitung für den Entwurf „kritischer" Experimente und Untersuchungen liefern konnte, während experimentelle Studien eine strenge Überprüfung und Korrektur der Theorie ermöglichen konnten. Wenn dieses Buch erfolgreich ist, dann wird es zum Bau einer solchen Brücke beitragen.

Fußnoten zu Kapitel II

1 Zu einer systematischen Darstellung der gegenwärtig akzeptierten „Prinzipien" vgl. *Gulick*, L. / *Urwick*, L. (Hrsg.), Papers on the Science of Administration, New York 1937 oder *Urwick*, L., The Elements of Administration, New York 1945.

2 *Gulick*, L., Notes on the Theory of Organization, in: *Gulick* / *Urwick*, a.a.O., S. 9.

3 Dieser Punkt wird erörtert in *Simon*, H. A., Decision-Making and Administrative Organization, in: Public Administration Review 4, 1944, S. 20–21.

4 Vgl. *Gulick*, L., Notes on the Theory of Organization, in: *Gulick* / *Urwick*, a.a.O., S. 9; *White*, L. D., Introduction to the Study of Public Administration, New York 1939, S. 45.

5 Vgl. *Taylor*, F. W., Shop Management, New York 1911, S. 99; *MacMahon*, A. W. / *Millett*, J. D. / *Ogden*, G., The Administration of Federal Work Relief, Chicago 1941, S. 265–268 und *Urwick*, L., Organization as a Technical Problem, in: *Gulick* / *Urwick*, a.a.O., S. 67–69, der hier die Praxis der britischen Armee beschreibt.

6 Eine typische Begründung für die Begrenzung der Leitungsspanne wird von Urwick gegeben. Vgl. *Urwick*, a.a.O., S. 52–54.

7 Vgl. *Wallace*, S., Federal Departmentalization, New York 1941, S. 91–146.

8 *Gulick*, L., Notes on the Theory of Organization, in: *Gulick* / *Urwick*, a.a.O., S. 21.

9 Wenn dies zutrifft, dann ist jeder Versuch zu beweisen, daß bestimmte Tätigkeiten in eine einzige Abteilung gehören, weil sie sich auf einen einzigen Zweck beziehen, zum Scheitern verurteilt. Vgl. z. B. *Gaus*, J. M. / *Wolcott*, L., Public Administration and the U. S. Department of Agriculture, Chicago 1941.

10 *Gulick*, L., Notes on the Theory of Organization, in: *Gulick* / *Urwick*, a.a.O., S. 23.

11 Es sollte beachtet werden, daß diese Unterscheidung implizit im größten Teil von Gulicks Analyse der Spezialisierung enthalten ist. Vgl. *Gulick*, L., Notes on the Theory of Organization, in: *Gulick* / *Urwick*, a.a.O., S. 15–30. Da er jedoch als Beispiele einzelne Abteilungen in einer Stadtverwaltung angibt, und da er gewöhnlich von der „Zusammenfassung von Tätigkeiten" statt von der „Teilung der Arbeit" spricht, wird der relative Charakter dieser Kategorien in dieser Diskussion nicht immer erkennbar.

12 *Report of the Machinery of Government Committee*, London 1918, S. 7.

13 *Harris*, C., Decentralization, in: Journal of Public Administration 3, 1925, S. 117–133.

14 Vgl. *Gulick*, L., Notes on the Theory of Organization, in: *Gulick* / *Urwick*, a.a.O., S. 21–30; *Wallace*, a.a.O.; *Benson*, G. C. S., Internal Administrative Organization, in: Public Administration Review 1, 1941, S. 473–486.

15 Die Monographie von *MacMahon* / *Millett* / *Ogden* kommt vielleicht der für die Beschreibung von Organisationen notwendigen Differenziertheit näher als jede andere veröffentlichte Organisationsstudie. Vgl. z. B. die Diskussion der Beziehungen zwischen Zentrale und Außenstellen in *MacMahon* / *Millett* / *Ogden*, a.a.O., S. 233–236.

16 Zu einer genauen Ausarbeitung des Effizienzprinzips und seiner Stellung in der Organisationstheorie vgl. *Ridley*, C. E. / *Simon*, H. A., Measuring Municipal Activities, 2. Aufl., Chicago 1943, insbes. Kap. 1 und das Vorwort zur zweiten Auflage.

17 Zu einem Beispiel für den Einsatz solcher Ausbildung vgl. *Simon*, H. A. / *Divine*, W., Controlling Human Factors in an Administrative Experiment, in: Public Administration Review 1, 1941, S. 487–492.

18 Vgl. *Taylor*, F. W., On the Art of Cutting Metals, New York 1907.

19 Vgl. *Great Britain, Ministery of Munitions, Health of Munitions Workers Committee*, Final Report, London 1918; *Roethlisberger*, F. J. / *Dickson*, W. J., Management and the Worker, Cambridge 1939.

20 Vgl. *Reed*, E. F., An Experiment in Reducing the Cost of Relief, Chicago 1937; *Staman*, R., What is the Most Economical Case Load in Public Relief Administration?, in: Social Work Technique 4, 1938, S. 117–121; *Chicago Relief Administration*, Adequate Staff Brings Economy, Chicago 1939; *Hastings*, C. / *Schwartz*, S. S., Size of Visitor's Caseload as a Factor in Efficient Administration of Public Assistance, Philadelphia 1939; *Simon*, H. A. u. a., Determining Work Loads for Professional Staff in a Public Welfare Agency, Berkeley 1941.

KAPITEL III

Tatsachen und Werte im Entscheidungsprozeß

In Kapitel I wurde bereits erklärt, daß mit jeder Entscheidung zwei Arten von Elementen verbunden sind. Sie wurden als „faktische“ und „wertende“ Elemente bezeichnet. Diese Unterscheidung erweist sich für die Organisationstheorie als sehr grundlegend. Sie führt vor allem zu einem Verständnis für die Bedeutung der Idee einer „richtigen“ organisatorischen Entscheidung. Weiter verdeutlicht sie die Unterscheidung zwischen Politikproblemen und Organisationsproblemen, wie sie in der Organisationsliteratur so häufig anzutreffen ist. Diese wichtigen Fragen sollen Gegenstand dieses Kapitels sein.

Die Beantwortung dieser Fragen auf der Basis grundlegender Prinzipien würde erfordern, daß der vorliegenden Organisationsuntersuchung eine noch längere philosophische Untersuchung vorangestellt wird. Die dazu notwendigen Ideen sind bereits in der philosophischen Literatur zugänglich. Deshalb werden die Ergebnisse einer bestimmten Schule der modernen Philosophie – des logischen Positivismus – als Ausgangspunkt anerkannt und ihre Implikationen für die Entscheidungstheorie untersucht. Der Leser, der an einem tieferen Verständnis der Argumentationszusammenhänge interessiert ist, auf denen diese Lehrmeinungen aufbauen, wird in den Fußnoten dieses Kapitels Hinweise auf die entsprechende Literatur finden.

Unterscheidung zwischen faktischer und ethischer Bedeutung

Tatsachenaussagen sind Aussagen über die beobachtbare Welt und die Art, in der sie funktioniert.[1] Prinzipiell gilt, daß Tatsachenaussagen überprüft werden können, um zu bestimmen, ob sie *wahr* oder *falsch* sind – ob das, was sie über die Welt aussagen, tatsächlich vorliegt oder nicht.

Entscheidungen gehen in einem gewissen Sinn über Tatsachenaussagen hinaus. Sicherlich sind sie deskriptiv im Hinblick auf einen zukünftigen Zustand der Welt, und diese Beschreibung kann im strengen empirischen Sinne wahr oder falsch sein; aber sie besitzen darüber hinaus eine imperative Qualität – sie wählen einen zukünftigen Zustand der Welt gegenüber anderen aus und steuern Verhalten in Richtung auf die ausgewählte Alternative. Kurz, sie haben sowohl *ethischen* als auch *faktischen* Gehalt.

Damit geht das Problem, ob Entscheidungen richtig oder falsch sein können, in die Frage über, ob ethische Ausdrücke, wie „sollen“, „gut“ und „vorziehenswürdig“, eine rein empirische Bedeutung haben. Diese Untersuchung stützt sich auf die grundlegende Prämisse, daß ethische Ausdrücke nicht vollständig auf faktische Ausdrücke reduzierbar sind. Wir werden keinen Versuch machen, die Richtigkeit dieser Betrachtungsweise ethischer Sätze schlüssig zu belegen; die Begründung ist von logischen Positivisten und anderen umfassend entwickelt worden.[2]

Die Argumentation lautet, verkürzt dargestellt, folgendermaßen: Um zu bestimmen, ob eine Aussage zutrifft, muß sie direkt mit der Erfahrung – mit den Tatsachen – verglichen oder sie muß durch logische Ableitung auf andere Aussagen zurückgeführt werden, die sich mit der Erfahrung vergleichen lassen. Aber weder können Tatsachen*aussagen* durch irgendwelche Folgerungen aus *ethischen Sätzen* hergeleitet werden, noch können *ethische Sätze* direkt mit den Tatsachen verglichen werden, da sie die Geltung von Sollvorstellungen und nicht Tatsachen behaupten. Daher gibt es keine Methode, die Richtigkeit ethischer Sätze empirisch oder rational zu prüfen.

Aus dieser Sicht gilt: Stellt ein Satz fest, daß ein bestimmter Zustand der Welt „sein sollte“ oder daß er „vorziehenswürdig“ oder „wünschenswert“ ist, dann übt der Satz eine imperative Funktion aus und ist weder wahr noch falsch, weder richtig noch unrichtig. Da Entscheidungen diese Art von Bewertung beinhalten, lassen sie sich auch nicht objektiv als richtig oder unrichtig darstellen.

Die Suche nach dem Stein der Weisen und der Quadratur des Kreises sind bei den Philosophen kaum weniger beliebte Forschungsziele gewesen als der Versuch, ethische Sätze als Konsequenzen von rein faktischen Sätzen abzuleiten. Um ein relativ modernes Beispiel anzuführen – Bentham definierte den Ausdruck „gut“ als äquivalent mit dem „Glück dienlich“ und „Glück“ in psychologischen Begriffen.[3] Er untersuchte dann, ob bestimmte Zustände der Welt das Glück begünstigten oder nicht und daher „gut“ seien. Natürlich lassen sich keine logischen Einwände gegen dieses Verfahren anführen: Es wird hier abgelehnt, weil das Wort „gut“, wie es durch Bentham definiert wurde, nicht die Funktion des Wortes „gut“ übernehmen kann, die für die Ethik erforderlich ist – nämlich die moralische Vorziehenswürdigkeit einer Alternative gegenüber einer anderen zum Ausdruck zu bringen. Es kann durch eine solche Vorgehensweise möglich sein, die Konsequenz herzuleiten, daß Menschen in einer Situation glücklicher sein werden als in einer anderen, aber dies beweist keinesfalls, daß sie auch glücklicher sein *sollten*. Unter der gleichen Beschränkung leidet die aristotelische Definition, daß etwas gut für den Menschen ist, wenn es ihn näher an seine essentielle Natur als vernunftbegabtes Tier heranführt.[4]

Durch geeignete Definitionen des Wortes „gut“ kann es mithin möglich sein, Sätze der Form zu konstruieren: „Ein solcher Zustand der Welt *ist gut*.“ Aber von einem so definierten „gut“ kann unmöglich abgeleitet werden: „Ein solcher Zustand der Welt *sollte sein*.“ Es ist die Aufgabe der Ethik, Imperative – Sollsätze – auszuwählen.

Diese Aufgabe läßt sich nicht erfüllen, wenn der Begriff „gut" derart definiert wird, daß er lediglich Existierendes bezeichnet. In dieser Untersuchung werden dementsprechend Wörter wie „gut" und „sollte" für ihre ethischen Funktionen freigehalten und mit ihnen nicht Zustände in einem rein faktischen Sinne behauptet. Daraus ergibt sich, daß Entscheidungen zwar „gut" sein können, aber sie können in einem uneingeschränkten Sinne nicht „richtig" oder „wahr" sein.

Die Bewertung von Entscheidungen

Wir sehen, daß die Entscheidungen eines Organisationsmitgliedes im strengen Sinne nicht mit wissenschaftlichen Methoden bewertet werden können. Haben Organisationsprobleme dementsprechend keinen wissenschaftlichen Gehalt? Sind sie rein ethische Fragen? Ganz im Gegenteil: Die Behauptung, daß jede Entscheidung ein ethisches Element beinhaltet, zieht nicht die Behauptung nach sich, daß Entscheidungen ausschließlich ethische Elemente beinhalten.

Betrachten wir den folgenden Auszug aus dem „Infantry Field Manual" für das Heer der Vereinigten Staaten:

„Überraschung ist ein Grundelement des erfolgreichen Angriffs. Ihre Wirkungen sollten sowohl bei kleinen als auch bei großen Operationen angestrebt werden. Die Infanterie erreicht Überraschung durch die Geheimhaltung von Angriffszeit und Angriffsort, Tarnung der eigenen Vorhaben, Geschwindigkeit der Bewegung, Täuschung und das Vermeiden stereotyper Vorgehensweisen."[5]

In welchem Ausmaß diese drei Sätze als Tatsachenaussagen gemeint und in welchem Ausmaß sie als Imperative, d. h. als Entscheidungen, beabsichtigt sind, ist schwer zu sagen. Der erste kann als rein deskriptive Aussage über die Bedingungen für einen erfolgreichen Angriff gelesen werden; der dritte kann als eine Aufzählung der Bedingungen, unter denen ein Überraschungszustand erreicht wird, interpretiert werden. Aber diese beiden Tatsachenaussagen werden durch eine Reihe expliziter und impliziter Imperative verbunden, die sozusagen das Verbindungsmaterial liefern. Sie können folgendermaßen umschrieben werden: „Greife erfolgreich an!", „Schaffe Überraschungen!" und „Halte Zeitpunkt und Ort des Angriffs geheim, verberge Absichten, mache schnelle Bewegungen, täusche den Gegner und vermeide stereotype Vorgehensweisen!"

Tatsächlich kann der Abschnitt noch auf eine andere Art umformuliert werden. Man kann ihn in drei Sätze teilen, einen ersten ethischen, die anderen beiden rein faktisch:

1. Greife erfolgreich an!
2. Ein Angriff ist nur dann erfolgreich, wenn er unter Bedingungen der Überraschung durchgeführt wird.

3. Die Bedingungen der Überraschung sind Geheimhaltung von Zeit und Ort des Angriffs, usw.

Daraus ergibt sich, daß die Entscheidungen, die ein Truppenführer fällt, um die Absichten seiner Truppen geheimzuhalten, sowohl faktische als auch ethische Elemente enthalten, denn er tarnt die Absichten, *um* „Überraschung" zu erreichen, und dies, *um* erfolgreich anzugreifen. Dementsprechend gibt es einen Sinn, in dem sich die Richtigkeit seiner Entscheidungen beurteilen läßt: Es ist ein rein faktisches Problem, ob die Maßnahmen, die er wählt, *um* sein Ziel zu erreichen, geeignete Maßnahmen sind. Keine faktische Frage ist demgegenüber, ob das Ziel selbst richtig ist oder nicht, außer wenn dieses Ziel durch ein „um zu" mit weiteren Zielen verbunden wird.

Entscheidungen lassen sich in diesem relativen Sinne immer bewerten. Es läßt sich bestimmen, ob sie richtig sind, wenn man das angestrebte Ziel voraussetzt – aber eine Änderung der Ziele zieht eine Änderung der Bewertung nach sich. Streng genommen wird nicht die Entscheidung selbst bewertet, sondern die rein faktische Beziehung, die zwischen der Entscheidung und ihren Zielen behauptet wird.[6] Die Entscheidung des Truppenführers, bestimmte Maßnahmen zu ergreifen, um Überraschungen herbeizuführen, wird nicht bewertet; was bewertet wird, ist sein Tatsachenurteil, daß die ergriffenen Maßnahmen tatsächlich Überraschung herbeiführen werden.

Dieses Argument läßt sich in leicht veränderter Form darstellen. Betrachten wir die zwei Sätze: „Erreiche Überraschung!" und „Die Bedingungen für Überraschung sind Geheimhaltung von Zeit und Ort des Angriffs, etc." Während der erste Satz ein imperatives bzw. ethisches Element enthält und dementsprechend weder wahr noch falsch ist, ist der zweite Satz rein empirisch. Wenn man die Idee logischen Folgerns so erweitert, daß sie sowohl für die ehtischen als auch die faktischen Elemente in Sätzen anwendbar ist, läßt sich aus diesen zwei Sätzen ein dritter ableiten: „Halte Zeitpunkt und Ort des Angriffs geheim, etc.!" So kann durch Vermittlung einer faktischen Prämisse (der zweite Satz) ein Imperativ aus einem anderen abgeleitet werden.[7]

Der Mischcharakter ehtischer Sätze

Durch die angeführten Beispiele sollte klargeworden sein, daß die meisten ethischen Sätze mit faktischen Elementen durchsetzt sind. Da die meisten Imperative nicht Selbstzweck, sondern Zwischenziele sind, bleibt die Frage nach ihrer Eignung für die letzten Ziele, auf die sie ausgerichtet sind, eine faktische Frage. Ob es jemals möglich ist, die Zweck-Mittel-Kette so weit zurückzuverfolgen, daß ein „reiner" Wert – ein Ziel, das allein seiner selbst wegen gewünscht wird – isoliert werden kann, ist eine Frage, die an dieser Stelle nicht geklärt werden muß. Das wichtige Ergebnis für die gegenwärtige Diskussion ist, daß jeder Satz, der ein ethisches Element – ob als Zwischen- oder Endziel – enthält, nicht als richtig oder unrichtig beschrieben werden kann, und daß der Entscheidungsprozeß mit irgendeiner ethischen Prämisse beginnen muß, die als „gegeben" vorausgesetzt wird. Diese ethische Prämisse beschreibt das Ziel der entsprechenden Organisation.

In der Organisationspraxis ist in der Regel der Mischcharakter der ethischen Voraussetzungen ziemlich offensichtlich. Eine städtische Behörde kann sich das Ziel setzen, den Bewohnern der Stadt Erholungsmöglichkeiten zu bieten. Dieses Ziel läßt sich dann weiter analysieren als ein Mittel zur „Entwicklung gesunder Körper", um „die Freizeit konstruktiv zu nutzen", um „Jugendkriminalität zu verhindern" usw., bis die Ziel-Mittel-Kette zu einem vagen Bereich fortgeführt ist, der „das gute Leben" genannt wird. An dieser Stelle werden die Mittel-Zweck-Verknüpfungen so hypothetisch (z. B. die Beziehung zwischen Erholung und Charakter) und der Gehalt der Werte so schlecht definiert (z. B. „Glück"), daß die Analyse für organisatorische Zwecke wertlos wird.[8]

Die letzte Aussage läßt sich positiver formulieren. Damit ein ethischer Satz für rationale Entscheidungen nützlich ist, a) müssen die Werte, die als Organisationsziele übernommen werden, eindeutig sein, so daß das Ausmaß ihrer Realisierung in jeder Situation beurteilt werden kann, und b) muß es möglich sein, Urteile darüber zu formulieren, mit welcher Wahrscheinlichkeit die jeweiligen Handlungen diese Ziele verwirklichen werden.

Die Rolle von Urteilen bei Entscheidungen

Es könnte so scheinen, als ob die Trennung der Entscheidungsprämissen in ethische und faktische keinen Raum für Urteile im Entscheidungsprozeß ließe. Diese Schwierigkeit wird durch die sehr breite Bedeutung, die dem Wort „Tatsache" eingeräumt wurde, vermieden: Eine Aussage über die beobachtbare Welt ist eine Tatsache, wenn prinzipiell ihre Wahrheit und Falschheit überprüft werden kann. Das heißt, wenn bestimmte Ereignisse eintreten, sagen wir, die Aussage war wahr, treten andere Ereignisse ein, sagen wir, daß sie falsch war.

Dies impliziert keinesfalls, daß wir im voraus ihre Wahrheit oder Falschheit bestimmen können. An dieser Stelle kommt die Urteilsfrage ins Spiel. Bei organisatorischen Entscheidungen ist es immer wieder notwendig, faktische Prämissen auszuwählen, deren Wahrheit oder Falschheit nicht mit Gewißheit bekannt ist und anhand der für die Entscheidung verfügbaren Informationen und Zeit auch nicht mit Sicherheit bestimmt werden kann.

Es ist eine rein empirische Frage, ob ein bestimmter Infanterieangriff sein Ziel erreichen oder ob er fehlschlagen wird. Trotzdem ist es eine Frage, die Urteile beinhaltet, denn der Erfolg oder Fehlschlag hängt von den Absichten des Feindes, der Genauigkeit und Stärke der Artillerieunterstützung, der Topographie, der Moral der angreifenden und verteidigenden Truppen und einer Reihe anderer Faktoren ab, die der Truppenführer, der den Angriff zu befehlen hat, nicht vollständig kennen oder einschätzen kann.

In der Alltagssprache wird oft das Urteilselement in Entscheidungen mit dem ethischen Element verwechselt. Verstärkt wird diese Verwechslung durch die Tatsache, daß, je weiter die Zweck-Mittel-Kette verfolgt wird, (d. h., je gewichtiger das ethische Element ist), desto zweifelhafter werden die einzelnen Glieder der Kette und desto größer wird jenes Urteilselement, das bei der Bestimmung beteiligt ist, welche Mittel zu welchen Zielen beitragen.[9]

Der Urteilsbildungsprozeß ist bisher höchst unzureichend untersucht worden. Für die Organisationspraxis ist zu befürchten, daß das Vertrauen in die Richtigkeit der Urteile manchmal jeden ernsthaften Versuch ersetzt, Urteile systematisch auf der Basis der späteren Ergebnisse zu bewerten. Aber nähere Überlegungen zur Psychologie des Entscheidens müssen bis zu einem späteren Kapitel aufgeschoben werden.[10]

Werturteile in der Unternehmung

Die bisher in diesem Kapitel angeführten Beispiele sind weitgehend dem Gebiet der öffentlichen Verwaltung entnommen worden. Ein Grund dafür ist, daß das Werturteilsproblem im öffentlichen Bereich – besonders in bezug auf Ermessensspielräume und Ausführungsmaßnahmen der Verwaltung – vollständiger untersucht ist als im privatwirtschaftlichen Bereich. Tatsächlich gibt es bei diesem Problem keinen grundlegenden Unterschied zwischen den beiden Bereichen. Entscheidungen in Unternehmungen müssen wie Entscheidungen in der öffentlichen Verwaltung als ihre ethischen Prämissen die Ziele übernehmen, die für die Organisation gesetzt worden sind.

Es gibt selbstverständlich wichtige Unterschiede zwischen Verwaltung und Unternehmungen bezüglich der vorgegebenen Zieltypen und bei den Verfahren und Mechanismen zu ihrer Einführung. In der öffentlichen Verwaltung obliegt die letzte Verantwortlichkeit zur Bestimmung von Zielen einem Gesetzgeber, in der Unternehmung liegt sie beim Aufsichtsrat und letztendlich bei den Aktionären.[11] In beiden Bereichen sind schwierige Probleme bezüglich der geeigneten Mittel entstanden, um die Verantwortung dieser Kontrollorgane zu realisieren.[12] Diesem Problem wenden wir uns im nächsten Abschnitt zu – unsere Aufmerksamkeit wird wieder besonders dem Bereich der öffentlichen Verwaltung gelten. Eine geringfügige Übertragung von Begriffen sollte hinreichen, um den größten Teil der Diskussion auch für die Beziehung Aktionär–Unternehmungsleitung anwendbar zu machen.

Politik und Verwaltung

In der Praxis kann die Unterscheidung der ethischen und faktischen Elemente im Urteil zumeist nicht weit getragen werden. Die Werte in Verwaltungsentscheidungen sind selten letzte Werte in irgendeinem psychologischen oder philosophischen Sinne. Die meisten Ziele und Tätigkeiten leiten ihren Wert aus Zweck-Mittel-Beziehungen her, die sie mit Zielen oder Tätigkeiten verbinden, denen Selbstwert beigemessen wird. Durch einen antizipativen Prozeß wird der im gewünschten Ziel liegende Wert auf die Mittel übertragen. Das Produkt eines Fertigungsprozesses wird von seinen Produzenten wegen seiner Konvertierbarkeit in Geld geschätzt (das wiederum nur Wert im Tausch besitzt) und von seinen Käufern wegen der Werte, die aus seinem Verbrauch hergeleitet werden. Gleichermaßen werden die Tätigkeiten einer Feuerwehr oder einer Schule letztlich wegen ihres Beitrages zum menschlichen und sozialen Leben bewertet und sie behalten ihren Wert nur so lange, wie sie diesen höheren Zielen dienen.

In dem Ausmaß, wie diese Zwischenwerte beteiligt sind, enthält Bewertung sowohl wichtige faktische als auch ethische Elemente. Da die Ergebnisse organisatorischer Maßnahmen nur als Ziele im Sinne von Zwischenzielen betrachtet werden können, sind die diesen Ergebnissen beigelegten Werte von den empirischen Zusammenhängen abhängig, von denen angenommen wird, daß sie zwischen den Ergebnissen und den höheren Zielen existieren. Will man diese Zwischenwerte richtig gewichten, ist es notwendig, ihre objektiven Folgen zu verstehen.

Bestenfalls könnte man hoffen, daß sich der Entscheidungsprozeß in zwei Hauptteile zerlegen läßt. Der erste würde die Entwicklung eines Systems von Zwischenwerten und eine Abschätzung ihrer relativen Gewichte beinhalten. Der zweite würde aus einem Vergleich der möglichen Handlungsalternativen anhand dieses Wertsystems bestehen. Der erste Teil würde offensichtlich sowohl ethische als auch faktische Überlegungen beinhalten; der zweite Teil ließe sich ganz gut auf faktische Probleme beschränken.

Wie bereits betont wurde, liegt der Grund für eine solche Unterteilung in den unterschiedlichen Kriterien der „Richtigkeit“ für ethische und faktische Elemente der Entscheidung. „Richtigkeit“, wie sie auf Imperative angewendet wird, hat nur im Sinne von subjektiven menschlichen Werten Bedeutung. „Richtigkeit“, wie sie auf Tatsachenaussagen angewendet wird, bedeutet objektive, empirische Wahrheit. Wenn zwei Personen verschiedene Antworten auf ein faktisches Problem geben, können nicht beide recht haben. Das gilt nicht für ethische Fragen.

Unbestimmtheit der „Politik und Verwaltung“-Unterscheidung

Das Wissen um diese Unterscheidung der Bedeutungsinhalte von „Richtigkeit“ würde auch Klarheit für eine andere Unterscheidung schaffen, die üblicherweise in der politikwissenschaftlichen Literatur zwischen „politischen Fragen“ und „Verwaltungsfragen“ vorgenommen wird. Diese Begriffe wurden durch Goodnows klassische Abhandlung „Politics and Administration“[13] eingeführt, die 1900 veröffentlicht wurde. Jedoch sind weder in Goodnows Untersuchung noch in irgendeiner der unzähligen nachfolgenden Diskussionen irgendwelche eindeutigen Kriterien oder Identifikationsmerkmale vorgeschlagen worden, die es erlauben würden, eine „politische Frage“ auf den ersten Blick zu erkennen oder sie von einer „Verwaltungsfrage“ zu unterscheiden. Scheinbar wurde angenommen, die Unterscheidung sei selbstevident – so selbstevident, daß sie kaum einer Diskussion bedürfe.

In „The New Democracy and the New Despotism“ bestimmt Charles E. Merriam als eines der fünf grundlegenden Prinzipien der Demokratie „die Erwünschtheit von Volksentscheidungen über Grundfragen sozialer Steuerung und Politik und von anerkannten Verfahren für die Artikulation solcher Entscheidungen und ihre Umsetzung in Politik“.[14] Über den genauen Umfang und die Art dieser „Grundfragen“ ist er weniger präzise:

„Man kann fragen: Wer soll entscheiden, was ‚Grundfragen‘ sind, und wer soll bestimmen, ob die Wege und Mittel zur Artikulation des Wissens der Masse geeignet und wirksam sind? Wir können nicht weiter als bis zum ‚Allgemeinverständnis‘ der Gemeinschaft zurückgehen. Es ist immer Richter über Form und Funktionsweise der Rechtsordnung, in die das System eingebettet ist.“[15]

Ähnlich unterläßt es Goodnow in seinen ursprünglichen Ausführungen zur Rolle von Politik und Verwaltung in der Regierung, eine sorgfältige Abgrenzung zwischen beiden vorzunehmen. Tatsächlich kommt er gefährlich nahe an eine Gleichsetzung von „Politik“ mit „Entscheidung“ und „Verwaltung“ mit „Ausführung“. Dazu ein Beispiel:

„... politische Aufgabenstellungen ordnen sich natürlicherweise unter zwei Hauptgesichtspunkte, die sowohl auf geistige Vorgänge als auch auf die Handlungen selbstbewußter Persönlichkeiten anwendbar sind. Das bedeutet, die Handlung des Staates als politische Einheit besteht entweder aus Vorgängen, die zu seiner Willensäußerung, oder aus Vorgängen, die zur Durchsetzung dieses Willens notwendig sind.“[16]

Und wiederum:

„Die zwei Aufgabenstellungen der Regierung lassen sich zum Zwecke der Vereinfachung als Politik bzw. Verwaltung bezeichnen. Politik betrifft politische Richtlinien oder Äußerungen des Staatswillens. Verwaltung betrifft die Durchführung dieser politischen Richtlinien.“[17]

In einem späteren Abschnitt seiner Ausführungen schwächt Goodnow allerdings diese extreme Position ab und erkennt an, daß auch die Verwaltungsaufgaben bestimmte Entscheidungselemente beinhalten:

„Tatsächlich gibt es also große Teile der Verwaltung, die nicht mit der Politik verbunden sind und deshalb größtenteils, wenn nicht vollständig, von der Kontrolle durch politische Gremien freigestellt werden sollten. Sie sind nicht mit der Politik verbunden, weil sie Bereiche von halbwissenschaftlichen, quasi juristischen und quasi Industrie- oder Handelsaktivitäten umfassen – Aufgaben, die die Äußerung des wahren Staatswillens nur geringfügig, wenn überhaupt, beeinflussen.“[18]

Ohne der Schlußfolgerung Goodnows über die Erwünschtheit der Freistellung von Teilen der Verwaltung aus der politischen Kontrolle zu folgen, können wir in dieser dritten Aussage sein Bemühen erkennen, eine Klasse von Entscheidungen abzugrenzen, die keine externe Kontrolle erfordern, weil sie ein internes Kriterium der Richtigkeit besitzen. Die erkenntnistheoretische Position dieser Untersuchung führt zu einer Gleichsetzung dieses internen Kriteriums mit dem Kriterium faktischer Richtigkeit und der Klasse von Entscheidungen, die dieses Kriterium besitzen, mit jenen, die faktischer Natur sind.

In Diskussionen um Ermessensspielräume der Verwaltung aus der Sicht des Verwaltungsrechts gab es manchmal eine Tendenz, die Existenz einer Klasse faktischer Fragen zu bestreiten, die einen gesonderten erkenntnistheoretischen Status besitzen. Weder Freund noch Dickinson ist in der Lage, eine Begründung für Ermessensspielräume der Verwaltung zu finden, außer bei der Anwendung von Entscheidungen auf konkrete Fälle, oder als vorübergehende, auf einen Unsicherheitsbereich beschränkte Erscheinung, in dem sich die Herrschaft des Gesetzes noch nicht durchgesetzt hat.[19]

Beide unterbreiten zwar unterschiedliche Vorschläge zur schrittweisen Eliminierung dieses Unsicherheitsbereiches. Freund vertraut auf die Legislative, die in Ausübung ihrer Richtlinienkompetenz Ermessensspielräume beschränken soll.[20] Dickinson nimmt an, daß Ermessensspielräume der Verwaltung allmählich durch generelle Regeln ersetzbar sind, die durch die Gerichte formuliert werden, wenn allmählich die Prinzipien einer gegebenen Problemlage hervortreten.[21] Keiner der beiden Autoren ist jedoch bereit, einen grundsätzlichen Unterschied zwischen den faktischen und normativen Elementen im Gesetzgebungsprozeß zuzugeben oder in diesem Unterschied eine Rechtfertigung für Ermessenshandlungen zu sehen.

Die Gerichte sind dieser Unterscheidung etwas näher gekommen, obwohl ihre Trennung von „Tatsachenfragen“ und „Rechtsfragen“ der letzteren Kategorie zahlreiche faktische Probleme zurechnet – besonders dann, wenn „Rechtsprechungstatsachen“ und „Rechtsetzungstatsachen“ zu „Rechtsfragen“ werden. Wir können hier jedoch das gesamte Problem der *Revision im Recht* nicht erörtern. Diese kurzen Bemerkungen dienen allein dazu, die mangelnde generelle Übereinstimmung im Hinblick auf den grundlegenden Unterschied zwischen Tatsachen- und Wertfragen im Bereich des Verwaltungsrechts zu verdeutlichen.

Der Auffassung, daß Ermessensspielräume an sich unerwünscht seien, steht die ebenso extreme Auffassung gegenüber, daß *alle* Entscheidungen der Verwaltung sicher durch die internen Kriterien der Richtigkeit gelenkt werden können und daß legislative Kontrolle durch die Kontrolle ersetzt werden kann, die sich aus der wissenschaftlichen Einstellung ergibt.[23] Unsere eigene Analyse stellt den Irrtum eines Argumentes heraus, das Entscheidungen als rein faktisch erklärt. Ebenso deutlich wird ein Argument abgelehnt, das sie als rein ethisch erklärt.

Die methodologischen Annahmen der vorliegenden Untersuchung führen uns zu folgender Auffassung: Der Prozeß der Validierung einer Tatsachenaussage unterscheidet sich erheblich vom Prozeß der Validierung eines Werturteils. Erstere wird durch die Übereinstimmung mit den Tatsachen validiert, letztere durch menschlichen Beschluß.

Gesetzgeber und Verwalter

Demokratische Institutionen sind prinzipiell zu rechtfertigen als Verfahren zur Bestätigung von Werturteilen. Es gibt keine „wissenschaftliche" oder „fachmännische" Methode, mit der sich solche Urteile fällen ließen, also ist Expertise, welcher Art auch immer, keine Qualifikation zur Erfüllung dieser Aufgabe. Wenn die faktischen Elemente der Entscheidung in der Praxis streng von den ethischen getrennt werden könnten, wären die angemessenen Rollen von politischen Repräsentanten und Experten in einem demokratischen Entscheidungsprozeß einfach. Aus zwei Gründen ist dies nicht möglich. Erstens werden, wie wir schon festgestellt haben, die meisten Werturteile in Form von Zwischenwerten gefällt, die selbst wiederum faktische Fragen beinhalten. Zweitens, wenn faktische Entscheidungen den Experten anvertraut werden, müssen Sanktionen verfügbar sein, die garantieren, daß die Experten sich nach bestem Wissen und Gewissen konform mit den demokratisch formulierten Werturteilen verhalten.

Kritiker vorhandener Verfahren zur Durchsetzung von Verantwortlichkeit heben den hohen Grad an Wirkungslosigkeit dieser Verfahren in der Praxis hervor.[24] Es gibt aber keinen Grund zu der Schlußfolgerung, daß die Verfahren an sich wertlos sind. Erstens ist die Eigenverantwortlichkeit des Verwaltungsbeamten aus den Gründen, die wir bereits dargelegt haben, keine Lösung für das Problem. Zweitens zerstört die Tatsache, daß der Druck bei der gesetzgeberischen Arbeit die Überprüfung von nur wenigen Verwaltungsentscheidungen zuläßt, nicht die Nützlichkeit von Sanktionen, die es dem gesetzgebenden Gremium erlauben, den Verwaltungsbeamten für *jede* seiner Entscheidungen verantwortlich zu machen. Die Erwartung möglicher Untersuchungen und Überprüfungen durch die Legislative wird eine starke Kontrollwirkung auf den Verwaltungsbeamten ausüben, selbst wenn diese mögliche Überprüfung nur in wenigen Fällen verwirklicht werden kann. Die *Funktion* des Entscheidens kann im Staatskörper ganz anders verteilt sein als die *oberste Autorität* zur Lösung umstrittener Entscheidungen.

Die Festlegung letzter Prinzipien für einen so kontroversen und unvollständig erforschten Gegenstand dürfte nicht möglich sein.[25] Wenn die Unterscheidung zwischen faktischen und Wertfragen gültig ist, scheinen trotzdem folgende Ergebnisse herleitbar:

1. Verantwortung gegenüber demokratischen Institutionen für die Wertfestsetzung kann durch die Schaffung von Verfahrenseinrichtungen gestärkt werden, die eine wirksamere Trennung der faktischen und ethischen Elemente in Entscheidungen erlauben. Einige Vorschläge in diese Richtung werden in folgenden Kapiteln angeboten.
2. Die Zuweisung eines Problems zur Entscheidung bei der Legislative oder bei der Verwaltung sollte vom relativen Gewicht der damit verbundenen faktischen und ethischen Fragen und dem Ausmaß, in dem diese umstritten sind, abhängen. Mit wachsender Erfüllung der im ersten Punkt erhobenen Forderung wird zunehmend eine richtige Zuweisung möglich, ohne die Legislative zu überlasten.
3. Da das legislative Gremium notwendigerweise zahlreiche Tatsachenurteile fällen muß, muß es leichten Zugang zu Informationen und Beratung haben. Dies darf sich jedoch nicht ausschließlich auf Handlungsempfehlungen beschränken, sondern es müssen empirische Informationen über die objektiven Folgen der Alternativen bereitgestellt werden, die zur Entscheidung anstehen.
4. Da die Behörde notwendigerweise zahlreiche Werturteile fällen muß, muß sie gegenüber Werten der Gemeinschaft aufgeschlossen sein und zwar weit über jene hinaus, die explizit in Gesetzen verankert sind. Obwohl die Aufgabe, Werturteile zu fällen, oft an die Verwaltung delegiert werden kann, besonders wenn keine kontroversen Fragen betroffen sind, muß die volle Verantwortlichkeit der Verwaltung in Fällen von Meinungsverschiedenheiten gewahrt bleiben.

Wenn man die Begriffe „Politik" und „Verwaltung" beibehalten will, können sie am besten für eine Teilung der Entscheidungsaufgaben im Sinne der hier vorgeschlagenen Richtung verwendet werden. Obwohl nicht identisch mit der Trennung von „Wert" und „Tatsache", würde eine solche Teilung eindeutig von dieser grundlegenden Unterscheidung abhängen.

Die Arbeitsteilung zwischen Legislative und Verwaltung einer realen öffentlichen Einrichtung wird natürlich nie sehr eng den hier vorgestellten Ideen entsprechen. Zum einen wird das gesetzgebende Gremium oft aus politischen Gründen vermeiden wollen, eindeutige politische Entscheidungen zu fällen und diese an eine Behörde weiterleiten.[26] Weiterhin kann sich der Verwaltungsbeamte von dem hier beschriebenen neutralen, pflichtbewußten Individuum sehr unterscheiden. Er kann (und wird gewöhnlich) seine eigenen, sehr bestimmten persönlichen Werte haben, die er von seiner Organisation durchgesetzt sehen will, er kann der Legislative Widerstand leisten, wenn sie versucht, die Funktion der Politikfestlegung vollständig an sich zu ziehen, oder er kann ihre Entscheidungen durch seine Art ihrer Ausführung sabotieren.

Trotzdem ist es vielleicht angemessen, festzustellen, daß die Erreichung demokratischer Verantwortlichkeit in der modernen Regierung eine Annäherung an jene Grenzlinien zwischen Legislative und Verwaltung erfordert, die oben entwickelt wurden.

Eine terminologische Anmerkung

Bevor wir dieses Kapitel abschließen, soll hervorgehoben werden, daß der Terminus „Politik" oft in einem viel breiteren und unschärferen Sinne gebraucht wird, als es hier getan wurde. Insbesondere in der Managementliteratur bedeutet „Politik" häufig entweder a) jede generelle Regel, die in einer Organisation festgelegt wurde, um die Entscheidungsspielräume der Untergebenen zu begrenzen (z. B. ist es die „Politik" der Abteilung B, Durchschriften aller Briefe nach dem Namen abzulegen), oder b) zumindest die wichtigeren solcher Regeln, die von der Unternehmensleitung erlassen wurden (z. B. ein Mitarbeiter erhält zwei Wochen Krankheitsurlaub im Jahr). In keiner dieser Gebrauchsweisen wird impliziert, daß Politik einen ethischen Gehalt habe. Die verwirrende Mehrdeutigkeit wäre vermeidbar, wenn verschiedene Ausdrücke für diese drei Konzepte gebraucht würden – das in den vorhergehenden Abschnitten diskutierte und die beiden eben angeführten. Vielleicht könnten die ethischen Prämissen der Unternehmensleitung als „legislative Politik" bezeichnet werden; die generellen nichtethischen von der obersten Unternehmensleitung festgelegte Regeln als „Unternehmenspolitik" und andere Regeln als „Arbeitsrichtlinien".

In Ergänzung zu diesen verschiedenen Arten von Politik oder autoritativ erlassenen Regeln gibt es in fast jeder Organisation eine große Zahl von „Praktiken", die nicht als Anordnungen oder Regelungen festgeschrieben sind und nicht mit Sanktionen durchgesetzt werden. Sie werden aber trotzdem kraft Gewohnheit oder aus anderen Gründen in der Organisation beachtet. Oft ist die Unterscheidung zwischen Politik und Praktik nicht genau bestimmt, wenn nicht die Organisation die „Praktik" (oder „Politik") verfolgt, alle ihre Politiken und Richtlinien schriftlich festzuhalten.

Schluß

Dieses Kapitel war der Erklärung der Unterscheidung zwischen Wert- und Tatsachenelementen im Entscheidungsprozeß gewidmet. Es wurde darüber hinaus gezeigt, daß diese Unterscheidung die Grundlage für die übliche Grenzziehung zwischen politischen Problemen und Verwaltungsproblemen ist.

Im nächsten Kapitel wird die Anatomie der Entscheidung weiter untersucht, insbesondere im Hinblick auf das Konzept „Rationalität" im Entscheidungsprozeß. Der Untersuchungsschwerpunkt liegt dabei weiter auf den logischen, weniger den psychologischen Aspekten der Entscheidung.

Fußnoten zu Kapitel III

1 Die positivistische Theorie über die Art wissenschaftlicher Aussagen ist ausführlich dargestellt bei *Morris,* C. W., Foundations of the Theory of Signs, in: International Encyclopedia of Unified Science, Bd. I, Chicago 1937 und 1938; *Carnap,* R., Foundations of Logic and Mathematics, in: International Encyclopedia of Unified Science, Bd. I, Chicago 1937 und 1938; *Bridgman,* P. W., The Logic of Modern Physics, New York 1937; *Carnap,* R., Testability and Meaning, in: Philosophy of Science 3, 1936, S. 420–471 und 4, 1937, S. 2–40; *Carnap,* R., The Logical Syntax of Language, New York 1937; *Ayer,* A. A., Language, Truth, and Logic, London 1936.

2 Zwei kürzlich erschienene Abhandlungen sind *Ayer,* a.a.O. und *Smith,* T. V., Beyond Conscience, New York 1934.

3 *Bentham,* J., An Introduction to the Principles of Morals and Legislation, Oxford 1907, S. 1.

4 Vgl. *Aristotle,* Nicomachean Ethics, Buch I, Kap. VII, S. 12–18, in: *McKeon,* R. (Hrsg.), The Basic Works of Aristotle, New York 1941.

5 *Complete Tactics, Infantry Rifle Battalion,* Washington 1940, S. 20.

6 Diese Sichtweise wird bei Jorgensen entwickelt. Vgl. *Jorgensen,* J., Imperatives and Logic, in: Erkenntnis 7, 1938, S. 288–296.

7 Tatsächlich scheinen die gebräuchlichen Schlußregeln für die Ableitung eines Imperativs aus einem anderen nicht streng zu gelten. Zu einer Reihe von Diskussionsbeiträgen über die Möglichkeit eines logischen Kalküls für Imperative und Versuchen, einen exakten Kalkül zu konstruieren, vgl. *Menger,* K., A Logic of the Doubtful: On Optative and Imperative Logic, in: Reports of a Mathematical Colloquium, Serie 2, Nr. 1, Notre Dame 1939, S. 53–64; *Grue-Sörensen,* K., Imperativsätze und Logik: Begegnung einer Kritik, in: Theoria 5, 1939, S. 195–202; *Hofstadter,* A. / *McKinsey,* J. C. C., On the Logic of Imperatives, in: Philosophy of Science 6, 1939, S. 446–457; *Grelling,* K., Zur Logik der Sollsätze, in: Unity of Science Forum 1939, S. 44–47; *Reach,* K., Some Comments on Grelling's Paper, in: Unity of Science Forum 1939, S. 72; *Sorainen,* K., Der Modus und die Logik, in: Theoria 5, 1939, S. 202–204; *Rand,* R., Logik der Forderungssätze, in: Revue internationale de la Theorie du droit, Neue Serie 5, 1939, S. 308–322.

8 Vgl. die hervorragende Diskussion dieses Punktes durch *Leys,* W. A. R., Ethics and Administrative Discretion, in: Public Administration Review 3, 1943, S. 19.

9 *Leys,* a.a.O., S. 18 stellt heraus, daß diese Verwechslung in den meisten Veröffentlichungen über Ermessensspielräume in Organisationen vorkommt.

10 Barnard zeigt eine interessante, aber vielleicht zu optimistische Sicht des „intuitiven" Elements in organisatorischen Entscheidungen; vgl. den Anhang „Mind in Everyday Affairs", in: *Barnard,* C. I., The Functions of the Executive, Cambridge 1938, S. 299–322.

11 In Kap. VI werden Argumente dafür vorgebracht, daß das wirkliche Analogon zur gesetzgebenden Körperschaft eher der Kunde als der Aktionär ist.

12 Die betriebswirtschaftliche Literatur zu dieser Frage wächst schnell, obwohl sie größtenteils relativ jungen Datums ist. Vgl. z. B. *Ruml,* B., Tomorrow's Business, New York 1945; *Brady,* R. A., Business as a System of Power, New York 1943; *Gordon,* R. A., Business Leadership in the Large Corporation, Washington 1945.

13 *Goodnow,* F. J., Politics and Administration, New York 1900.

14 *Merriam,* C. E., The New Democracy and the New Despotism, New York 1939, S. 11.

15 *Merriam,* a.a.O., S. 39.

16 *Goodnow,* a.a.O., S. 9.

17 *Goodnow,* a.a.O., S. 18.

18 *Goodnow,* a.a.O., S. 85.

19 Vgl. *Freund,* E., Administrative Powers over Persons and Property, Chicago 1928, S. 97–103; *Dickinson,* J., Administrative Justice and the Supremacy of Law in the United States, Cambridge 1927, passim.

20 *Freund,* a.a.O., S. 98–99.

21 *Dickinson,* a.a.O., S. 105–156.

22 *Freund,* a.a.O., S. 289–299; *Dickinson,* a.a.O., S. 307–313.

23 Friedrich betont den Wert der „wissenschaftlichen Einstellung" bei der Durchsetzung von Verantwortung. Er schlägt jedoch nicht die Aufhebung des Mittels der parlamentarischen Kontrolle vor. Vgl. *Friedrich,* C. H., Public Policy and the Nature of Administrative Responsibility, in: Public Policy, 1940, Cambridge 1940, S. 3–24; vgl. auch *Gaus,* J. M., The Responsibility of Public Administration, in: *Gaus,* J. M. / *White,* L. D. / *Dimock,* M. E. (Hrsg.), The Frontiers of Public Administration, Chicago 1936, S. 26–44.

24 Vgl. *Friedrich,* a.a.O., S. 3–8. Es sollte noch einmal betont werden, daß Friedrich nicht die Aufhebung der demokratischen Kontrolle vorschlägt, sondern ihre Ergänzung durch andere Sanktionen.

25 Gibbons Behandlung dieser Frage kommt zu Ergebnissen, die im wesentlichen mit den hier vertretenen übereinstimmen. Vgl. *Gibbon,* J. G., The Official and His Authority., in: Public Administration 4, 1926, S. 81–94.

26 Diese Frage wird bei *Leys,* a.a.O., S. 20–22, kompetent diskutiert.

KAPITEL IV

Rationalität im organisatorischen Verhalten

Im Kapitel III wurde gezeigt, daß die Richtigkeit einer organisatorischen Entscheidung eine relative Angelegenheit ist – sie ist richtig, wenn sie geeignete Mittel für die Erreichung vorgegebener Zwecke auswählt. Der rationale Entscheidungsträger in einer Organisation ist mit der Auswahl dieser wirksamen Mittel befaßt. Für die Entwicklung einer Organisationstheorie ist es notwendig, den Begriff der Rationalität genauer zu untersuchen und insbesondere vollkommene Klarheit darüber zu erreichen, was mit der „Auswahl wirksamer Mittel" gemeint ist. Der Prozeß der Klärung dieser Idee wird dann wieder beträchtliches Licht auf die Konzepte „Effizienz" und „Koordination" werfen – beide von zentraler Bedeutung für die Organisationstheorie.

In diesem Kapitel werden wir wenig darüber sagen, was im Kopf einer Person vorgeht, die Entscheidungen trifft – die Behandlung dieser Frage aus psychologischer Sicht wird erst im Kapitel V erfolgen. Das vorliegende Kapitel wird sich mit dem objektiven Kontext der Entscheidung beschäftigen – mit den tatsächlichen Konsequenzen, die einer Wahlhandlung folgen. Soweit Wahlhandlungen rational sind und ihre objektiven Bedingungen bewußt erfassen, führen sie zur Auswahl von einer aus mehreren Alternativen. Die Alternativen unterscheiden sich im Hinblick auf die Konsequenzen, die durch sie entstehen. Eine Analyse von Entscheidungsprozessen im Hinblick auf ihre objektiven Aspekte wird sich vorrangig auf diese unterschiedlichen Konsequenzen von Wahlhandlungen beziehen.

Obwohl diese Betonung der Konsequenzen dem vorliegenden Kapitel eine entschieden „rationalistische" Ausrichtung geben wird, sollte diese Konzentration auf die rationalen Aspekte des menschlichen Verhaltens nicht als eine Behauptung gedeutet werden, daß Menschen immer oder im allgemeinen rational sind. Dieses Mißverständnis, das die utilitaristische politische Theorie und einen großen Teil der klassischen ökonomischen Theorie durchdrang, ist durch moderne Entwicklungen der Psychologie und der Soziologie entscheidend widerlegt worden.[1]

Da „gutes" Organisieren ein Verhalten ist, das realistisch an seine Ziele angepaßt ist, genauso wie „gutes" Wirtschaften ein ökonomisches Verhalten ist, das genau auf die Realisierung von Vorteilen kalkuliert ist, wird sich eine Theorie organisatorischer Entscheidungsprozesse notwendigerweise etwas in die rationalen Aspekte der Wahlhandlung vertiefen müssen. Spätere Kapitel dieser Untersuchung werden den Realitäten des organisatorischen Verhaltens mehr Aufmerksamkeit schenken. Das vorliegende Kapitel hat zu diesen realistischen Analysen das gleiche Verhältnis wie eine Diskussion von betriebswirtschaftlichen Prinzipien und Theorien zu einer Beschreibung von wirtschaftlichen Institutionen und tatsächlichem Marktverhalten; d. h., es ist nicht so sehr eine Beschreibung, wie Organisatoren entscheiden, als eine Beschreibung, wie *gute* Organisatoren entscheiden.[2]

Mittel und Zwecke

Fakten und Werte stehen, wie schon im Kapitel III ausgeführt wurde, in einer Beziehung zu Mitteln und Zwecken. Im Entscheidungsprozeß werden solche Alternativen ausgewählt, die als geeignete Mittel zur Erreichung erwünschter Ziele betrachtet werden. Zwecke selbst sind jedoch oft nur instrumental für übergeordnete Ziele. Wir werden somit zu der Vorstellung einer Folge oder Hierarchie von Zwecken geführt. Rationalität hat mit der Konstruktion von Zweck-Mittel-Ketten dieser Art zu tun.[3]

Die Hierarchie von Zwecken

Schon auf der physiologischen Ebene dienen Zweck-Mittel-Beziehungen der Integration des Verhaltens. Auf dieser Ebene werden Muskelspannungen koordiniert zur (als ein Mittel für die) Durchführung einfacher physiologischer Handlungen – Gehen, Ausstrecken und Ergreifen eines Gegenstandes, Bewegen der Augen auf einen Gegenstand hin. Beim Erwachsenen sind diese einfachen Bewegungen weitgehend unbewußt und automatisch. Aber das Kind muß sie unter erheblichen Schwierigkeiten lernen, und obwohl dieses Lernen nicht auf einer reflektierenden Ebene stattfindet, ist es dem Lernen eines Erwachsenen in einer Zweck-Mittel-Situation keineswegs unähnlich.

Aber das Gehen eines Schrittes, das Ergreifen eines Gegenstandes ist üblicherweise selbst ein Mittel für einen allgemeineren Zweck. Der eindeutigste Weg, um herauszufinden, welche Zwecke um ihrer selbst willen und welche wegen ihrer Nützlichkeit als Mittel für entferntere Zwecke angestrebt werden, besteht darin, daß man Versuchspersonen in Situationen versetzt, wo sie zwischen konfliktären Zwecken wählen müssen.

Die Tatsache, daß Ziele im Hinblick auf ihre Stärke von anderen, entfernteren Zwecken abhängen können, führt zur Anordnung dieser Ziele in einer Hierarchie – jede Ebene kann als ein Zweck im Verhältnis zu darunterliegenden und als ein Mittel im Verhältnis zu darüberliegenden Ebenen betrachtet werden. Durch die hierarchische Struktur der Zwecke wird die Integration und die Konsistenz des Verhaltens erreicht, da dann jedes Element einer Menge von Verhaltensmöglichkeiten an einer umfassenden Skala von Werten – den „letzten" Zwecken – gewichtet wird. Beim tatsächlichen Verhalten wird ein hohes Maß an bewußter Integration selten erreicht. Statt einer einzelnen, sich verzweigenden Hierarchie ist die Struktur der bewußten Motive üblicherweise ein verwobenes Netz oder, genauer, eine zusammenhanglose Ansammlung von nur schwach und unvollständig miteinander verbundenen Elementen, und die Integration dieser Elemente wird zunehmend schwächer, wenn die höheren Ebenen der Hierarchie – die letzten Zwecke – erreicht werden.

Die Hierarchie von Mitteln und Zwecken ist für organisatorisches Verhalten ebenso charakteristisch wie für individuelles. Tatsächlich ist die Form der Spezialisierung, die in Kapitel II „Organisation nach dem Zweck" genannt wurde, nichts anderes als die Ausgestaltung der Organisationsstruktur, um sie dem System von Mitteln und Zwekken anzugleichen, das bei der Leistungserstellung der Organisation von Bedeutung ist. So hat eine Feuerwehr den Zweck, Feuerschäden zu verringern; aber die Mittel für die Erreichung dieses Zweckes sind die Feuerverhütung und das Feuerlöschen. Diese beiden wesentlichen Mittel sind oft in der Organisationsstruktur durch eine Abteilung für Feuerverhütung sowie die Kräfte zur Feuerbekämpfung vertreten. Da die letzteren, wenn sie ihren Zweck erfüllen sollen, über die ganze Stadt verteilt sein müssen, finden wir auf der nächsten Hierarchieebene Organisationseinheiten, die nach dem Gebiet spezialisiert sind.

Außerdem gilt sowohl für organisatorisches als auch für individuelles Verhalten, daß die Zweck-Mittel-Hierarchie selten eine integrierte, vollständig verknüpfte Kette ist. Häufig sind die Verbindungen zwischen organisatorischen Aktivitäten und letzten Zielen unklar, oder diese letzten Ziele sind unvollständig formuliert, oder es gibt interne Konflikte und Widersprüche zwischen letzten Zielen oder zwischen den Mitteln, die zu deren Erreichung ausgewählt wurden. So waren die Entscheidungsprozesse der Work Projects Administration wegen der konkurrierenden Forderungen nach „Wirtschaftsankurbelung" und der Zahlung direkter Unterstützungen an die Arbeitslosen erschwert. Bei den Entscheidungsprozessen des War Production Board mußte der Kriegsbedarf mit den zivilen Erfordernissen abgestimmt werden.

Manchmal ist der Mangel an Integration einer organisatorischen Zweck-Mittel-Hierarchie auf die Weigerung der politischen Instanz zurückzuführen, eine „heiße" politische Frage zu entscheiden – z. B. die Weigerung des Kongresses, für den Selective Service* das relative Gewicht zu bestimmen, das Familienstand und Tätigkeit bei Freistellungsanträgen vom Militärdienst gegeben werden sollte. Manchmal sind die Zweck-Mittel-Beziehungen selbst unklar. Sagt man z. B., daß es das Ziel einer Armee ist, den Feind zu besiegen, so läßt dies sehr viel Raum für Auseinandersetzung und Inkonsistenz bezüglich der für die Erreichung dieses Zweckes geeigneten Strategien. (Die Kontroverse in den USA zwischen den Vertretern von „Germany first" und von „Japan first" kommt in diesem Zusammenhang in Erinnerung.)

* Anmerkung der Übersetzer: Die amerikanische Einberufungsbehörde im 2. Weltkrieg.

Sowohl Organisationen als auch Individuen werden somit eine vollständige Integration ihres Verhaltens durch die Berücksichtigung dieser Mittel-Zweck-Beziehungen nicht erreichen. Was an Rationalität in ihrem Verhalten verbleibt, ist nichtsdestoweniger genau die unvollständige und manchmal inkonsistente Hierarchie, die soeben beschrieben worden ist.

Grenzen des Mittel-Zweck-Schemas

Diese Analyse von rationalem Verhalten im Sinne einer Mittel-Zweck-Hierarchie kann zu ungenauen Schlüssen führen, wenn nicht mit gewisser Vorsicht vorgegangen wird.

Erstens sind die Zwecke, die durch die Wahl einer bestimmten Verhaltensweise erreicht werden sollen, oft unvollständig oder falsch formuliert, da versäumt wird, alternative Zwecke zu betrachten, die durch die Wahl eines anderen Verhaltens erreicht werden könnten. Es reicht bei der Auswahl einer Auslegerkonstruktion für eine Brücke über einen bestimmten Fluß nicht aus, zu wissen, daß diese Konstruktion dem Zweck der Überbrückung des Flusses dienen wird. Die Weisheit der Wahl hängt davon ab, ob die Auslegerkonstruktion den Fluß wirksamer und wirtschaftlicher überquert als eine Hängebrücke, ein Viadukt oder eine andere Konstruktion. Rationales Entscheiden erfordert stets den Vergleich alternativer Mittel im Hinblick auf die entsprechenden Zwecke, zu denen sie führen werden. Wie wir noch im Kapitel VIII sehen werden, heißt das, daß „Effizienz" – die Erreichung von maximalen Werten mit begrenzten Mitteln – ein Leitprinzip für organisatorische Entscheidungen sein muß.

Zweitens ist in realen Situationen eine vollständige Trennung der Mittel von den Zwecken normalerweise unmöglich, da alternative Mittel meist nicht wertneutral sind. Gerade aus dieser Schwierigkeit entstehen so viele nutzlose Diskussionen über die Frage, ob „die Zwecke die Mittel heiligen". Im Falle des Prohibitionsgesetzes z. B. berührten die eingesetzten Mittel so viele Wertfragen der persönlichen Freiheit, angemessener Polizeimethoden usw., daß diese bald an Bedeutung das „letzte" Ziel, Enthaltsamkeit, überschatteten. Also war es irreführend, von der Prohibition als nur einem Mittel für den sehr erwünschten Zweck der Enthaltsamkeit zu reden. Die besonderen Mittel, die für die Erreichung dieses besonderen Zwecks eingesetzt wurden, hatten viele andere Konsequenzen als die spezifischen angestrebten Zwecke. Diesen anderen ungewollten Zwecken hätte bei der Betrachtung der Wünschbarkeit der Mittel ihr richtiges Gewicht beigelegt werden müssen.

Drittens tendiert die Mittel-Zweck-Terminologie dazu, die Rolle des Zeitelementes in Entscheidungsprozessen zu verdunkeln. Wenn ein Zweck eine Bedingung oder ein Zustand ist, der verwirklicht werden soll, dann kann nur ein Zustand zu einem Zeitpunkt, es können aber viele Zustände über einen Zeitraum erreicht werden. Die Wahlhandlung wird nicht nur durch bestimmte Zwecke, sondern auch durch die Erwartungen darüber beeinflußt, welche Zwecke zu verschiedenen Zeitpunkten realisiert werden können. Wahlhandlungen werfen zwei Probleme auf: (1) Wenn ein bestimmter Zweck zu einem gegebenen Zeitpunkt erreicht werden soll, welche alternativen Zwecke müssen für diesen Zeitpunkt preisgegeben werden? (2) Wenn ein bestimmter Zweck zu einem gegebenen Zeitpunkt erreicht werden soll, wie beschränkt dies die Zwecke, die zu anderen Zeitpunkten erreicht werden können? Als Louis XV. sagte: „Après nous le déluge", hat er das faktische Urteil ausgedrückt, daß die Erreichung seiner besonderen kurzfristigen Zwecke einige bedauerliche langfristige Konsequenzen nach sich zogen. Außerdem hat er ein Werturteil formuliert – das der Indifferenz gegenüber langfristigen Konsequenzen. Ökonomen würden sagen, daß er die Zeit stark diskontierte.

Das Zeitelement wirkt auf Entscheidungsprozesse noch in anderer Weise ein. Einige Entscheidungen sind in dem Sinne unwiderrufbar, daß sie eine neue Situation schaffen, die ihrerseits die nachfolgenden Entscheidungen beeinflußt. In ökonomischen Situationen kann das an der Existenz von Fixkosten erläutert werden. Wenn ein Produzent entscheidet, ob er eine Schuhfabrik bauen will, muß er bestimmen, ob ihn die Erlöse, die er aus dem Verkauf der Schuhe erhalten wird, für seine Ausgaben entschädigen werden. Aber wenn er schon eine Schuhfabrik *hat*, dann sind die Kosten dieser Fabrik „investierte Kosten"; sie können nicht wiedererlangt werden und er wird auch mit Verlust weiter Schuhe produzieren, vorausgesetzt, seine Erlöse decken alle neuen und zusätzlichen Kosten, die er zur Herstellung machen muß. Die Entscheidung, die Fabrik zu bauen, beinflußt also seine nachfolgenden Entscheidungen. Die Existenz dieser langfristigen, unwiderruflichen Entscheidungen ist mehr als alles andere für die relative Konsistenz über die Zeit sowohl persönlichen als auch organisatorischen Verhaltens verantwortlich. Sie ist auch verantwortlich für eine gewisse Trägheit bei der Anpassung an neue Situationen.

Aus diesen Einwänden folgt nicht, daß die Sprache von Zwecken und Mitteln nutzlos ist; sie bedeuten einfach, daß die Sprache mit beträchtlicher Sorgfalt und Überlegung angewendet werden muß. Unter gewissen Umständen mag eine andere Terminologie klarer sein, und es ist der Zweck des nachfolgenden Abschnittes, solch eine Terminologie vorzuschlagen.

Alternativen und Ergebnisse

Die gegen das Zweck-Mittel-Schema erhobenen Einwände sind, (a) daß es das vergleichende Element beim Entscheiden verschleiert, (b) daß es keine erfolgreiche Trennung der faktischen Elemente in Entscheidungen von den wertenden erreicht und (c), daß es der Zeitvariablen in zweckorientiertem Verhalten unzureichende Beachtung widmet. Eine Entscheidungstheorie auf der Basis alternativer Verhaltensmöglichkeiten und ihrer Ergebnisse wird allen diesen Einwänden gerecht.

Handlungsalternativen[4]

Zu jedem Zeitpunkt ist das handelnde Individuum bzw. die Organisation, die aus mehreren solcher Individuen gebildet ist, mit einer Vielzahl von Handlungsalternativen konfrontiert, von denen einige im Bewußtsein vorhanden sind und andere nicht. Entscheiden oder, wie hier auch gesagt wird, Auswählen ist der Prozeß, durch den eine dieser Alternativen für das jeweilige Verhalten ausgewählt wird, um durchgeführt zu werden. Die Folge von solchen Entscheidungen, die das Verhalten über eine gewisse Zeitspanne bestimmt, kann als *Strategie* bezeichnet werden.

Wenn eine der möglichen Strategien ausgewählt und befolgt wird, dann werden gewisse Ergebnisse folgen. Die Aufgabe rationaler Entscheidung ist es, genau jene der Strategien auszuwählen, aus der die bevorzugte Menge von Ergebnissen folgt. Es sollte betont werden, daß *alle* Ergebnisse, die aus der gewählten Strategie folgen, für die Bewertung ihrer Richtigkeit relevant sind, nicht einfach nur jene Ergebnisse, die vorausgesehen wurden.

Die Entscheidungsaufgabe umfaßt drei Schritte: (1) die Zusammenstellung aller alternativen Strategien; (2) die Bestimmung aller Ergebnisse, die aus jeder dieser Strategien folgen, (3) die vergleichende Bewertung aller dieser Ergebnismengen. Das Wort „alle" drückt eine Empfehlung aus. Es ist offensichtlich für das Individuum unmöglich, *alle* seine Alternativen oder *alle* Ergebnisse zu kennen. Diese Unmöglichkeit ist eine wichtige Abweichung des tatsächlichen Verhaltens vom Modell der objektiven Rationalität. In diesem Sinne wird diese Unmöglichkeit im Kapitel V eingehend untersucht.

Zeit und Verhalten

Nichts kann das Individuum oder die Organisation davon abhalten, nach der Wahl einer Strategie am Montag eine andere am Dienstag zu wählen. Aber die Entscheidung vom Montag hat, soweit sie vor ihrer erneuten Betrachtung schon teilweise ausgeführt worden ist, bereits die Menge der am Dienstag zur Verfügung stehenden Strategien eingeengt. Darauf wurde oben schon am Beispiel der Schuhfabrik hingewiesen. Mithin kann das Individuum oder die Organisation auf eine bestimmte Handlungsfolge durch die Tatsache festgelegt werden, daß es vorziehenswürdig erscheint, eine einmal begonnene Handlungsfolge fortzuführen, anstatt den Teil vollständig preiszugeben, der schon durchgeführt worden ist.

Dieser zeitgebundene Charakter von Strategien verdient die größte Aufmerksamkeit, denn er macht zumindest ein Körnchen an Rationalität im Verhalten möglich, wo dies ohne ihn unvorstellbar sein würde. So muß z. B. ein Individuum, das sich sieben Jahre seines Lebens auf den Beruf eines Arztes vorbereitet und diesen Beruf zehn weitere Jahre lang ausgeübt hat, normalerweise nicht mehr lange überlegen, um zu entscheiden, ob es Arzt bleiben will oder nicht. Andere Tätigkeiten sind für dieses Individuum wegen den Investitionen, die es schon für die bislang verfolgte Strategie durchgeführt hat, praktisch ausgeschlossen.

Ebenso muß eine Organisation, die Schuhe herstellt, nicht jeden Tag neu überlegen (obgleich dies in größeren Zeitabständen nötig sein kann), ob sie statt dessen im Automobilgeschäft tätig sein sollte. Dadurch werden die Alternativen merklich eingeengt, die von dem Individuum in jedem Moment betrachtet werden müssen. Dies ist sicherlich eine notwendige, wenn auch nicht hinreichende Bedingung der Rationalität.

Wissen und Verhalten

Wissen hat im Entscheidungsprozeß die Funktion, zu bestimmen, welche Ergebnisse aus welchen der möglichen Strategien folgen. Es ist die Aufgabe des Wissens, aus der ganzen Klasse möglicher Ergebnisse eine begrenztere Teilklasse oder sogar (im Idealfall) eine einzige mit jeder Strategie verbundene Ergebnismenge auszuwählen. Das handelnde Subjekt kann die Ergebnisse, die aus seinem Verhalten folgen werden, natürlich nicht direkt wissen. Wenn es das könnte, dann müßte hier eine Art umgekehrter Kausalität wirken – zukünftige Ergebnisse wären Determinanten von heutigem Verhalten. Tatsächlich bildet es *Erwartungen* über zukünftige Ergebnisse. Diese Erwartungen beruhen auf bekannten empirischen Beziehungen und auf Informationen über die bestehende Situation.

Die Zusammenhänge können für den Fall eines typischen organisatorischen Entscheidungsprozesses, der Personalauswahl, verdeutlicht werden. Über jeden Kandidaten für eine Stelle werden Daten von Prüfungen, Tätigkeitsbeurteilungen und aus anderen Quellen gesammelt. Diese Daten werden als Grundlage für eine vergleichende Voraussage benutzt, um zu bestimmen, welcher der Kandidaten die Aufgabe am zufriedenstellendsten ausführen wird. Wenn die Voraussagen genau sind, kann eine richtige Entscheidung getroffen werden.

Es wurde schon angemerkt, daß das Subjekt dann, wenn es in diesem Schema vollkommen rational arbeiten wollte, über eine vollständige Beschreibung der Ergebnisse aus jeder alternativen Strategie verfügen und alle diese Ergebnisse vergleichen müßte. Es müßte jeweils bis ins letzte Detail wissen, wie die Welt durch sein Verhalten in die eine oder andere Richtung verändert würde. Außerdem würde es den Konsequenzen seines Verhaltens über unbegrenzte Zeitspannen, unbegrenzte Weiten des Raumes und unbegrenzte Mengen von Werten hinweg zu folgen haben. Unter solchen Bedingungen wäre auch nur ein Ansatz zur Rationalität beim realen Verhalten unvorstellbar. Glücklicherweise wird das Auswahlproblem in der Regel stark vereinfacht durch die Tendenz der empirischen Gesetze, die die Regelmäßigkeiten der Natur beschreiben, sich in relativ unabhängigen Teilmengen zu ordnen. Beim Vergleich von zwei Handlungsalternativen stellt sich häufig heraus, daß sie Ergebnisse haben, die sich nur durch wenige Merkmale unterscheiden, ansonsten aber identisch sind. D. h., die unterschiedlichen Ergebnisse einer Handlungsalternative im Vergleich zu einer anderen treten möglicherweise nur innerhalb einer kurzen Zeitspanne und innerhalb eines begrenzten Bereiches auf. Wenn es zu oft wahr wäre, daß ein Königreich wegen eines fehlenden Pferdes verloren wurde, dann würden die Ergebnisketten im praktischen Leben von solcher Komplexität sein, daß rationales Verhalten im Grunde genommen unmöglich werden würde.

In einer Hinsicht ist das Entscheidungsproblem in privaten Organisationen sehr viel einfacher als in öffentlichen Verwaltungen. Von einer privaten Organisation wird erwartet, daß sie nur jene Ergebnisse der Entscheidung in Betracht zieht, die sie *selbst* betreffen, während die öffentliche Verwaltung ihre Entscheidung im Hinblick auf ein umfassendes System von öffentlichen oder gemeinschaftlichen Werten treffen muß. Wenn z. B. der Präsident einer privaten Unternehmung beschließt, seinem Sohn eine Stelle in der Unternehmung zu geben, dann muß er die Auswirkungen der Anstellung auf die Effizienz des Unternehmens in Betracht ziehen. Ein Mann in der vergleichbaren Position im öffentlichen Dienst muß aber gleichermaßen die Auswirkungen dieses Schrittes auf die „Chancengleichheit im öffentlichen Dienst" bedenken.

Diese Unterscheidung zwischen privater und öffentlicher Unternehmensführung ist allerdings nicht als Schwarzweißmalerei zu verstehen, denn eine zunehmende Anzahl von privaten Unternehmungen wird „durch ein öffentliches Interesse beeinflußt" und eine zunehmende Anzahl von privaten Führungskräften befaßt sich mit ihrer sozialen Verantwortung gegenüber dem Gemeinwohl, selbst über die Grenzen hinaus, die ihnen das Gesetz auferlegt.

Die Tatsache, daß Ergebnisse üblicherweise „isolierte" Systeme bilden, gibt Wissenschaftlern und Praktikern ein leistungsfähiges Hilfsmittel zur Erreichung von Rationalität an die Hand. Der Wissenschaftler kann diese geschlossenen Systeme in seinen Laborexperimenten isolieren und ihr Verhalten untersuchen. Der Praktiker kann die vom Wissenschaftler gefundenen Gesetze benutzen, um bestimmte Umweltbedingungen zu verändern, ohne die übrige Situation signifikant zu stören.

Es bleiben aber noch zwei wesentliche Unterschiede zwischen einem Problem der wissenschaftlichen Forschung und einem Entscheidungsproblem. Zunächst ist es ein gültiges wissenschaftliches Problem, empirische Gesetze abzuleiten, die unter gewissen vereinfachten hypothetischen Bedingungen gelten würden, auch wenn diese Bedingungen in der Praxis nicht vorherrschen – der theoretische Wissenschaftler kann von „festen Körpern", „vollständigem Vakuum", „reibungslosen Flüssigkeiten" usw. reden. Der Praktiker aber muß die Wirkungen von Elastizität, Luftdruck oder Reibung berücksichtigen, wenn sie vorhanden und wesentlich sind, gleich, wie sehr dies sein Problem der Wahl der richtigen Alternative erschwert. Zweitens kann sich der Wissenschaftler dafür entscheiden, nur diejenigen Konsequenzen des Systems zu untersuchen, mit denen er sich befassen will, und die anderen vernachlässigen. Es ist ein zulässiges wissenschaftliches Problem, zu fragen: „Welchen Einfluß werden bestimmte Änderungen der Konstruktion auf das Gesamtgewicht dieses Flugzeugs haben?" Das Problem der praktischen Entscheidung ist jedoch die Abwägung einer möglichen Gewichtseinsparung gegenüber einer Kostenerhöhung, einem Verlust an Manövrierfähigkeit und anderen qualitativen Wirkungen. Der Praktiker hat nie die Wahl, einschränkende Fakten oder Ergebnisse einfach deshalb zu vernachlässigen, weil sie außerhalb der Reichweite seiner Theorie liegen.

Gruppenverhalten

Zusätzliche Schwierigkeiten treten dann auf, wenn mehr als ein Individuum beteiligt ist, da in diesem Fall auch die Entscheidungen der anderen Individuen zu den Bedingungen zählen werden, die jedes Individuum beim Treffen seiner Entscheidungen beachten muß. D. h., jedes Individuum muß die Handlungen der anderen kennen, um eindeutig die Ergebnisse seiner Handlungen zu bestimmen. Dies ist ein Faktor von grundlegender Wichtigkeit für den gesamten organisatorischen Entscheidungsprozeß.

Tatsächlich liegt hier ein ernsthafter Zirkelschluß vor. Bevor A seine Strategie rational wählen kann, muß er wissen, welche Strategie B gewählt hat. Bevor aber B seine Strategie wählen kann, muß er die von A kennen. Das kann mit dem Pfennigspiel verdeutlicht werden. Es gibt zwei Spieler. Der erste legt, ohne daß es sein Gegner sehen kann, eine Münze entweder mit Kopf oder Schrift nach oben auf den Tisch und deckt sie mit seiner Hand zu. Der zweite versucht zu erraten, ob Kopf oder Schrift oben liegt. Der erste Teilnehmer muß entscheiden, welche Wahl nach seiner Meinung der andere treffen wird und dann die Münze auf die jeweils andere Seite legen; der zweite Spieler muß entscheiden, welche Einschätzung der Situation der erste getroffen hat. Beide können nicht recht haben; denn wenn der erste die Wahl des zweiten richtig schätzt, dann wird der zweite die Wahl des ersten falsch geschätzt haben und umgekehrt. Das entstehende Verhaltenssystem wird hochgradig unbestimmter Natur sein, da die Instabilität jeder der Verhaltensentscheidungen zu der Instabilität der anderen führt.

Dieses Beispiel mag trivial erscheinen. Ein Moment des Nachdenkens wird aber den Leser davon überzeugen, daß dieses Spiel ein Modell für alle reinen Konkurrenzsituationen mit zwei Beteiligten ist – militärische Strategie ist vielleicht das wichtigste praktische Beispiel.[5]

Das extreme Gegenteil einer reinen Konkurrenzsituation liegt vor, wenn zwei oder mehr Teilnehmer ein gemeinsames Ziel teilen und wenn jeder genügend Informationen darüber hat, was die anderen tun werden, um selbst richtige Entscheidungen treffen zu können. Dies ist genau das, was mit „Teamwork" bezeichnet wird. Der Zweck von Signalen beim Football oder des Bietens beim Bridge ist es, jedem Spieler einer Mannschaft zu ermöglichen, richtige Erwartungen über die künftigen Handlungen seiner Mitspieler zu bilden, so daß er die geeigneten Mittel zur Kooperation mit ihnen bestimmen kann, um das gemeinsame Ziel zu erreichen. Ein wesentlicher Zweck der Planung und der Organisation, die jeder betrieblichen Aktivität vorausgehen, ist es nicht nur, jeden Teilnehmer auf die am besten geeignete Stelle zu setzen, sondern auch jedem zu erlauben, daß er sich genaue Erwartungen über die künftigen Handlungen der anderen bilden kann. Vielleicht würde es zur Klärung der Diskussion in der Organisationstheorie beitragen, wenn der Begriff „Kooperation" für Aktivitäten verwendet würde, bei denen die Teilnehmer ein gemeinsames Ziel teilen und „Koordination" für den Prozeß der Information jedes einzelnen über die geplanten Verhaltensweisen der anderen. Kooperation wird folglich meist unwirksam sein – wird unabhängig von den Absichten der Teilnehmer ihr Ziel nicht erreichen –, wenn Koordination fehlt.

Wenn also die Handlung konkurrierend ist, dann kann sie eine gewisse Instabilität aufweisen, da jedes Individuum sein Verhalten anpassen wird, wenn es die Absichten seines Gegners „herausfindet" oder wenn es eine defensive Taktik ergreift, die den Gegner daran hindern soll, die eigenen Absichten herauszufinden. Aber diese gleiche Instabilität kann unter der Voraussetzung, daß die Teilnehmer unzureichend informiert sind, selbst dann auftreten, wenn die Handlung kooperativ ist. Beispielsweise können in einer Organisation, in der Verantwortungsbereiche nicht hinreichend eindeutig zugewiesen worden sind, zwei Führungskräfte der gleichen Person in der gleichen Angelegenheit sich widersprechende Briefe schreiben, während in einem anderen Fall ein Brief ungeschrieben bleiben kann, weil jeder erwartet, daß der andere schreibt.

Dies kann formal ausgedrückt werden: In einer kooperativen Struktur ziehen beide Teilnehmer die gleiche Ergebnismenge vor. Wenn also jeder den anderen richtig antizipiert, dann werden beide so handeln, daß diese Ergebnisse erreicht werden. In einer Konkurrenzstruktur ist das optimale Ergebnis für den ersten Teilnehmer nicht das optimale für den zweiten. Deshalb wird die Realisierung der von einem Teilnehmer angestrebten Ergebnisse den anderen Teilnehmer enttäuschen – z. B. lautet die Marktregel, billig zu kaufen und teuer zu verkaufen, aber wenn der Käufer billig einkauft, dann wird der Verkäufer nicht teuer verkauft haben. Selbst eine kooperative Struktur kann instabil sein, wenn jeder Teilnehmer die Handlungen der anderen nicht vorhersagen kann. In diesen Fällen ist eine Koordination der Verhaltensweisen der beiden Teilnehmer nötig, damit sie die Möglichkeit realisieren, die sie beide bevorzugen. Hier liegen nicht Interessenkonflikte vor, sondern unvollständiges Wissen.

Organisationen sind Systeme kooperativen Verhaltens.[6] Von den Organisationsmitgliedern wird erwartet, daß sie ihr Verhalten an gewissen Zielen ausrichten, die als „Organisationsziele" angesehen werden. Damit verbleibt das Problem der Koordination ihres Verhaltens – der Versorgung eines jeden mit Wissen über das Verhalten der anderen, worauf er seine eigenen Entscheidungen gründen kann. Auch wenn alle Teilnehmer von kooperativen Systemen hinsichtlich der anzustrebenden Ziele übereinstimmen, können sie normalerweise bei der Wahl der Strategien, die zu diesen Zielen führen sollen, nicht sich selbst überlassen werden, denn die Wahl einer richtigen Strategie erfordert Wissen eines jeden über die von den anderen gewählten Strategien.[7]

Wert und Möglichkeit

Es bleibt noch die Untersuchung des dritten Elements von Entscheidungsprozessen, nämlich der Prozeß der Bestimmung von Präferenzen zwischen den Ergebnissen. Dieser Prozeß kann *Bewertung* genannt werden. Jeder Strategie entspricht eine eindeutige Menge von Ergebnissen. Rationales Verhalten beinhaltet eine Anordnung der Ergebnisse in der Reihenfolge ihrer Präferenzen und die Auswahl jener Strategie, die der am höchsten bewerteten Alternative entspricht.

Das Wertesystem – Nutzenfunktionen

Da die Werte, die bei den verschiedenen Alternativen eine Rolle spielen, sowohl zahlreich als auch verschiedenartig sind, muß das Individuum bei der Anwendung seiner Präferenzen die Werte gewichten und zwischen ihnen wählen. Die Ökonomen haben zur Beschreibung dieses Prozesses ein konzeptionelles Schema entwickelt, das dem hier verwendeten Schema wirklich sehr ähnlich ist.

Die individuellen Wahlhandlungen zwischen zwei konkurrierenden Werten können durch eine Menge von Indifferenzkurven beschrieben werden. Diese Kurven zeigen, welche Mengen möglicher Ergebnisse äquivalent zueinander oder gegenseitig „indifferent" im Hinblick auf die Wahlhandlung sind. Zur Verdeutlichung ziehen wir die Lieblingsgüter der Ökonomen – Nüsse und Äpfel – heran. Die Indifferenzkurven zeigen, ob eine Kombination von zehn Nüssen und fünf Äpfeln von einem Individuum einer Kombination von fünf Nüssen und sieben Äpfeln vorgezogen wird, ob die erste Kombination weniger erwünscht ist oder ob das Individuum indifferent zwischen beiden ist.

Empirische Beschränkungen der Wahlhandlung werden in das Schema der Ökonomen durch die Anfangsausstattung des Individuums mit Gütern und durch die Preisstruktur eingeführt. Es wird angenommen, daß das Individuum mit einer bestimmten Anzahl von Äpfeln und Nüssen anfängt, daß es die einen gegen die anderen zu einer bestimmten Austauschrate tauschen kann und daß es dann versucht, die Tauschmenge zu wählen, für die seine Präferenz am größten ist.[8]

Beziehungen zwischen Wert, Erfahrung und Verhalten

Die Bedeutung der „Mittel-Zweck"-Beziehung wird jetzt klarer. Es ist klar, daß die „Mittel-Zweck"-Unterscheidung nicht der Unterscheidung von Fakten und Werten entspricht. Worin besteht dann die Beziehung zwischen den beiden Begriffspaaren? Sie ist einfach so: Eine Mittel-Zweck-Kette ist eine Folge von Erwartungen, die einen Wert mit den ihn realisierenden Situationen und diese Situationen wiederum mit den sie erzeugenden Verhaltensweisen verbinden. Jedes Element in dieser Kette kann sowohl „Mittel" als auch „Zweck" sein, je nachdem, ob seine Beziehung zum Wertende der Kette oder seine Beziehung zum Verhaltensende der Kette betrachtet wird.

Der Mittelcharakter eines Elementes in einer Mittel-Zweck-Kette wird überwiegen, wenn das Element näher beim Verhaltensende der Kette liegt; der Zweckcharakter wird überwiegen, wenn das Element die Ergebnisse von Verhalten beschreibt. Wenn das so ist, dann können Begriffe, die die Ergebnisse einer Verhaltensweise beschreiben, als Indizien für die mit diesem Verhalten verbundenen Werte genommen werden. Während der Ökonom von wirtschaftlichen Gütern als den Werten spricht, die die Ziele ökonomischen Handelns darstellen, sind in Wirklichkeit die ökonomischen Güter nur Indizien für die Existenz von Umständen, aus denen Wert gewonnen werden kann – der Möglichkeit des Konsums der Güter.[9]

Die psychologische Handlung des Bewertens von Alternativen besteht gewöhnlich darin, diese Alternativen mit Hilfe gewisser Wertindizes zu messen, von denen man weiß, daß sie im allgemeinen mit dem Erreichen der Werte selbst verbunden sind – Geld z. B. kann als Index für die Werte stehen, die man mit Geld kaufen kann. Diese Wertindizes beinhalten ein wesentliches faktisches Element, da sie unterstellen, daß eine Alternative, die durch einen hohen Wertindex charakterisiert wird, auch einen entsprechend hohen Wert besitzen wird. Wenn z. B. eine öffentliche Kreditanstalt nur einen kleinen Prozentsatz ihrer Mittel für die Verwaltung ihrer Darlehen aufwendet, dann kann das ein Indiz für Effizienz sein, da *ceteris paribus* niedrige Verwaltungsausgaben erwünscht sind. Aber natürlich wäre in diesem Fall das Verhältnis von Verwaltungs- zu Gesamtausgaben *kein* guter Wertindex, weil ohne eindeutigen Nachweis dafür, daß die Qualität der Kreditprüfung unverändert bleibt, die Annahme höchst unsicher ist, daß alle anderen Einflußfaktoren gleich bleiben, wenn die Verwaltungskosten gesenkt werden.

Wenn die Mittel-Zweck-Beziehung in dieser Weise definiert wird, dann erlaubt dies keine scharfe Trennung von Werten und Fakten, da das gleiche Verhalten mehr als einen Wert als Ergebnis haben kann – es kann zu mehreren Mittel-Zweck-Ketten gehören. So kann eine Fürsorgepolitik, in der die Unterstützungssätze auf einem sehr niedrigen Niveau angesetzt werden, um die Empfänger zur Suche und Annahme von Beschäftigungsverhältnissen anzureizen, auch ein starkes Auftreten von Unterernährung und Erkrankungen in den Familien der Fürsorgeempfänger als Ergebnis haben.

Eine akzeptable Politik kann nicht durch die Berücksichtigung nur einer dieser Mittel-Zweck-Ketten und Vernachlässigung der anderen bestimmt werden.

Definitionen von Rationalität

Ein hauptsächliches Ziel dieses Kapitels bestand darin, die Grundlagen zu entwickeln, auf denen ein klares Verständnis des Konzepts der „Rationalität" aufgebaut werden kann. Aus Klarheit muß jedoch nicht notwendigerweise Einfachheit folgen. Rationalität ist, grob gesagt, mit der Auswahl bevorzugter Handlungsalternativen mit Hilfe eines Wertesystems befaßt, durch das die Handlungsergebnisse bewertet werden können. Heißt das, daß der Anpassungsprozeß bewußt sein muß oder sind unbewußte Prozesse ebenso einbezogen? Es ist nachgewiesen worden, daß viele Schritte bei mathematischen Entdeckungen – die wahrscheinlich im Hinblick auf Rationalität nicht übertroffen werden können – unbewußt sind. Dies gilt sicherlich für die einfacheren Prozesse bei der Lösung von Gleichungen.[10] Wenn Bewußtsein nicht als ein Element der Rationalität verlangt wird, sind dann allein absichtliche Anpassungsprozesse erlaubt oder auch unbeabsichtigte? Eine Stenotypistin übt sich, eine bestimmte Taste als Reaktion auf den Stimulus eines bestimmten Buchstabens anzuschlagen. Hat sie dies gelernt, dann ist die Handlung unbewußt, aber beabsichtigt. Andererseits zieht jeder Mensch instinktiv seine Finger zurück, wenn er sich verbrennt. Dies ist insofern „rational", als es einem nützlichen Zweck dient, aber es ist sicherlich weder eine bewußte noch eine beabsichtigte Anpassung.

Sollen wir zudem ein Verhalten „rational" nennen, wenn es irrig ist, aber nur deshalb, weil die Informationen, auf denen es beruht, fehlerhaft sind? Bei subjektiver Prüfung ist die Einnahme einer Medizin gegen eine Krankheit für ein Individuum rational, wenn es glaubt, daß die Medizin die Krankheit heilen wird. Bei objektiver Prüfung ist das Verhalten nur dann rational, wenn die Medizin tatsächlich wirksam ist.

Schließlich ist zu fragen, an welchen Zielen, wessen Werten Rationalität beurteilt werden soll. Ist das Verhalten eines Individuums in einer Organisation rational, wenn es seinen persönlichen Zielen dient oder wenn es den organisatorischen Zielen dient? Zwei Soldaten sitzen in einem Graben gegenüber einer Maschinengewehrstellung. Einer bleibt in Deckung. Der andere zerstört die Maschinengewehrstellung unter Einsatz seines Lebens mit einer Handgranate. Was ist rational?

Möglicherweise besteht der einzige Weg zur Vermeidung oder zur Klärung dieser Komplikationen darin, den Begriff „Rationalität" im Zusammenhang mit geeigneten Adverbien zu verwenden. Dann kann eine Entscheidung „objektiv" rational genannt werden, wenn sie *tatsächlich* das richtige Verhalten zur Maximierung gegebener Werte in einer gegebenen Situation ist. Sie ist „subjektiv" rational, wenn sie die Zielerreichung relativ zum tatsächlichen Wissen des Individuums maximiert. Sie ist „bewußt" rational in dem Maße, in dem die Abstimmung der Mittel auf die Zwecke ein bewußter Prozeß ist. Sie ist „absichtlich" rational in dem Maße, in dem die Abstimmung der Mittel auf die Zwecke absichtlich (vom Individuum oder von der Organisation) zustande gebracht worden ist. Eine Entscheidung ist „organisatorisch" rational, wenn sie auf die Organisationsziele ausgerichtet ist; sie ist „persönlich" rational, wenn sie auf die Ziele des Individuums ausgerichtet ist. In der nachfolgenden Diskussion wird der Begriff „rational" stets durch eines dieser Adverbien näher bestimmt werden, falls sich die Bedeutung nicht eindeutig aus dem Zusammenhang ergibt.

Schluß

Gegenstand dieses Kapitels war die Erforschung der Anatomie der Entscheidungen mit der Absicht, eine Terminologie und einen analytischen Bezugsrahmen aufzubauen, die eine realistische Untersuchung organisatorischer Entscheidungen erlauben. Zu diesem Zweck wurde die objektive Umwelt geprüft, die Wahlhandlungen umgibt. Diese Umwelt wurde als eine Menge von Handlungsalternativen beschrieben, deren jede zu eindeutig antizipierten Ergebnissen führt.

Wissen ist das Mittel, um zu entdecken, welches aller möglichen Ergebnisse tatsächlich aus einer Handlung folgen wird. Das höchste Ziel des Wissens, soweit es Teil des Auswahlprozesses ist, besteht in der Entdeckung einer einzelnen eindeutigen Möglichkeit, die aus jeder Handlungsalternative folgt, obwohl dieses Ziel in der Praxis natürlich nur unvollkommen erreicht wird.

Wissen über die Ergebnisse des Verhaltens wurde so als ein primärer Einflußfaktor für Wahlhandlungen bestimmt. Der zweite Einflußfaktor wurde in den Präferenzen des handelnden Individuums für eine Ergebnismenge im Vergleich mit einer anderen gefunden. Das Problem der Wahlhandlung ist ein Problem der Beschreibung von Ergebnissen, ihrer Bewertung und ihrer Verknüpfung mit den Handlungsalternativen.

Es wurde festgestellt, daß Mittel und Zwecke den Fakten und Werten nicht vollständig entsprechen, daß es aber eine gewisse Beziehung zwischen den beiden Begriffspaaren gibt. Eine Mittel-Zweck-Kette wurde als eine Folge von kausal verknüpften Elementen definiert, die von Verhaltungsweisen bis zu den aus ihnen folgenden Werten reichen. Mittlere Zwecke in einer solchen Kette dienen als Wertindizes. Wenn wir sie verwenden, können wir Alternativen bewerten, ohne die letzten Zwecke oder Werte, die ihnen innewohnen, vollständig zu erforschen.

Der Begriff der Handlungsalternative hilft erheblich, die Struktur interpersonalen Verhaltens zu verstehen. Das Verhältnis der Werte interagierender Individuen zu den Ergebnissen ihres gemeinsamen Handelns bestimmt, ob das Verhaltensmuster konkurrierend oder kooperativ sein wird. Es wurde gezeigt, daß eine instabile Verhaltensstruktur entstehen kann, wenn eine Konkurrenzsituation vorliegt oder wenn sich alle Teilnehmer der Struktur bei der Prognose des Verhaltens der anderen irren.

Schließlich wurden einige Definitionen angegeben, um verschiedene Bedeutungen von Rationalität zu unterscheiden: objektive, subjektive, bewußte, absichtliche, organisatorische und persönliche.

Dieses Kapitel hat die psychologischen Aspekte der Entscheidung kaum berührt. Im nächsten Kapitel wird ein Versuch unternommen, die psychologischen Elemente des Entscheidungsprozesses den logischen gegenüberzustellen. In späteren Kapiteln dieses Buches werden die in diesem und den folgenden Kapiteln entwickelten analytischen Instrumente zur Untersuchung einiger zentraler Konzepte organisatorischer Entscheidungen, wie Autorität, Effizienz, Identifikation, Einfluß und Kommunikation, verwendet.

Fußnoten zu Kapitel IV

1 Die naive utilitaristische Auffassung wird nirgendwo eindrucksvoller vorgetragen als durch *Bentham*, J., An Introduction to the Principles of Morals and Legislation, Oxford 1907, S. 1–7, passim. Andererseits ist bei Adam Smith der Rationalismus eher implizit als explizit. Vgl. *Smith*, A., An Inquiry into the Nature and Causes of the Wealth of Nations, New York 1914, S. 12–15. Die Rationalismuskritik ist vielleicht am stärksten von den Freudianern betrieben worden, findet aber allgemeine Zustimmung bei nahezu allen modernen Schulen der Soziologie und Psychologie. Vgl. z. B. *Lasswell*, H. D., Psychopathology and Politics, Chicago 1930, S. 28–37; *Freud*, S., The Unconscious, in: *Freud*, S., Collected Papers, London 1925, Bd. 4, S. 98–136; *Pareto*, V., The Mind and Society, New York 1935, passim.

2 Im Anhang wird der Unterschied zwischen einer angewandten Organisationswissenschaft (der Untersuchung dessen, was Organisatoren „sollen") und einer Organisationssoziologie (der Untersuchung dessen, was Organisatoren „tun") ausführlicher untersucht.

3 Talcott Parsons untersucht soziale Handlungssysteme mit Hilfe dieser gleichen Begriffe. Vgl. *Parsons*, T., The Structure of Social Action, New York 1937, S. 44, 49 und 228–241.

4 Die hier vorgelegte Theorie wurde vom Autor 1941 ausgearbeitet. Ihre jetzige Umformulierung wurde stark beeinflußt durch die bemerkenswerte Arbeit von *Neumann*, J. v. / *Morgenstern*, O., The Theory of Games and Economic Behavior, Princeton 1944, Kap. 2. Aus Gründen der Fairness soll darauf hingewiesen werden, daß v. Neumann denjenigen Teil seiner Theorie, der mit der vorliegenden Diskussion zusammenhängt, zuerst 1928 veröffentlichte. Vgl. *Neumann*, J. v., Zur Theorie der Gesellschaftsspiele, in: Mathematische Annalen 100, 1928, S. 295–320.

5 Vgl. *Fuller*, J. F. C., The Foundations of the Science of War, London 1925, S. 183.

6 Warum und in welchem Ausmaß die Teilnehmer an solchen Organisationen ein gemeinsames Ziel teilen, wird in Kap. VI untersucht werden.

7 Das ist die grundsätzliche Kritik, die zu widerlegen die Theorie des Anarchismus immer versagt hat. Diese Theorie scheint zu postulieren, daß bei gemeinsamen Zielen die Teilnehmer an einer Sozialstruktur ihre wirksamsten Rollen automatisch selbst auswählen werden.

8 Vgl. *Schultz*, H., The Theory and Measurement of Demand, Chicago 1938, S. 12–35.

9 Frank Knight betrachtet es als eine wesentliche Schwäche der klassischen Ökonomie, daß sie es versäumt hat, ökonomischen Vorteil als ein rein vermittelndes Glied in einer Mittel-Zweck-Kette, die zu „Prestige" und „Komfort" führt, zu erkennen, und gleichfalls, daß sie es versäumt hat, die eigentliche wirtschaftliche Tätigkeit, die zum Vorteil führt, als einen Selbstzweck zu erkennen. Vgl. *Knight*, F., Risk, Uncertainty, and Profit, Boston 1921, S. XII–XX.

10 Vgl. *Hadamard*, J., Essay on the Psychology of Invention in the Mathematical Field, Princeton 1945.

KAPITEL V

Die Psychologie organisatorischer Entscheidungen

Die Behauptung dieses Kapitels läßt sich sehr einfach darlegen. Für ein einzelnes, isoliertes Individuum ist es unmöglich, einen hohen Grad an Rationalität zu erreichen. Die Zahl der Alternativen, die es untersuchen muß, ist so groß, die Informationsmengen, die es zu ihrer Auswertung benötigen würde, sind so riesig, daß sogar eine Annäherung an objektive Rationalität kaum denkbar ist. Individuelle Wahlhandlungen finden in einem Umfeld von „gegebenen Größen" statt – von Prämissen, die vom Subjekt als Grundlagen seiner Wahl anerkannt werden. Verhalten ist nur innerhalb der durch diese „gegebenen Größen" abgesteckten Grenzen anpassungsfähig.

Wenn die psychologische Umwelt der Wahlhandlung, die „gegebenen Größen", zufallsartig bestimmt wäre, würde das Verhalten von Erwachsenen wenig mehr Struktur oder Integration als das Verhalten von Kindern aufweisen. Ein höherer Integrations- und Rationalitätsgrad läßt sich jedoch erreichen, weil die Umwelt der Wahlhandlung selbst ausgewählt und absichtlich modifiziert werden kann. Teilweise ist das eine individuelle Angelegenheit: Das Individuum begibt sich selbst in eine Situation, in der es bestimmten Stimuli und bestimmten Informationen ausgesetzt sein wird. In einem sehr bedeutsamen Umfange ist es jedoch eine organisatorische Angelegenheit. Eine Funktion der Organisation besteht darin, die Organisationsmitglieder in eine psychologische Umwelt zu versetzen, die ihre Entscheidungen an die Organisationsziele anpassen und ihnen die Informationen zur Verfügung stellen wird, die erforderlich sind, um diese Entscheidungen richtig zu treffen.

Das Material dieses Kapitels wird in drei Teilen dargestellt. Im ersten Teil werden die Gründe im einzelnen entwickelt, die erklären, warum individuelles Verhalten notwendigerweise die Rationalitätsansprüche bei weitem nicht erreichen kann. Der zweite Teil des Kapitels wird untersuchen, wie die psychologische Umwelt der Wahlhandlung tatsächlich geformt wird. Es wird gezeigt, daß diese Umwelt das vereinheitlichende Element ist, das eine ganze Abfolge von einzelnen Wahlhandlungen in ein konsistentes Muster fügt.

Im Schlußteil wird die Rolle der Organisation bei der Herausbildung der psychologischen Umwelt der Wahlhandlung untersucht. Dabei wird erkennbar, wie die Organisation die Ziele des Individuums selektiert, wie sie seine Fähigkeiten ausbildet und wie sie es mit Informationen versorgt. Im Verlauf dieser Erörterungen wird sich allmählich herausstellen, daß die Organisation dem Individuum ermöglicht, sich objektiver Rationalität hinreichend anzunähern.[1]

Die Grenzen der Rationalität

Aus objektiver Rationalität, wie der Begriff im vorherigen Kapitel definiert wurde, würde folgen, daß das verhaltende Subjekt sein gesamtes Verhalten zu einem zusammenhängenden Beziehungsgefüge formt, indem es (a) die Verhaltensalternativen vor der Entscheidung in einer Art Panorama überblickt, (b) den gesamten Komplex von Ergebnissen, die aus jeder Wahlhandlung folgen würden, berücksichtigt und (c) mit dem Wertsystem als Kriterium eine Alternative aus der Gesamtmenge aussondert.

Reales Verhalten, selbst das üblicherweise als „rational" angesehene, enthält viele Bruchstellen, die in diesem idealisierten Bild nicht vorhanden sind. Betrachtet man Verhalten über eine Zeitspanne, so weist es einen Mosaikcharakter auf. Jedes Teil des Musters ist mit den anderen durch ihre Orientierung auf einen gemeinsamen Zweck verbunden; aber mit Veränderungen im Wissen und der Aufmerksamkeit verschieben sich diese Zwecke von Zeit zu Zeit und werden nur schwach durch eine Vorstellung von einem umfassenden Wahlkriterium zusammengehalten. Man könnte sagen, daß Verhalten „Ausschnitte" von Rationalität freilegt – daß Verhalten in jedem Ausschnitt rationale Organisation zeigt, aber die Ausschnitte selbst keine sehr starken Beziehungen besitzen.

Tatsächliches Verhalten genügt in mindestens drei Punkten nicht den Anforderungen objektiver Rationalität, wie sie im letzten Kapitel definiert wurde:

(1) Rationalität erfordert ein vollständiges Wissen und vollständige Antizipation der Ergebnisse, die sich aus jeder Wahl ergeben. Tatsächlich ist die Kenntnis der Ergebnisse immer bruchstückhaft.

(2) Weil diese Ergebnisse in der Zukunft liegen, muß die Vorstellungskraft die Lücke mangelnder Erfahrung bei ihrer Bewertung schließen. Aber Werte können nur unvollständig antizipiert werden.

(3) Rationalität erfordert eine Auswahl aus allen möglichen Verhaltensalternativen. Im tatsächlichen Verhalten kommen nur sehr wenige all dieser möglichen Alternativen je zu Bewußtsein.

Die Unvollständigkeit des Wissens

Die erste Beschränkung der Rationalität im tatsächlichen Verhalten wurde in Kapitel IV erwähnt.[2] Rationalität impliziert ein vollständiges, unerreichbares Wissen über die exakten Ergebnisse jeder Wahlhandlung. In der Realität besitzt der Mensch nie mehr als bruchstückhaftes Wissen über die Bedingungen, die für seine Handlungen relevant sind, ebenso nicht mehr als geringfügige Einsicht in die Regelmäßigkeiten und Gesetze, die es ihm erlauben würden, zukünftige Ergebnisse aus einem Wissen über gegenwärtige Umstände herzuleiten.

Wollte man z. B. eine in jeder Hinsicht erfolgreiche Nutzung von Ressourcen für die Brandschutzprobleme einer Stadt erreichen, müßten die Mitglieder der Feuerwehr in umfassendem Detail die Feuerwahrscheinlichkeiten in jedem Teil der Stadt – tatsächlich in jedem Gebäude – und die genaue Wirkung jeder Änderung von Verwaltungsabläufen oder der Umverteilung der einzelnen Wehren auf Feuerschäden kennen.

Schon die Formulierung des Problems in dieser Form zeigt das Ausmaß, in dem vollständige Rationalität durch Mangel an Wissen beschränkt ist. Würde der Feuerwehr jedes Feuer im Moment der Entzündung gemeldet, würden Feuerschäden wie durch ein Wunder abnehmen. Da solche Allwissenheit fehlt, muß die Feuerwehr beachtliche Mühe darauf verwenden, durch spezielle Feuermeldesysteme und auf andere Art so schnell wie möglich Informationen über Situationen zu erlangen, die ihr Eingreifen erfordern.[3]

Dieser Punkt wurde so ausführlich entwickelt, um hervorzuheben, daß er ein extrem praktisches Organisationsproblem aufwirft – nämlich eine Organisation des Entscheidungsprozesses derart sicherzustellen, daß relevantes Wissen dort zum Tragen kommt, wo die Entscheidung gefällt wird. Der gleiche Punkt hätte mit Bezug auf ein Wirtschaftsunternehmen erläutert werden können – z. B. die Abhängigkeit seiner Entscheidungen von der richtigen Prognose von Marktpreisen.

Der Mensch, der Rationalität anstrebt und in den Grenzen seines Wissens beschränkt ist, hat einige praktische Verfahren entwickelt, die diese Schwierigkeit teilweise beheben. Diese Verfahren bestehen in der Annahme, daß er aus dem Rest der Welt ein geschlossenes System isolieren kann, das nur eine begrenzte Variablenzahl und einen begrenzten Konsequenzenbereich beinhaltet.

Es gibt eine Geschichte darüber, daß ein Statistiker einmal eine hohe Korrelation zwischen der Zahl alter Jungfern und der Größe der Klee-Ernte in verschiedenen englischen Grafschaften entdeckte. Nachdem er an dieser Beziehung einige Zeit herumgerätselt hatte, meinte er, den Kausalzusammenhang verfolgen zu können. Alte Jungfern, so schien es, hielten Katzen, und die fraßen Mäuse. Feldmäuse aber waren natürliche Feinde von Hummeln, und diese wiederum befruchteten hauptsächlich die Blüten des Klees. Die Schlußfolgerung ist natürlich, daß das britische Parlament niemals ein Gesetz über Heiratsvergünstigungen erlassen sollte, ohne zuvor die Auswirkungen einer Verringerung der Jungfern auf die Klee-Ernte bewertet zu haben.

In Entscheidungsprozessen der Praxis müssen solche abwegigen Ergebnisse notwendigerweise vernachlässigt werden.[4] Nur die Faktoren, die ursächlich und zeitlich am engsten mit der Entscheidung verknüpft sind, können berücksichtigt werden. Das

Problem, zu erkennen, welche Faktoren in jeder gegebenen Situation wichtig und welche unwichtig sind, ist ebenso bedeutend für richtiges Entscheiden wie eine Kenntnis der empirischen Gesetze, denen jene Faktoren unterliegen, die letztlich als relevant ausgewählt werden.

Rationales Entscheiden wird in dem Maße erreichbar, wie die begrenzte Menge von Einflußfaktoren, die der Entscheidung zugrunde liegen, mit einem geschlossenen Variablensystem in der Realität übereinstimmt – das heißt, in dem Maße, wie bedeutsame indirekte Wirkungen fehlen. Nur in den Fällen außerordentlich wichtiger Entscheidungen ist es möglich, hinreichende Mittel einzusetzen, um eine sehr komplexe Ursache-Wirkungskette aufzudecken. So würde ein sehr hoher Betrag für die Erforschung der indirekten Wirkungen einer staatlichen Fiskalpolitik auf die Arbeitsmarktlage gut angelegt sein, wenn die Forschung ihr Ziel erreichte. Andererseits nimmt sich ein Arzt, der einen Patienten behandelt, nicht die Zeit, um festzustellen, welchen Unterschied Leben oder Tod seines Patienten für die Gemeinschaft ausmachen wird.

Schwierigkeiten der Antizipation

Die Alltagserfahrung lehrt, daß die Vorfreude sich von der tatsächlichen Freude erheblich unterscheiden kann. Die tatsächliche Erfahrung kann weit mehr oder weniger wünschenswert sein als vorhergesehen wurde.

Dies ergibt sich nicht nur aus Versagen bei der Antizipation von Ergebnissen. Selbst wenn die Ergebnisse einer Entscheidung ziemlich vollständig beschrieben worden sind, kann ihre Antizipation kaum mit der gleichen Kraft auf die Gefühle wirken wie das tatsächliche Erlebnis. Einer der Gründe dafür liegt darin, daß der Verstand nicht in einem einzigen Augenblick die Folgen des Handelns in ihrer Ganzheit erfassen kann. Statt dessen verlagert sich die Aufmerksamkeit von einem Wert zum anderen mit entsprechenden Verschiebungen der Präferenz.

Bewertung ist dementsprechend in ihrer Genauigkeit und Konsistenz durch die Fähigkeit des Individuums beschränkt, die verschiedensten Wertelemente in den vorgestellten Konsequenzen aufzuspüren und ihnen bei der Antizipation das gleiche Gewicht beizumessen, das sie bei wirklicher Erfahrung haben werden.

Hier liegt wahrscheinlich ein wichtiger Einfluß auf „risikofreudiges" Verhalten. Je lebendiger die Verlustfolgen eines riskanten Unternehmens vor Augen stehen – entweder durch frühere Erfahrungen mit solchen Folgen oder aus anderen Gründen – desto weniger wünschenswert erscheint die Risikoübernahme. Es ist weniger so, daß die Verlusterfahrung zu einer höheren Wahrscheinlichkeit für das Verlustereignis führt, sondern daß der Wunsch zur Vermeidung der Verlustfolgen verstärkt worden ist.

Der Bereich von Verhaltensmöglichkeiten

Das Vorstellungsvermögen reicht ebenfalls nicht aus, um alle Verhaltensmuster auszudenken, die das Individuum ausführen könnte. Die Zahl der Dinge, die ein Mensch, nur durch physische und biologische Grenzen beschränkt, selbst in einem so kurzen Zeitraum wie eine Minute tun könnte, ist unvorstellbar. Er hat zwei Beine, zwei Arme, einen Kopf, zwei Augen, einen Hals, einen Leib, zehn Finger, zehn Zehen und viele willensgesteuerte Muskeln, die all das lenken. Jeder dieser Körperteile ist zu komplexen individuellen oder koordinierten Bewegungen fähig.

Von all diesen möglichen Bewegungen kommen in jedem Augenblick nur sehr wenige als Verhaltensmöglichkeiten zu Bewußtsein. Da jede Alternative ihre eigenen Folgen hat, ergibt sich daraus, daß zahlreiche mögliche Folgen nie das Stadium der Bewertung erreichen, da nicht erkannt wird, daß sie mögliche Folgen verfügbarer Verhaltensalternativen darstellen.

Relativ gesehen sind Menschen natürlich viel besser imstande, ihr physiologisches Bewegungsvermögen für zweckgerichtetes Handeln auszunutzen, als andere Lebewesen. Das relativ einfache „werkzeuggebrauchende Verhalten", zu dem die Menschenaffen fähig sind[5], ist gemessen an menschlichen Standards ausgesprochen elementar.

In einigen Bereichen ist beachtlicher Einfallsreichtum bei der Erfindung von Methoden zur Ausnutzung von Verhaltensmöglichkeiten bewiesen worden. In der Phonetik sind hochentwickelte Geräte zur Beobachtung und Korrektur von Lippen- und Zungenbewegungen konstruiert worden. Zeit- und Bewegungsstudien werden zur sehr detaillierten Beobachtung von Handbewegungen in Produktionsprozessen vorgenommen, um diese Bewegungsabläufe zu verbessern und sie durch Prozeßveränderung zu erleichtern. In dieselbe Kategorie könnte der ganze Bereich der Erfindung von Werkzeugen und der Ausbildung von Fertigkeiten gerechnet werden. Sie beinhalten beide eine genaue Beobachtung von Verhaltensprozessen und eine konsequente Erweiterung der alternativen Wahlmöglichkeiten.

Zweckgerichtetes Verhalten im Individuum

Diese Bemerkungen über die Abweichung tatsächlichen Verhaltens von der Rationalitätsnorm dienen schon dazu, einige der Charakteristika des psychologischen Prozesses der Entscheidung anzudeuten. Es ist nun angebracht, diese Charakteristika systematischer zu untersuchen.

Lernfähigkeit

Wie in Kapitel IV hervorgehoben wurde, ist die einfachste Bewegung – einen Schritt machen oder die Augen auf ein Objekt richten – zweckgerichteter Art und entwickelt sich nur allmählich beim Kleinkind aus seinen frühesten zufälligen, ungerichteten Bewegungen. Bei der Erreichung der Integration zeigt der Mensch *Lernfähigkeit*; d. h., er beobachtet die Folgen seiner Bewegungen und korrigiert sie, um den gewünschten Zweck zu erreichen.[6]

Lernfähigkeit ist dementsprechend durch eine Stufe der Erkundung und Untersuchung charakterisiert, der eine Stufe der Anpassung folgt. Sie läßt sich beim Verhalten von Individuen und beim Verhalten von Organisationen beobachten. Ein Mann, der lernt, einen Hochkran zu führen, erhält zunächst von jemand, der in der Bedienung erfahren ist, Informationen darüber, wie der Kran gesteuert wird und welche Funktionen die verschiedenen Instrumente und Hebel erfüllen. Er ergänzt dann seine Informationen durch Experimentieren mit dem Kran und lernt allmählich durch Übung, welche Reaktionen er von dem Gerät erwarten kann, wenn er es auf bestimmte Art handhabt. Wenn er diesen Punkt erreicht hat, ist er imstande, den Kran zur Erfüllung seiner Zwecke zu nutzen – die Handhabung seinen Zielen anzupassen.

Ähnlich muß ein junger Verlag aus eigener Erfahrung oder aus der anderer Unternehmen lernen, wie viele Exemplare eines bestimmten Buches wahrscheinlich verkauft werden und welche Art der Werbung den Verkauf wirksam unterstützt. Hat die Organisation gelernt, welche Ergebnisse eine bestimmte Werbetechnik erzeugt, kann sie ihre Techniken einfallsreich auf die besonderen Ziele ausrichten, die sie zu erreichen versucht. Dieses letzte Beispiel illustriert auch die bedeutende Rolle, die Urteil und Schätzung im Anpassungsprozeß bei den meisten praktischen Situationen spielen.

Merkmale menschlicher Lernfähigkeit

Lernfähigkeit ist natürlich genauso kennzeichnend für das Verhalten höherer Lebewesen wie für menschliches Verhalten. Es gibt jedoch eine Reihe ziemlich auffälliger Unterschiede zwischen menschlicher und tierischer Lernfähigkeit. Das tierische Lernen hat primär Versuchs- und Irrtumscharakter, d. h. Lernen findet erst dann statt, wenn das Tier eine Möglichkeit gehabt hat, durch tatsächliches Erleben die Folgen seiner Verhaltensweisen zu beobachten. Die Fähigkeiten des Menschen, sehr allgemeine Regelmäßigkeiten der Natur zu beobachten und mit anderen Menschen zu kommunizieren, helfen ihm, diesen Lernprozeß erheblich zu verkürzen.

In erster Linie mag ihn eine vorangegangene Erfahrung mit anderen Entscheidungen (der gleichen Art) befähigen, etwas über den Charakter der besonderen Entscheidung zu erschließen, mit der er konfrontiert ist. Ebenso kann er in Gedanken statt mit tatsächlichem Verhalten experimentieren; er kann die Folgen jeder Verhaltensalternative im Geist verfolgen und eine auswählen, ohne wirklich eine einzige auszuprobieren. Beispielsweise kann ein Ingenieur im Kopf oder auf dem Papier mehrere Pläne für einen Abwasserkanal untersuchen und imstande sein, ziemlich genau ihre jeweilige Leistung zu bestimmen, ohne sie in einem realen Versuch auszuprobieren.[7]

Zweitens gibt die Kommunikation dem Menschen einen gewaltigen Vorteil beim Lernen gegenüber dem Tier. Der Ingenieur, der einen Straßenbelag plant, stützt seine Bemühungen nicht ausschließlich auf Gedanken- oder Realexperimente, sondern benutzt Nachschlagewerke, Beschreibungen von Ergebnissen, die andere Personen auf der Grundlage langer Versuche und Forschungen in diesem Gebiet gewonnen haben – wenngleich er diese gesammelten Erfahrungen auf der Grundlage seines eigenen Erfolgs und Mißerfolgs auswählen und sie verändern kann. Darüber hinaus ist unter gewissen Bedingungen Lernen vollständig von Kommunikation abhängig und selbst die nachfolgende Prüfung von Erfolg oder Mißerfolg ist dem Individuum nicht möglich. Dies gilt für zahlreiche professionelle Disziplinen. In der Medizin z. B. ist der einzelne Arzt selten in der Lage, die Wirksamkeit von bestimmten Behandlungsmethoden auf der Grundlage dessen zu bestimmen, was seiner kleinen Gruppe von Patienten passiert, besonders in Krankheitsfällen, mit denen er nur selten zu tun hat. Er muß seine Behandlung auf Lehrsätze medizinischer Wissenschaftler stützen, die über besondere Einrichtungen zur kontrollierten Forschung verfügen. Die Funktion der Forschung und besonders experimenteller Forschung ist die Anpassung von Verhalten an Zwecke, wenn die Verhaltensfolgen außerhalb der kontrollierten Laborbedingungen nur schwer zu beurteilen sind.

Die Möglichkeit zweckgerichteten Verhaltens entsteht mithin aus der Erkenntnis der Folgen, die bestimmte Verhaltensweisen mit sich bringen. Der Vorteil des Menschen liegt darin, daß er diese Folgen nicht für jede einzelne Entscheidung, die er zu treffen hat, gesondert bestimmen muß. Durch den Einsatz der experimentellen Methode, durch Kommunikation von Wissen, durch theoriegeleitete Voraussage von Ergebnissen kann eine relativ kleine Menge an Erfahrung als die Grundlage für einen großen Bereich von Entscheidungen nutzbar gemacht werden. Als Ergebnis wird eine bemerkenswerte Denk- und Beobachtungsökonomie erreicht.

Gedächtnis

Die Rolle des Gedächtnisses bei rationalem Verhalten bedarf kaum eines Kommentars. Wenn ähnliche Probleme wiederkehren, dann ist es das Gedächtnis, das die gesammelten Informationen oder sogar die bei der Lösung des ersten Problems erzielten Ergebnisse speichert und diese ohne erneute Nachforschung zur Verfügung stellt, wenn man auf das nächste Problem der gleichen Art stößt.

Es ist schon oft darauf hingewiesen worden, daß das Gedächtnis entweder natürlich oder künstlich sein kann – Informationen können im Kopf gespeichert werden oder auf Papier so festgehalten werden, daß wieder darauf zurückgegriffen werden kann. Die künstliche Art von Gedächtnis, die aus Bibliotheken, Akten und Berichten besteht, ist die in Organisationen wichtigste Form.

Um von Nutzen zu sein, muß es für jede Art von Gedächtnis, ob natürlich oder künstlich, Mechanismen geben, die bei Bedarf erlauben, auf das Gedächtnis zurückzugreifen. Der Brief, der in den Akten verlorengeht, und die Zahl, die der Erinnerung entfallen ist, sind gleich wertlose Gedächtnisposten, wenn sie nicht aufgefunden werden können. Deshalb beruht die menschliche Rationalität stark auf den psychologischen und künstlichen Assoziations- und Indexierungsmitteln, die den Zugriff auf den Gedächtnisspeicher ermöglichen, wenn Bedarf für Entscheidungsprozesse besteht.

Gewohnheit

Ein gleich wichtiger Mechanismus, der die Erhaltung von nützlichen Verhaltensmustern unterstützt, ist Gewohnheit.[8] Gewohnheit erlaubt sparsame Verwendung von geistiger Anstrengung, indem jene Aspekte der Situation, die repetitiv sind, dem Bereich des bewußten Denkens entzogen werden. Wenn er Maschineschreiben lernt, versucht der Schüler genau, auf jede kleine Bewegung seiner Finger und auf die Beziehung jedes Zeichens auf dem Blatt zu jeder Taste der Maschine zu achten. Nur durch schrittweise und linkische Ausrichtung seiner Bewegungen erreicht er die notwendige Koordination von Auge und Hand. Wenn durch Übung ein bestimmtes Fertigkeitsniveau erreicht worden ist, erweist es sich als nicht länger nötig, auf die Integration auf dieser niedrigen Ebene zu achten. Der reine Wunsch für das Ziel der Handlung – der zu schreibende Brief – bringt ohne zusätzliche Willensanstrengung die Handlung hervor. Wenn diese Stufe erreicht worden ist, übernimmt Gewohnheit oder Fertigkeit die Integration, die zunächst durch Aufmerksamkeit und den Wunsch, zu lernen, erzielt wurde.

Gewohnheit erfüllt eine äußerst wichtige Aufgabe beim zweckgerichteten Verhalten, weil sie erlaubt, ähnlichen Stimuli oder Situationen mit ähnlichen Reaktionen zu begegnen, ohne bewußt die Entscheidung für die richtige Handlung überdenken zu müssen. Gewohnheit erlaubt es, den neuen Aspekten einer Situation, die Entscheidung verlangt, Aufmerksamkeit zu schenken. Ein Großteil des Trainings, dessen es bedarf, um eine meisterhafte Fußballmannschaft, eine Besatzung, ein Armeebataillon oder einen Feuerwehrzug zu formen, wird der Entwicklung von Gewohnheitsreaktionen gewidmet, die sofortige Reaktionen auf schnell wechselnde Situationen erlauben werden.[9]

Gewohnheit hat, wie Gedächtnis, ein künstliches organisatorisches Gegenstück, das Stene als „Organisationsroutine" bezeichnet hat.[10] Insofern Methoden zur Behandlung wiederkehrender Fragen zum Gegenstand organisatorischer Übung werden, vielleicht in Ausführungs- und Verfahrenshandbüchern festgelegt, sind sie nicht länger Objekt erneuten Nachdenkens, wenn diese Fragen auftauchen. Die enge Beziehung zwischen Gewohnheit und Gedächtnis ist hier ebenso offensichtlich wie im Fall der Gewohnheiten von individuellen Personen. Wenn ein Formalkriterium benötigt würde, ließe sich sagen, daß eine Angelegenheit Teil der Organisationsroutine geworden ist, wenn sie durch Berufung auf akzeptierte oder anerkannte Praktiken anstatt durch Betrachtung der Alternativen nach ihren Vorteilen geregelt wird.

Gewohnheit darf nicht als ein rein passives Verhaltenselement (gleich ob individuell oder organisatorisch) verstanden werden, denn wenn eine Gewohnheit einmal eingeführt worden ist, genügt oft das bloße Vorliegen des Stimulus zur Auslösung des Gewohnheitsverhaltens ohne weitere Überlegung. Unter solchen Umständen kann sogar bewußte Aufmerksamkeit erforderlich sein, um zu verhindern, daß die Reaktion eintritt, obgleich veränderte Umstände sie ungeeignet gemacht haben. Der Autofahrer, der an die Benutzung der Bremsen bei Gefahr gewöhnt ist, hat Schwierigkeiten, sich dieser Reaktion zu enthalten, wenn er auf vereister Fahrbahn schleudert. Dieser Punkt hat weitreichende Konsequenzen für die Organisation und muß ausführlicher behandelt werden.

Die Rolle positiver Stimuli

Soll Rationalität erreicht werden, dann muß eine Periode des Zögerns der Entscheidung vorausgehen, während der die Verhaltensalternativen, Wissen über Umweltbedingungen und Ergebnisse sowie die antizipierten Werte in den Mittelpunkt der Aufmerksamkeit gerückt werden müssen. Psychologisch ausgedrückt kennzeichnet ein solches Zögern eine verhältnismäßig hochentwickelte Verhaltensebene. Einfachere Verhaltensmuster lassen sich als jene Reaktionen auf Stimuli beschreiben, die nach Präsentation des Stimuli und mit geringem oder keinem Zögern eintreten.

Die Unterscheidung zwischen dem Stimulus-Reaktionsmuster des Verhaltens und dem Zögern-Entscheidungsmuster bietet einen Schlüssel zu den jeweiligen Rollen von Nichtrationalem und Rationalem im vollständigen Verhaltensmuster. Berücksichtigt man die gerade beschriebenen Beschränkungen menschlicher Kapazität, den Rationalitätsanforderungen gerecht zu werden, so könnte sich das dem Entscheiden vorangehende Zögern begreiflicherweise zu Untätigkeit ausdehnen. Das Individuum, das seine Unfähigkeit erkennt, alle Faktoren zu berücksichtigen, die für seine Entscheidung relevant sind, und an der Rationalität verzweifelt, könnte zwischen den möglichen Alternativen hin und her schwanken, bis der Handlungszeitpunkt vorüber wäre.

Tatsächlich erfolgen Entscheidung und Handlung gewöhnlich lange bevor selbst jenen Elementen der Situation Aufmerksamkeit geschenkt worden ist, die in direkter Reichweite liegen. Ein externer oder interner Stimulus lenkt die Aufmerksamkeit unter Ausschluß von konkurrierenden Aspekten, die die Entscheidung in eine andere Richtung lenken könnten, auf ausgewählte Aspekte der Situation. Innerhalb des Zentralnervensystems werden Kanäle aufgebaut, die die Übersetzung von Impulsen in Handlung erlauben, während große Teile des Zentralnervensystems unberührt bleiben.

Bewußte Aufmerksamkeit ist kein notwendiges Element in diesem Prozeß. Das Bewußtsein, das das „Überraschungselement" des Verhaltens begleitet, ist nicht die Ursache der Reaktion – es begleitet sie nur oder folgt erst nach der Reaktion. Da wir uns jedoch in erster Linie mit Entscheidungspunkten und mit Reaktionen auf neue Situationen beschäftigen, können wir zuerst die Rolle der Aufmerksamkeit im Selektionsprozeß – d. h. bei der Kanalisierung der Stimuli – betrachten.

William James, der unbelastet von behavioristischen Skrupeln war, beschrieb Aufmerksamkeit wie folgt:

„Jeder weiß, was Aufmerksamkeit ist. Es ist in klarer und lebendiger Form die Beherrschung des Geistes durch einen von mehreren gleichzeitig möglichen Gegenständen oder Gedankengängen. Fokussierung, Konzentration des Bewußtseins sind Teil ihres Wesens. Sie beinhaltet Rückzug von einigen Dingen, um andere wirksam zu behandeln, und ist eine Bedingung, die ein echtes Gegenstück in dem konfusen, benommenen, wirren Zustand findet, der französisch ‚distraction' und deutsch ‚Zerstreutheit' genannt wird."[11]

Tolman zieht es, vorsichtiger, vor, den Ausdruck zu vermeiden und spricht statt dessen von „selektiver Reaktionsfähigkeit auf Stimuli".[12]

Aufmerksamkeit bezieht sich dementsprechend auf die Menge von Elementen, die zu einer gegebenen Zeit in das Bewußtsein eintreten. Selbstverständlich ist Bewußtsein keine notwendige Voraussetzung für Lernfähigkeit und selbst Verhaltensweisen, die nicht im Mittelpunkt der Aufmerksamkeit stehen, sind zweckgerichteter Anpassung zugänglich. Sicherlich sind Bewußtsein und Aufmerksamkeit nicht an den einfacheren Arten bedingter Reaktion beteiligt – z. B. an der Entwicklung motorischer Fertigkeiten. In den meisten Fällen scheint es jedoch eine enge Beziehung zwischen den Bereichen der Aufmerksamkeit und der Rationalität zu geben. Insbesondere ist Lernfähigkeit stark begrenzt durch (1) die Aufmerksamkeitsspanne und (2) den Bereich, in dem Fähigkeiten und andere geeignete Verhaltensweisen zur Gewohnheit geworden sind. Mithin sind zu einem beachtlichen Ausmaß die Grenzen der Rationalität, die oben beschrieben wurden, Folgen der Grenzen des Aufmerksamkeitsbereichs.

Nun ist bereits festgestellt worden, daß ein Teil des Verhaltens, soweit es durch Gewohnheit gesteuert ist, aus dem Bereich bewußter Aufmerksamkeit herausfällt. Beim Überdenken von Verhaltensalternativen z. B. ist die Aufmerksamkeit gewöhnlich nicht auf mögliche Bewegungen einzelner Muskeln gerichtet. Statt dessen sind die Verhaltensalternativen, die tatsächlich Aufmerksamkeit gewinnen, gewohnheitsmäßige Integrationen solcher einheitlichen Bewegungen, wie Gehen, Schreiben, Aussprechen; nur unter außergewöhnlichen Umständen gibt es einen bewußten Versuch, diese Integrationen zu analysieren. Nachdem der Stimulus für die Auslösung solcher Bewegungen empfangen ist, werden sie ohne weiteres Nachdenken abgeschlossen.

Die gleiche Gewohnheitsreaktion auf Stimuli tritt sogar auf höheren Integrationsebenen auf. Eine Schreibkraft, die eine gedruckte Vorlage zum Abschreiben erhält, setzt sie nahezu ohne die Notwendigkeit einer einzigen bewußten oder originären Entscheidung in maschinengeschriebene Form um. Für den Mann an einem Fließband ist die Gegenwart eines teilweise fertigen Produktes vor ihm auf dem Band der einzig notwendige Stimulus, um eine ganze Folge geübter Bewegungen auszulösen, die seinen Beitrag zur Herstellung des Produktes ausmachen. Wer sich an einen gedeckten Tisch setzt, findet in den angebotenen Speisen den hinreichenden Reiz für den komplexen Prozeß des Essens und kann diesen Prozeß ohne bewußte Aufmerksamkeit fortführen – währenddessen er seine Aufmerksamkeit der Konversation widmet.

Es scheint daher, daß in tatsächlichem Verhalten, im Unterschied zu objektiv rationalem Verhalten, Entscheidung durch Stimuli angeregt wird, die Aufmerksamkeit in bestimmte Richtungen lenken, und daß die Reaktion auf die Stimuli teilweise bedacht, aber zum großen Teil gewohnheitsmäßig ist. Der gewohnheitsmäßige Anteil ist natürlich nicht notwendig oder sogar in der Regel irrational, da er eine zuvor konditionierte Ausrichtung oder Anpassung des Verhaltens an seine Ziele darstellen kann.

In Führungspositionen, die durch starke Belastung der Stelleninhaber gekennzeichnet sind, kommt eine große Zahl der Stimuli für Entscheidungen von außen. Ein schwieriger Fall wird nach oben zur Überprüfung weitergegeben; ein Besucher oder ein Mitglied einer anderen Organisation besteht auf der Erörterung eines Problems mit dem „Chef". Unzählige andere Personen, Probleme und Dinge werden fortgesetzt seiner Aufmerksamkeit aufgezwungen. In jeder derartigen Position werden die einzelnen zu entscheidenden Fragen in starkem Maße vom Zufall der jeweils präsentierten Stimuli abhängen.

Die Reize bestimmen nicht nur, welche Entscheidungen das Organisationsmitglied wahrscheinlich treffen wird, sondern sie haben auch einen beachtlichen Einfluß auf die Schlußfolgerungen, die es zieht. Ein wichtiger Grund dafür ist, daß der entscheidungsauslösende Stimulus gleichzeitig die Aufmerksamkeit auf ausgewählte Aspekte der Situation lenkt, wodurch andere ausgeschlossen werden. Der Leiter der Feuerwehr stellt sich z. B. eine Stadt vor, in der Feuerschäden außergewöhnlich niedrig sind – was ihm als eine gute Sache erscheint. Er weiß, daß Fortschritt in Richtung auf diesen wünschenswerten Zustand durch den Kauf eines neuen Ausrüstungsgegenstandes erreicht werden könnte. Die Rationalitätsanforderungen würden natürlich erfordern, daß er vor der Entscheidung über die Notwendigkeit eines neuen Ausrüstungsgegenstandes die anderen Zwecke berücksichtigt, für die das Geld ausgegeben werden könnte: Straßenreparaturen, ein Anbau an das Stadtkrankenhaus usw. Daß diese Beschreibung nicht weit von der Wirklichkeit organisatorischen Verhaltens liegt, wird in späteren Kapiteln zur Genüge demonstriert.[13]

Fast alle Menschen haben immer wieder einmal das Gefühl, daß es mehr Dinge gibt, die sie gerne tun möchten, als ihnen Zeit dafür zur Verfügung steht. Das heißt, es gibt mehr mögliche Stimuli für Verhalten als ausgeführt werden könnte, wenn sie alle gleichzeitig zur Aufmerksamkeit kämen. Rationalität erfordert, daß eine bewußte Entscheidung zwischen konkurrierenden „Gütern" getroffen wird und die Entscheidung nicht der Laune der die Aufmerksamkeit steuernden Stimuli überlassen bleibt.

Determinanten der psychologischen Umwelt

Insoweit also die Entscheidung durch die Einwirkung von zufälligen und willkürlichen Stimuli auf das Individuum ausgelöst wird, erscheint die integrierte Geschäftigkeit der Erwachsenen einfach als eine stärker strukturierte Geschäftigkeit als die Zufallsbewegungen und Aufmerksamkeitssprünge des Kindes. Die organisierten Ganzheiten, aus denen sie zusammengesetzt ist, sind größer und komplexer, aber nicht enger mit einem umfassenden Wertsystem verknüpft als die des Kindes. Die Untersuchung organisatorischen Verhaltens als rationale Handlung würde kaum sinnvoll erscheinen, solange diese Schwierigkeit nicht beseitigt werden kann, indem gezeigt wird, daß die entscheidungsauslösenden Stimuli nicht, oder zumindest nicht notwendig, willkürlich sind, wenn man sie aus der Sicht der Organisation als Ganzes anstatt aus der Sicht eines individuellen Mitgliedes betrachtet.[14]

Die nächste zu behandelnde Frage ist daher, wie die Stimuli selbst entstehen, die bei der Auslösung des Entscheidungsprozesses wirksam sind.

Ein Mensch in einem Raum mit einem Regal voller Bücher kann die Buchtitel überfliegen und überlegt einen auswählen, um eine Stunde zu lesen. Nachdem er das Buch geöffnet hat und falls es nicht allzu langweilig ist und er nicht unterbrochen wird, werden die Symbole, die es vor seine Augen führt, die wichtigsten, vielleicht die einzigen Stimuli sein, die seine Aufmerksamkeit während der folgenden Stunde beanspruchen. Seine Wahl eines Buches bestimmt also die nachfolgenden Stimuli.

Betrachten wir nun ein etwas praktischeres Beispiel. Ein Mensch hat die Gewohnheit herausgebildet, jeden Morgen, wenn er ins Büro kommt, einen kurzen Blick auf seinen Kalenderblock zu werfen. Am Donnerstag erhält er einen Brief, der am nächsten Dienstag beantwortet werden muß. Er notiert es auf seinem Block und weiß, daß diese Notiz den Stimulus zur Handlung am nächsten Dienstag liefern wird.

Ein drittes Beispiel betrifft die gezielte Entwicklung einer Fähigkeit. Eine Person, die die Schreibmaschine gelegentlich benutzt, könnte in das „Zwei-Finger-Suchsystem" des Schreibens verfallen, weil dies zu jedem Zeitpunkt, an dem sie schreiben will, die schnellste Art der Worterzeugung ist. Wenn sie jedoch vorhersieht, daß sie die Schreibmaschine eine Zeitlang stark benutzen wird, kann sie die Mühe auf sich nehmen, die Gewohnheiten zu entwickeln, die mit dem „Zehnfingersystem" verbunden sind. Auf lange Sicht werden dann die Stimuli, die sie in maschinegeschriebene Wörter umsetzen möchte, eine wirksamere Reaktion erhalten, als wenn sie vorher diese Fähigkeit nicht entwickelt hätte.

Ein letztes Beispiel bieten die Kommunikationsbeziehungen in einer Organisation. Jedes Organisationsmitglied muß bestimmte Informationen zur Verfügung haben, um die Entscheidung, für die es verantwortlich ist, richtig zu treffen. Um sicherzustellen, daß die notwendigen Informationen jedem Mitglied übermittelt werden, wird ein geregeltes System von Aufzeichnungen und Berichten entwickelt, das diese Stimuli automatisch in die richtigen Kanäle lenkt.

Diese Beispiele vermitteln eine gewisse Vorstellung von den Mechanismen, die integriertes Verhalten in einem übergreifenden Muster ermöglichen. Zwei hauptsächliche Klassen von Mechanismen lassen sich unterscheiden: (1) Jene, die bewirken, daß Verhalten in eine bestimmte Richtung fortbesteht, wenn es einmal in diese Richtung gelenkt worden ist, und (2) jene, die Verhalten in eine bestimmte Richtung auslösen. Erstere sind größtenteils – aber keineswegs vollständig – interner Natur. Ihr Sitz ist der menschliche Geist, und insofern sind ihre Beschreibung und Wirkungsweise ein psychologisches Problem. Es kann in der vorliegenden Untersuchung nur berührt werden.

Verhaltensauslösende Mechanismen liegen andererseits größtenteils außerhalb des Individuums, obwohl sie gewöhnlich seine Sensibilität für bestimmte Stimuli voraussetzen. Da sie externer Natur sind, können sie interpersonal sein – sie können von jemand anderem als der Person ausgelöst werden, die sie beeinflussen sollen, und sie spielen dementsprechend eine zentrale Rolle in der Organisation.

Die Mechanismen der Auslösung sind für den gegenwärtigen Zweck schon hinreichend erläutert worden. Die nächsten Seiten werden kurz die Mechanismen der Verhaltenskonstanz behandeln. Danach wird es möglich sein, ein Bild rationalen Verhaltens zu rekonstruieren, das den Mechanismen der Integration einen zentralen Platz einräumt.

Die Mechanismen der Verhaltenskonstanz

Wenn Aufmerksamkeit und Verhalten erst einmal in eine bestimmte Richtung ausgelöst worden sind, neigen sie dazu, in diese Richtung für eine beträchtliche Zeitspanne zu beharren. Dies gilt sogar dann, wenn die ursprüngliche Handlungsentscheidung relativ indifferent getroffen wurde.

Ein wichtiger Grund für Verhaltenskonstanz wurde bereits in Kapitel IV erörtert. Handlungen führen sehr oft zu „investierten Kosten" der einen oder anderen Art, die die Fortdauer in der gleichen Richtung vorteilhaft machen. Ein Entscheider kann beträchtliche Zweifel haben, ob eine bestimmte Handlung unternommen werden sollte, aber nachdem die Verantwortung übernommen worden ist, kann es vorteilhaft sein, fortzufahren, anstatt die Zeit und Mühe zu verlieren, die bereits aufgewendet wurden. Eine andere Art, diesen Sachverhalt auszudrücken, ist die Feststellung, daß Handlungen in der Regel zumindest bis zu einem Punkt der „Vollendung" fortgeführt werden – einem Punkt, an dem die durch investierte Kosten erzeugten Werte eingebracht worden sind.

Ein zweiter Grund für Konstanz besteht darin, daß die Handlung selbst Stimuli erzeugt, die die Aufmerksamkeit in Richtung ihrer Fortführung und Vervollständigung steuern. Darauf ist bereits hingewiesen worden – wenn ein Buch gut geschrieben ist, wird es die Aufmerksamkeit an seinen Inhalt fesseln, bis es durchgelesen ist. Das gleiche Phänomen kann ähnlich gut an fast jeder organisatorischen Situation aufgezeigt werden. Ein Ingenieur, der in sein Büro kommt, findet an seinem Schreibtisch die Pläne für eine Straße, an denen er am Tag zuvor gearbeitet hat. Sofort wird seine Aufmerksamkeit auf diese Pläne und die Probleme ihrer Vervollständigung gelenkt und es bedarf keiner weiteren externen Stimuli, um ihn für den Rest des Tages bei der Arbeit an den Plänen zu halten.

Es läßt sich feststellen, daß ein großer Teil dieser Anreize „interner" Art ist und sich auf den Assoziationspfaden fortsetzt, die im Geist aufgebaut worden sind. Wenn das Assoziationsmuster reichhaltig ist, wirkt der Geist wie ein geschlossener Kreislauf, der die Gedanken immer wieder auf die Problemstellung zurückführt, wenn sie abschweifen. Wie man weiß, wird jedes größere Maß an Konzentration (d. h. interner Stimulierung) die Sensitivität des Individuums für externe Stimuli senken.[15]

Ein dritter Faktor, der Konstanz begünstigt und der eng mit „investierten Kosten" verknüpft ist, läßt sich als „Bereitstellungskosten" bezeichnen. Im Falle zahlreicher sich wiederholender Aufgaben wird es durch die Zeit zur Arbeitsvorbereitung und den Zeitbedarf für den Übergang von einer Aufgabe zu einer anderen vorteilhaft sein, auf der Erfüllung der einen Aufgabe zu beharren, anstatt mehrere auszuführen.

Die Integration von Verhalten

Nun ist es an der Zeit, von den Mechanismen, die Integration ermöglichen, auf das Verhaltensmuster überzugehen, das aus der Wirkung dieser Mechanismen resultiert. Der Prozeß beinhaltet drei grundlegende Schritte:

(1) Das Individuum (oder die Organisation) trifft weitreichende Entscheidungen über die Werte, auf die es seine Handlungen ausrichten will, die allgemeinen Verfahren, die es anwenden will, um diese Werte zu erreichen, sowie das Wissen, die Fähigkeiten und Informationen, die es benötigen wird, um einzelne Entscheidungen in den Grenzen der festgelegten Politik zu treffen und sie auszuführen. Die gerade beschriebene Entscheidungshandlung könnte *substantielle Planung* genannt werden.

(2) Das Individuum entwickelt und führt Mechanismen ein, die in der Weise seine Aufmerksamkeit lenken, Informationen und Wissen kanalisieren werden usw., daß sie die speziellen Alltagsentscheidungen mit dem substantiellen Plan in Übereinstimmung bringen. Diese Entscheidungshandlung könnte *Verfahrensplanung* genannt werden und entspricht dem, was früher als die „Konstruktion der psychologischen Entscheidungsumwelt" beschrieben wurde.

(3) Das Individuum führt den Plan durch tägliche Entscheidungen und Handlungen aus, die dem Rahmen entsprechen, der durch die Schritte (1) und (2) entwickelt wurde.

In der Realität beinhaltet der Prozeß nicht nur drei Schritte, sondern eine ganze Hierarchie von Schritten, wobei die Entscheidungen auf jeder allgemeineren Ebene die Umwelt für die spezielleren Entscheidungen auf der darunter gelegenen Ebene liefern. Die Verhaltensintegration auf der höchsten Ebene wird durch Entscheidungen herbeigeführt, die in sehr weiten Begriffen die Werte, das Wissen und die Möglichkeiten bestimmen, die beachtet werden sollen. Die nächsttiefere Integrationsebene, die diesen sehr generellen Bestimmungsfaktoren größere Bestimmtheit verleiht, ergibt sich aus jenen Entscheidungen, die bestimmen, welche Handlungen unternommen werden sollen. Andere Ebenen folgen, von denen jede in größerem Detail ein Teilgebiet bestimmt, das innerhalb des Gebietes der oberen Ebene liegt.

Auf den höheren Ebenen der Integration können nur die sehr allgemeinen Aspekte der Situation beachtet werden. Detaillierung kann nur stattfinden, wenn die Aufmerksamkeit auf genauer bestimmte Möglichkeiten und Ergebnisse gerichtet wird. Daher ist es ein grundlegendes Problem der Organisationstheorie, zu bestimmen, wie dieser Komplex von Entscheidungen aufgebaut sein sollte – wie die richtige Arbeitsteilung zwischen den übergreifenden „Planungs"-Entscheidungen und den engeren „Ausführungs"-Entscheidungen erfolgt. Ein zweites grundlegendes Problem ist die Verfahrensplanung – die Entwicklung von Mechanismen, die die Steuerung der Ausführungsentscheidungen durch die Planungsentscheidungen sicherstellen.

Typen allgemeiner Entscheidungen

Es sollte klargestellt werden, daß tatsächliche Ereignisse durch die Wahl zwischen ad-hoc-Alternativen für sofortiges Verhalten festgelegt werden. Im strengen Sinne kann eine Entscheidung die Zukunft nur auf zwei Arten beeinflussen: (1) Gegenwärtiges, durch diese Entscheidung bestimmtes Verhalten kann künftige Möglichkeiten begrenzen[16], und (2) künftige Entscheidungen können mehr oder weniger stark durch die gegenwärtige Entscheidung gesteuert werden. Aus dieser Möglichkeit der Beeinflussung zukünftiger Wahlhandlungen durch gegenwärtige Entscheidungen leitet sich die Idee eines interdependenten Komplexes von Entscheidungen ab. Die erste Art der Beeinflussung ist bereits erörtert worden, aber die zweite erfordert noch nähere Überlegungen.

Wenn ein Problem einer bestimmten Art mehrmals zur Entscheidung vorgelegen hat, kann es zu einer verallgemeinerten Fragestellung der folgenden Art führen: „Welche Kriterien kann ich entdecken, die immer dann als Entscheidungsgrundlage benutzt werden können, wenn ein Problem dieser Art entsteht?“ Beispielsweise fragt der erfahrene Feuerwehrmann: „Gibt es grundlegende Prinzipien der Brandbekämpfung, die auf die vielen Brände, mit denen ich zu tun habe, angewendet werden können?“

Wenn das Problem gestellt und eine Lösung gefunden worden ist, dann ist eine Entscheidung gefällt worden, die alle weiteren Entscheidungen über diesen Gegenstand steuern wird. Dies kann sie bewirken durch die Auswahl (1) bestimmter Werte als Kriterien für die späteren Entscheidungen, (2) bestimmter Teile des Erfahrungswissens als relevant für die späteren Entscheidungen und/oder (3) bestimmter Verhaltensalternativen als die einzigen, die bei späteren Entscheidungen Beachtung verdienen.

(1) Die Spezialisierung organisatorischer Funktionen, jede mit ihrem eigenen „Ziel“, steuert jeden Teil der Organisation in Richtung auf die Realisierung einer besonderen, beschränkten Menge von Werten. Die „Verminderung von Brandschäden“ als das Ziel einer Feuerwehr zu akzeptieren bedeutet, ein Wertkriterium festzulegen, das den Leiter der Feuerwehr bei allen Entscheidungen lenken wird.

(2) In vielen Bereichen werden allgemeine Entscheidungen über die Tatsachen getroffen, die bei allen untergeordneten Entscheidungen berücksichtigt werden sollten. Der Ingenieur z. B. kennt routinehafte Berechnungsverfahren, um zu ermitteln, ob ein bestimmter Brückenbauplan den erforderlichen Sicherheitsfaktor für die Belastbarkeit berücksichtigt.

(3) Ähnlich bestimmen in zahlreichen Bereichen allgemeine Entscheidungen die Verhaltensalternativen, die beachtet werden müssen, wenn eine bestimmte Entscheidung ansteht. Eine Fußballmannschaft geht mit einem bestimmten Repertoire an Spielzügen auf den Platz, das sie in geeigneten Situationen anwenden kann. Ein Polizist, der eine Gesetzesübertretung beobachtet, ist dazu ausgebildet, in Form von „Verhaftung“, „Verwarnung“ oder „Meldung“ zu reagieren.

Die psychologischen Mechanismen durch die diese allgemeinen, vorher entschiedenen Kriterien bei einem aktuellen Entscheidungsproblem zum Tragen kommen, sind bereits beschrieben worden.[17] Durch Schaffung interner und externer Stimuli bestimmen diese Vorentscheidungen den Aufmerksamkeitsrahmen, mit dem der Verstand auf die spezielle Entscheidungssituation reagiert. Dieser enge Aufmerksamkeitsrahmen steht in deutlichem Gegensatz zu dem breiteren Bezugsbereich, der bei der vorausgehenden, steuernden Entscheidung berücksichtigt wird. Das bedeutet, daß die Menge der Faktoren, die bei der Entscheidung betrachtet wird, daß „eine Feuerwehr mit dem Ziel der Minimierung von Brandschäden eingerichtet wird", sich erheblich von der Menge unterscheidet, die einen Feuerwehrmann zur Entscheidung „Ich sollte einen 2½-Zoll-Schlauch an diesen Hydranten anschließen" bewegt. Diese Schichtung von Entscheidungen ermöglicht es, daß jede Wahlhandlung direkt oder indirekt durch viel umfassendere Rationalitätsübelegungen geleitet wird, als es möglich wäre, wenn sie „auf der Stelle" ohne den Nutzen vorheriger Überlegungen getroffen werden müßte. Wir werden somit zu einem Konzept des „geplanten" Verhaltens als dem geeigneten Mittel zur Erhaltung von Rationalität auf einer hohen Ebene geführt.

Der Planungsprozeß

Die psychologischen Prozesse, die mit der Planung verbunden sind, bestehen darin, daß allgemeine Entscheidungskriterien ausgewählt und dann durch Anwendung auf spezifische Situationen konkretisiert werden.[18] Ein Ingenieur wählt als Zielsetzung den Bau einer Eisenbahn, die zwischen den Städten A und B durch bergiges Gelände verkehren soll. Nach einer vorbereiteten Untersuchung der Topographie wählt er zwei oder drei allgemeine Trassenführungen aus, die durchführbar erscheinen. Dann nimmt er jede dieser Trassenführungen als sein neues „Ziel" – ein Zwischenziel – und konkretisiert es weiter, indem er genauere topographische Landkarten benutzt.

Seine Denkprozesse könnten als eine Folge hypothetischer Implikationen beschrieben werden: „Wenn ich von A nach B gehen soll, erscheinen die Trassen (1), (2) und (3) eher durchführbar als die anderen; wenn ich Trasse (1) verfolgen soll, erscheint Plan (1a) vorziehenswürdig; wenn Trasse (2), dann Plan (2c); wenn Trasse (3), dann Plan (3a)" – usw., bis die kleinsten Details seines Entwurfes für zwei oder drei Alternativpläne bestimmt worden sind. Seine endgültige Entscheidung fällt zwischen diesen detaillierten Alternativen.

Dieser Denkprozeß kann einer einmaligen Entscheidung zwischen *allen* möglichen Trassen gegenübergestellt werden. Das letztere Verfahren ist das von der Logik vorgeschriebene und ist das einzige Verfahren, das garantiert, daß die letztlich erreichte Entscheidung auch die beste ist. Andererseits erfordert diese Methode, daß alle möglichen Pläne vor irgendeiner Entscheidung in allen Einzelheiten ausgearbeitet werden. Die praktische Unmöglichkeit eines solchen Verfahrens ist offensichtlich. Das Planungsverfahren stellt einen Kompromiß dar, bei dem nur die „plausibelsten" Alternativen in allen Einzelheiten ausgearbeitet werden.

Wir wollen noch einen anderen Anschauungsfall vorstellen. Angenommen, das Problem sei, den Standort des Dammes für ein Staubecken auszuwählen. Der Einfachheit halber wird angenommen, daß das Erfordernis die Sicherstellung einer bestimmten gespeicherten Wassermenge zu minimalen Kosten sei und daß Wasserspeicherung über die festgelegte Menge hinaus wertlos sei. Gewöhnlich ist die reale Problemstellung nicht so einfach. Die Kosten für den Bau eines Staudamms mit der geforderten Speicherkapazität können für jeden Punkt entlang des Flusses geschätzt werden. Um jedoch eine genaue Schätzung vorzunehmen, müßten an jedem Punkt detaillierte Untersuchungen über Fundamentbedingungen vorgenommen werden. Danach könnte diese riesige Tabelle mit Kostenschätzungen zusammengestellt und der Standort mit den geringsten Kosten für den Staudamm ausgewählt werden.

Tatsächlich geht der Ingenieur ganz anders vor. Bei Durchsicht einer topographischen Karte greift er sofort ein halbes Dutzend „plausibler" Standorte für den Staudamm heraus und vernachlässigt die übrigen. Er ist hinreichend mit Dammbaukosten vertraut, um – mit einem befriedigenden Maß an Sicherheit – zu wissen, daß jeder andere Standort, den er wählen könnte, höhere Baukosten mit sich bringen würde. Danach macht er eine ungefähre Schätzung der Dammkosten für jeden plausiblen Standort, wobei er „normale" Fundamentbedingungen annimmt. Schließlich wählt er die aussichtsreichsten Standorte aus und macht sorgfältige Fundamentuntersuchungen als Grundlagen für endgültige Schätzungen.

Bei jedem Schritt in diesem Prozeß besteht die Möglichkeit, daß der tatsächlich beste Staudammstandort ohne vollständige Analyse eliminiert wird. Der Ingenieur muß hohe Fähigkeiten einsetzen, um den Grad der Annäherung zu bestimmen, der an jeder Stelle des Verfahrens zulässig ist.

Die Funktion der sozialen Organisation

Es wurde in diesem Kapitel bereits mehrfach erwähnt, daß die zur Verhaltensintegration führenden Mechanismen interpersonaler Natur sein könnten. Wenn man Organisationen und soziale Institutionen im weiteren Sinne als Strukturen von Gruppenverhalten versteht, ist leicht zu erkennen, daß die Teilnahme des Individuums an solchen Organisationen und Institutionen die Quelle einiger seiner wichtigsten und weitreichendsten Integrationsprozesse sein kann. Es gibt zwei prinzipielle Arten von Einflüssen der Organisation auf das Individuum:

(1) Organisationen und Institutionen erlauben jedem Gruppenmitglied, stabile Erwartungen über das Verhalten der anderen Mitglieder unter bestimmten Bedingungen auszubilden. Solche stabilen Erwartungen sind eine grundlegende Voraussetzung für eine rationale Betrachtung der Handlungsfolgen in einer sozialen Gruppe.[19]

(2) Organisationen und Institutionen liefern die allgemeinen Stimuli und Aufmerk-

samkeitssteuerungen, die das Verhalten der Gruppenmitglieder kanalisieren und die diese Mitglieder mit den Zwischenzielen versorgen, die Handlungen anregen.[20]

Ein soziales Verhaltensmuster könnte natürlich nicht überleben, wenn es nicht die Stimuli durch Hunger, sexuelle Wünsche und Erschöpfung vorhersehen und in einer gewissen Weise für ihre Befriedigung sorgen könnte. Darüber hinaus sind institutionelle Einrichtungen in unendlicher Vielfalt möglich und können kaum auf irgendwelche angeborenen menschlichen Merkmale zurückgeführt werden. Da diese Institutionen weitgehend die geistigen Neigungen der Teilnehmer prägen, setzen sie die Bedingungen für die Ausübung von Lernfähigkeit und dementsprechend von Rationalität in der menschlichen Gesellschaft.

Das höchste Integrationsniveau, das der Mensch erreicht, besteht darin, eine vorhandene Gruppe von Institutionen als eine Alternative zu nehmen und sie mit anderen Gruppen zu vergleichen. Das heißt, wenn der Mensch seine Aufmerksamkeit auf den institutionellen Rahmen richtet, der seinerseits den Bezugsrahmen liefert, in dem seine eigenen geistigen Prozesse arbeiten, betrachtet er wirklich die Folgen von Verhaltensalternativen auf der allerhöchsten Ebene der Integration. Denken auf dieser umfassenden Ebene ist nicht allen Kulturen gemein gewesen. In unserer westlichen Zivilisation ist es vielleicht auf (1) die Schriften utopischer, politischer Theoretiker und (2) das Denken und die Schriften um den modernen legislativen Prozeß beschränkt geblieben.[21]

Menschliche Rationalität gewinnt somit ihre höheren Ziele und ihre Integration aus dem institutionellen Rahmen, in dem sie wirkt und durch den sie geformt wird. In unserer demokratischen Kultur ist die Gesetzgebung der hauptsächliche Gestalter und Richter über diese Institutionen. Organisationen können vielleicht nicht die gleiche Bedeutung als Ort der Bewahrung grundlegender menschlicher Werte in Anspruch nehmen, wie sie ältere traditionelle Institutionen, wie die Familie, besitzen. Trotzdem übernimmt die formale Organisation mit der wachsenden gegenseitigen wirtschaftlichen Abhängigkeit des Menschen und mit seiner wachsenden Abhängigkeit von der Gemeinschaft durch den Bedarf an unentbehrlichen öffentlichen Dienstleistungen schnell eine stärkere Bedeutung als sie je zuvor besessen hat. Dies hat durchaus Vorteile, denn Organisationen werden gewöhnlich so bewußt und frei von Traditionen aufgebaut und verändert, daß sie – obwohl weit von Perfektion entfernt – eine große Anpassungsfähigkeit bei der Erfüllung neuer Bedürfnisse durch neue Einrichtungen besitzen.

Die Verhaltensmuster, die wir Organisationen nennen, sind daher grundlegend für die Erreichung menschlicher Rationalität in jedem weiteren Sinne. Das rationale Individuum ist und muß ein organisiertes und institutionalisiertes Individuum sein. Wenn die schwerwiegenden Beschränkungen, die die menschliche Psyche dem gezielten Denken auferlegt, gelockert werden sollen, muß das Individuum bei seinen Entscheidungen dem Einfluß der organisierten Gruppe, an der er teilnimmt, ausgesetzt werden. Seine Entscheidungen dürfen nicht nur das Produkt seiner eigenen geistigen Prozesse sein, sondern müssen auch die breiteren Überlegungen reflektieren, denen Geltung zu verschaffen die Funktion der organisierten Gruppe ist.

Mechanismen organisatorischer Beeinflussung

Die Mittel, die die Organisation anwendet, um die Entscheidungen der einzelnen Mitglieder zu beeinflussen, sind bereits im Einführungskapitel umrissen worden. Sie werden ausführlich in späteren Kapiteln analysiert und erfordern deshalb hier nur eine kurze Erörterung.

(1) Die Organisation teilt die Arbeit zwischen ihren Mitgliedern. Indem sie jedem eine bestimmte Aufgabe zur Erfüllung zuweist, steuert und begrenzt sie seine Aufmerksamkeit auf diese Aufgabe. Der Personalleiter beschäftigt sich mit Einstellung, Weiterbildung, Einstufung und anderen Personaltätigkeiten. Er muß die Funktionen des Rechnungswesens, des Einkaufs, der Planung oder der Ausführung, die für die Erfüllung der Aufgabe der Organisation gleichermaßen wichtig sind, nicht besonders beachten, weil er weiß, daß für sie woanders in der Organisationsstruktur gesorgt worden ist.

(2) Die Organisation führt Standardverfahren ein. Indem sie ein für allemal (oder zumindest für einen bestimmten Zeitabschnitt) entscheidet, daß eine bestimmte Aufgabe auf eine bestimmte Art und Weise erfüllt werden soll, befreit sie das Individuum, das die Aufgabe tatsächlich erfüllt, von der Notwendigkeit, jedes Mal zu bestimmen, wie sie abgewickelt werden soll.

(3) Die Organisation übermittelt Entscheidungen nach unten (und auf gleicher Ebene oder sogar nach oben) über ihre Instanzen, indem sie Autoritäts- und Beeinflussungssysteme einrichtet. In der bekanntesten Form geschieht dies durch die formale Autoritätshierarchie; aber gleich wichtig sind die Zuweisung der formalen Stabsfunktion an bestimmte Individuen und die Herausbildung eines informalen Beeinflussungssystems in jeder realen Organisation, das teilweise auf formalem Status und teilweise auf sozialen Beziehungen beruht.

(4) Die Organisation stellt Kommunikationskanäle in alle Richtungen zur Verfügung, durch die Informationen für Entscheidungen fließen. Wiederum sind diese Kanäle sowohl formal als auch informal. Die formalen Kanäle sind teilweise an die Linien der formalen Autorität gebunden und teilweise von ihnen getrennt. Die informalen Kanäle sind eng mit der informalen sozialen Organisation verknüpft.

(5) Die Organisation bildet ihre Mitglieder aus und schult sie. Dies könnte als „Internalisierung" der Beeinflussung bezeichnet werden, weil es die Entscheidungskriterien, die die Organisation anzuwenden wünscht, direkt in die Nervensysteme der Organisationsmitglieder einführt. Das Organisationsmitglied erwirbt Wissen, Fähigkei-

ten und Identifikation bzw. Loyalität, die es ihm ermöglichen, selbst Entscheidungen im Sinne der Organisation zu treffen.

Der Koordinationsprozeß

Eine der hauptsächlichsten Funktionen dieser organisatorischen Beeinflussung ist bereits in diesem und dem vorangegangenen Kapitel angedeutet worden: Koordination in den Handlungen der Organisationsmitglieder zustande zu bringen. Wie erklärt wurde, hängt die Leistungsfähigkeit eines Individuums bei seiner Zielerreichung in jeder sozialen Situation nicht nur von seinen eigenen Handlungen, sondern auch davon ab, wie gut diese Aktivität mit dem abgestimmt ist, was die anderen beteiligten Individuen tun. In jeder großen Organisation – die Bundesregierung ist ein ausgezeichnetes Beispiel – ist die Aufgabe, die Handlungen eines Individuums oder einer Einheit mit denen anderer in Beziehung zu setzen, von größter Wichtigkeit, Komplexität und Schwierigkeit. Kriegsaktivitäten haben dies bei zahlreichen Gelegenheiten eindrucksvoll demonstriert. Ein Verwaltungsbeamter, der für die Herstellung von Flugbenzin verantwortlich ist, kann Anweisungen erteilen wollen, die für die Ausführung seiner Aufgabe völlig logisch sind, aber die Aufgabe eines anderen Verwaltungsbeamten beeinträchtigen würden, der für die Gummiproduktion verantwortlich ist. Die Beschaffung von Stahl für die Handelsschiffahrt kann mit der Beschaffung von Stahl für Kriegsschiffe oder Panzer in Konflikt stehen. Die Durchführung einer großen Militäroperation kann die rechtzeitige Koordination einer Vielzahl von Vorbereitungsaktivitäten erfordern. Diese Beispiele ließen sich vielfach vermehren.

Aus der Sicht des Individuums in der Organisation umfaßt die Koordination mehrere Elemente: die Beziehung der Ziele und Zwischenziele des Individuums mit jenen in anderen Teilen der Organisation; die Bewertung der ihm und anderen Gruppenmitgliedern verfügbaren Alternativen durch das Individuum; und seine Erwartungen über die von den anderen verfolgten Handlungsalternativen.

Selbstabstimmung. In den einfachsten Situationen kann der einzelne Teilnehmer seine Handlungen mit denen anderer durch einfache Beobachtung ihres Tuns abstimmen. In einer Gruppe von drei oder vier Malern, die zusammenarbeiten, kann jeder einen Teil der Aufgabe übernehmen und die ganze Gruppe kann als Team arbeiten, indem jeder sich dort einsetzt, wo er meint, daß seine Anstrengungen am wirkungsvollsten sind und die der anderen am wenigsten beeinträchtigen. Hin und wieder mag eine Anweisung erteilt werden, aber die meisten Anpassungen finden stillschweigend und ohne Diskussion statt.

Jeder, der beobachtet hat, wie eine unorganisierte Gruppe in einer Notsituation handelt, hat organisiertes Verhalten dieser Art gesehen. Selbstverständlich können die Koordinationsmechanismen wesentlich höher entwickelt sein und mündliche Befehle beinhalten, wenn die Gruppe bereits vor dem Notfall organisiert worden ist oder wenn ein oder mehrere Gruppenmitglieder als „Führer" anerkannt werden.

In den meisten Situationen erfordert die erfolgreiche Aufgabenerfüllung durch eine Gruppe von Personen ein etwas höheres Maß an Koordination. Zum Beispiel kann es für die wirksame Leistungserstellung notwendig sein, daß sie alle ihre Kräfte gleichzeitig einsetzen. Selbst unter diesen Umständen kann die Koordination unbeabsichtigt sein oder muß nicht ausdrückliche Befehle einschließen. Die verschiedenen Gruppenmitglieder können einfach ein Mitglied als „Führer" anerkennen und ihre Bewegungen an seine anpassen – beispielsweise eine Gruppe von Männern, die eine schwere Last bewegt.

All diese Situationen, bei denen Selbstabstimmung möglich ist, erfordern, daß das Individuum imstande ist, das Verhalten der anderen Organisationsmitglieder zu beobachten und sein Verhalten daran anzupassen. Wo diese direkte Beobachtung nicht möglich ist – wie in den meisten Situationen mit einiger Komplexität – muß die Organisation selbst die Koordination herbeiführen.

Gruppen- versus individuelle Alternativen. Das Individuum sieht seine Zielerreichung in Abhängigkeit von der besonderen Verhaltensalternative, die es verfolgt. Für jede der ihm möglichen Verhaltensalternativen gibt es eine eigene Menge von Konsequenzen oder Ergebnissen. Rationale Entscheidung, wie sie erläutert wurde, besteht in der Auswahl und Herbeiführung des gegenüber den anderen bevorzugten Ergebnisses. Wenn in einer Gruppensituation entschieden wird, hängen die Ergebnisse einer Handlungsalternative nicht nur von der Wahl einer bestimmten Alternative durch das Individuum ab, sondern zudem von der Wahl der anderen Gruppenmitglieder. Nur wenn die Verhaltensweisen der anderen als „Konstante" angenommen werden – d. h., wenn Erwartungen im Hinblick auf ihre Verhaltensweisen gebildet werden – nimmt das Entscheidungsproblem eine bestimmte Form an. Wenn solche Erwartungen gebildet worden sind, ist die einzig verbleibende unabhängige Variable die eigene Entscheidung des Individuums und das Entscheidungsproblem reduziert sich auf den vorher dargestellten Fall.

Die Menge der Alternativen, die der *Gruppe* zur Verfügung steht, muß dementsprechend von der Alternativenmenge, die dem *Individuum* zur Verfügung steht, sorgfältig unterschieden werden. Letztere ist nur eine Teilmenge der ersteren. Die Teilmenge ist für jede angenommene Verhaltensmenge der anderen Gruppenmitglieder verschieden. Die Alternative, die das Individuum tatsächlich für sein eigenes Verhalten wählt, kann sich von der Alternative beträchtlich unterscheiden, die es wählen würde, wenn es die Verhaltensweisen aller anderen Gruppenmitglieder bestimmen könnte.

Wenn die Erwartungen des Individuums über das Verhalten seiner Kollegen zutreffen, so werden sie sich gewöhnlich stark davon unterscheiden, wie sich das Individuum das Verhalten seiner Kollegen wünschen würde. Da seine eigene Entscheidung, soll sie rational sein, auf seine Erwartungen und nicht auf seine Wünsche bezogen sein muß, darf es nicht jene Alternative anstreben, die es *unter allen für die Gruppe möglichen* vorzieht, sondern die Alternative, die es *unter allen für sich selbst möglichen* vorzieht.

Es ist ein Grundprinzip militärischer Taktik und überhaupt jeder Wettbewerbstätigkeit, daß zwischen einem Plan für einen Feldzug, der darauf beruht, daß der Gegner das Gewünschte tut, und einem Plan, der davon abhängt, daß der Gegner das „Richtige" tut, unterschieden werden muß. Ein Plan der ersten Art hat niemals Erfolg, weil sein Erfolg auf der falschen Annahme beruht, daß der Gegner tun werde, was man von ihm wünscht. In der Praxis werden Pläne als „utopisch" bezeichnet, deren Erfolg von erwünschtem Verhalten seitens vieler Individuen abhängt, die aber nicht erklären, wie dieses erwünschte Verhalten herbeigeführt wird oder werden kann.

Eine sehr spezielle Situation tritt dann auf, wenn alle Mitglieder der Gruppe eine Präferenz für die gleichen Werte und für die gleichen Ergebnisse aus der Menge aller möglichen, durch die Gruppe realisierbaren Ergebnisse zeigen. Alle Feuerwehrleute, die ein Feuer bekämpfen, stimmen im Ziel ihres gemeinsamen Verhaltens überein – das Feuer so schnell wie möglich zu löschen. In einem solchen Fall gibt es eine Menge von Verhaltensweisen für die Gruppenmitglieder, die allein aus objektiven empirischen Gründen die für die Zielerreichung am besten geeignete ist. Die Gruppenmitglieder können uneinig darüber sein, welche diese beste Lösung ist, aber jede solche Meinungsverschiedenheit besteht auf einer Tatsachenebene – sie ist eine Frage des Urteils, keine Wertfrage.

Das Erreichen des „besten" Ergebnisses impliziert, daß jedes Gruppenmitglied seinen Platz im System kennt und bereit ist, seine Aufgabe zusammen mit den anderen auszuführen. Aber solange die Absichten jedes Gruppenmitgliedes den anderen nicht mitgeteilt werden können, ist eine solche Koordination kaum möglich. Jeder wird sein Verhalten auf seine Erwartungen über die Verhaltensweise der anderen gründen, aber er wird keinen Grund für die Erwartung haben, daß sie in irgendeinen vorher ausgearbeiteten Plan passen. Ohne formale Koordination wird das Ergebnis höchst zufällig sein. Unter den meisten praktischen Bedingungen ist Selbstabstimmung erheblich weniger wirksam als ein vorwegbestimmtes Handlungsschema, das jedes Gruppenmitglied von der Aufgabe der Antizipation des Verhaltens der anderen als einer Grundlage für eigenes Verhalten entlastet.

Kommunikation ist daher bei den komplexeren Formen des kooperativen Verhaltens wesentlich. Der Koordinationsprozeß in diesen komplizierteren Situationen besteht aus mindestens drei Schritten: (1) der Entwicklung eines Verhaltensplans für *alle* Gruppenmitglieder (nicht eine Menge individueller Pläne für jedes Gruppenmitglied); (2) der Übermittlung der relevanten Teile dieses Plans an jedes Mitglied; und (3) einer Bereitschaft bei den individuellen Mitgliedern, ihr Verhalten durch den Plan lenken zu lassen.

Dieser Prozeß ist demjenigen nicht unähnlich, durch den das Individuum sein eigenes Verhalten in ein koordiniertes Muster integriert. Bei der Gruppenintegration füllt Kommunikation die Lücke – liefert sozusagen das Nervengewebe – die durch das Fehlen einer organischen Verbindung zwischen den Individuen offengelassen wird.

Der Gruppenplan. Die Idee eines Plans für das Verhalten einer Gruppe beinhaltet keine metaphysischen Vorstellungen von einem „Gruppengeist". Er ist eine nähere Angabe, wie sich eine Zahl von Personen verhalten soll, anstelle einer Angabe, wie sich eine Person verhalten soll. Der Plan existiert auf dem Papier oder in den jeweiligen Köpfen der Individuen, die ihn aufstellen. Diese Individuen können viele oder wenige sein, sie können zur Gruppe gehören oder nicht. Es ist allein erforderlich, daß der Plan den Gruppenmitgliedern, die handeln sollen, mitgeteilt werden soll, bevor er ausgeführt wird.

Bei den bisherigen Ausführungen wurde angenommen, daß ein Plan nur dann zustande kommt, wenn vollständige Übereinstimmung unter den Gruppenmitgliedern darüber herrscht, welche der der Gruppe zur Verfügung stehenden Möglichkeiten sie realisiert zu sehen wünschen. Tatsächlich ist dies nicht unbedingt notwendig. Gruppenkoordination kann in vielen Fällen möglich sein, in denen unterschiedliche Individuen unterschiedliche Vorstellungen über das „Optimum" haben. Sie müssen nur dahingehend übereinstimmen, daß sie einen Plan gegenüber jeder Alternative vorziehenswürdig finden, die ihnen *als Individuen* offenstände, wenn es keine Kooperation gäbe.[22]

Da sich die gegenwärtige Diskussion weniger mit den Gründen befaßt, warum Individuen kooperieren, sondern vielmehr mit den Mechanismen, die Kooperation möglich machen, kann das Thema „Gruppenplan" nun verlassen werden, um ausführlicher im nächsten Kapitel diskutiert zu werden.

Kommunikation. Generelle Organisationsentscheidungen können das individuelle Verhalten nur durch psychologische Mechanismen steuern, die Werte und Wissen bei jeder individuellen Entscheidung zum Zeitpunkt des Entscheidens wirksam werden lassen. Beim Gruppenverhalten gibt es eine ähnliche Notwendigkeit, den Gruppenplan den ausführenden Individuen mitzuteilen. Dies bedeutet nicht, daß der gesamte Plan mitgeteilt werden muß, aber jedes Individuum muß wissen, was es tun soll.

Kein Schritt im organisatorischen Prozeß wird häufiger ignoriert oder schlechter ausgeführt als die Aufgabe, Entscheidungen zu übermitteln. Allzuoft werden Pläne „durch Befehl" in Kraft gesetzt, ohne daß Überlegungen darüber angestellt werden, wie sie zur Beeinflussung des Verhaltens der einzelnen Gruppenmitglieder verwendet werden können. Verfahrenshandbücher werden verkündet, ohne daß später geprüft würde, ob die Individuen den Inhalt der Handbücher zur Steuerung ihrer Entscheidungen benutzen. Organisationspläne werden zu Papier gebracht, obwohl die Organisationsmitglieder den Plan nicht kennen, der angeblich ihre Beziehungen beschreibt.

Fehler bei der Kommunikation entstehen immer dann, wenn vergessen wird, daß individuelles Verhalten das Werkzeug ist, mit dem die Organisation ihre Zwecke erreicht. Die Frage, die zu jedem organisatorischen Prozeß gestellt werden muß, lautet: Wie beeinflußt er die Entscheidungen dieser Individuen? Ohne Kommunikation muß die Antwort immer lauten: Er beeinflußt sie überhaupt nicht.

Anerkennung des Planes. Der letzte Schritt der Koordination besteht darin, daß jedes Organisationsmitglied seinen Teil des Gruppenplanes akzeptiert. Das Problem der Sicherstellung dieser Anerkennung wird das grundlegende Thema der nächsten beiden Kapitel liefern.

Zusammenfassung

Im Verlauf dieses Kapitels sind Grenzen und Möglichkeiten menschlicher Rationalität untersucht worden. Es wurde festgestellt, daß sich die Grenzen der Rationalität aus der Unfähigkeit des menschlichen Verstandes herleiten, in einer einzelnen Entscheidung alle Wert-, Wissens- und Verhaltensaspekte zum Tragen zu bringen, die relevant wären. Das Muster menschlichen Entscheidens ist oft viel eher ein Stimulus-Reaktionsmuster als eine Auswahl aus Alternativen. Menschliche Rationalität wirkt daher in den Grenzen einer psychologischen Umwelt. Diese Umwelt gibt dem Individuum eine Auswahl von Faktoren als „gegeben" vor, auf die es seine Entscheidungen gründen muß. Die Stimuli zur Entscheidung können jedoch selbst so gesteuert werden, daß sie weiteren Zielen dienen, und eine Folge von Einzelentscheidungen kann in einen gut überlegten Plan integriert werden.

Die überlegte Steuerung der Umwelt der Entscheidung erlaubt nicht nur die Integration der Wahlhandlung, sondern auch ihre Sozialisation. Soziale Institutionen können als Regulierungen des Verhaltens von Individuen durch Unterordnung ihres Verhaltens unter Stimulusmuster angesehen werden, die den Individuen sozial auferlegt werden. In diesen Mustern kann ein Verständnis für die Bedeutung und die Funktion der Organisation gefunden werden.

Fußnoten zu Kapitel V

1 Das gesamte Kapitel stützt sich bei seinen Prämissen stark auf die Psychologie. Eine grundsätzliche Schwierigkeit, der sich jeder Sozialwissenschaftler gegenübersieht, der die Ergebnisse psychologischer Forschung bei der Beschäftigung mit seinem Bereich nutzen will, liegt darin, daß die Psychologen selbst in sich befehdende Schulen zerstritten sind. Glücklicherweise sind die meisten der psychologischen Fragen, die für die vorliegende Untersuchung relevant sind, zwischen diesen Schulen nicht kontrovers. Weil sie eine der wenigen psychologischen Theorien ist, die sich an den Konzepten von Wahl und Zweck orientiert, hat Tolmans Analyse wahrscheinlich mehr als jede andere Abhandlung zur Terminologie und Sichtweise dieses Kapitels beigetragen. Vgl. *Tolman*, E. C., Purposive Behavior in Animals and Men, New York 1932. Zu den traditionellen psychologischen Fragen, wie „Gewohnheit", „Aufmerksamkeit" u. ä. findet sich eine für die Zwecke dieser Untersuchung hinreichende Analyse in jedem der zahlreichen Lehrbücher. Allerdings sind die meisten Bezüge hierzu aus *James*, W., The Principles of Psychology, New York 1925 und *Dewey*, J., Human Nature and Conduct, New York 1930.

2 Vgl. oben S. 105–107.

3 Im Hinblick auf ähnliche Überlegungen in der Militärtaktik vgl. *United States Army Field Service Regulations*, Washington 1923, S. 4.

4 Vgl. *Dewey*, J., The Public and its Problems, New York 1927, S. 106–107.

5 Vgl. *Tolman*, a.a.O., S. 219–226 und die dort angeführte Literatur.

6 Der Begriff „Lernfähigkeit" wird hier in seinem genauen Wörterbuchsinn von „Gelehrigkeit" verwendet. Da das Wort kein gutes Synonym besitzt, ist es schade, daß es in der Umgangssprache die Inhalte von Gefügigkeit, Unterwürfigkeit oder Biegsamkeit angenommen hat. Tolman, dessen Abhandlung in dieser Untersuchung eng gefolgt wird, definiert Lernfähigkeit als „denjenigen Charakter von Verhalten..., der in der Tatsache besteht, daß dann, wenn sich ein gegebener Verhaltensakt in einer gegebenen Umwelt als relativ erfolglos erweist, d. h. den verlangten Typ von Zielobjekt überhaupt nicht oder ihn nur in einem relativ großen Abstand erreicht, er bei nachfolgenden Gelegenheiten zu einer Handlung oder Handlungen neigen wird, die geeignet erscheinen, den Organismus zu seinem verlangten Typ von Zielobjekt zu bringen und das auf einem relativ kurzen Weg". Vgl. *Tolman*, a.a.O., S. 442–443.

7 Tatsächlich ist der Unterschied zwischen Mensch und Tier in dieser Hinsicht wahrscheinlich eher graduell als artbedingt. Tolman z. B. zeigt, daß die Ratte eine beachtliche Fähigkeit zur Verallgemeinerung besitzt. Vgl. *Tolman*, a.a.O., S. 187–190.

8 Dewey betonte früh die wichtige Rolle der Gewohnheit beim sozialen Verhalten. Vgl. *Dewey*, J., Human Nature and Conduct, a.a.O., S. 14–131 und 172–181. In seiner „Psychology" trug James ein klassisches Kapitel zur psychologischen Literatur über Gewohnheit bei. Vgl. *James*, a.a.O., Kap. IV.

9 Vgl. *Dewey*, J., The Public and Its Problems, a.a.O., S. 159–161.

10 *Stene*, E. O., An Approach to a Science of Administration, in: American Political Science Review 34, 1940, S. 1129.

11 *James*, a.a.O., S. 403–404.

12 *Tolman*, a.a.O., S. 35–36.

13 Der Leser, der an weiteren Beispielen für diesen Stimulus-Reaktions-Typus des Denkens interessiert ist, wird in verschiedenen Bereichen fesselndes Material finden. Zuerst mag er sich Autobiographien zuwenden und festzustellen versuchen, wie die jeweiligen Personen ihre besonderen Berufe wählten. Die Autobiographien von Viscount Haldane und von William Alanson White veranschaulichen beide gut diesen Punkt. Vgl. *Haldane*, R. B., An Autobiography, London 1931 und *White*, W. A., The Autobiography of a Purpose, Garden City 1938. Danach mag er sich der neueren Literatur über Werbetechnik zuwenden und den großzügigen Gebrauch von Kunstgriffen zur Aufmerksamkeitssteuerung durch den Werbenden bemerken. Die Erläuterungen zu Haushaltsentwürfen und die öffentlichen Erklärungen bei Haushaltsdebatten sind ebenfalls voller Beispiele für die Ausrichtung der Aufmerksamkeit auf bestimmte Werte.

14 Die Pragmatisten scheinen die Auffassung zu vertreten, daß Menschen nur im ersten Sinne mit Rationalität befaßt sind – im Sinne von Anpassungsreaktionen auf willkürliche Reize. „Die Handlung des Überlebens besteht, wie wir gesehen haben, darin, eine vorhergesehene Konsequenz als Stimulus für die augenblickliche Handlung auszuwählen... Aber die gewählte Konsequenz steht in einem unbegrenzten Kontext anderer Konsequenzen, die genauso real sind wie sie... Die ‚Ziele', die vorausgesehen und genutzt werden, kennzeichnen eine kleine Insel in einem unendlichen Meer. Diese Beschränkung wäre verhängnisvoll, wenn die wirkliche Funktion von Zielen mehr wäre, als die augenblickliche Handlung aus ihren Schwierigkeiten und Verwirrungen zu befreien und zu lenken. Aber diese Leistung stellt die alleinige Bedeutung von Zielen und Zwecken dar. Dementsprechend ist ihre geringe Reichweite im Vergleich mit vernachlässigten und nicht vorhergesehenen Konsequenzen in sich bedeutungslos." *Dewey*, J., Human Nature and Conduct, a.a.O., S. 261–262. Vgl. auch *Dewey*, J., The Public and its Problems, a.a.O., S. 200. Deweys spätere Ansichten stimmen eher mit der Sichtweise der vorliegenden Untersuchung überein – daß das Verhalten des Individuums einen breiteren Kontext der Rationalität durch die Entscheidungsumwelt erreicht, die die soziale Organisation ihm zur Verfügung stellt. Vgl. *Dewey*, J., Logic. The Theory of Inquiry, New York 1938, Kap. IX, S. 159–180.

15 Diese Frage kann hier nicht weiter verfolgt werden, aber eine Fülle erläuternden Materials kann in der psychologischen Literatur gefunden werden. Siehe z. B. die Kapitel über „The Stream of Thought", „Association" und „Will" in: *James*, a.a.O., Kap. IX, XIV, XXVI.

16 Vgl. oben Kap. IV. S. 104–105.

17 Vgl. oben.

18 Vgl. *MacMahon*, A. W. / *Millett*, J. D. / *Ogden*, G., The Administration of Federal Work Relief, Chicago 1941, S. 17.

19 Vgl. die Diskussion der „Organisationsroutine" bei *Stene*, a.a.O., S. 1129.

20 Vgl. *Dewey*, J., The Public and Its Problems, a.a.O., S. 54.

21 Es ist schon oft gezeigt worden, daß das Konzept des „Machens von Gesetzen" im Unterschied zur „Gesetzfindung" eine relativ neue Entwicklung ist. Vgl. z. B. *Friedrich*, C. J., Constitutional Government and Politics, New York 1937 und *Haines*, C. G., The American Doctrine of Judicial Supremacy, New York 1914, S. 12–13 und 18–24. Die Gesetzgebung hat mithin erst in jüngerer Zeit eine bewußte Berücksichtigung der Möglichkeiten von alternativen institutionellen Strukturen einbezogen. Karl Mannheim hat die Bedeutung der bewußten Gestaltung der institutionellen Umwelt in seiner neuesten Untersuchung betont. Vgl. *Mannheim*, K., Man and Society in an Age of Reconstruction, London 1940, S. 149–155.

22 Eine extreme Form dieser Behauptung wurde von Hobbes bei seiner Beweisführung benutzt, daß soziale Organisation selbst aus einem Zustand des „bellum omnium contra omnes" entstehen kann. Andere Vertragstheoretiker, besonders Locke, fühlten sich verpflichtet, eine natürliche Interessenidentität zu postulieren. Eine scharfsinnige Diskussion der motivationalen Grundlagen der Kooperation findet sich bei *MacIver*, R. M., Community: A Sociological Study, 3. Aufl., London 1924, insb. Buch II, Kap. II und III.

KAPITEL VI

Das Gleichgewicht der Organisation

In Kapitel V wurden einige Mechanismen beschrieben, die es erlauben, das Verhalten des Individuums mit der übrigen Organisation, deren Teil es ist, zu integrieren. Diese Mechanismen erklären jedoch nicht, warum das Individuum überhaupt bereit ist, an einer organisierten Gruppe teilzunehmen und seine persönlichen Ziele den bestehenden Organisationszielen unterzuordnen. Eine Organisation ist letzten Endes eine Ansammlung von Menschen, und was die Organisation tut, das wird von Menschen getan. Die Tätigkeiten einer Gruppe von Personen werden nur in dem Maße organisiert, in dem diese erlauben, daß ihre Entscheidungen und ihr Verhalten durch ihre Teilnahme an der Organisation beeinflußt werden.

Anreize

Der Schlüssel zur Teilnahme von Individuen an Organisationen liegt in den Bemerkungen im Kapitel I, wo die organisierte Gruppe als ein System im Gleichgewicht betrachtet wurde. Individuen sind bereit, die Mitgliedschaft in einer Organisation zu akzeptieren, wenn ihre Tätigkeit in der Organisation direkt oder indirekt zu ihren eigenen persönlichen Zielen beiträgt. Der Beitrag ist direkt, wenn die für die Organisation gesetzten Ziele direkten persönlichen Wert für das Individuum haben – die Mitgliedschaft in einer Kirche ist ein typisches Beispiel dafür. Der Beitrag ist indirekt, wenn die Organisation dem Individuum persönliche Belohnungen – monetäre oder andere – für seine Bereitschaft anbietet, seine Tätigkeit in die Organisation einzubringen. Die Beschäftigung in einem Wirtschaftsunternehmen ist dafür ein typisches Beispiel. Manchmal stehen diese persönlichen Belohnungen in einer direkten Beziehung zur Größe und zum Wachstum der Organisation – wie im Fall der Anteilseigner an einem Unternehmen; manchmal nur mittelbar – wie bei den meisten Lohnempfängern. Die Eigenschaften dieser drei Grundlagen der Teilnahme sind soweit verschieden, daß es als sinnvoll erscheint, sie getrennt zu betrachten: persönliche Belohnungen, die sich direkt aus der Erfüllung des Organisationsziels ableiten; persönliche Anreize, die von der Organisation angeboten werden und eng auf ihre Größe und ihr Wachstum bezogen sind; und persönliche Belohnungen, die sich aus den von der Organisation angebotenen Anreizen ableiten, aber nicht auf deren Größe und Wachstum bezogen sind. Organisationen bestehen üblicherweise aus drei Gruppen von Individuen, in denen jeweils eine dieser Arten der Motivation vorherrscht. Durch das Vorhandensein dieser drei Gruppen erhält die Organisation ihren spezifischen Charakter.

Der Ausdruck „persönliche Ziele", der hier verwendet wird, sollte in einem breiten Sinn verstanden werden. Er ist keineswegs auf egoistische Ziele begrenzt, erst recht nicht auf ökonomische. „Weltfrieden" und „Hilfe für die hungernden Chinesen" können für ein bestimmtes Individuum genauso ein persönliches Ziel sein wie der zusätzliche Dollar in seiner Lohntüte. Die Tatsache, daß ökonomische Anreize in privaten und staatlichen Organisationen häufig vorherrschen, sollte die Bedeutung anderer Anreiztypen nicht verdecken. Außerdem dürfen immaterielle egoistische Werte, wie Status, Prestige oder Freude an organisatorischen Beziehungen, nicht vergessen werden.

In Kapitel I wurde erläutert, daß bei wirtschaftlichen Organisationen die „Kunden" eine Gruppe sind, die hauptsächlich den ersten Typ der Motivation hat – direktes Interesse an den Organisationszielen; Mitarbeiter haben den dritten Typ und der Unternehmer den zweiten Typ. Dies trifft natürlich alles nur in einer groben Annäherung zu. Die notwendigen Einschränkungen werden später in diesem Kapitel noch dargelegt.

Die Mitglieder einer Organisation leisten also Beiträge zur Organisation als Gegenleistung für Anreize, die ihnen die Organisation bietet. Die Beiträge einer Gruppe sind die Quelle für die Anreize, die die Organisation anderen bietet. Wenn die Summe der Beiträge nach Menge und Art ausreicht, um die notwendigen Mengen und Arten von Anreizen bereitzustellen, dann überlebt und wächst die Organisation. Andernfalls schrumpft die Organisation oder verschwindet schließlich, wenn nicht ein Gleichgewicht erreicht wird.[1]

Typen von Organisationsteilnehmern

Organisationsmitglieder können auch in anderer Weise als nach der Art der Anreize, die sie für ihre Teilnahme erhalten, eingeteilt werden. Sie können nach den Arten der Beiträge, die sie für die Organisation erbringen, eingeteilt werden: spezielle Dienstleistungen (ein Materiallieferant); Geld oder andere neutrale Dienstleistungen, die als Anreize verwendet werden können (Kunden); und Zeit und Anstrengungen (Mitarbeiter).

Eine dritte Klassifikationsmethode würde jene, die die Organisation steuern – d. h. das Recht haben, die Bedingungen festzulegen, zu denen anderen die Teilnahme erlaubt wird – von den übrigen Teilnehmern unterscheiden. Die verschiedenen möglichen Kombinationen von Anreizen, Beiträgen und Steuerungseinrichtungen ergeben eine beträchtliche Vielzahl von Organisationsformen, und diese Vielzahl muß bei den nachfolgenden Überlegungen berücksichtigt werden.

Organisationsziele als Anreize

Die meisten Organisationen sind an einem Ziel orientiert, das den Zweck liefert, auf den hin die organisatorischen Entscheidungen und Handlungen ausgerichtet werden. Ist das Ziel einigermaßen greifbar – z. B. Herstellung von Schuhen –, dann ist es gewöhnlich nicht allzu schwer, den Beitrag bestimmter Handlungen zu diesem Ziel einzuschätzen und somit ihre Nützlichkeit zu bewerten. Ist das Ziel weniger greifbar – wie das einer religiösen Organisation –, dann wird es strittiger, ob eine bestimmte Handlung zu dem Ziel beiträgt, und es mag daher selbst unter denen, die für das Ziel arbeiten wollen, erhebliche Kontroversen geben, wie das Ziel erreicht werden soll. Selbst wenn das Ziel greifbar ist, kann es einige Handlungen geben, deren Beziehung zu ihm so indirekt, aber trotz dieser Indirektheit nicht notwendigerweise weniger wichtig ist, daß das Bewertungsproblem schwierig ist. So ist das Budget z. B. für den Produktionsbereich viel einfacher zu erstellen, als für die Werbungsabteilung oder für die Kontrolle.

In der betriebswirtschaftlichen Literatur ist es modern gewesen, über die Frage zu debattieren, ob „der" Zweck einer Unternehmung Dienstleistungen oder Gewinn sei. Aber es gibt hier wahrlich kein Problem, über das man streiten könnte. Gewisse Individuen, vor allem die Kunden, leisten Beiträge an die Organisation wegen der Dienstleistungen, die sie bereitstellt; andere, die Unternehmer, wegen der Gewinne, die sie erzielen können. Wenn das System des Organisationsverhaltens selbst untersucht wird, kann festgestellt werden, daß sowohl Gewinn- als auch Dienstleistungsziele die Entscheidungen beeinflussen. Zur sprachlichen Vereinfachung wird der Begriff „Organisationsziel" hier auf das Dienstleistungsziel angewendet.

Anwendung auf spezifische Organisationstypen

Im Falle der Unternehmung ist das Organisationsziel – die Herstellung von Produkten – ein persönliches Ziel für Individuen, die normalerweise nicht als Mitglieder der Organisation betrachtet werden, nämlich die Kunden.[2] Als Gegenleistung für diese Produkte sind die Kunden bereit, Geld anzubieten, das einen wesentlichen Anreiz für die Teilnahme der Mitarbeiter und Unternehmer an der Gruppe darstellt. Die Beziehung von Kunden zur Organisation ist nicht nur durch die Art der Anreize gekennzeichnet, die sie erhalten, sondern auch durch die Tatsache, daß sie auf einem Vertrag oder einem Geschäft über ein spezielles Produkt beruht, ohne daß im Normalfall eine Annahme über die Dauerhaftigkeit oder Kontinuität der Beziehung gemacht wird.

Im Falle einer öffentlichen Verwaltung ist das Organisationsziel ein persönliches Ziel für die letztlich kontrollierende Instanz der Organisation – die gesetzgebende Körperschaft – und für den Bürger. Die Beziehung ist hier teilweise die gleiche wie bei wirtschaftlichen Organisationen, da die Gesetzgeber, als „Kunden" gesehen, die

Verwaltung mit ihren finanziellen Mitteln ausstatten. Sie ist in dem Sinne eindeutig verschieden, als erstens die Gesetzgeber die endgültige gesetzliche Kontrolle über die Organisation behalten und zweitens ihre „persönliche" Motivation wiederum auf ihrem besonderen Status als gewählte Abgeordnete beruht. Es würde den Rahmen dieser Studie überschreiten und zu einer Studie des gesamten Gesetzgebungsprozesses führen, wenn die Art, wie Abgeordnete Werturteile bei der Bestimmung der Politik von öffentlichen Verwaltungen fällen, untersucht würde.

In freiwilligen Organisationen ist das Organisationsziel üblicherweise der direkte Anreiz, der die Dienste der Organisationsmitglieder sichert. Die besonderen Probleme der Verwaltung in freiwilligen Organisationen entstehen aus den Tatsachen, daß die Beiträge oft nur auf Teilzeitbasis erfolgen, daß die verschiedenen Teilnehmer widersprüchliche Interpretationen des Organisationsziels haben können und daß das Organisationsziel im Wertsystem der Teilnehmer eine so bescheidene Rolle spielen kann, daß es nur einen schwachen Anreiz zur Kooperation bietet. In dieser Hinsicht teilt der Freiwillige viele Merkmale mit den Kunden einer wirtschaftlichen Organisation, obwohl er Leistungen statt Geld zur Organisation beiträgt.

Anpassung des Organisationsziels

Das Organisationsziel ist keinesfalls etwas Statisches. Um zu überleben, muß die Organisation ein Ziel haben, das ihre Kunden[3] anspricht, so daß sie die notwendigen Beiträge zur Erhaltung der Organisation leisten. Organisationsziele müssen mithin laufend angepaßt werden, um mit den wechselnden Werten der Kunden übereinzustimmen oder neue Kundengruppen zu gewinnen, die abgewanderte Kunden ersetzen. Die Organisation kann außerdem besondere Maßnahmen ergreifen, um die Akzeptanz ihrer Ziele durch Kunden zu fördern – Werbung, Missionsarbeit und Propaganda aller Art.

Obwohl es somit richtig ist, zu sagen, daß das Organisationsverhalten an dem Organisationsziel ausgerichtet ist, stellt das nicht die ganze Wahrheit dar; denn das Organisationsziel selbst verändert sich in Reaktion auf den Einfluß derjenigen, für die die Erreichung dieses Zieles persönliche Werte befriedigt.

Die Veränderung des Organisationsziels stellt normalerweise einen Kompromiß zwischen den Interessen verschiedener Gruppen möglicher Teilnehmer dar, um ihre gemeinsame Kooperation sicherzustellen, wenn jede Gruppe alleine nicht fähig ist, ihre eigenen Ziele ohne Hilfe zu erreichen. Deshalb wird das Organisationsziel selten mit den persönlichen Zielen selbst derjenigen Teilnehmer exakt übereinstimmen, deren Interesse an der Organisation in der Erreichung ihres Ziels liegt. Die entscheidende Frage für jedes dieser Individuen ist, ob das Organisationsziel seinen persönlichen Zielen hinreichend nahekommt, um sich zur Teilnahme an der Gruppe zu entscheiden, statt zu versuchen, seine Ziele alleine oder in einer anderen Gruppe zu erreichen. Wie noch gezeigt wird, findet dieser Prozeß der Kompromißbildung statt, gleich, ob die Führungsgruppe der Organisation selbst direkt am Organisationsziel interessiert ist oder ob die Anreize, die sie von der Organisation erhält, anderer Art sind.

Loyalität der Mitarbeiter zum Organisationsziel

Obgleich das Organisationsziel von größter Wichtigkeit im Hinblick auf das Verhalten derjenigen Teilnehmer ist, die als „Kunden" bezeichnet worden sind, werden nahezu alle Mitglieder einer Organisation mehr oder weniger vom Organisationsziel erfüllt und von ihm in ihrem Verhalten beeinflußt. Dies wurde schon für den Fall freiwilliger Organisationen aufgezeigt. Es trifft ebenfalls, wenn auch in geringerem Maße, für öffentliche Verwaltungen und kommerzielle Organisationen zu. Dies ist eine, und zwar eine sehr wichtige, Komponente der organisatorischen Loyalität. Wenn das Ziel auch nur einen Anschein von Nützlichkeit hat, dann werden die Organisationsmitglieder, deren Aufmerksamkeit bei ihrer täglichen Arbeit fortwährend darauf gerichtet ist, ein (oft übertriebenes) Verständnis seiner Bedeutung und seines Wertes erwerben und die Erreichung des Wertes wird in diesem Maße persönlichen Wert für sie bekommen. Es wird später deutlich werden, daß sich bei Mitarbeitern zusätzlich zu dieser Loyalität zum Organisationsziel auch eine ganz andere Loyalität zu entwickeln vermag – eine Loyalität zur Organisation selbst und ein Interesse an ihrem Überleben und Wachstum.

Anreize für die Teilnahme von Mitarbeitern

Für einen Mitarbeiter einer nicht-freiwilligen Organisation ist der offensichtlichste persönliche Anreiz, den die Organisation bietet, ein Gehalt oder Lohn. Es ist eine besondere und wichtige Eigenschaft seiner Beziehung zur Organisation, daß er ihr als Gegenleistung für diesen Anreiz nicht einen bestimmten Dienst, sondern seine ungeteilte Zeit und Leistungskraft anbietet. Er stellt seine Zeit und Leistungskraft jenen zur Verfügung, die die Organisation leiten, damit sie nach deren Ermessen genutzt werden können. Die Beziehungen zu Kunden (in kommerziellen Organisationen) sowie zu Mitarbeitern entstehen also aus Verträgen, aber aus Verträgen sehr unterschiedlicher Art. Der Arbeitsvertrag führt zur Begründung einer dauerhaften Autoritätsbeziehung zwischen der Organisation und dem Mitarbeiter.

Wie kann das geschehen? Warum unterschreibt der Mitarbeiter mit der Aufnahme seines Beschäftigungsverhältnisses sozusagen einen Blankoscheck? Erstens wäre aus der Sicht der Organisation durch das Angebot eines Anreizes an den Mitarbeiter nichts gewonnen, wenn dessen Verhalten nicht durch die Akzeptanz von Autorität in das

System des Organisationsverhaltens eingebracht werden könnte. Zweitens können aus der Sicht des Mitarbeiters die genauen Tätigkeiten, mit denen seine Beschäftigungszeit in Anspruch genommen wird, für ihn in gewissen Grenzen gleichgültig sein. Wenn die Anweisungen, die ihm durch die Organisation übermittelt werden, innerhalb dieser Akzeptanzgrenzen bleiben, dann wird er es erlauben, daß sein Verhalten durch diese Anweisungen bestimmt wird.

Was bestimmt die Breite dieses Akzeptanzbereiches, innerhalb dessen der Mitarbeiter die Autorität der Organisation anerkennen wird? Sie hängt sicherlich von der Art und Größenordnung der Anreize ab, die die Organisation anbietet. Außer der Bezahlung, die er erhält, kann er den Status und das Prestige, daß ihm seine Stellung in der Organisation vermittelt und die Beziehungen zu der Arbeitsgruppe, der er angehört, schätzen. Bei der Festlegung seiner Aufgabe muß die Organisation die Auswirkungen in Betracht ziehen, die ihre Anweisungen auf die Verwirklichung dieser Werte des Mitarbeiters haben können. Wenn der Mitarbeiter z. B. den Angestelltenstatus hoch einschätzt, dann kann er völlig ungewillt sein, Anweisungen zu akzeptieren, die ihm diesen Status entziehen, selbst wenn die Arbeit, die er ausführen soll, an sich weder unangenehm noch schwierig ist.

Es gibt große Unterschiede zwischen den Individuen im Hinblick auf das Ausmaß, in dem Beförderungschancen als Anreiz für die Teilnahme wirken. Beförderung ist natürlich sowohl ein ökonomischer als auch ein Prestige bringender Anreiz. Burleigh Gardner hat auf die Bedeutung hingewiesen, die das Vorhandensein in Organisationen von gewissen sehr „mobilen" Individuen, d. h. Individuen, die einen großen Wunsch nach beruflichem Aufstieg haben, für die Organisationstheorie hat. Es wäre ein Fehler (den Gardner sorgfältig vermeidet) anzunehmen, daß diese Wünsche für alle Individuen einen starken Anreiz darstellen.[4]

Wir sehen also, daß jenen Teilnehmern an Organisationen, die ihre Mitarbeiter genannt werden, eine Anzahl von materiellen und immateriellen Anreizen, die im allgemeinen nicht direkt zu der Erreichung des Organisationsziels oder der Größe und dem Wachstum der Organisation in Beziehung stehen, als Gegenleistung für ihre Bereitschaft angeboten wird, Organisationsentscheidungen für die Dauer ihrer Beschäftigung als die Grundlage ihres Verhaltens zu akzeptieren. Der Bereich, in dem organisatorische Autorität akzeptiert werden wird, ist nicht unbeschränkt und die Grenzen werden von den Anreizen abhängen, die die Organisation zu bieten vermag. Insofern diese Anreize nicht direkt von dem Organisationsziel abhängen, wird eine Veränderung dieses Ziels die Teilnahmebereitschaft von Mitarbeitern nicht berühren. Dementsprechend wird diese Gruppe wenig Einfluß bei der Bestimmung der Ziele ausüben.

Von Größe und Wachstum der Organisation abgeleitete Werte

Die dritte Art von Anreizen, die individuelle Teilnahme an der Organisation bewirkt, leitet sich von der Größe und dem Wachstum der Organisation ab. Diese Anreize könnten als „Erhaltungswerte" bezeichnet werden. In der Gruppe, für die diese Werte wichtig sind, ist der Unternehmer am bedeutendsten. Es stimmt, daß der Unternehmer in dem Maße, in dem er ein „Economic Man" ist, an Gewinnen und nicht an Größe und Wachstum interessiert ist. In der Praxis ist dieser Einwand nicht schwerwiegend: erstens, weil Gewinne gewöhnlich eng mit Größe und Wachstum zusammenhängen oder so gesehen werden; und zweitens, weil die meisten Unternehmer an immateriellen Werten, wie Prestige und Macht, genauso interessiert sind, wie am Gewinn. Diese Neigung zu Erhaltungszielen ist noch stärker bei der Gruppe der professionellen Manager ausgeprägt, die die aktive Kontrolle bei den meisten großen Unternehmen ausüben.

Erhaltungsziele können auch für die anderen Mitarbeiter der Organisation, vor allem für die mobilen, wesentliche Werte sein. Eine Organisation, die wächst und gedeiht, bietet größere Möglichkeiten für Prestige und Beförderung als eine, die stagniert oder rückläufig ist. Erhaltungswerte sind also in der Praxis nicht völlig unabhängig von Werten der zweiten Art. Zum Zwecke der Analyse ist es aber von gewissem Vorteil, sie getrennt zu betrachten.

Das Interesse an der Erhaltung der Organisation schafft die Basis für eine organisatorische Loyalität, die von der zuvor erwähnten abweicht. Das Individuum, das loyal zu den *Zielen* der Organisation ist, wird sich einer Änderung dieser Ziele widersetzen und kann sogar, wenn die Ziele zu radikal verändert werden, die Fortführung seiner Teilnahme verweigern. Das Individuum, das loyal zu der *Organisation* ist, wird opportunistische Veränderungen ihrer Ziele unterstützen, die zur Förderung ihres Überlebens und Wachstums bestimmt sind.

Loyalität zur Organisation selbst ist wahrscheinlich der Typ der Loyalität, der für kommerzielle Organisationen am charakteristischsten ist, aber beide Arten sind in öffentlichen und privaten Verwaltungen weit verbreitet, gleich ob sie kommerziell sind oder nicht. Einige der eindrucksvollsten Erscheinungen vom Konflikt zwischen diesen beiden Typen der Loyalität können in religiösen und reformatorischen Organisationen vorgefunden werden, wo es häufig Kontroversen darüber gibt, in welchem Ausmaß Organisationsziele geändert werden sollen, um das Überleben zu sichern. Dies war sicher eine Grundlage der Rivalität zwischen Stalinisten und Trotzkisten. Wie schon angedeutet, können die Motive der Opportunisten in einer solchen Kontroverse natürlich eher taktisch als egoistisch sein. Der Opportunist, der die Chancen des Überlebens ohne Anpassung ungünstig einschätzt, mag den Spatzen in der Hand gegenüber der Taube auf dem Dach vorziehen, während der „Idealist" die Überlebenschancen optimistischer einschätzen oder das Zugeständnis bei den Zielen als schwerwiegender ansehen mag als die Verbesserung der Überlebenschancen. Beide Typen der Loyalität werden in einem späteren Kapitel noch genauer untersucht.

Organisatorisches Gleichgewicht und Effizienz

Das grundlegende Wertkriterium, das beim Entscheiden und Auswählen zwischen Handlungsalternativen in einer Organisation Anwendung findet, wird für die Organisation in erster Linie durch die Führungsgruppe ausgewählt – die Gruppe, die die Macht hat, die Bedingungen der Mitgliedschaft für alle Teilnehmer festzulegen. Wenn die Gruppe, die die legalen Führungsrechte hat, diese Macht nicht ausübt, dann wird diese natürlich auf Individuen weiter unten in der Organisationshierarchie übergehen.

Welche Gruppe auch immer die Macht zur Festlegung der grundlegenden Wertkriterien ausübt, sie wird versuchen, durch die Organisation ihre eigenen persönlichen Ziele zu sichern – gleich, ob diese mit dem Organisationsziel, den Erhaltungszielen, mit Gewinnen oder womit sonst übereinstimmen. Aber ihre Führungsmacht schließt in keinem Falle ein, daß die Führungsgruppe über eine unbegrenzte Entscheidungsfreiheit verfügt, um die Organisation in jede gewünschte Richtung zu steuern, da die Macht der Führungsgruppe nur so lange forbestehen wird, wie sie ausreichende Anreize anzubieten vermag, um die Beiträge der anderen Teilnehmer zur Organisation zu erhalten. Gleich, welche persönlichen Ziele die Führungsgruppe besitzt, ihre Entscheidungen werden stark durch die Tatsache beeinflußt, daß sie ihre Ziele durch die Organisation nur dann erreichen kann, wenn sie einen Überschuß der Beiträge über die Anreize oder zumindest ein Gleichgewicht zwischen beiden aufrechterhalten kann.

Aus diesem Grund wird die Führungsgruppe unabhängig von ihren persönlichen Werten opportunistisch sein – sie wird sich zumindest größtenteils durch Erhaltungsziele motiviert zeigen. Es dürfte sich lohnen, dies noch näher am Fall von sehr unterschiedlichen Organisationstypen aufzuzeigen.

Gleichgewicht in kommerziellen Organisationen

Bei wirtschaftlichen Organisationen kann normalerweise erwartet werden, daß sich die Führungsgruppen vorrangig an Gewinnen und Erhaltung orientieren.[5] Sie werden auf zwei Wegen versuchen, einen Überschuß der eingehenden Beiträge über die abfließenden Anreize zu erhalten: erstens durch Veränderung des Organisationsziels als Reaktion auf Kundenansprüche; und zweitens durch einen solchen Einsatz der Ressourcen, der finanziellen Beiträge sowie der Zeit und Arbeitskraft der Mitarbeiter, daß maximale Anreize an die Mitarbeiter und maximale Erfüllung der Organisationsziele mit diesen Ressourcen erreicht werden. Eine genaue Untersuchung der Art und Weise, wie dies erreicht wird, führt zu der Theorie, die der Ökonom als „Theorie der Unternehmung“ bezeichnet. Eine solche Untersuchung kann hier nicht durchgeführt werden. Ein Punkt verdient jedoch Beachtung: Die zweite Art der Anpassung – die des möglichst wirksamen Einsatzes der gegebenen Ressourcen im Hinblick auf das Organisationsziel – führt dazu, daß Effizienz ein grundlegendes Wertkriterium für Entscheidungen in solchen Organisationen wird.

Es könnte gefragt werden, warum die meisten kommerziellen Organisationen, wenn ihre grundlegende Anpassung opportunistisch ist, üblicherweise dazu neigen, recht stabile Ziele zu bewahren. Die Antwort darauf umfaßt drei Teile. Erstens gibt es „investierte Kosten“, die eine augenblickliche und schnelle Anpassung auch vom Standpunkt der Erhaltung unvorteilhaft werden lassen. Zweitens erwirbt die Organisation Know-how in einem bestimmten Gebiet – eigentlich immaterielle „investierte Kosten“ oder genauer „investiertes Vermögen“. Drittens erwirbt die Organisation Goodwill, der ebenfalls investiertes Vermögen ist, das nicht ohne weiteres auf ein anderes Tätigkeitsfeld übertragen werden kann. Mit anderen Worten, eine Veränderung der Organisationsziele zieht normalerweise abnehmende Effizienz bei der Nutzung der Ressourcen (investierte Kosten und Know-How) und einen Verlust von Anreizen nach sich, die ansonsten noch zur Erhaltung eines Überschusses (Goodwill) verfügbar wären.

Gleichgewicht bei öffentlichen Verwaltungen

Für die öffentliche Verwaltung ist der „Kunde“, d. h. die gesetzgebende Körperschaft, die höchste Kontrollgruppe. Da diese Gruppe zur Organisation immer so viele Mittel beitragen kann, wie zur Erreichung des Organisationsziels notwendig sind, ist es bei oberflächlicher Betrachtung weniger einsichtig, daß eine solche Organisation ein System im Gleichgewicht ist. Man kann auch erwarten, daß opportunistische Veränderungen des Organisationsziels in solchen Organisationen weniger bedeutsam sind als in kommerziellen.

Eine nähere Untersuchung führt dazu, daß die Bedeutung dieser Unterschiede reduziert wird. Erstens haben der Gesetzgeber und die Wählerschaft, auf die öffentliche Verwaltungen reagieren, wechselnde Neigungen und Ziele. Zweitens ist die Kontrolle des Parlaments über die öffentliche Verwaltung normalerweise relativ passiver und allgemeiner Natur. Die wirkliche Initiative für die Formulierung von Zielen liegt oft – vielleicht nahezu immer – bei der obersten Führungsgruppe der Verwaltung. Diese Gruppe kann von den Organisationszielen und den Erhaltungszielen oder beiden stark erfüllt sein und innerhalb der Grenzen ihres Spielraums genau die gleiche Rolle spielen wie die Führungsgruppe in kommerziellen Organisationen.

Auf jeden Fall tritt Effizienz auch in der öffentlichen Verwaltung als ein grundlegendes Entscheidungskriterium hervor, da die Führungsgruppe mit den ihr zur Verfügung stehenden Ressourcen ein Maximum an Organisationszielen zu erreichen versuchen wird, wie diese auch immer bestimmt sein mögen.

Gleichgewicht in privaten Non-Profit-Organisationen

Eine Non-Profit-Organisation (z. B. ein Berufsverband oder eine private Schule) wird sich wahrscheinlich von der üblichen wirtschaftlichen Organisation in mehrfacher Hinsicht unterscheiden. Zunächst einmal gibt es hier keinen Konflikt zwischen den Gewinnzielen und den anderen betrachteten Zielarten, der in wirtschaftlichen Organisationen immer möglich ist. Außerdem ist die Führungsgruppe wahrscheinlich dem Organisationsziel stark verpflichtet, und deshalb wird Opportunismus, obwohl ein wichtiges Element für das Gleichgewicht in solchen Organisationen, eher von der oben als „taktisch" bezeichneten Art sein. Andererseits wird das Effizienzkriterium in diesen Organisationen die gleiche Rolle spielen wie in den anderen, die beschrieben worden sind.

Gemeinsame Elemente

Diese Erläuterungen werden vielleicht helfen, die große Vielzahl möglicher Organisationsformen anzudeuten. Der Leser kann sich ohne Zweifel anhand seiner eigenen Erfahrungen andere Formen vorstellen und ist sich der zahlreichen Änderungen bewußt, die diese Formen durchmachen, besonders im Hinblick auf die Motivation der Führungsgruppe.

Die gleiche Untersuchung kann auf *Teilbereiche* von Organisationen angewandt werden, auf die Bereiche, Abteilungen und Gruppen, aus denen sie aufgebaut sind. Die Führungskräfte, die diese Teilbereiche leiten, verhalten sich innerhalb der ihnen erlaubten Freiräume in ganz vergleichbarer Weise wie die Gruppen, die autonome Organisationen steuern.

Diese Darstellungen zeigen, daß es zumindest zwei Elemente gibt, die allen Organisationsformen gemeinsam sind. Sie haben alle einen gleichgewichtsbildenden Mechanismus oder mehrere Mechanismen; und für alle ist Effizienz ein grundlegendes Kriterium für organisatorische Entscheidungen.

Das Effizienzkriterium

Das Effizienzkriterium ist für organisatorische Entscheidungsprozesse ein so wichtiges Element, daß ihm ein ganzes Kapitel gewidmet wird. Bevor die gegenwärtigen

Überlegungen abgeschlossen werden, mag es aber sinnvoll sein, dem Begriff eine genauere Definition zu geben. Das Effizienzkriterium verlangt, daß von zwei Alternativen, die die gleichen Kosten verursachen, genau jene ausgewählt wird, die zu einer größeren Zielerreichung für die Organisation führt; und daß von zwei Alternativen, die zu der gleichen Zielerreichung führen, genau jene ausgewählt wird, die die geringeren Kosten zur Folge hat.

Wenn Ressourcen, Ziele und Kosten vollständig variabel sind, dann können organisatorische Entscheidungen nicht allein auf der Grundlage von Effizienzüberlegungen erreicht werden. Wenn die Menge der Ressourcen und die Organisationsziele gegeben sind, außerhalb der Kontrolle der Führungsgruppe liegen, dann wird Effizienz die beherrschende Determinante der organisatorischen Entscheidung.

Schluß

Die Organisation wurde in diesem Kapitel als ein System im Gleichgewicht beschrieben, das Beiträge in der Form von Geld oder Leistungskraft erhält und Anreize als Gegenleistung für diese Beiträge anbietet. Diese Anreize umfassen das Organisationsziel selbst, Erhaltung und Wachstum der Organisation und Leistungsanreize, die mit diesen beiden nicht zusammenhängen.

Das organisatorische Gleichgewicht wird durch die Führungsgruppe aufrechterhalten, deren persönliche Werte verschiedener Art sein können. Sie trägt aber die Verantwortung für die Erhaltung des Lebens der Organisation, damit sie diese Werte erreichen kann.

Die verbleibenden Kapitel dieses Buches enthalten eine Weiterentwicklung der bislang aufgeworfenen Fragen. Die Autoritätsbeziehung wird eingehender untersucht, das Effizienzkonzept wird analysiert, es wird eine Studie der organisatorischen Loyalitäten durchgeführt und die Mechanismen der organisatorischen Beeinflussung des Individuums werden im einzelnen diskutiert. Mit diesem Material wird es möglich sein, ein umfassendes Bild der Anatomie der Organisation und der organisatorischen Entscheidungsprozesse zu zeichnen.

Fußnoten zu Kapitel VI

1 Diese Idee des Gleichgewichts geht auf C. I. Barnard zurück. Vgl. *Barnard*, C. I., The Functions of the Executive, Cambridge 1938, S. 56–59 sowie Kap. XI und XVI.

2 Barnard war wahrscheinlich der erste Autor, der darauf bestand, daß die Kunden als ein Teil des Systems organisatorischer Tätigkeiten in jeder Organisationstheorie betrachtet werden müssen. Seine Auffassungen zu dieser Frage haben offenbar noch keine breite Akzeptanz bei Organisationstheoretikern gefunden. Wie schon früher gezeigt wurde, ist die wichtige Frage hier nicht die, wie „Organisationsmitgliedschaft" zu definieren ist, sondern die, ob das Verhalten der Kunden bei der Analyse der Organisation einbezogen werden muß oder nicht. Vgl. *Barnard*, a.a.O.

3 Das Wort „Kunde" wird hier im Sinne eines Oberbegriffes verwendet, um auf jedes Individuum – Kunde, Abgeordneter oder Freiwilliger – zu verweisen, für das das Organisationsziel persönlichen Wert hat.

4 Zu diesen und zu anderen Aspekten des Anreizproblems vgl. *Gardner*, B. B., Human Relations in Industry, Chicago 1945, insbes. Kap. I und VIII.

5 Dies mag in den letzten Jahren weniger als früher und bei Geschäften, die „ein öffentliches Interesse berühren", weniger als bei anderen gelten. In einigen Wirtschaftsbereichen, insbesondere dem Bereich der öffentlichen Versorgungsbetriebe, ist ein „Treuhandkonzept" herangewachsen, das die aktive Führungsgruppe veranlaßt, sich selbst mit dem Organisationsziel zu identifizieren – in welchem Maße, kann der Autor nicht abschätzen.

KAPITEL VII

Die Rolle der Autorität

Nachdem wir den Prozeß erörtert haben, durch den das Individuum zum Organisationsmitglied wird, kommen wir zu dem nächsten Problem, wie die Organisation das Verhalten des Individuums in eine umfassende Struktur einfügt – wie sie seine Entscheidungen beeinflußt. Zwei Aspekte der Beeinflussung können unterschieden werden: Die Stimuli, mit denen die Organisation das Individuum zu beeinflussen versucht, und die psychologische „Einstellung" des Individuums, die seine Reaktion auf die Stimuli bestimmt. Sie können als die „externen" und die „internen" Aspekte der Beeinflussung bezeichnet werden.

Aus Darstellungsgründen erscheint es nicht zweckmäßig, die externen und internen Aspekte der Beeinflussung vollständig zu trennen. Jeder spielt eine mehr oder weniger große Rolle bei allen hauptsächlichen Formen der Beeinflussung: Autorität, Kommunikation, Ausbildung, Effizienz und Identifikation (organisatorische Loyalität). Jedes dieser Themen wird noch eingehender in den folgenden Kapiteln betrachtet.

In diesem und den folgenden Kapiteln sollte immer die Idee der Entscheidung beachtet werden, die als eine Schlußfolgerung verstanden wird, die aus einer Menge von Prämissen – Wertprämissen und faktische Prämissen – gezogen wird. Organisatorischer Einfluß auf das Individuum kann dann nicht als Festlegung der Entscheidungen des Individuums durch die Organisation interpretiert werden, sondern als Festlegung von *einigen* der Prämissen für das Individuum, auf denen seine Entscheidungen begründet sind. Daher schließen sich auch die verschiedenen Formen der Beeinflussung keineswegs gegenseitig aus. Wenn das Individuum über eine bestimmte Handlungsalternative entscheidet, können ihm einige der Prämissen, auf denen seine Entscheidung beruht, durch die Ausübung der organisatorischen Autorität auferlegt worden sein, einige können das Ergebnis seiner Ausbildung sein, andere aus seinem Wunsch nach Effizienz herrühren, wieder andere aus seiner Loyalität zu der Organisation und so weiter.

Von allen Formen der Beeinflussung ist Autorität diejenige, die hauptsächlich das Verhalten der Individuen als Organisationsteilnehmer von ihrem Verhalten außerhalb solcher Organisationen unterscheidet. Autorität gibt einer Organisation ihre Formalstruktur, und die anderen Formen der Beeinflussung lassen sich am besten diskutieren, nachdem diese Struktur näher dargestellt worden ist.

Im Verhalten von organisierten Gruppen von Menschen entdecken wir oft eine so auffällige Einheit und Abstimmung des Verhaltens, daß sich viele Sozialwissenschaftler zu einer Analogie zwischen der Gruppe und dem Individuum veranlaßt sahen und sogar einen „Gruppengeist" postulierten.[1] Der Mechanismus, durch den diese Koordination erreicht wird, ist nicht leicht zu erkennen. Im Falle des Individuums gibt es eine leicht faßbare Struktur von Nervenfasern, die fähig sind, Impulse von jedem Teil des Körpers zu jedem anderen Teil zu übertragen und diese Impulse in einem zentralen Nukleus zu speichern und zu transformieren. Im Falle der sozialen Gruppe ist keine physiologische Struktur vorhanden, deren Anatomie auf der Suche nach Hinweisen auf den zugrundeliegenden Mechanismus erforscht werden kann.

Die Art und Weise, in der diese Koordination erreicht wird, ist teilweise bereits im letzten Teil von Kapitel V beschrieben worden. Ein Aktionsplan wird für die Gruppe entwickelt, und dieser Plan wird dann an die Gruppenmitglieder übermittelt. Der letzte Schritt in dem Prozeß ist die *Akzeptanz* dieses Planes durch die Mitglieder. Autorität spielt eine zentrale Rolle bei dieser Akzeptanz.

Koordination ergibt sich dann, wenn das Verhalten des Individuums durch seine Erwartungen über das Verhalten der anderen Gruppenmitglieder geleitet wird. In den einfachsten Fällen kann diese Anpassung, wie wir gesehen haben, selbstbestimmt sein. Wenn aber die Koordination nur etwas Komplexität erreichen soll, wird es für das Individuum nötig, seine speziellen Entscheidungen mit einer Art Gruppenplan in Einklang zu bringen. Psychologisch ausgedrückt, muß seine Einsicht, daß ein bestimmtes Verhalten ein Teil seiner Rolle im Rahmen des Planes ist, ein hinreichender Stimulus sein, um das fragliche Verhalten hervorzubringen. Die damit verbundenen geistigen Prozesse sind selten völlig absichtlich oder bewußt. Die meisten Verhaltensweisen, die zur Koordination führen, sind größtenteils Gewohnheit oder Reflex. Ein Soldat, der einem Befehl gehorcht, denkt nicht über die Philosophie des Gehorsams nach, sondern er *setzt* sich eine Verhaltensregel, die seine Entscheidungen für den Befehl zugänglich macht. Anstatt sich in jedem Augenblick von seiner Entscheidung „Ich werde jetzt angreifen" leiten zu lassen, erfaßt der Soldat alle diese Entscheidungen unter der allgemeinen Regel „Ich werde angreifen, wenn es so befohlen wird".

Eine Analyse der verschiedensten Formen organisierten Verhaltens wird zeigen, daß sich solches Verhalten ergibt, wenn jedes der koordinierten Individuen für sich ein Entscheidungskriterium setzt, das sein eigenes Verhalten vom Verhalten anderer abhängig macht. In den einfachsten Fällen trifft es jedes Mal seine eigene Entscheidung über die Art dieser notwendigen Anpassungen. Bei etwas komplexeren Formen der Organisation *setzt es sich selbst eine allgemeine Regel, die der übermittelten Entscheidung eines anderen die Steuerung seiner eigenen Entscheidungen erlaubt* (d. h. als eine Prämisse für diese Entscheidungen dient), *ohne eigene Überlegung über die Zweckdienlichkeit jener Prämissen.*

Autorität

Selbst die sehr einfachen Beispiele, die von organisiertem Verhalten dargestellt worden sind, zeigen, zumindest im Ansatz, das Phänomen der Autorität. „Autorität" läßt sich als die Macht definieren, Entscheidungen zu treffen, die die Handlungen eines anderen steuern. Sie ist eine Beziehung zwischen zwei Individuen, der eine „Vorgesetzter", der andere „Untergebener". Der Vorgesetzte entwirft und übermittelt Entscheidungen mit der Erwartung, daß sie vom Untergebenen akzeptiert werden. Der Untergebene erwartet solche Entscheidungen, und sein Verhalten wird durch sie bestimmt.[2]

Die Autoritätsbeziehung kann daher im rein objektiven und behavioristischen Sinne definiert werden. Sie umfaßt bestimmte Verhaltensweisen sowohl beim Vorgesetzten als auch beim Untergebenen. Dann und nur dann, wenn diese Verhaltensweisen auftreten, liegt eine Autoritätsbeziehung zwischen den beiden betroffenen Personen vor. Wenn die Verhaltensweisen nicht auftreten, gibt es keine Autorität, gleich, was die Organisationstheorie „auf dem Papier" sagen mag.

Das Verhaltensmuster des Vorgesetzten beinhaltet eine Anweisung – einen Imperativsatz, der die Wahl einer Verhaltensalternative durch den anderen betrifft – und eine Erwartung, daß die Anweisung durch den anderen als Entscheidungskriterium akzeptiert wird.[3]

Das Verhaltensmuster des Untergebenen wird von einer einzigen unbestimmten Entscheidung oder einem Entscheidungskriterium bestimmt, nämlich „die Verhaltensalternative zu befolgen, die für mich vom Vorgesetzten ausgewählt worden ist". Das bedeutet, daß er seine eigenen kritischen Fähigkeiten für die Wahl zwischen Alternativen zurückstellt und das Formalkriterium des Empfangs einer Anweisung oder eines Signals als seine Entscheidungsgrundlage benutzt.[4]

Da nun die Autoritätsbeziehung ein bestimmtes Entscheidungskriterium als Grundlage für das Verhalten des Untergebenen enthält, ergibt sich eindeutig, daß zwei Personen in dem einen Moment in einem Autoritätsverhältnis stehen können und in dem nächsten nicht, denn im ersten Moment kann das Verhalten des Untergebenen durch eine Anweisung gesteuert sein und im nächsten nicht. Wenn sich andererseits zwei Personen einander als „Vorgesetzter" und „Untergebener" anerkennen, folgt nicht, daß alle Formulierungen des einen, die auf die Verhaltensweisen des zweiten einwirken, „Anweisungen" sind. Die Bereitschaft des Untergebenen, eine Anweisung zu akzeptieren, *wenn sie ihm gegeben wird*, bedeutet nicht, daß alle oder auch nur die meisten seiner Verhaltensentscheidungen durch Anweisungen gesteuert werden.

Es ist daher notwendig, zwischen den besonderen Verhaltensweisen, die einzelne Fälle der Autoritätsausübung sind, und den von zwei Personen über einen Zeitraum gespielten Rollen zu unterscheiden, die eine *Gehorsamserwartung* des einen und eine *Bereitschaft zum Gehorsam* des anderen beinhalten.

Unterscheidung zwischen Beeinflussung und Autorität

Die Autoritätsbeziehung umfaßt keineswegs alle Situationen, in denen die verbalen Äußerungen einer Person das Verhalten einer anderen beeinflussen. Die Verben „überzeugen", „vorschlagen" usw. beschreiben verschiedene Formen der Beeinflussung, die nicht unbedingt eine Autoritätsbeziehung beinhalten. Das charakteristische Merkmal, das Autorität von anderen Arten der Beeinflussung unterscheidet, wurde oben bereits angeführt, nämlich, daß ein Untergebener seine eigenen kritischen Fähigkeiten bei der Alternativenauswahl zurückstellt und das Formalkriterium des Empfangs eines Befehls oder Signals als seine Entscheidungsgrundlage benutzt. Demgegenüber akzeptiert eine Person, die einen Vorschlag erhält, diesen als nur eine der erkennbaren Grundlagen für ihren Entscheidungsprozeß – aber die Wahl, die sie treffen wird, hängt von der eigenen Überzeugung ab. Auch Überzeugen dreht sich um die Gründe für oder gegen eine Handlungsalternative. Überzeugen und Vorschlagen haben eine Veränderung der erkennbaren Entscheidungssituation zur Folge, die zur Überzeugung des Entscheidungsträgers führen kann, aber nicht muß. Gehorsam ist demgegenüber ein Verzicht auf Entscheidung.

Die Vermengung dieser Begriffe ergibt sich aus der Tatsache, daß alle drei Phänomene – Überzeugen, Vorschlagen und Anweisen – häufig in einer einzigen Situation gegenwärtig sind. Sogar wenn eine Verhaltensweise durch Autoritätsausübung sichergestellt werden kann, zieht es ein Vorgesetzter oft, vielleicht sogar meistens vor, Vorschlag oder Überzeugen zu verwenden. Einige dafür sprechende Gründe werden sogleich erörtert. Aber Verwirrung läßt sich vermeiden, wenn bedacht wird – wie bereits betont wurde –, daß die bloße Tatsache, daß zwei Personen die Rollen des Vorgesetzten und Untergebenen akzeptieren, keineswegs bedeutet, daß alle oder auch nur die meisten ihrer Verhaltensweisen Fälle der Autoritätsausübung sein werden.

Die Grenzlinie zwischen Vorschlag und Anweisung ist jedoch vielleicht nicht so eindeutig, wie es diese Erörterungen nahelegen könnten. Einige Feinheiten sind im Begriff „eigene Überzeugung" verborgen, der als das Abgrenzungskriterium benutzt wurde.

Eine eigene Überzeugung, wie der Begriff in diesem Zusammenhang verwendet wird, ist ein Glaube an eine Tatsachen- oder Wertprämisse, die für eine bestimmte Entscheidung relevant ist. Glaube an eine Tatsachenaussage kann auf verschiedene Art und Weise herbeigeführt werden, eine davon ist der *Beweis*.

Aber wir sind von sehr vielen Dingen überzeugt, die uns niemals logisch oder empirisch bewiesen worden sind. Die meisten Menschen in diesem Land würden zustimmen, daß die Atombombe erfunden worden ist, obwohl es ihnen schwerfallen würde, dies entweder rein logisch oder durch empirische Beobachtungen zu belegen. Ähnlich verlangen nur wenige Menschen, bevor sie verordnete Medikamente einnehmen, von ihren Ärzten eine Demonstration der Heilwirkungen der Verordnung.

Anders ausgedrückt, eigene Überzeugung ergibt sich oft aus der sozialen Übermittlung von Tatsachenaussagen, selbst wenn der Beweis fehlt. Daher kann auch eine Sekretärin, die durch ihren Arbeitgeber beauftragt worden ist, ein bestimmtes Verfahrensproblem im Büro zu untersuchen, berichten: „Ich habe mir das Problem angeschaut und schlage vor, daß Sie auf diese Art vorgehen." Dieser Vorschlag kann durchaus ohne Überprüfung seiner Beweisgrundlagen durch den Arbeitgeber allein kraft seines Vertrauens in die Sekretärin akzeptiert werden. Hier wird das gleiche Nachlassen der Kritikfähigkeiten sichtbar, von dem wir behauptet haben, daß sie für die Autoritätsbeziehung charakteristisch ist.

Aussagen können daher ohne Beweis aufgrund des Status oder der Position der Person, die die Aussage macht, überzeugen. Ein Individuum, das keinen anerkannten Status besitzt oder von seinen Kollegen nicht als Experte im Hinblick auf ein bestimmtes Wissen anerkannt wird, hat es schwerer, seine Zuhörer zu überzeugen, daß eine Empfehlung brauchbar ist, als jemand, der die Referenzen als „Experte" besitzt. Empfehlungen werden teilweise anhand ihres sachlichen Gehalts beurteilt, aber teilweise auch anhand der Verdienste der Personen, die diese Empfehlungen abgeben. Dies gilt sowohl, weil die Individuen, die auf der Grundlage der Empfehlungen handeln, oft nicht die Expertise besitzen, die zu ihrer Beurteilung nötig wäre, als auch deshalb, weil Zeitdruck sie zwingt, Empfehlungen von denen zu akzeptieren, denen sie vertrauen. Hier liegt ein wichtiger Grund für den Widerstand, der gewöhnlich in einer Organisation jenen Vorschlägen gegenüber festgestellt wird, die außerhalb des „Dienstweges" vorgebracht werden oder die unaufgefordert durch andere als die üblichen Kommunikationskanäle angeboten werden.

Daraus sollte nicht gefolgert werden, daß dieser Widerstand gegenüber „irregulären" Vorschlägen unbedingt eine Schwäche der Organisation ist. Die Spezialisierung von Entscheidungsfunktionen und die Festlegung der Verantwortlichkeit für bestimmte Arten von Fachkenntnissen auf bestimmte Individuen ist eine wichtige Quelle organisationaler Effizienz, die gegen den daraus resultierenden möglichen Verlust von unabhängigen Ideen abgewogen werden muß.

Auf die Gefahr eines möglichen Mißbrauchs des Begriffs werden wir „Autorität" breit verwenden und darunter alle Situationen verstehen, in denen Vorschläge ohne kritische Prüfung oder Überlegung akzeptiert werden. Folgt man dieser Definition, ergibt sich daraus, daß wenn A in einem Moment B überlegen ist, im nächsten Moment B gegenüber A überlegen handeln kann. Was heißt es dann, wenn A als *der* Vorgesetzte von B bezeichnet wird?

Autorität und das „letzte Wort"

In den bisher erörterten Situationen akzeptiert ein Untergebener Anweisungen, wobei seine eigene bestimmte Wahl fehlt. Aber ein Untergebener kann auch Anweisungen akzeptieren, die im Gegensatz zu einer eigenen bestimmten Wahl stehen. In einem solchen Fall ist das Autoritätselement im Verhaltensmuster unzweifelhaft. Wenn es eine Meinungsverschiedenheit zwischen zwei Personen gibt, und wenn die Meinungsverschiedenheit nicht durch Diskussion, Überredung oder andere Mittel der Überzeugung gelöst wird, muß sie durch die Autorität des einen oder des anderen Beteiligten entschieden werden. Dieses „Recht zum letzten Wort" ist gewöhnlich gemeint, wenn von „Autoritätsbeziehungen" in Organisationen gesprochen wird. Zu oft wird jedoch das Element der Meinungsverschiedenheit beim Gehorsam auf Kosten der anderen Elemente der Situation überbetont. Der Begriff „Autorität" würde zu eng verwendet, wenn er auf solche Fälle der Meinungsverschiedenheit beschränkt würde.

Eine letzte Komplikation muß den Vorstellungen von Autorität hinzugefügt werden. Wenn Autorität durch die Akzeptanz expliziter Anweisungen oder die Auflösung von Meinungsverschiedenheiten vollständig in Erscheinung treten würde, könnte ihr Vorhandensein oder Nichtvorhandensein in einer Beziehung durch das Vorhandensein oder Nichtvorhandensein dieser greifbaren Begleiterscheinungen ermittelt werden. Für Gehorsam ist aber gleichermaßen die Antizipation von Anweisungen möglich. Der Untergebene kann und soll sich fragen: „Wie würde mein Vorgesetzter sich mein Verhalten unter diesen Umständen wünschen?" Unter solchen Umständen wird Autorität durch nachträgliche Prüfung abgeschlossener Handlungen durchgesetzt anstatt durch eine vorherige Anweisung. Weiter gilt, je gehorsamer der Untergebene, desto weniger greifbar werden die Anzeichen von Autorität sein, denn Autorität muß nur noch zur Korrektur einer falschen Entscheidung eingesetzt werden.

Auf dieses Phänomen ist von Friedrich[5] hingewiesen worden, der es die „Regel der antizipierten Reaktionen" nennt. Es liefert ein bemerkenswertes Beispiel für die Art und Weise, wie Erwartungen und Antizipationen menschliches Verhalten steuern und die Schwierigkeiten, die sich daraus für die Analyse menschlicher Institutionen ergeben. Die Schwierigkeit bei der Bestimmung von Autoritätsbeziehungen wegen der Wirkung der Regel antizipierter Reaktionen ist allen „Machtsituationen" gemeinsam. Zum Beispiel muß jede Untersuchung des Vetorechts eines Gouverneurs beachten, welche Gesetzesvorlagen nicht vom Parlament verabschiedet wurden, weil das Veto antizipiert wurde, und welche Gesetze aus dem gleichen Grund verabschiedet wurden.[6]

Jede Untersuchung von Machtbeziehungen, die sich auf Fälle beschränkt, in denen die Sanktionsmittel der Macht zu Hilfe genommen wurden, verfehlt die grundsätzliche Sachlage. Um diesen Irrtum zu vermeiden, ist Autorität in dieser Untersuchung nicht durch die Sanktionen des Vorgesetzten definiert worden, sondern durch die Verhaltensweisen des Untergebenen.

Die Sanktionen der Autorität

Nachdem zumindest vorläufig festgelegt wurde, was Autorität ist, müssen wir die Umstände ihrer Ausübung untersuchen. Warum und in welchem Ausmaß wird ein Untergebener die Entscheidungen eines anderen zur Lenkung seines eigenen Verhaltens akzeptieren?

Die Beziehung Vorgesetzter–Untergebener ist eines von vielen möglichen Beispielen der Rollenübernahme, die weite Bereiche menschlichen Verhaltens charakterisiert. Vielleicht ist Gewohnheit die wichtigste Grundlage für solche Rollenübernahme. Das heißt, daß ein Großteil des Verhaltens keine weitere Erklärung erfordert, als daß es unter den gegebenen Bedingungen das sozial „erwartete" Verhalten ist. Um die Gründe zu erkennen, warum ein bestimmtes Verhalten durch Gewohnheit vorgeschrieben wird, wäre es notwendig, die Sozialgeschichte der fraglichen Gesellschaft zu untersuchen.[7]

Die „Institutionen" einer Gesellschaft können als Regeln angesehen werden, die die Rollen bestimmen, die einzelne Personen im Verhältnis zueinander unter bestimmten Bedingungen annehmen werden. Die Spannweite möglicher Rollen und möglicher Verhaltensweisen ist so breit wie der Einfallsreichtum des Menschen für dramatische Erfindungen.[8]

Eine der sozial bestimmten Rollen in vielen Gesellschaften ist die des „Arbeitnehmers". Der genaue Gehalt der Rolle – das Maß des erwarteten Gehorsams – wird sich mit der sozialen Situation verändern. Der amerikanische Arbeiter hat heute wahrscheinlich einen etwas engeren Akzeptanzbereich in bezug auf die Anweisungen des Arbeitgebers, als ihn sein Vater hatte. Teilweise kann das auf seine stärkere Verhandlungsposition zurückzuführen sein oder umgekehrt auf die schwächeren Sanktionen der Arbeitgeber; aber hier liegt vielleicht auch ein grundlegenderer Wandel in den sozialen Auffassungen darüber vor, was ein Arbeitgeber „angemessenerweise" von einem Arbeitnehmer verlangen kann. Diese gewandelte Einstellung spiegelt sich auch in der Sozialgesetzgebung wider, die die Bedingungen des Arbeitsvertrages beschränkt.

Es gibt auch breite Erwartungsunterschiede bei den verschiedenen Arten von Arbeitnehmern über die Autoritätsbeziehungen in ihren Positionen. Professionelle Mitarbeiter und Facharbeiter neigen zu relativ engen Akzeptanzbereichen, besonders in den Gebieten ihrer eigenen Fachkompetenzen oder Fähigkeiten.

Es soll hier weder die Entstehung dieser sozialen Einstellungen, die eine Gehorsamserwartung in bestimmten Situationen begründen, zu erklären versucht werden, noch ihre Abhängigkeit von und Beziehung zu anderen Einstellungserscheinungen in der Gesellschaft. Es wurde viel darüber spekuliert, daß sich die zentralen Einstellungen einer Gesellschaft in der Organisation widerspiegeln müssen, so daß die Organisationen in einer Demokratie in einem gewissen Sinne „demokratisch", während die

Organisationen in einem totalitären System „autoritär" sein werden. Bisher ist die These zwar entwickelt, aber in keiner Weise belegt worden.

Es gibt mehrere andere, speziellere Faktoren, die zur Akzeptanz von Autorität in Organisationen führen. In einem weiten Sinne könnten sie „Sanktionen" genannt werden, obwohl dieses Wort üblicherweise an die Stimuli gebunden ist, die durch Bestrafung wirken, während einige der Faktoren, die im folgenden aufgeführt werden, zutreffender als Belohnungen klassifiziert werden.

(1) Die sozialen Sanktionen sollen zuerst angeführt werden und sind vielleicht die wichtigsten. Nicht nur erzeugt die Gesellschaft beim Individuum Gehorsamserwartungen für bestimmte soziale Situationen, sondern das Individuum, das seine Rolle nicht akzeptiert, wird auf die eine oder andere Art die soziale Mißbilligung seiner Mitmenschen fühlen. Auflehnung kann unter diesen Umständen ebenso peinlich sein, wie das Versäumnis, zum Kirchgang eine Krawatte zu tragen.

Soweit Kollegen Ersatzbefriedigung erfahren, wenn ein Individuum dem Chef „die Meinung sagt", können andererseits soziale Sanktionen bewirken, daß die Wirksamkeit von Autorität vermindert wird. Die Stärke, mit der Gruppeneinstellungen zur Akzeptanz oder zum Widerstand die Reaktionen des Individuums gegenüber der Autorität bedingen, ist in den Hawthorne-Untersuchungen stark hervorgehoben worden.[9]

(2) Psychologische Unterschiede zwischen Individuen können eine wichtige Rolle bei der Durchsetzung solcher Beziehungen spielen. Obwohl die Untersuchung von Führungsverhalten erst am Anfang steht, gibt es einige Hinweise, daß es bestimmte Persönlichkeitstypen geben könnte, die führen und andere, die folgen.[10]

(3) Der Zweck ist als äußerst wichtige Sanktion von Organisationstheoretikern hervorgehoben worden. Wie bereits in Kapitel VI betont wurde, werden Beiträge zu freiwilligen Organisationen hauptsächlich deshalb geleistet, weil sich das Mitglied dem Organisationszweck verbunden fühlt. Es ist bereit, Anweisungen zu befolgen, weil es einsieht, daß die dadurch sichergestellte Koordination nützlich für die Erreichung des gemeinsamen Zweckes ist.[11]

Es müssen mehrere Voraussetzungen erfüllt sein, wenn der Zweck eine wirksame Sanktion der Autorität sein soll. Der Untergebene muß Vertrauen haben, daß die Anweisung zur Förderung eines von ihm geteilten Zwecks gegeben wird. Zweitens muß er Vertrauen haben, daß die Anweisung dieser Zweckerreichung nutzen wird. Dieses Vertrauen kann weniger auf sein eigenes Wissen über die Richtigkeit der Anweisung gegründet sein (tatsächlich würde eine solche Akzeptanz in unserer Definition von Autorität nicht enthalten sein), als auf seinen Glauben an die Fähigkeit jener, die die Anweisung gegeben haben, auf seine Erkenntnis, daß sie über Informationen verfügen, die er nicht hat, und auf seine Einsicht, daß seine Bemühungen und die seiner Kollegen ohne eine gewisse Koordination von oben für die Erreichung des gewünschten Ziels unwirksam sein werden. In begrenztem Maße wird er sogar Anweisungen akzeptieren, von denen er weiß, daß sie falsch sind, weil er ein Autoritätssystem nicht bedrohen oder außer Kraft setzen will, von dem er glaubt, daß es langfristig seinen Zielen nutzt.

(4) Stärker formale Sanktionen in unserer Gesellschaft beruhen auf der Beziehung zwischen der „Arbeit" sowie wirtschaftlicher Sicherheit und Status. Daher kann Gehorsam der Preis für die Beibehaltung der Stelle sein, die ein höheres Gehalt oder andere Vorteile garantiert. Die Tatsachen, daß die meisten Organisationen ein großes Maß an Gehorsamsverweigerung – besonders wenn sie nicht verbalisiert wird – ohne Entlassung tolerieren, und daß viele Organisationsmitglieder keine Beförderung wünschen, verringern die Bedeutung dieser Sanktionen als Mittel, die Akzeptanz der Autorität in der Alltagsarbeit einer Organisation sicherzustellen.

(5) Besonders im Falle von Individuen, die nicht stark durch Einflüsse der Punkte drei und vier betroffen werden, kann einfach Widerwille oder Abneigung, Verantwortung zu übernehmen, ein Hauptgrund für die Anerkennung von Entscheidungen sein, die von anderen getroffen werden. Wenn die zugewiesene Aufgabe nicht übermäßig unangenehm ist, würden viele Individuen vorziehen, gesagt zu bekommen, was sie tun sollen, anstatt gezwungen zu sein, die Entscheidungen selbst zu treffen. Tatsächlich ist dies wahrscheinlich für die meisten Individuen charakteristisch, wenn die fragliche Entscheidung außerhalb ihres Erfahrungs- und Kompetenzbereiches liegt. Die psychologischen Wurzeln dafür liegen tiefer als eine bloße Angst vor den Folgen, die im Falle einer falschen Entscheidung entstehen können, und die Individuen sind in diesem Merkmal sehr unterschiedlich.

Die Grenzen der Autorität

Es ist das auffälligste Merkmal der „Untergebenen"-Rolle, daß sie einen Akzeptanzbereich[12] des Verhaltens festlegt, in dem der Untergebene bereit ist, die für ihn durch seinen Vorgesetzten getroffenen Entscheidungen zu akzeptieren. Seine Entscheidung wird dementsprechend, also innerhalb des Akzeptanzbereichs, durch seinen Vorgesetzten bestimmt, und die Beziehung Vorgesetzter–Untergebener gilt nur innerhalb dieses Bereichs. Akzeptanz kann Folge jedes der Einflüsse sein, die im vorausgegangenen Abschnitt erörtert wurden, und kann vorliegen, wenn der Untergebene sich nicht darum kümmert, welche Alternative gewählt wird, oder wenn die Sanktionen hinreichend stark sind, um ihn zu veranlassen, eine unerwünschte Alternative auszuführen.

Der Umfang des Bereichs wird durch zahlreiche Umstände beeinflußt. Eine freiwillige Organisation mit schlecht definierten Zielen besitzt vielleicht den engsten Akzeptanzbereich.[13] Eine Armee, in der sowohl die Sanktionen als auch die Gewohnheiten äußerst streng sind, hat den weitesten Akzeptanzbereich.[14]

Beschränkung des Vorgesetzten ist ebenso wichtig wie Gehorsam des Untergebenen, um die Beziehung zu erhalten. Moderne Organisationstheoretiker haben die Notwendigkeit zur Beschränkung betont, indem sie wenn möglich den Einsatz von anderen Beeinflussungsmitteln empfohlen haben, die zur Überzeugung anstatt zur Autoritätswirkung führen, was aber oft nur zur Duldung führt.

Die gleichen Grenzen der politischen Autorität sind durch Charles E. Merriam untersucht worden.[15] Historiker haben oft das Ausmaß, in dem „Führer" wirklich führen, in Frage gestellt. Wie breit ist der Indifferenzbereich, innerhalb dessen eine Gruppe weiter ihrer Führung folgen wird? In einem ureigentlichen Sinne ist der Führer oder Vorgesetzte nur ein Busfahrer, dessen Passagiere ihn verlassen werden, wenn er sie nicht in die Richtung bringt, die sie wünschen. Sie lassen ihm nur geringen Spielraum für den einzuschlagenden Weg.

Die Einsatzmöglichkeiten der Autorität

Autorität ist als eine Beziehung beschrieben worden, die koordiniertes Verhalten in einer Gruppe durch Unterordnung der Entscheidungen eines Individuums unter die übermittelten Entscheidungen von anderen sicherstellt. Dementsprechend ermöglicht Autoritätsausübung in einer Gruppe ein hohes Maß an Trennung zwischen den Entscheidungsprozessen und der tatsächlichen Ausführung, was man auch „vertikale" Spezialisierung beim Entscheiden nennen könnte.

So wie ein Steuermann seine Augenblicksentscheidungen durch einen Kurs kontrollieren läßt, der vorher auf der Karte abgesteckt wurde, unterwirft ein Organisationsmitglied sein Verhalten der Kontrolle durch den Entscheidungsbereich der Organisation. Im ersten Fall findet die Koordination im Verhalten eines einzigen Individuums über einen Zeitraum statt. Im zweiten Fall findet die Koordination im Verhalten zahlreicher Individuen über einen kürzeren oder längeren Zeitraum statt. In beiden Fällen wird das gleiche Prinzip herangezogen: Die Unterordnung von besonderen unter allgemeine Entscheidungen.

Vertikale Spezialisierung oder Spezialisierung im Entscheidungsprozeß ist natürlich auch ohne Autoritätseinsatz möglich. Einer Abteilung kann ein reiner Beratungs- oder „Stabs"-Status in einer Organisation zugewiesen werden und trotzdem fällt sie durch ihre Empfehlungen tatsächlich Entscheidungen, die an anderen Stellen der Organisation akzeptiert werden. Insofern die Empfehlungen einer Stabsstelle jedoch ohne Nachprüfung ihrer Eignung akzepiert werden, übt die Stelle in Wirklichkeit Autorität aus, wie wir diesen Begriff definiert haben. Es wäre schwierig, Beispiele aus Organisationen anzuführen, in denen eine wirksame Spezialisierung des Entscheidungsprozesses ohne zumindest einige Autorität zu ihrer Erhaltung existiert.

Die breite Anwendung von Autorität als ein Instrument zur Koordination der

Gruppenaktivität spiegelt die wichtigen Einsatzmöglichkeiten für dieses Instrument wider. Drei Funktionen der Autorität verdienen besondere Beachtung:

(1) Sie setzt Verantwortlichkeit des einzelnen gegenüber jenen durch, die die Autorität ausüben.
(2) Sie stellt Expertise im Entscheidungsprozeß sicher.
(3) Sie erlaubt Koordination von Handlungen.

Verantwortlichkeit

Autoren, die sich mit den politischen und rechtlichen Aspekten der Autorität auseinandersetzten, haben betont, daß ihre Funktion die Durchsetzung der Konformität des Individuums mit den von der Gruppe oder ihren autoritätsausübenden Migliedern gesetzten Normen sei.[16] Die Gesetzesbeschlüsse eines Parlaments z. B. werden nicht nur durch die vom Staat beschäftigte Verwaltungshierarchie als autoritativ akzeptiert, sondern durch alle Personen, die seiner Gesetzgebung unterworfen sind. Wenn Ungehorsam vorkommt, können vielfältige Sanktionen herangezogen und gegen das widerspenstige Mitglied angewendet werden. Der Kern vieler der wichtigsten sozialen Institutionen besteht aus einem Autoritätssystem und einer Reihe von Sanktionen zu seiner Durchsetzung. Der Staat selbst ist das beste Beispiel, aber auch das Eigentumsrecht, die Kirche und sogar die Familie fallen in diese Kategorie.[17]

Dieser Aspekt der Autorität ist für unsere eigene Diskussion von beträchtlicher Bedeutung. Die Idee einer Verwaltungshierarchie in einem demokratischen Staat wäre undenkbar ohne die korrespondierende Idee eines Mechanismus, durch den diese Hierarchie rechenschaftspflichtig gehalten wird.[18] Die Frage der Verantwortlichkeit muß ein zentrales Thema in jeder Diskussion der Beziehung zwischen Verwaltungs- und Gesetzgebungskörperschaften und in jeder Analyse des Verwaltungsrechts sein.

Wenn Autorität zur Durchsetzung von Verantwortung eingesetzt wird, werden wahrscheinlich Sanktionen eine wichtige Rolle in dem Prozeß spielen; und dies begründet die Aufmerksamkeit, die üblicherweise dem Gegenstand der Sanktionen in Untersuchungen der Autorität geschenkt wird. Selbst in diesem Zusammenhang sollte die Bedeutung der Sanktionen jedoch nicht überbetont werden. Die Person, die die Autorität eines Gesetzgebers, eines Eigentümers oder eines Vaters innerhalb eines bestimmten institutionellen Rahmens akzeptiert, ist wahrscheinlich viel stärker durch sozial geprägte ethische Ideen als durch die Angst vor Sanktionen motiviert. Das heißt, das Individuum in einer bestimmten Gesellschaft glaubt, daß es die Gesetze beachten *sollte,* die von den verfassungsmäßigen Autoritäten erlassen werden, und daß es Eigentumsrechte anerkennen *sollte.* Das ganze System von Autorität und Verantwortung allein mit Hilfe von Sanktionen zu erklären, heißt, die Situation übermäßig zu vereinfachen.

Expertise

Eine äußerst wichtige Funktion der Autorität ist die Sicherung von hochgradig rationalen und wirksamen Entscheidungen. Es ist schon lange bekannt, daß Spezialisierung von grundlegender Wichtigkeit für die Effizierung von Organisationen ist, und es ist kaum notwendig, an dieser Stelle die Standardbeispiele zu wiederholen, die zeigen, wie Spezialisierung die Produktivität steigern kann.[19] Diese Vorteile der Spezialisierung sind genauso wichtig, wenn die Spezialisierung den Prozeß des „Entscheidens" betrifft, wie dann, wenn sie den Prozeß des „Ausführens" betrifft.

Der Stadtdirektor einer kleinen Gemeinde ist ein Hansdampf-in-allen-Gassen: Er muß die Fähigkeiten eines Ingenieurs, eines Buchhalters, einer Führungskraft, eines Vorarbeiters, eines Rechnungskassierers und eines Mechanikers haben. Gleichzeitig ist er geistiger Hansdampf-in-allen-Gassen: Er selbst muß nahezu alle Entscheidungen treffen, die seine Handlungen und die seiner wenigen Untergebenen während des Arbeitstages leiten; er muß entscheiden, wann eine Straße ausgebessert oder ein Abwasserkanal gebaut werden soll; er muß seinen Material- und Personalbedarf vorhersehen, die Materialien einkaufen und Mitarbeiter einstellen; er muß entscheiden, welche Polizeikräfte und welcher Gesundheitsdienst gebraucht werden.

Der Leiter einer Großstadtverwaltung ist in einer ganz anderen Situation. Wenn sein Mitarbeiterbestand groß genug ist, kann er einen Ingenieur einstellen, der die Tätigkeiten der öffentlichen Betriebe leitet und die technischen Entscheidungen in diesem Bereich trifft. Er kann einen oder mehrere Personalspezialisten und einen Einkäufer beschäftigen. Vorarbeiter werden die direkte Überwachung von Arbeitsgruppen ausüben. Jede Entscheidung über die Maßnahmen der Stadt wird verhältnismäßig spezialisierten und fachkompetenten Überlegungen unterworfen.

Um die Vorteile der spezialisierten Fähigkeiten in einer großen Organisation zu erreichen, wird die Arbeit in der Organisation soweit wie möglich derart unterteilt, daß alle Prozesse, die eine besondere Fähigkeit erfordern, von Personen, die diese Fähigkeit besitzen, ausgeführt werden können. Um gleichermaßen die Vorteile der Expertise im Entscheidungsprozeß zu nutzen, wird die Verantwortung für Entscheidungen soweit wie möglich so verteilt, daß Entscheidungen, die besonderes Wissen oder Fähigkeit erfordern, bei Individuen liegen, die dieses Wissen oder diese Fähigkeit besitzen. Dies zieht eine Unterteilung der Steuerungsentscheidungen der Organisationen in zahlreiche Teilentscheidungen nach sich sowie eine Beschränkung der Tätigkeiten jedes Organisationsmitgliedes auf sehr wenige dieser Teilentscheidungen.

Ein grundlegendes Mittel zur Sicherstellung von Expertise in organisatorischen Entscheidungen ist die Ansiedlung des Experten in einer strategischen Position in der formalen Autoritätshierarchie – das heißt, in einer Position, in der seine Entscheidungen von den anderen Organisationsmitgliedern als Entscheidungsprämissen akzeptiert werden. Dies ist ein Hauptvorteil der Organisation durch „Prozeß". Wenn alle Tätigkeiten, für die Ingenieurentscheidungen relevant sind, in einer einzigen Abteilung zusammengefaßt werden, dann ist es einfach, die Entscheidungsfunktion so zuzuordnen, daß die notwendige technische Kompetenz sichergestellt ist.[20]

Solange jedoch die Kommunikation von Entscheidungen auf die formale Autoritätshierarchie beschränkt ist, ist es nicht möglich, die verschiedenen Arten der technischen Unterstützung sicherzustellen, die oft für eine einzige Entscheidung benötigt werden. Einem kleinen Schulamt z. B. können die medizinisch-technischen Möglichkeiten für Entscheidungen über seinen Schulgesundheitsdienst oder die Ingenieurberatung fehlen, die zur Instandhaltung der Schulgebäude notwendig wäre.

Um alle Vorteile der Expertise in Entscheidungsprozessen zu nutzen, ist es daher notwendig, die formale Autoritätsstruktur zu überschreiten. Die „Autorität der Ideen" muß in Abstimmung mit der „Sanktionsautorität" Bedeutung in der Organisation gewinnen.

Der Schwerpunkt dieser Diskussion lag bisher auf dem *technischen* Wissen, das für Entscheidungen benötigt wird. Expertise kann sich auch auf andere Informationstypen beziehen. Moderne Polizeibehörden in großen Städten haben Einsatzzentralen, die telefonisch oder auf andere Art Informationen über Vorfälle erhalten, die polizeiliche Aufmerksamkeit erfordern und die Polizisten über Funk einsetzen, um diese Vorfälle zu untersuchen. Die Bedeutung, die die Einsatzzentralen für den Entscheidungsprozeß (in diesem Fall den Einsatz von Polizisten) haben, liegt in ihrer strategischen Anordnung in Bezug auf relevante eingehende Informationen. Wiederum kann die formale Autoritätsstruktur nur eine kleine Rolle in diesem Prozeß spielen und kann faktisch, außer in Fällen von Meinungsverschiedenheit, von den Kommunikationsbeziehungen außer acht gelassen werden.

In der Organisationshierarchie erfreut sich der Vorgesetzte gewöhnlich auf Grund seiner Position des gleichen Informationsvorteils gegenüber seinen Untergebenen. Das Ausmaß, in dem dieser Vorteil wirklich besteht, und das Ausmaß, in dem er ein Mythos ist, kann zum großen Teil von der Gestaltung der Kommunikationsbeziehungen in der Organisation abhängen. Der Vorgesetzte, der solche Informationsvorteile besitzt, wird wesentlich weniger Veranlassung haben, sich auf die formalen Sanktionen der Autorität zu berufen, als der Vorgesetzte, dessen Untergebene aus der Sicht der Informationen in einer besseren Situation als er sind, um eine Entscheidung zu treffen.

Koordination

Die dritte Funktion der Autorität, die Sicherung der Koordination, wurde ausführlich in vorhergehenden Abschnitten dieses Kapitels diskutiert. Koordination sollte klar von Expertise unterschieden werden. Expertise bezieht sich auf die Annahme einer *guten* Entscheidung. Koordination zielt auf die Annahme der *gleichen* Entscheidung durch alle Gruppenmitglieder oder genauer von gegenseitig konsistenten Entscheidungen, die in ihrer Kombination das gesetzte Ziel erreichen.

Angenommen, zehn Personen entschließen sich zur Kooperation beim Bau eines Bootes. Wenn jeder seinen eigenen Plan hat und sie sich um die Mitteilung ihrer Pläne nicht kümmern, erscheint es zweifelhaft, ob das fertige Fahrzeug sehr seetüchtig sein wird. Sie wären wahrscheinlich erfolgreicher, selbst wenn sie einen nur sehr mittelmäßigen Entwurf übernehmen und dann alle diesem gleichen Entwurf folgen würden.

Im ersten Teil des Feldzuges von Waterloo wurde Napoleons Armee in zwei Abschnitte aufgeteilt. Der rechte Flügel, durch den Kaiser selbst befehligt, stand Blücher bei Ligny gegenüber; der linke Flügel, unter Marschall Ney, stand Wellington bei Quatre Bras gegenüber. Sowohl Ney als auch der Kaiser bereiteten einen Angriff vor, und beide hatten ausgezeichnete Pläne für ihre jeweiligen Operationen vorbereitet. Unglücklicherweise hatten beide Pläne die Absicht, Erlons Korps einzusetzen, um den entscheidenden Stoß an der Flanke des Feindes zu führen. Weil sie versäumten, sich diese Pläne mitzuteilen, und weil die Befehle am Tag der Schlacht unklar waren, verbrachte Erlons Korps den Tag damit, zwischen den beiden Schlachtfeldern hin und her zu marschieren, ohne in das Geschehen auf einem der beiden einzugreifen. Etwas weniger brillante taktische Pläne, aber koordiniert, würden zu größerem Erfolg geführt haben.

Durch die Ausübung von Autorität ist es möglich, die Entscheidungsfunktion zu zentralisieren, so daß ein allgemeiner Ausführungsplan die Handlungen aller Organisationsmitglieder steuert. Dieses Verfahren ist wiederum analog zu dem Prozeß, bei dem ein Individuum seine eigenen Handlungen über einen längeren Zeitabschnitt plant.

Koordination kann in einem prozeduralen sowie in einem substantiellen Sinne ausgeübt werden. Unter prozeduraler Koordination wird die Festlegung der Organisation selbst verstanden – d. h. die verallgemeinerte Beschreibung der Verhaltensweisen und Beziehungen der Organisationsmitglieder. Prozedurale Koordination legt die Autoritätsbeziehungen fest und stellt in groben Zügen die Handlungs- und Autoritätsbereiche jedes Organisationsmitgliedes dar.

Substantielle Koordination betrifft den *Gehalt* der Handlungen der Organisation. In einer Automobilfabrik ist ein Organisationsschaubild ein Aspekt der prozeduralen Koordination, während Pläne für den Motor des hergestellten Wagens ein Aspekt der substantiellen Koordination sind.

Einheit der Auftragserteilung

In Kapitel II wurden einige Bemerkungen über die Unzulänglichkeit der Doktrin von der Einheit der Auftragserteilung gemacht, so wie diese Doktrin gewöhnlich dargestellt wird. Dort wurde hervorgehoben, daß in einem trivialen Sinne die Einheit der Auftragserteilung immer erreicht wird, denn wenn ein Untergebener angewiesen wird, eine Entscheidung auf der Grundlage zweier konfliktärer Prämissen zu treffen, wird er offensichtlich nur imstande sein, eine von beiden zu akzeptieren, und er muß die andere außer acht lassen. Wenn also auf Einheit der Auftragserteilung gedrängt wird, kann dies nicht alles sein, was damit gemeint ist.

Wie ebenfalls im Kapitel II erklärt wurde, wird die Einheit der Auftragserteilung gewöhnlich so interpretiert, daß jedes einzelne Individuum in der Organisation die Autorität nur einer anderen Person in der Organisation akzeptiert. Die Gültigkeit dieses Prinzips als Teil guter organisatorischer Verfahrensweise wurde aus dem Grunde kritisiert, daß es keine Begründung dafür gibt, warum ein Individuum nicht bestimmte Entscheidungsprämissen von einem Vorgesetzten und andere, nicht konfliktäre Prämissen von einem anderen akzeptieren kann. Es kann z. B. die Autorität eines „Linienvorgesetzten" bei der Festlegung des Programms seiner Einheit akzeptieren, während es die Autorität des Rechnungswesens akzeptiert, wenn es um die Führung finanzieller Aufzeichnungen geht. Oder, um das Beispiel von Taylors „Funktionsmeistern" anzuführen, es kann die Anweisungen eines Meisters über die Geschwindigkeit seiner Drehbank und die eines anderen Meisters über deren richtige Wartung akzeptieren.

Vielleicht wird der Zweck verständlicher, dem die Einführung des Prinzips der Einheit der Auftragserteilung dienen soll, wenn die Ergebnisse, die solche Einheit angeblich bewirken soll, untersucht werden. Es ist sicher nicht wünschenswert für die Organisation, daß der Untergebene, der konfliktäre Anweisungen erhält, die sich auf die *gleiche* Entscheidungsprämisse beziehen, entweder bestraft wird, weil er nicht beide Anweisungen ausführt, oder in eine Lage versetzt wird, in der er die Anweisung ausführen kann, die er bevorzugt. Im ersten Fall wird der Untergebene durch die unmögliche Situation, in die er versetzt wird, demoralisiert; im zweiten Fall wird er seinen ursprünglichen Ermessensspielraum behalten, also keiner wirklichen Autorität unterliegen. Außerdem kann der Vorgesetzte, wenn er den Untergebenen nicht für die Ausführung von Anweisungen verantwortlich machen kann, selbst nicht für Ergebnisse verantwortlich gemacht werden. Zweifellos sind diese Schwierigkeiten real und grundsätzlich; die Frage ist allein, ob Einheit der Auftragserteilung die einzige oder beste Lösung darstellt.

Im Gegenteil, es scheinen zumindest vier Methoden verbreitet zu sein, um Autoritätskonflikte zu verhindern oder zu lösen:

(1) Einheit der Auftragserteilung im traditionellen Sinne – jedes Individuum erhält von einem und nur von einem Vorgesetzten Anweisungen.

(2) Einheit der Auftragserteilung in dem in Kapitel II definierten engeren Sinne – ein Individuum kann Anweisungen von mehreren Vorgesetzten erhalten, aber im Konfliktfalle gibt es einen und nur einen, bei dem verlangt wird, daß es ihm gehorcht.

(3) Teilung der Autorität – jeder Organisationseinheit wird ein besonderer Bereich zugeordnet, über den sie alleinige Autorität hat, und die Entscheidungsprämissen jedes Individuums, die in diesen Bereich fallen, unterliegen dieser Autorität.

(4) Ein Rangsystem – ein Individuum ist der Autorität aller anderen Individuen eines bestimmten Ranges unterstellt. Erhält es konfliktäre Anweisungen, folgt es der zuletzt erhaltenen, ist aber verpflichtet, den Konflikt der anweisenden Person zur Kenntnis zu bringen. Autoritätsbeziehungen zwischen Offizieren und Mannschaften in Heer und Marine folgen diesem generellen Verfahren.

Diese Verfahren, besonders das zweite, dritte und vierte, schließen sich nicht notwendig gegenseitig aus und können kombiniert in einer einzigen Organisation angewendet werden.

Die Autoritätshierarchie

Die Anordnung der Organisationsmitglieder in einer Hierarchie bzw. Anweisungspyramide bietet die Grundlage für die erste oder die zweite Methode zur Vermeidung von Autoritätskonflikten. Das konsistente Festhalten an einer solchen Ordnung verhindert entweder die Erteilung konfliktärer Anweisungen an einen Untergebenen durch unterschiedliche Vorgesetzte oder beendet, wenn zwei Individuen auf der gleichen Hierarchieebene gegeneinander arbeiten sollten, den Konflikt zwischen ihnen automatisch dadurch, daß er einem gemeinsamen Vorgesetzten in der Hierarchie zur Entscheidung vorgelegt wird. Die Organisationshierarchie stellt mithin ein abschließendes Verfahren zur Verfügung, das entscheidet, wer zu entscheiden hat.

In der Alltagspraxis stellt die Autoritätshierarchie zumeist einen Kompromiß zwischen den beiden oben aufgeführten Theorien der Einheit der Auftragserteilung dar; d. h., die Autoritätsbeziehungen in der Hierarchie stellen die normalen (aber fast nie die ausschließlichen) Kanäle zur Übermittlung von Befehlen oder Anweisungen zur Verfügung, und wenn Überschneidung von Anweisungen auftritt, wird auf die Hierarchie bei der Konfliktlösung zurückgegriffen.

Teilung der Autorität

Die Autoritätshierarchie könnte als eine Autoritätsteilung nach Personen beschrieben werden – jedem Individuum wird Autorität (alleinige Autorität, wenn der ersten

Theorie gefolgt wird) über eine festgelegte Gruppe von Untergebenen zugewiesen. Es ist ebenso möglich, Autorität nach der Sache zu teilen – jedem Individuum wird Autorität über einige festgelegte Arbeitsbereiche der Organisation zugewiesen. In der Literatur wird dies oft als eine „funktionale" Autoritätsverteilung bezeichnet.

Autorität über Sachbereiche wird durch die Herausgabe autorisierter Mitteilungen – Arbeitsanleitungen, Aufgabenhandbücher und ähnliches – verteilt, die den Bereich abgrenzen, auf den jedes Gruppenmitglied seine Tätigkeiten zu beschränken hat und innerhalb dessen die Entscheidungen jedes Mitgliedes einen autoritativen Charakter in der Gruppe haben sollen. Anstatt in jedem einzelnen Konfliktfalle zu entscheiden, welchen Entscheidungen zu folgen ist und welchem nicht, wird im voraus eine generelle Regel aufgestellt, die jedem Gruppenmitglied einen bestimmten Entscheidungsbereich gewährt, in dem es Autorität haben soll.

Wenn die Arbeit der Gruppenmitglieder in gegenseitiger Isolation ausgeführt würde, gäbe es keinen Bedarf zur Teilung der Autorität über die Errichtung der Hierarchie hinaus. Normalerweise wirkt sich jedoch die Art und Weise, wie jedes Gruppenmitglied seine Arbeit verrichtet, stark auf die Arbeit jedes anderen Mitgliedes aus. Die Ermüdung eines Mannes am Fließband kann das gesamte Band stören. Der Verzug eines Einkäufers kann eine Baukolonne beeinträchtigen. Ein Rückstand auf dem Schreibtisch eines Prüfers kann die Korrespondenz aufhalten.

Selbst dort, wo es eine Autoritätshierarchie gibt, ist es also gewöhnlich notwendig, die Organisation auch über funktionale bzw. Sachbeziehungen zu teilen. Es gibt zwei Kriterien, um den Erfolg einer Autoritätsverteilung zu messen: (1) das Ausmaß, in dem sie die Arbeit der Gruppe unterstützt oder behindert, und (2) das Ausmaß, in dem sie Zuständigkeitsstreitigkeiten minimiert. Die zwei Kriterien fallen nicht notwendig zusammen. So würde z. B. eine Teilung der Autorität in einem Automobilwerk auf der Grundlage der Wohnorte der Wagenkäufer wahrscheinlich eindeutig sein, aber kaum den Herstellungsprozeß erleichtern. Um erfolgreich zu sein, muß die Autoritätsteilung an die Arbeitsteilung angepaßt werden – d. h. an die Technologie des Arbeitsprozesses.

Selbst unter den günstigsten Voraussetzungen werden Fälle auftreten, in denen die Zuständigkeit zweifelhaft ist. Dies ist besonders dort wahrscheinlich, wo zwei Bereiche der Organisation nach verschiedenen Prinzipien organisiert sind: Linie und Stab, funktional und geographisch. In solchen Fällen taucht wieder der Bedarf nach einem Berufungsprozeß auf, um Auseinandersetzungen beizulegen. Zu diesem Zweck kann die Autoritätshierarchie genutzt oder es können spezielle Berufungsstellen verwendet werden.

Wo eine formale Autoritätsteilung auf Sachbasis existiert, wird jedoch eine Auseinandersetzung auf einer etwas anderen Grundlage beigelegt als in einer einfachen Hierarchie, wo sie einem gemeinsamen Vorgesetzten vorgetragen wird – selbst wenn der Prozeß der gleiche sein kann. Wenn es keine Autoritätsteilung gibt, wird jede einzelne

Auseinandersetzung dem Vorgesetzten vorgelegt und von ihm nach sachlichen Gesichtspunkten entschieden. Gibt es eine Autoritätsteilung, ist die zu entscheidende Angelegenheit weniger die spezielle umstrittene Frage als die Frage der Zuständigkeit.

In letzterem Prozeß, den wir „Zuerkennung" nennen können, muß sich der Vorgesetzte nicht so sehr mit dem Inhalt der Entscheidung oder ihrer Zweckmäßigkeit befassen, als mit ihrer „Legalität" – d. h., der Kompetenz des Entscheiders im Sinne der formalen Organisationsstruktur. Ohne diese Teilung der Autorität würde der Vorgesetzte prinzipiell mit den Gründen des speziellen Falles befaßt sein.

Es kann z. B. eine Meinungsverschiedenheit zwischen einem Einkäufer und einem Linienmanager über die Merkmale von Briefpapier geben. Der Linienmanager kann die eine Marke und Qualität wünschen, der Einkäufer kann darauf bestehen, ihm eine andere zu liefern. Wenn dies allein eine Frage einer Autoritätshierarchie wäre, würde der gemeinsame Vorgesetzte dieser beiden Männer mit der Frage konfrontiert, welcher Papiertyp für den beabsichtigten Gebrauch wünschenswerter wäre.

In einer Organisation mit formaler Autoritätsverteilung würde die Frage nicht in dieser Form an den Vorgesetzten weitergegeben. Statt dessen würde jeder Untergebene beanspruchen, daß Entscheidungen, die die Papierqualität festlegen, in *seinem* Autoritätsbereich liegen. Anstatt zu entscheiden, welches Papier das beste wäre, würde der Vorgesetzte gezwungen, zu entscheiden, *welcher Mitarbeiter entscheiden sollte, welches Papier das beste sei.* Anstatt mit einer technischen Frage würde er mit einer *Organisationsfrage* befaßt sein.

In der Praxis wird das Problem natürlich selten auf einer so eindeutigen Grundlage entschieden. Der organisatorische Vorgesetzte wird im allgemeinen sowohl die Frage der Autorität als auch die Gründe des Falles untersuchen. Zweckmäßigkeitsüberlegungen beeinflussen ihn stärker, wenn die Grenzen der Zuständigkeit ungenau sind, als wenn die Autoritätsverteilung eindeutig ist. Andererseits muß er oft, um die Autoritätsbeziehungen und die Arbeitsteilung in seiner Organisation zu erhalten, eine bestimmte Entscheidung unterstützen, weil sie im Autoritätsbereich des Entscheiders lag und weniger, weil sie die richtige Entscheidung war.

Selbst mit diesen Einschränkungen ist die gerade angeführte Erklärung eine starke Vereinfachung des tatsächlichen Problems, weil sie sich nur mit der Erhaltung der Autoritätsbeziehung befaßt. Wenn in der Praxis ein Manager wegen eines Autoritätskonflikts angerufen wird, muß er (1) die Auswirkung seiner Entscheidung auf die Autoritätsbeziehungen, (2) die Auswirkung auf die Unternehmenspolitik und (3) die Informationen, die ihm der Konflikt im Hinblick auf die Tüchtigkeit und Kompetenz seiner Mitarbeiter gibt, in Betracht ziehen. Der erste Punkt ist bereits erörtert worden.

Beim zweiten Punkt ist es wahrscheinlich so, daß der Manager dazu neigen wird, den Sachverhalt der Auseinandersetzung zu betrachten, anstatt aus Gründen der Zuständigkeit zu entscheiden, wenn es um eine wichtige Frage der Unternehmenspolitik geht. Tatsächlich sind Zuständigkeitsauseinandersetzungen ein wichtiges Mittel, um dem obersten Unternehmensleiter bedeutsame Probleme der Unternehmenspolitik zur Kenntnis zu bringen und zu verhindern, daß sie ohne sein Wissen auf unteren Ebenen entschieden werden. Ähnlich (dies bezieht sich auf den dritten Punkt) sind sie ein Mittel, um ihn über die Charakteristika und Standpunkte seiner Untergebenen zu informieren. Besonders dann, wenn sich die Politik der Organisation gerade herausbildet, kann deshalb eine etwas unbestimmte Autoritätsverteilung, die das Aufkommen solcher Auseinandersetzungen erlaubt, wichtige Vorteile für den obersten Unternehmensleiter bringen. Zweifellos wird die Technik, „den einen gegen den anderen auszuspielen", von obersten Führungskräften so oft benutzt, daß sie nicht zwanglos als schlechte Organisation abgetan werden kann.

Wenn der Manager diese Technik zur Erhaltung der Kontrolle über die Entscheidungen seiner Untergebenen einsetzt, stellen sich ihm die sehr heiklen Aufgaben, zu verhindern, daß sich organisatorische und Zuständigkeitsbeziehungen vollständig auflösen, und zu verhindern, daß die Meinungsunterschiede zwischen Untergebenen, über die er urteilt, zu persönlichem Streit oder zu Fehden zwischen Abteilungen der Organisation um Macht und Einfluß degenerieren. Ungeachtet dieser Gefahr kann der Verzicht auf Verwendung solcher Methoden zu praktischer Abdankung führen.

Rang

Rang als eine Grundlage für Autoritätsbeziehungen wird immer in Verbindung mit einer Autoritätshierarchie verwendet. In militärischen und einigen anderen Organisationen besteht unbedingte Notwendigkeit, eine Kontinuität der Autorität und eine jederzeitige Sicherheit in den Autoritätsbeziehungen zu gewährleisten. Dies wird durch das Rangsystem erreicht. Wenn Notfall, Tod oder Abwesenheit eines Offiziers vorübergehend die normale Organisationsstruktur stört, wird der Rang zur Wiederherstellung eines Autoritätssystems eingesetzt.

Dieses Mittel schafft ebenfalls organisatorische Komplexität. Ein Unteroffizier mit einem Auftrag von einem Offizier kann konfliktäre Anweisungen durch einen anderen Offizier erhalten. Die einzige Absicherung ist hier die Selbstbeschränkung jedes Vorgesetzten und sein Wissen, daß er für eine Störung der Organisation durch Mißbrauch seiner Autorität zur Rechenschaft gezogen wird.

Die Anwendung von Sanktionen

Es mag an dieser Stelle angebracht sein zu wiederholen, daß Autorität, so wie der Begriff in dieser Untersuchung benutzt wird, sich auf die *Akzeptanz* der Entscheidungen des Vorgesetzten durch den Untergebenen bezieht und nicht auf die Macht des Vorgesetzten, im Falle der Nichtbefolgung Sanktionen zu verhängen. In den meisten heutigen Organisationen besitzt der direkte Vorgesetzte eines Mitarbeiters nicht die ungeregelte Macht zur Einstellung und Entlassung, obwohl unabhängig von der Existenz eines formalen Leistungsbeurteilungsverfahrens die Einschätzung des Mitarbeiters durch diesen Vorgesetzten wahrscheinlich ein wichtiger Faktor bei der Bestimmung seiner Beförderungschancen, Einkommenserhöhungen und ähnlichem sein wird.

Da die Macht des direkten Vorgesetzten zur Verhängung von Sanktionen beschränkt ist, muß er sich zunehmend auf andere, eher positive Anreize stützen, um seiner Autorität Geltung zu verschaffen. Andererseits werden diejenigen, die die Macht zur Anwendung von Sanktionen haben, durch ihren Gebrauch dieser Macht die bestehenden Autoritätsbeziehungen entweder stärken oder schwächen. Unfähigkeit, einen Untergebenen, der sich illoyal verhält, entweder direkt oder durch Meldung an seine Vorgesetzten zu disziplinieren, wird schnell die Autorität jedes Individuums in der Organisationshierarchie zerstören.

Wenn Macht zur Disziplinierung beim direkten Vorgesetzten liegt, wird daher das Autoritätssystem der Organisation im allgemeinen eine recht eindeutige hierarchische Struktur annehmen und beibehalten. Jedes Individuum wird wissen, wer der „Chef" ist. Es ist zu vermuten, daß unter diesen Bedingungen jene Individuen, die entsprechend dem Organisationsplan abgegrenzte „funktionale" Autorität ohne disziplinarische Macht ausüben, eher eine beratende als eine autoritative Rolle einnehmen werden.

Es wird zu beobachten sein, daß unabhängig davon, ob die Macht zur Sanktionsausübung über die Organisationshierarchie verteilt oder auf den oberen Ebenen dieser Hierarchie konzentriert ist, „Einheit der Auftragserteilung" im allgemeinen soweit beachtet wird, daß ein bestimmtes Individuum nicht den Sanktionen von zwei unabhängigen Quellen ausgesetzt wird. Dies ist ein anderes und engeres Konzept der Einheit der Auftragserteilung als die beiden vorher genannten, denn es bezieht sich nicht auf das Recht, Anweisungen zu erteilen, sondern auf die Macht, Sanktionen bei der Nichtbefolgung von Anweisungen zu verhängen.

Abschließende Bemerkungen

Dieses Buch ist in erster Linie eine deskriptive und nicht eine präskriptive Arbeit. Es wird nicht versucht, eindeutige Prinzipien für die richtige Anwendung dieser verschiedenen Instrumente zur Autoritätsverteilung darzulegen, aber einige vorläufige Bemerkungen können angeboten werden. Praktisch keine Organisation versucht, ohne irgendeine Form von Autoritätshierarchie auszukommen. Einige Organisationen arbeiten mit der Vorstellung, daß diese Hierarchie die einzigen Autoritätskanäle definiert, andere mit der Vorstellung, daß auf die Hierarchie nur im Falle von Autoritätskonflikten zurückgegriffen werden soll. Wie immer die Vorstellungen auch aussehen, die Praxis stellt meist irgendeinen Kompromiß zwischen diesen beiden dar.

In fast allen Organisationen wird Autorität auch sachlich abgegrenzt; und die sachliche Verteilung wird manchmal mit der hierarchischen Verteilung in Konflikt geraten. In diesen Fällen wird die Hierarchie als ein Mechanismus benutzt, um Auseinandersetzungen über Zuständigkeiten zu klären. Solche Auseinandersetzungen bieten dem obersten Unternehmensleiter eine wichtige Informationsquelle darüber, was auf unteren Ebenen vorgeht, und selbst wenn er könnte, wird er nicht dazu neigen, sie vollständig durch eine wasserdichte Autoritätsverteilung auszuschalten. Die Verteilung der Macht zur Sanktionsanwendung und der Gebrauch dieser Macht werden einen beachtlichen Einfluß auf die Eindeutigkeit der Autoritätsbeziehungen und die relative Bedeutung von hierarchischer und sachlicher Autorität haben.

In einigen Organisationen werden die Hierarchie und die Begrenzung der Autorität durch ein Rangsystem ergänzt werden müssen, um Unterbrechungen in der Kontinuität der Weisungserteilung zu verhindern.

Formale und informale Organisation

Die Art und Weise, in der Autorität zur Erhaltung der Koordination in der Organisation genutzt wird, ist bereits erörtert worden. Verfahrenskoordination – die Festlegung der Autoritätsbeziehungen und der Tätigkeits- und Autoritätsbereiche jedes Organisationsmitgliedes – erzeugt *eine formale Organisation*, eine Menge abstrakter, mehr oder weniger dauerhafter Beziehungen, die das Verhalten jedes Teilnehmers steuern. Es ist zu beobachten, daß Autorität auf zwei Wegen in der formalen Organisation wirksam wird: Erstens, die Autorität jener Individuen, die Kontrolle über die Gruppe ausüben, wird eingesetzt, um das Schema der formalen Organisation einzuführen und durchzusetzen; zweitens, das Schema der formalen Organisation schreibt selbst die Autoritätsbeziehungen und die Arbeitsteilung vor, die bei der Ausführung der Arbeit der Organisation befolgt werden sollen.

Beispielsweise können durch Gesetze des Kongresses ein Landwirtschaftsministerium errichtet, die allgemeine Abteilungsorganisation und die Verantwortlichkeiten dieser Behörde festgelegt werden. Der Landwirtschaftsminister, der seine Autorität von diesem formalen Organisationsplan herleitet, kann dann selbst eine formale Struktur *innerhalb* des Ministeriums schaffen, indem er Aufgaben teilt und seine Autorität weiter delegiert.

Zusätzlich zur Verteilung von Tätigkeitsbereichen und Einrichtungen von Autoritätsbeziehungen kann das Schema der formalen Organisation auch Verfahren und Kommunikationsbeziehungen festlegen. Das System von Regelungen wird festlegen, wer wen anstellen oder entlassen kann; wer an wen Anweisungen erteilt; wer für bestimmte Aufgaben verantwortlich ist; wessen Unterschrift ein bestimmter Entscheidungstyp tragen muß, und so weiter. Größtenteils lassen sich diese Beziehungen ziemlich abstrakt ohne Bezug auf den besonderen Gehalt der Organisationsaufgabe beschreiben.

Dieses formale Schema der Organisation wird sich immer davon, wie die Organisation tatsächlich arbeitet, in mehreren wichtigen Punkten unterscheiden. Erstens wird es viele Unvollständigkeiten in ihm geben – die tatsächliche Organisation wird viele interpersonale Beziehungen aufweisen, die nirgends im formalen Schema angegeben sind. Der Verkaufsvorstand spielt häufig mit dem Controller Golf, und bei dieser Gelegenheit besprechen sie Geschäftsprobleme. Zweitens können die interpersonalen Beziehungen in der Organisationspraxis im tatsächlichen Widerspruch zu den Festlegungen stehen. Der Arbeiter an einer Drehbank kann sich weigern, die Anweisungen seines Vorarbeiters über die Geschwindigkeit, mit der er seine Maschine für eine bestimmte Arbeit laufen lassen sollte, zu akzeptieren. Das Organisationsschema kann vorsehen, daß Abteilung A über bestimmte Entscheidungen informiert wird, die in Abteilung B getroffen werden, aber dies geschieht nicht.

Der Begriff „informale Organisation" bezieht sich auf interpersonale Beziehungen in der Organisation, die sich auf Entscheidungen in ihr auswirken, die aber entweder im formalen Schema ausgelassen oder mit diesem Schema nicht konsistent sind. Es ist wahrscheinlich angebracht, zu erwähnen, daß keine formale Organisation ohne eine begleitende informale Organisation wirksam arbeiten wird. Jede neue Organisation muß ihre anfängliche „Gewöhnungsphase" durchmachen, bevor sie reibungslos funktionieren wird; und jedes neue Organisationsmitglied muß informale Beziehungen mit seinen Kollegen herstellen, bevor es ein wichtiger Teil der laufenden Organisation wird.

Selbst wenn es wünschenswert wäre, könnte die formale Struktur nicht in solchem Detail festgelegt werden, daß sie den Bedarf für eine informale Ergänzung erübrigt. Andererseits übt die Formalstruktur keine Funktion aus, wenn sie nicht den informalen Beziehungen, die sich in ihrem Rahmen entwickeln dürfen, wirksame Grenzen setzt. Insbesondere besteht eine wichtige Funktion der formalen Organisation darin, die Entwicklung organisatorischer Interessenpolitik – Kampf um Einfluß und Autorität – soweit zu verhindern, wie sie für das Funktionieren der Organisation nachteilig wäre; und eine weitere Funktion besteht darin, unnötige Duplikation und Überschneidung bei der Arbeit der Organisationsteile aufzudecken und auszuschalten. Eine vielleicht mehr positive Funktion der formalen im Verhältnis zur informalen Struktur ist die Förderung der konstruktiven Entwicklung der letzteren. Das bedeutet, daß eine richtige Aufgabenverteilung und die Erhaltung adäquater Kommunikationskanäle sowohl die Notwendigkeit für das Anwachsen informaler Kanäle abschwächen als auch gegenseitige Anregung und Einstellung zur Kooperation innerhalb der informalen Struktur fördern kann.

Psychologie und die Theorie der Autorität

Es ist wichtig festzuhalten, daß Aussagen über menschliches Verhalten, *insofern es rational ist*, gewöhnlich keine Aussagen über die Psychologie der sich verhaltenden Person beinhalten. Diese ziemlich paradoxe Behauptung soll näher erklärt werden. In einer gegebenen Situation und bei einem gegebenen Wertsystem gibt es nur eine Handlungsalternative, die ein Individuum rationalerweise verfolgen kann. Es ist die Alternative, die unter den gegebenen Umständen die Werterreichung maximiert. Dementsprechend werden andere psychologische Aussagen als Beschreibungen des Wertsystems eines Individuums nur zur Erklärung benötigt, warum sein Verhalten in einem gegebenen Fall von der Rationalitätsnorm *abweicht*.

In ähnlicher Weise enthalten Aussagen über das Verhalten von Organisationsmitgliedern, *insoweit dieses Verhalten durch das Autoritätssystem der Organisation gesteuert wird*, gewöhnlich keine Aussagen über die Psychologie der sich verhaltenden Person. Das heißt, insoweit eine Person den Entscheidungen einer anderen gehorcht, hat ihre Psychologie mit ihrem Verhalten nichts zu tun. Mithin sind psychologische Aussagen für die Bestimmung des Bereichs wichtig, in dem Autorität beachtet wird, aber sie haben keine Bedeutung um zu bestimmen, welches Verhalten *innerhalb dieses Bereichs* auftreten wird.

Es sollte natürlich hinzugefügt werden, daß es in vielen Fällen für den Vorgesetzten sehr schwierig ist, die Interpretation und Anwendung zu kontrollieren, die seinen Anweisungen durch den Untergebenen gegeben wird, und insoweit dies zutrifft, sind die Einstellungen des letzteren von sehr erheblicher Bedeutung. Jenseits tatsächlicher Gehorsamsverweigerung kann eine Anweisung intelligent oder weniger intelligent, unverzüglich oder langsam, begeistert oder mürrisch ausgeführt werden. Die Feststellung des vorhergehenden Abschnitts könnte vorsichtiger neuformuliert werden: Psychologische Aussagen sind wichtig, um den Bereich zu bestimmen, in dem Autorität respektiert wird und das Ausmaß, in dem die Absicht der Anweisungen tatsächlich durchgeführt wird; aber insoweit die Autorität tatsächlich akzeptiert wird, haben sie keine Bedeutung um zu bestimmen, wie das Verhalten des Untergebenen sein wird.

Zur Erläuterung sei die Literatur über Militärpsychologie betrachtet. Diese Literatur beschäftigt sich mit einem zentralen Problem – wie der Bereich erweitert werden kann, in dem der Soldat seinen Vorgesetzten gehorchen wird, wenn er den Gefahren des Kampfes und der Mühsal des Kriegslebens ausgesetzt ist.[21]

Wenn der Gehorsam der Soldaten perfekt wäre, würden militärische Operationen nur durch die physiologisch bedingte Ausdauer der Soldaten begrenzt – ihre Ausdauer bei Märschen, ihre Verwundbarkeit durch Geschosse. Eine Einheit könnte bei einem Angriff nur durch die physische Vernichtung ihrer Mitglieder durch den Feind scheitern, und die einzigen Informationen, die bei der Planung von Operationen benötigt würden, wären statistische Informationen über die Feuerwirkungen unter verschiedenen Bedingungen.[22]

Tatsächlich wird jedoch eine Einheit vor ihrer Vernichtung gewöhnlich einen Punkt erreichen, an dem ihre Mitglieder den Gehorsam verweigern. Sie werden sich weigern, weiter vorwärts zu gehen, wenn ihnen dies befohlen wird, oder sie werden sich dem Feind ergeben. Die wirklich begrenzenden Faktoren beim Angriff sind also die psychologischen Faktoren, die bestimmen, wann die Soldaten den weiteren Befehlsgehorsam verweigern werden. Zweifellos liegt hinter Gehorsamsverweigerung oder Kapitulation die Todesangst, aber das tatsächliche Ausmaß an Zerstörung, das notwendig ist, bevor die Moral versagt, variiert unter verschiedenen Umständen innerhalb breiter Grenzen.[23]

Psychologie ist also für die Organisation als eine *Bedingung* relevant, genauso wie physiologische, physische oder andere Umweltfaktoren relevant werden können. Sie ist Teil der Organisationstechnologie und nicht ein Teil der Organisationstheorie selbst.

Zusammenfassung

In diesem Kapitel wurde das Verhalten der organisierten Gruppe mit der Absicht erforscht, einige ihrer herausragenden Charakteristika zu isolieren. Ein Individuum handelt als Gruppenmitglied, wenn es die gleiche allgemeine Wertskala wie andere Gruppenmitglieder auf seine Entscheidungen anwendet und wenn seine Erwartungen über das Verhalten anderer Mitglieder seine eigenen Entscheidungen beeinflussen.

In allen außer den einfachsten Formen des Gruppenverhaltens werden genaue Verfahren eingeführt, um Koordination sicherzustellen. Ein Verfahren koordiniert dann, wenn es das Verhalten jedes Individuums auf einen Plan für die Gruppe anpaßt. In allen Fällen erfordert Koordination die Übermittlung zumindest gewisser kritischer Elemente der Gruppensituation an die Gruppenmitglieder.

Wenn Koordination über die reine Kommunikation hinausreicht, wenn sie bewußt das Verhalten der Gruppenmitglieder in gewünschte Richtungen beeinflußt, enthält sie gewöhnlich ein gewisses Maß an Autorität. Autorität wird über ein Individuum immer dann ausgeübt, wenn dieses Individuum seine eigenen kritischen Fähigkeiten vernachlässigt und der übermittelten Entscheidung einer anderen Person erlaubt, die eigene Entscheidung zu steuern.

Autorität ist nur eine von mehreren Formen der Beeinflussung. Ihr Abgrenzungsmerkmal liegt darin, daß sie den Untergebenen nicht zu überzeugen, sondern nur seine Duldung zu erreichen versucht. Natürlich ist Autorität in der praktischen Ausübung gewöhnlich großzügig mit Vorschlag und Überzeugen vermischt. Eine wichtige Funktion der Autorität besteht darin, daß sie eine Entscheidung und ihre Ausführung selbst dann erlaubt, wenn keine Übereinstimmung erzielt werden kann. Vielleicht ist dieser willkürliche Aspekt der Autorität jedoch in den Diskussionen über das Konzept überbetont worden. Auf jeden Fall wird das willkürliche Element der Autorität auf den „Akzeptanzbereich" des Untergebenen beschränkt.

Die Größenordnung des Akzeptanzbereiches hängt von den Sanktionen ab, die der Autorität zur Durchsetzung ihrer Anweisungen zur Verfügung stehen. Zumindest ebenso wichtig wie die negativen Sanktionen – physische und ökonomische Gewalt – sind der gemeinsame Zweck, soziale Anerkennung und Persönlichkeit.

In Organisationen ist die Vermeidung widersprüchlicher Autoritätsbeziehungen manchmal ein wichtiges Problem. Das Problem wird durch die Festlegung einer eindeutigen Autoritätshierarchie und die Abgrenzung der Autorität auf funktionaler oder anderer Grundlage gelöst. Es ist jedoch selten möglich, unscharfe Bereiche zu beseitigen, in denen Autoritätskonflikte auftreten können. Es ist eine wichtige Aufgabe des Managements, die Organisationsstruktur durch Urteile über „Grenzauseinandersetzungen" im Hinblick auf die Autorität zu erhalten.

Koordination ist nur eine der drei Funktionen, die Autorität in der Organisation erfüllt. Autorität ist auch ein wichtiger Faktor bei der Durchsetzung von Verantwortlichkeit und bei der Spezialisierung von Entscheidungsprozessen.

Das Problem der Verantwortlichkeit, das schon ausführlich in Kapitel III erörtert worden ist, entsteht immer dann, wenn es wünschenswert oder notwendig ist, die Befolgung des Gruppenplanes durch das Individuum durchzusetzen. Sanktionen spielen bei der Verantwortungsdurchsetzungsfunktion der Autorität eine wichtigere Rolle als bei ihren anderen Anwendungen.

Die Vorteile, die durch die Teilung und Spezialisierung der Arbeit erreicht werden, können auch für die Teilung und Spezialisierung der Entscheidungsfunktion in Anspruch genommen werden. Autorität ermöglicht die Spezialisierung von Entscheidungsprozessen, indem sie erlaubt, daß die von einem Mitglied in einer Organisation getroffene Entscheidung das Verhalten der anderen Mitglieder beeinflußt.

Eine formale Organisation ist ein Plan zur Arbeitsteilung und zur Verteilung von Autorität. Der Organisationsplan weist jedem Gruppenmitglied seinen Status und seine Rolle in Beziehung zu den anderen Mitgliedern zu, aber er legt den *Inhalt* seiner Arbeit und seiner Entscheidungsfunktion nur in sehr allgemeinen Begriffen fest. Den substantiellen Aspekten der Entscheidung – den Entscheidungskriterien anstatt dem Entscheidungsverfahren – müssen wir uns als nächstes zuwenden.

Fußnoten zu Kapitel VII

1 Zu zwei überzeugenden Widerlegungen von Theorien des „Gruppengeistes" vgl. *Allport*, F. H., Institutional Behavior, Chapel Hill 1933, Kap. I–III und *MacIver*, R. M., Community, A Sociological Study, 3. Aufl., London 1924, Buch II, Kap. II und Anhang A.

2 Zu anderen Beschreibungen der Autorität vgl. *White*, L. D., Introduction to the Study of Public Administration, New York 1939, S. 44–46 und *Barnard*, C. I., The Functions of the Executive, Cambridge 1938, S. 163.

3 Diese Idee war für das utilitaristische Staatskonzept zentral. Vgl. z. B. *Bentham*, J., A Fragment on Government, Oxford 1891.
4 Vgl. *Tead*, O., Human Nature and Management, New York 1929, S. 149 und *Stene*, E. O., An Approach to a Science of Administration, in: American Political Science Review 34, 1940, S. 1131.
5 *Friedrich*, C. J., Constitutional Government and Politics, New York 1937, S. 16. Vgl. Benthams sehr interessante Definition: „Ein stillschweigender *Willensausdruck* ist jener, der durch irgendein anderes Zeichen als durch Worte übertragen wird; unter diesen sind keine so wirksam wie Akte der Bestrafung, die in der Vergangenheit mit der Nichtdurchführung von Handlungen der gleichen Art verbunden waren, die Gegenstand des fraglichen Willens sind." *Bentham*, a.a.O., S. 138.
6 Vgl. *Lipson*, L., The American Governor: From Figurehead to Executive, Chicago 1939, S. 210–212.
7 Dies ist selbstverständlich ein zentrales Problem der Soziologie und Sozialpsychologie.
8 Zu einer weiteren Erörterung dieses Problems vgl. *Perry*, C. M., The Relation Between Ethics and Political Science, in: International Journals of Ethics 47, 1937, S. 169–170, 172–174.
9 Vgl. z. B. *Roethlisberger*, F. J. / *Dickson*, W. J., Management and the Worker, Cambridge 1939.
10 Vgl. *Merriam*, C. E., Political Power, New York 1934 und *Lasswell*, H. D., Psychopathology and Politics, Chicago 1930, S. 38–64, 78–152.
11 Vgl. *Barnard*, a.a.O., S. 165–166 und *Gulick*, L., Notes on the Theory of Organization, in: *Gulick*, L. / *Urwick*, L. (Hrsg.), Papers on the Science of Administration, New York 1937, S. 37–38.
12 Dieses Konzept ist von Barnard übernommen, der jedoch die positive Bedeutung dessen, was er die „Indifferenzzone" nennt, nicht weit entwickelt. Vgl. *Barnard*, a.a.O., S. 168–169.
13 Vgl. *Barnard*, a.a.O., S. 155.
14 Die Literatur zu Militärfragen belegt, daß die Bedeutung des Akzeptanzbereichs als ein grundlegendes Element der Taktik eindeutig erkannt wird. Vgl. die anschauliche Beschreibung der Psychologie der Schlacht bei *Fuller*, J. F. C., The Foundations of the Science of War, London 1925, S. 140–141.
15 Vgl. sein Kapitel „The Poverty of Power" in: *Merriam*, a.a.O., S. 156–183.
16 Vgl. *Merriam*, a.a.O., S. 16 und History of the Theory of Sovereignty Since Rousseau, New York 1900; *Friedrich*, C. J., Responsible Bureaucracy, Cambridge 1932, S. 20–24.
17 Zu einer Interpretation von „Eigentum" in Begriffen von Macht und Entscheidung vgl. *Commons*, J. R., Institutional Economics, New York 1934, S. 397–401; *Cohen*, M. R., Law and the Social Order, New York 1933, S. 44–45 und *Kocourek*, A., Jural Relations, Indianapolis 1927, S. 305–334.
18 Zu verschiedenen Vorstellungen über die Form, die diese Verantwortung annehmen sollte, vgl. *Gaus*, J. M., The Responsibility of Public Administration, in: *Gaus*, J. M. / *White*, L. D. / *Dimock*, M. E. (Hrsg.), The Frontiers of Public Administration, Chicago 1936, S. 26–44; *Friedrich*, Responsible Bureaucracy, a.a.O.; *Friedrich*, C. J., Public Policy and the Nature of Administrative Responsibility, in: Public Policy, 1940, Cambridge 1940, S. 3–24; *Finer*, H., Administrative Responsibility in Democratic Government, in: Public Administration Review 1, 1941, S. 335–350.
19 Vgl. *Gulick*, L., Notes on the Theory of Organization, in: *Gulick* / *Urwick*, a.a.O., S. 3–4.
20 Vgl. *Taylor*, F. W., The Principles of Scientific Management, New York 1911, S. 99–113.
21 *Fuller*, a.a.O., S. 140–141; *Picq*, A. du, Etudes sur le combat, Paris 1880, S. 7–8 und passim.
22 Im letzten Krieg war dies offensichtlich bei japanischen Soldaten nahezu der Fall. Wenn dies zutrifft, waren die Grenzen der Autorität hier eher physiologisch als psychologisch.
23 Vgl. *Balck*, v., Tactics, Fort Leavenworth 1911, S. 185–200.

KAPITEL VIII

Kommunikation

Die Rolle der Kommunikation bei der Beeinflussung von Entscheidungen ist auf den vorangehenden Seiten und vor allem im letzten Kapitel häufig erwähnt worden. Es ist nun an der Zeit, diesen wichtigen Aspekt des Entscheidungsprozesses systematischer zu untersuchen.

Das erste Thema, das aufgenommen wird, werden die Formen und Funktionen des Kommunikationssystems sein. Formale und informale Kanäle der Kommunikation werden daran anschließend behandelt. Ein dritter Abschnitt des Kapitels wird denjenigen Teilen einer Organisation gewidmet, die für die Funktion der Kommunikation spezialisiert sind. Im letzten Abschnitt wird die Rolle der Ausbildung für die Kommunikation diskutiert.

Formen und Funktionen der Kommunikation

Kommunikation kann formal als jeder Prozeß definiert werden, durch den Entscheidungsprämissen von einem Organisationsmitglied an ein anderes übermittelt werden. Es ist offensichtlich, daß es ohne Kommunikation keine Organisation geben kann, da es sonst für die Gruppe keine Möglichkeit gibt, das Verhalten des Individuums zu beeinflussen. Kommunikation ist nicht nur absolut wesentlich für die Organisation, sondern die Verfügbarkeit spezieller Kommunikationstechniken wird auch in starkem Maße bestimmen, auf welche Weise Entscheidungsfunktionen über die Organisation verteilt werden können und sollen. Die Möglichkeit, einem bestimmten Individuum das Treffen einer bestimmten Entscheidung zu erlauben, wird häufig davon abhängen, ob ihm die für eine kluge Entscheidung notwendigen Informationen übermittelt werden können und ob es dem Individuum seinerseits möglich ist, seine Entscheidung an andere Organisationsmitglieder zu übertragen, deren Verhalten sie mutmaßlich beeinflußt.

Kommunikation in Organisationen ist ein zweiseitiger Prozeß: Er beinhaltet sowohl die Übertragung von Anweisungen, Informationen und Empfehlungen *an* ein Entscheidungszentrum (d. h. ein Individuum, das mit der Verantwortung für bestimmte Entscheidungen betraut ist) als auch die Übertragung der getroffenen Entscheidung *von* diesem Zentrum zu anderen Teilen der Organisation. Außerdem ist Kommunikation ein Prozeß, der durch die gesamte Organisation nach oben, nach unten und nach allen Seiten hin stattfindet. Die Informationen und Anweisungen, die über die formalen Kanäle der Autorität nach unten fließen, und die Informationen, die durch diese gleichen Kanäle nach oben fließen, sind nur ein kleiner Teil des gesamten Kommunikationsnetzes in jeder realen Organisation.[1]

Informationen und Wissen, die einen Bezug zu Entscheidungen haben, entstehen an verschiedenen Stellen der Organisation. Manchmal hat die Organisation ihre eigenen „Sinnesorgane" – z. B. der Nachrichtendienst einer militärischen Organisation oder die Marktforschungsabteilung eines Unternehmens. Manchmal werden Individuen wegen des Wissens, das sie vermutlich schon besitzen, eingestellt und eingesetzt – z. B. in der Rechtsabteilung. Manchmal entwickelt sich das Wissen am Arbeitsplatz selbst – der Arbeiter an der Drehbank weiß es als erster, wenn seine Maschine ausfällt. Manchmal besteht das Wissen im Wissen über andere Entscheidungen, die schon getroffen worden sind – ein Vorgesetzter lehnt einen Antrag auf Ausgabe von Mitteln ab, weil er weiß, daß er diese Mittel schon für einen anderen Verwendungszweck gebunden hat.

In all diesen Fällen besitzen bestimmte Individuen in der Organisation Informationen, die für bestimmte Entscheidungen, die getroffen werden müssen, relevant sind. Eine offensichtlich einfache Art der Verteilung der Entscheidungsfunktion bestände darin, jedem Mitglied der Organisation diejenigen Entscheidungen zuzuweisen, für die es die relevanten Informationen besitzt. Die grundlegende Schwierigkeit dabei ist, daß ein einzelnes Individuum nicht über alle Informationen verfügt, die für eine bestimmte Entscheidung relevant sind. Wenn die Entscheidung dann in ihre Prämissenbestandteile zerlegt wird und diese verschiedenen Individuen zugewiesen werden, dann muß ein Kommunikationsprozeß aufgebaut werden, um diese Komponenten von den verschiedenen Zentren an eine Stelle zu übertragen, wo sie zusammengefaßt und von wo sie ihrerseits an diejenigen Organisationsmitglieder übertragen werden können, die sie ausführen müssen.

Nur in dem Fall, wo der Mann, der eine Entscheidung ausführen soll, auch der Mann ist, der für das Treffen dieser Entscheidung am besten geeignet ist, gibt es kein Kommunikationsproblem – und in diesem Ausnahmefall gibt es natürlich keinen Grund zur Organisation. In allen anderen Fällen müssen Mittel erdacht werden, um Informationen von ihren organisatorischen Quellen zu Entscheidungszentren, von Zentren, wo Teilentscheidungen getroffen werden, zu Zentren, wo diese kombiniert werden, und von letzteren zu den Stellen in der Organisation, wo die Entscheidungen ausgeführt werden sollen, zu übertragen.

Die Militärorganisation hat besonders hochentwickelte Verfahren geschaffen, um die Sammlung und Übertragung von Informationen zu erreichen. Ein wichtiger Grund dafür liegt darin, daß die Informationen, von denen militärische Entscheidungen – insbesondere taktische Entscheidungen – abhängen, sehr schnell veränderlicher Art und nur im Entscheidungszeitpunkt feststellbar sind.

„*Militärische Informationen sind für die effiziente Vorbereitung und Durchführung von strategischen und taktischen Plänen wesentlich. Sie stellen ein höchst wichtiges Element der Situationseinschätzung und Entscheidung des Kommandeurs dar. Die laufende Auswertung aller Informationen mit allen verfügbaren Mitteln während der gesamten Dauer des Einsatzes ist notwendig für die erfolgreichen Operationen aller Einheiten...*

Informationen, die von Kampfeinheiten im Feld gesammelt werden, beziehen sich hauptsächlich auf die feindlichen Kräfte, mit denen sie in Kontakt sind...

Die notwendigen Richtlinien für die Auswertung der Informationen werden durch die Ausgabe von Anweisungen an untergeordnete Einheiten gegeben, in denen die für die Durchführung des Operationsplans des Kommandeurs und für die Sicherheit der Truppe wichtigsten Punkte angegeben werden...

Jeder Einheitsführer leitet die Auswertung von Informationen in seinem Operationsbereich in Übereinstimmung mit den erhaltenen Befehlen. Zusätzlich führt er weitere Untersuchungen unabhängig durch, die sich aus seiner speziellen Situation ergeben oder für die Durchführung seines Auftrags erforderlich sind.

Die Bewertung, die Überprüfung und die Analyse von militärischen Informationen ist die Aufgabe des Nachrichtendienstes beim Generalstab großer Einheiten und der Nachrichtenabteilungen bei Brigaden, Regimentern und Bataillonen...

Die Analyse der erhaltenen Informationen führt zu einer mehr oder weniger vollständigen Rekonstruktion der Feindlage und seiner Handlungen und gewährt häufig die besten Hinweise auf seine Absichten.“[2]

Die Schwierigkeiten der Übertragung der Informationsquellen zu Entscheidungszentren führen dazu, die letzteren in die Nähe der ersteren zu rücken, während die Schwierigkeiten der Übertragung von Entscheidungszentren zu Ausführungsstellen eine Zugwirkung in die entgegengesetzte Richtung schaffen. Die Aufgabe der geeigneten Anordnung von Entscheidungszentren besteht darin, diese gegenläufigen Zugkräfte auszugleichen.

Die Kräfte, die eher eine Zentralisation der Entscheidungsfunktionen und eine entsprechende Trennung der Entscheidung von der Handlung bewirken, sind im letzten Kapitel unter einem etwas anderen Blickwinkel schon behandelt worden. Diese Kräfte sind die Bedürfnisse nach Verantwortung, Fachwissen und Koordination. Die beiden wichtigsten Kräfte in die entgegengesetzte Richtung – in Richtung auf Dezentralisation – sind erstens die Tatsache, daß ein großer Teil der für Entscheidungen relevanten Informationen auf der ausführenden Ebene entsteht, und zweitens, daß die Trennung der Entscheidung von der Handlung den Zeitbedarf und die Personalkosten für die Durchführung und die Übertragung von Entscheidungen erhöht.

Formale und informale Kommunikation

Das formale Kommunikationssystem jeder Organisation – jene Kanäle und Medien der Kommunikation, die bewußt und absichtsvoll geschaffen worden sind – wird bald durch ein gleich wichtiges informales Kommunikationsnetz ergänzt, das auf sozialen Beziehungen innerhalb der Organisation beruht. Die Beziehung zwischen dem formalen und dem informalen System kann am besten durch eine Untersuchung der Medien der Kommunikation verstanden werden.

Medien der formalen Kommunikation

Die offensichtlichsten Medien der Kommunikation sind das gesprochene Wort, Aktennotizen und Briefe, die von einem Organisationsmitglied an ein anderes gerichtet werden. Eine Vielzahl spezialisierter schriftlicher Medien müssen von den üblichen Aktennotizen oder Briefen unterschieden werden. Erstens gibt es den „Papierfluß" – die Beförderung eines Dokumentes von einem Teil einer Organisation zu einem anderen, wo es anschließend bearbeitet wird. Dann gibt es Aufzeichnungen und formale Berichte. Schließlich gibt es Handbücher für Organisationspraxis und -verfahren.

Mündliche Kommunikation. Ein formales System mündlicher Kommunikation ist in der Regel nur in begrenztem Maße im Organisationssystem festgelegt. Das System der formalen Autorität legt bis zu einem gewissen Grade die Vermutung nahe, daß mündliche Kommunikation vornehmlich zwischen Individuen und ihren unmittelbaren Vorgesetzten oder Untergebenen stattfinden wird; aber dies sind sicherlich nie die alleinigen Kommunikationskanäle.

Bis zu einem gewissen Grad mag die formale Organisation auch die Leichtigkeit der Kommunikation nach oben begrenzen. Individuen auf höheren Ebenen der Organisation können für alle, außer ihren unmittelbaren Untergebenen, relativ unerreichbar sein. In militärischen Organisationen sind formale Regeln zur Steuerung dieses Problems der „Erreichbarkeit" entwickelt worden – der Gefreite kann den Hauptmann mit Erlaubnis des Unteroffiziers sprechen –, aber in anderen Organisationen ist die Erreichbarkeit durch informale soziale Kontrollen sowie mit Hilfe einer persönlichen Sekretärin reguliert, selbst wenn die Führungskraft offiziell eine Politik der „offenen Tür" vertritt. In diesem Fall wird die Erreichbarkeit tatsächlich von der informalen anstatt der formalen Organisation geregelt.

Physische Nähe mag ein sehr realer Faktor bei der Bestimmung der Häufigkeit mündlicher Kommunikation sein. Deshalb ist die räumliche Lage der Büros einer der wesentlichen formalen Einflußfaktoren des Kommunikationssystems. Selbst das Aufkommen des Telefons hat die Bedeutung dieses Faktors kaum gemindert, da ein Telefongespräch keinesfalls äquivalent mit einem persönlichen Kontakt ist.

Aktennotizen und Briefe. Der Fluß von Aktennotizen und Briefen wird vor allem in großen Organisationen häufiger als die mündliche Kommunikation einer formalen Kontrolle unterzogen. In einigen Organisationen wird sogar gefordert, daß alle schriftlichen Mitteilungen der Autoritätshierarchie folgen; aber das gilt nicht allgemein. Etwas häufiger ist die Forderung, daß Mitteilungen nicht mehr als eine Ebene in der Autoritätshierarchie überspringen. Wenn demnach zwei Individuen aus verschiedenen Abteilungen des gleichen Bereichs miteinander kommunizieren wollen, dann muß die Nachricht zum ersten Abteilungsleiter, von ihm zum zweiten Abteilungsleiter und dann zum zweiten Individuum gehen, wobei der Bereichsleiter übergangen wird.

In den meisten Organisationen sind aber solche strengen Anforderungen nicht auferlegt, außer für die Übertragung von Anordnungen – ein Punkt, der schon im letzten Kapitel behandelt wurde. Es werden aber recht häufig „Informationsregeln" eingeführt, die fordern, daß Kopien von Mitteilungen auf den regulären Kanälen weitergegeben werden, wenn die Mitteilung selbst quer über die Linien gegangen ist.

Papierfluß. In gewissen Fällen – vor allem in Organisationen, die wie Versicherungsunternehmen, Rechnungswesenabteilungen und staatliche Kreditanstalten finanzielle Angelegenheiten bearbeiten – dreht sich die Arbeit der Organisation ganz oder teilweise um die Bearbeitung eines Stückes Papier. So werden z. B. in einem Lebensversicherungsunternehmen Anträge entgegengenommen, überprüft, angenommen oder abgelehnt, Policen ausgestellt, Beitragsrechnungen ausgestellt, Beiträge verbucht und Schadenzahlungen vorgenommen. Im Brennpunkt der Arbeit dieser Organisation steht die Bearbeitung der Akte, die die individuelle Police repräsentiert. Diese Akte wird für verschiedene Tätigkeitsarten von einer Stelle der Organisation zur nächsten befördert – der Antrag wird überprüft, ein Wechsel des Begünstigten wird vermerkt, die Auszahlung der Versicherungssumme wird genehmigt usw. Wenn sie befördert wird, trägt die Akte alle Informationen bezüglich dieser Police mit sich, die für die Durchführung der erforderlichen Verwaltungstätigkeiten benötigt werden. Das Individuum an der Stelle, *zu der* die Akte wegen einer bestimmten Tätigkeit geschickt wird, besitzt vermutlich das Wissen über die betrieblichen Regelungen, die auf die Informationen in der Police angewendet werden müssen, um zu einer Entscheidung über ihre Behandlung zu gelangen. Die Akte erlaubt eine Verknüpfung der Informationen, die sich auf den einzelnen Versicherungsnehmer beziehen und die in der Außenwelt entstehen, mit den Informationen, die sich auf die Praktiken und Verpflichtungen der Gesellschaft beziehen und die in der zentralen Verwaltung entstehen. In diesem Fall wird die Verknüpfung dadurch erreicht, daß durch den Papierfluß Informationen aus der Außenwelt zur Entscheidung in die zentrale Verwaltung gebracht werden. In anderen Situationen könnte das durch Übertragung der Informationen aus der zentralen Verwaltung in die Außenwelt mit Hilfe von Anweisungen, Handbüchern oder ähnlichem geschehen.

Aufzeichnungen und Berichte. Ein höchst wichtiger Teil des formalen Kommunikationssystems nahezu jeder Organisation ist das System der Aufzeichnungen und Berichte. Im Fall von Briefen und Aktennotizen muß das Individuum, das die Kommunikation auslöst, die Entscheidung treffen, daß es eine Notwendigkeit für die Übertragung gewisser Informationen gibt. Es wird auch entschieden, was übertragen werden soll. Aufzeichnungen und Berichte zeichnen sich durch die Eigenschaft aus, daß sie für die ausführende Person festlegen, bei welchen Gelegenheiten (periodisch oder beim Eintritt eines bestimmten Ereignisses oder Umstandes) von ihr die Berichterstattung erwartet wird, und welche Informationen sie in die Berichte aufnehmen soll. Dies ist sehr wichtig, da jedes Organisationsmitglied dadurch von der wichtigen, aber schwierigen Aufgabe weitgehend befreit wird, laufend zu entscheiden, welcher Teil seiner Informationen an andere Organisationsmitglieder weitergegeben werden und in welcher Form dies geschehen sollte.

Handbücher. Die Funktion der Handbücher ist die Übermittlung jener organisatorischen Praktiken, deren relativ dauerhafte Anwendung beabsichtigt ist. Wenn Handbücher fehlen, dann werden dauerhafte Regelungen nur den langjährigen Organisationsmitgliedern bewußt sein und bald aufhören, einen besonderen Einfluß auf die Praxis zu haben. Die Ausarbeitung und Revision der Handbücher dient der Feststellung, ob die Organisationsmitglieder ein gemeinsames Verständnis der Struktur und der Politik der Organisation haben. Eine wichtige Nutzung der Handbücher liegt darin, neue Organisationsmitglieder mit dieser Politik vertraut zu machen. Dies kann in Verbindung mit oder getrennt von einer Einarbeitungszeit geschehen.

Eine nahezu unausweichliche Konsequenz der Vorbereitung und Verwendung von Handbüchern ist die Erhöhung des Zentralisationsgrades bei Entscheidungsprozessen. Im Interesse der „Vollständigkeit" und der „Einheitlichkeit" werden die Individuen, die ein Handbuch ausarbeiten, nahezu immer Angelegenheiten aufnehmen und zum Gegenstand der Organisationspolitik machen, die vorher den Individuen zur Entscheidung überlassen waren. Dies ist keinesfalls nur von Vorteil, da „Vollständigkeit" und „Einheitlichkeit" keinen besonderen Wert für eine Organisation haben, falls sie nicht im Interesse der Koordination benötigt werden.

Informale Kommunikation

Gleich wie hochentwickelt ein formales Kommunikationssystem in der Organisation aufgebaut ist, dieses System wird immer durch informale Kanäle ergänzt werden. Durch diese informalen Kanäle werden Informationen, Ratschläge und sogar Anordnungen fließen (der Leser wird sich erinnern, daß nach unseren Definitionen eine Autoritätsbeziehung auch dann bestehen kann, wenn der Vorgesetzte nicht mit Sanktionen ausgestattet ist). Mit der Zeit kann das tatsächliche System der Beziehungen stark von jenen abweichen, die im formalen Organisationsschema angegeben sind.

Das informale Kommunikationssystem ist auf den sozialen Beziehungen der Organisationsmitglieder aufgebaut. Freundschaft zwischen zwei Individuen schafft vielfältige Gelegenheiten für Kontakte und „Fachsimpelei". Sie kann auch eine Autoritätsbeziehung begründen, wenn eines der Individuen die Führung des anderen akzeptiert. Auf diese Weise erreichen „natürliche Führer" eine Rolle in der Organisation, die nicht immer im Organisationsschaubild wiedergegeben wird.

Das informale Kommunikationssystem gewinnt zusätzliche Bedeutung, wenn man sich daran erinnert, daß das Verhalten von Individuen in Organisationen nicht nur auf die organisatorischen Ziele, sondern in einem gewissen Maße auch auf ihre persönlichen Ziele hin ausgerichtet ist, und daß diese beiden Zielmengen nicht immer miteinander konsistent sind. Wenn Organisationsmitglieder miteinander zu tun haben, muß mithin jedes Mitglied einzuschätzen versuchen, in welchem Ausmaß die Einstellungen und Handlungen des anderen eher durch persönliche als durch organisatorische Motive bestimmt sind. Wenn sich eine primäre Beziehung zwischen ihnen entwickelt hat, dann wird diese Einschätzung für jeden leichter, und es fällt ihnen auch leichter, im Hinblick auf ihre Motive offen zu sein. Bitten um Zusammenarbeit werden seltener auf die Reaktion stoßen: „Sie kümmern sich um Ihre Angelegenheiten und ich mich um meine." (Dieses Problem der Identifikation mit bzw. Loyalität für einen speziellen Bereich der Organisation wird im Kapitel X genauer erörtert.)

Primäre Beziehungen können natürlich ebenso leicht unfreundlich wie freundlich sein, obgleich es so etwas wie eine „Freundlichkeitsvermutung" bei den meisten sozialen Beziehungen in unserer Gesellschaft gibt. Es wird dann eine wichtige Aufgabe der Führungskräfte, freundliche und kooperative Einstellungen in diesen direkten persönlichen Beziehungen zu bewahren, so daß das informale Kommunikationssystem zum effizienten Funktionieren der Organisation beiträgt, statt es zu behindern.

Das informale Kommunikationssystem wird manchmal von Organisationsmitgliedern zur Förderung ihrer persönlichen Ziele benutzt. Dadurch entsteht das Phänomen der Cliquen – Gruppen, die ein informales Kommunikationsnetz entwickeln und dies zur Erreichung von Macht in der Organisation benutzen. Rivalitäten zwischen Cliquen können dann wiederum zu allgemeiner Unfreundlichkeit in den sozialen Beziehungen führen und den Zweck des informalen Kommunikationssystems vereiteln.

Es gibt kaum systematische Analysen zu den Methoden, wie die formale Organisationsstruktur die Bildung von Cliquen unterstützt oder behindert oder über die Techniken, die von Führungskräften beim Umgang mit Cliquen und zur Minimierung ihrer Schädlichkeit angewendet werden können. Auf den ersten Blick kann vermutet werden, daß Schwachstellen im formalen Kommunikationssystem und das Versäumnis, durch dieses System ein angemessenes Maß an Koordination zu sichern, wahrscheinlich die Entwicklung von Cliquen begünstigen. Die Koordinationsfunktion, die Cliquen unter diesen Umständen ausüben, ist der Koordinationsfunktion sehr ähnlich, die die politische Maschinerie in einem hochgradig dezentralen Regierungssystem wie dem der USA ausübt.

Ein großer Teil der informalen Kommunikation in jeder Organisation ist weit weniger absichtsvoll als die Tätigkeiten der Cliquen oder selbst die Unterhaltungen der Führungskräfte, die gemeinsam essen. Außerdem gibt es noch die große Menge an Kommunikation, die unter der Überschrift „Klatsch" steht. In den meisten Organisationen spielen „Gerüchte" wahrscheinlich im ganzen gesehen eine konstruktive Rolle. Ihre wesentlichen Nachteile sind erstens die Beeinträchtigung der Offenheit, da vertrauliche Bemerkungen verbreitet werden können, und zweitens die sehr häufige Ungenauigkeit der durch Gerüchte weitergegebenen Informationen. Andererseits sind Gerüchte zusätzlich zur Übertragung von Informationen, die niemand formal übertragen wollte, als Barometer der „öffentlichen Meinung" in der Organisation wertvoll. Wenn der Manager sie sich anhört, dann vermitteln sie ihm Kenntnisse über Themen, die Gegenstand des Interesses der Organisationsmitglieder sind und über deren Einstellungen zu diesen Themen. Selbst für diesen letzten Zweck müssen Gerüchte natürlich durch andere Informationskanäle ergänzt werden.

Persönliche Motivation und Kommunikation

Wir haben gerade gesehen, daß die persönliche Motivation beachtlichen Einfluß auf die Entwicklung des informalen Kommunikationssystems haben kann. Insbesondere können Individuen dieses System als ein Mittel zur Erhöhung ihrer eigenen Macht und ihres Einflusses in der Organisation entwickeln. Es gibt noch eine andere Möglichkeit, wie persönliche Motivation die – formale und informale – Kommunikation beeinflußt. Informationen übertragen sich nicht *automatisch* von ihrer Quelle auf die übrige Organisation; das Individuum, das sie zuerst erhält, muß sie übertragen. Es wird sich natürlich beim Übertragen der Konsequenzen dieser Übertragung für sich selbst bewußt sein. Wenn es weiß, daß der Chef durch eine Nachricht „aus der Haut fahren" wird, dann wird diese Nachricht sehr wahrscheinlich unterdrückt.[3]

Informationen werden deshalb in der Organisation häufig nur dann nach oben getragen, wenn (1) ihre Übertragung keine unerfreulichen Wirkungen für das übertragende Individuum hat oder (2) der Vorgesetzte sie sowieso über andere Kanäle erhalten wird und es besser ist, ihm vorher zu berichten, oder (3) es sich um Informationen handelt, die der Vorgesetzte für den Verkehr mit seinen eigenen Vorgesetzten benötigt und er ungehalten sein wird, wenn er ohne sie überrascht wird. Außerdem wird häufig versäumt, Informationen nach oben zu übertragen, weil einfach der Untergebene nicht genau überschauen kann, welche Informationen sein Vorgesetzter für seine Entscheidungen benötigt.

Ein wesentliches Kommunikationsproblem der höheren Ebenen der organisatorischen Hierarchie ist mithin, daß viele der Informationen, die für die Entscheidungen auf dieser Ebene relevant sind, auf unteren Ebenen entstehen und die höhere Ebene niemals erreichen, falls der Vorgesetzte nicht außerordentlich wachsam ist. Wie schon aufgezeigt wurde, ist es eine wichtige Funktion eines Systems formaler Aufzeichnungen und Berichte, die Verantwortung für die Entscheidung darüber, welche Informationen nach oben übertragen werden, vom Untergebenen auf den Vorgesetzten zu verlagern.

Es gibt ein umgekehrtes Problem, das entsteht, wenn ein Vorgesetzter Informationen vor einem Untergebenen zurückhält. Auch dies kann zufällig geschehen – der Vorgesetzte erkennt nicht, daß sein Untergebener die Informationen benötigt. Andererseits kann der Vorgesetzte seinen exklusiven Besitz von Informationen als ein Mittel benutzen, um seine Autorität über den Untergebenen aufrechtzuerhalten. Man kann sich schwer vorstellen, wie dieses Verhalten, das üblicherweise ein Symptom für einen unfähigen und unsicheren Vorgesetzten ist, irgendeine konstruktive Funktion in der Organisation hat. Der erste, ebenfalls unglückliche, Fall kommt in den meisten Organisationen häufig vor, hauptsächlich wegen des Mangels an hinreichenden Überlegungen zur Notwendigkeit, außer Anordnungen auch andere Informationen nach unten zu übertragen.

Aufnahmebereitschaft für Mitteilungen

Bislang wurden hauptsächlich die Informationsquellen betrachtet. Aufmerksamkeit muß aber auch ihrer Bestimmung gewidmet werden. Es wurde darauf hingewiesen, daß die Aufmerksamkeit, die einer Mitteilung von ihrem Empfänger geschenkt wird, nicht einfach eine Sache der Logik ist. Die Quelle der Mitteilung und die Art ihrer Darstellung werden für ihren Empfänger bestimmen, wieviel Beachtung er ihr widmen wird. Wenn formale Kanäle unterhalten werden, dann wird die Wirkung von Informationen, die durch diese Kanäle fließen, durch die Autorität gesteigert, die ihnen ihr „offizieller" Status verleiht. Andererseits mag unverlangten Informationen und Ratschlägen kaum oder keine Aufmerksamkeit geschenkt werden.

Die Abhängkeit des Gewichts einer Mitteilung von ihrer Quelle trifft auf Übertragungen nach oben ebenso zu wie auf Übertragungen nach unten – Vorschläge, die nach oben gegeben werden, können unzureichende Beachtung finden, wenn die Person, die den Vorschlag formuliert, nicht in einer formalen Beratungsposition ist und den „Dienstweg" benutzt. Daraus entsteht viel Frustration vor allem auf den unteren Ebenen der Organisation, aber man kann sich schwer vorstellen, wie dies ohne die Zerstörung der Organisationsstruktur vollständig ausgeschlossen werden kann.

Die Aufmerksamkeit, die eine Mitteilung erhält, wird auch von ihrer Form abhängen. Bei der Diskussion der Autoritätsbeziehung im vorigen Kapitel wurde die Akzeptanz der Autorität durch den Untergebenen betont. Der entscheidende Punkt liegt darin, ob der Empfänger einer Anordnung oder irgendeiner anderen Art von Mitteilung durch diese Informationen bei seinen Handlungen oder Entscheidungen beeinflußt wird oder nicht. Das Problem, die Befolgung einer Sicherheitsvorschrift durch die Mitarbeiter zu erreichen, unterscheidet sich nicht wesentlich von dem Problem, die Akzeptanz einer bestimmten Seifenmarke durch einen Kunden zu erreichen. In einigen Fällen mag formale Autorität für die Einwilligung des Untergebenen ein hinreichender Anreiz sein. Aber üblicherweise muß die Mitteilung sowohl anordnen als auch begründen, plädieren und überzeugen, wenn sie wirksam sein soll.

In dem gleichen Zusammenhang muß bedacht werden, ob eine Mitteilung mündlich oder schriftlich und ob sie in formaler oder informaler Sprache gegeben werden soll. In jedem Fall müssen für die Gestaltung der Mitteilung der Bewußtseinszustand des Empfängers, seine Einstellungen und Motive die grundlegenden Faktoren sein. Die Funktion der Kommunikation ist es schließlich nicht, daß die übertragende Person etwas los wird, sondern daß etwas in das Bewußtsein und die Handlungen der empfangenden Person eingebracht wird.

Spezialisierte Instrumente der Kommunikation

Die meisten Organisationen, auch solche mittlerer Größe, entwickeln wegen der großen Bedeutung der Kommunikation für ihre Funktionsfähigkeit gewisse spezialisierte Kommunikationsaufgaben. Entscheidungszentren selbst – d. h. Stellen der Führungskräfte – müssen häufig mit Personen unterstützt werden, die der Führungskraft bei ihren Kommunikationsfunktionen helfen können. Die Organisation entwickelt spezielle Speicher für ihr offizielles „Gedächtnis" – Akten, Berichte, Bibliotheken, Überwachungssysteme. Organisatorische Einheiten können geschaffen werden, um spezielle Aufgaben der Informationssammlung auszuführen: Rechnungswesen, Kontrolle, Organisationsanalyse, Nachrichtenwesen und ähnliches. Je größer die Organisation, desto weiter kann diese Spezialisierung fortgeführt werden.

Organisation von Entscheidungszentren

Eine Reihe von Kommunikationsaufgaben des Managers müssen nicht persönlich ausgeführt werden, sondern können an Stabsmitglieder seines Büros delegiert werden. Dazu gehören das Entwerfen von herausgehenden Nachrichten, die Durchsicht eingehender Informationen und die Herstellung von Verbindungen.

Das Entwerfen von herausgehenden Nachrichten bedarf kaum einer Erklärung. Es ist eine der üblichen Aufgaben von Sekretärinnen, und wichtige Führungskräfte haben oft Assistenten mit solchen Funktionen. Vielleicht ist die am weitesten entwickelte Spezialisierung dieser Art das Bureau of Budget beim Präsidenten der Vereinigten Staaten, das als eine seiner wesentlichen Funktionen mit dem Entwurf von Erlassen des Präsidenten sowie dem Entwurf von Gesetzen zur Vorlage beim Kongreß betraut ist.

Die Möglichkeit dieser Art von Arbeitsteilung hat eine wichtige Konsequenz. Sie bedeutet, daß durch die Zuordnung von Spezialisten zum Büro der Geschäftsführung herausgehende Mitteilungen aus der Sicht ihrer jeweiligen Spezialgebiete überprüft werden können, ohne daß das System der Autorität komplizierter wird. Dieses System ist vielleicht in der militärischen Organisation am besten entwickelt, wo z. B. ein Artillerieoffizier im Stab des Divisionskommandeurs die Einzelheiten eines Einsatzplanes ausarbeitet, die die Artillerie betreffen, usw. Die Führungskraft selbst – im militärischen Beispiel der Chef des Stabes – führt die Funktion der Koordination und des Ausgleichs zwischen den Spezialgebieten durch.

Die Durchsicht eingehender Mitteilungen, um zu bestimmen, welche die persönliche Aufmerksamkeit der Führungskraft finden sollten, ist ebenfalls eine delegierbare Funktion, die bei wichtigen Führungspositionen ausdifferenziert wird. In einigen Fällen wird diese Funktion auf die Vorbereitung von Analysen und Empfehlungen für den Vorgesetzten, die ihm mit den Mitteilungen zugeleitet werden, ausgedehnt. In anderen Fällen kann der Stab auf der Grundlage von Informationen Maßnahmen ergreifen, ohne daß der Vorgesetzte eingeschaltet wird.

Wird von einer Führungskraft die Verbindungsfunktion zu Untergebenen oder zu anderen Teilen der Organisation an ihren Stab delegiert, so entstehen etwas heiklere Probleme als bei den anderen beiden Arten der Delegation. Wenn die Beziehungen nicht sorgfältig geregelt sind, dann erkennen die Untergebenen möglicherweise nicht, daß der Verbindungsmann Autorität nicht auf Grund eigener Initiative, sondern als Stellvertreter seines Chefs ausübt. Als ein Ergebnis dieser Mehrdeutigkeit kann sich beträchtliches Ressentiment gegen den Verbindungsmann entwickeln, und er kann seine Nützlichkeit verlieren. In vielen zivilen Organisationen wird der Unterschied zwischen einem stellvertretenden Abteilungsleiter und einem Assistenten beim Abteilungsleiter nicht deutlich verstanden. Solche Organisationen wären gut beraten, wenn sie die Sorgfalt, mit der diese Unterscheidung in militärischen Organisationen gemacht wird, beachten würden.

Speicher des organisatorischen „Gedächtnisses"

Da eine Organisation kein Organismus ist, ist das gemeinsame Gedächtnis ihrer Teilnehmer das einzige Gedächtnis, das sie im eigentlichen Sinne des Begriffs besitzt. Dies ist für organisatorische Zwecke unzureichend, erstens, weil das, was im Bewußtsein eines Organisationsmitgliedes ist, nicht notwendigerweise anderen Mitgliedern zur Verfügung steht, und zweitens, weil dann, wenn ein Individuum eine Organisation verläßt, die Organisation diesen Teil ihres „Gedächtnisses" verliert.

Organisationen benötigen deshalb in einem viel größeren Ausmaß als Individuen „künstliche" Gedächtnisse. Praktiken, die beim Individuum einfach zur Gewohnheit würden, müssen in Handbüchern zur Anleitung neuer Organisationsmitglieder festgehalten werden. Zu den Speichern, die Organisationen für ihre Informationen verwenden können, zählen Berichtssysteme, Korrespondenzen und andere Akten, Bibliotheken und Überwachungssysteme.

Diese Hilfsmittel sind alle bekannt. Sie schaffen selbst schwierige Organisationsprobleme – welche Typen von Informationen aufgezeichnet werden sollen, wie diese Informationen klassifiziert und abgelegt werden sollen, die räumliche Unterbringung der Akten usw. Es erscheint aber kaum sinnvoll, diese Probleme abstrakt zu untersuchen.

Beschaffungseinrichtungen

Die meisten Organisationen oder bestimmte Entscheidungszentren in Organisationen benötigen Informationen zusätzlich zu denen, die sie normalerweise im Zuge ihrer Arbeit erhalten. Es gibt zwei Arten dieser notwendigen Informationen: externe – die von Quellen außerhalb der Organisation beschafft werden müssen; und interne – die innerhalb der Organisation zu beschaffen sind. In jeder großen Organisation können Stellen festgestellt werden, deren Funktion die Beschaffung der einen oder anderen dieser Informationsarten ist. Die Patentabteilung in industriellen Konzernen ist solch eine Stelle. Eine ihrer wesentlichen Funktionen ist die laufende Beobachtung der Patent- und Produktentwicklung im Geschäftsbereich der Gesellschaft durch die Auswertung der Mitteilungen des Patentamts, der Herstellerkataloge, von Zeitschriften und Fachliteratur. Das Rechnungswesen ist das hervorragende Beispiel für eine Abteilung, deren Funktion die Beschaffung interner Informationen ist.

Die Stelle zur externen Beschaffung erfordert keine längere Diskussion. Das Hauptproblem ihrer Einpassung in die Organisation besteht darin, sie so anzuordnen, daß die von ihr empfangenen Informationen schnell und in brauchbarer Form an die zuständigen Stellen in der Organisation weitergeleitet werden. Dies führt wie bei jeder anderen Dienstleistungsstelle unausweichlich zu solchen Fragen, wie weit z. B. diese Funktion spezialisiert und wie weit sie auf die ausführenden Einheiten dezentralisiert werden sollte. Andere Beispiele für solche Stellen sind die Nachrichteneinheiten in militärischen Organisationen, Marktforschungsabteilungen in Wirtschaftsunternehmen, Feueralarmzentralen und polizeiliche Kommunikationssysteme.

Neben dem Rechnungswesen gibt es verschiedene Arten von internen Beschaffungsstellen. Die wichtigsten sind wohl unabhängige Kontrollstellen (wie das Inspector General's Office der Armee) und Auswertungsstellen (wie das Department of Investigation von New York City oder die Division of Administration Management des United States Bureau of the Budget).

Im Falle der finanziellen Rechnungsprüfung wird die Notwendigkeit eines von den normalen Kanälen der Autorität unabhängigen Informationsflusses überall als nahezu selbstverständlich akzeptiert. Die Funktionen der typischen Rechnungsprüfungsstelle sind jedoch weit über die einfache Prüfung der Ehrlichkeit ausgeweitet worden. Sie wird heute recht häufig als eine Informationsquelle genutzt, um festzustellen, ob Ausgaben mit dem im Budget festgelegten Plan übereinstimmen. Ihre Ergebnisse werden auch als eine Grundlage für die Kostenanalyse verwendet, die ihrerseits zu künftigen Führungsentscheidungen beiträgt. Durch diese Eigenschaften sind Informationen des Rechnungswesens zu einem der wichtigsten Instrumente bei der Überprüfung des Betriebsablaufes durch die Unternehmensleitung geworden.

Rechnungskontrolle ist wahrscheinlich nirgends so weit entwickelt worden wie durch den Comptroller General of the United States. Dieses Amt hat über eine Reihe von Jahren alle Regierungsausgaben einer laufenden Vorkontrolle unterzogen und alle Ausgaben verweigert, die es als nicht mit den Bewilligungen des Kongresses übereinstimmend betrachtet hat. Dadurch wurde ein System dualer Autorität über die Ausgaben der Bundesregierung geschaffen, das von den Personen, die es untersucht haben, im allgemeinen eine ungünstige Beurteilung erfahren hat. Es sollte aber beachtet werden, daß dies nur eine extreme Form des Problems ist, das immer dann entsteht, wenn einer Rechnungsprüfungsstelle *irgendwelche* Kontrollfunktionen übertragen werden. In dem Maß, in dem der Prüfer die Autorität hat, für die Handlungen eines Entscheidungsträgers in der Linienorganisation Beschränkungen zu setzen, greift seine Autorität in die Linien der regulären Autorität ein, und die Einheit der Auftragserteilung im weiten Sinne dieses Begriffs wird verletzt.

Unabhängige Kontrollorganisationen schaffen Probleme dualer Weisungen, die denen der Rechnungskontrolle ähnlich sind. Selbst wenn, wie üblich, die Kontrollstelle keine andere Macht hat außer der des Berichts ihrer Befunde an die oberste Leitung, wird die Linienorganisation auf ihre Ansichten reagieren. Die Ernsthaftigkeit dieses Problems wird etwas durch die Tatsache gemildert – und damit die Wirksamkeit der Kontrollstelle geschwächt –, daß ihr Eingriff im allgemeinen unregelmäßig und nicht laufend erfolgt. Auf jeden Fall sieht der Leiter der Organisation die Kontrollstelle trotz aller Probleme oft als eine unschätzbare Hilfe an, da sie ihm Informationen liefert, die durch die Linienorganisation einfach nicht übertragen werden würden.

Ein anderer Weg, durch den die obersten Ebenen der Hierarchie Wissen über den Ablauf der Organisation gewinnen, besteht darin, in zeitlichen Abständen einen umfassenden Überblick und eine Analyse der Organisation oder einzelner ihrer Teilbereiche durchzuführen. Dabei können sie von einer Organisationsanalyseabteilung, die für solche Aufgaben spezialisiert ist, unterstützt werden. Solch ein Überblick kann auf Fragen der Organisationsstruktur begrenzt sein oder kann eine Analyse des Handlungsprogramms einschließen. In den meisten Fällen sind beide Fragen so untrennbar verwoben, daß sie gemeinsam betroffen sind.

Ausbildung und Kommunikation

Das ganze Thema der Ausbildung wirft andere Fragen auf als die Kommunikation. Die Rolle der Ausbildung kann aber trotzdem vielleicht am besten dadurch verstanden werden, daß man sie als eines von verschiedenen Mitteln zur Übertragung von Entscheidungsprämissen an Organisationsmitglieder versteht. Wenn z. B. eine bestimmte Tätigkeit in einer Organisation gewisse juristische Kenntnisse erfordert, dann kann (a) ein Jurist für die Position eingestellt werden; (b) die ausgewählte Person mit Vorschriften und Handbüchern ausgestattet und bei ihrer Arbeit sorgfältig überwacht werden, oder (c) die Person nach der Einstellung ausgebildet werden. In einem gewissen Sinn handelt es sich bei allen drei Möglichkeiten um Ausbildungsverfahren, aber bei (a) verläßt sich die Organisation auf eine vor der Einstellung erworbene Ausbildung, bei (b) auf die laufende Überwachung als Mittel der Ausbildung, bei (c) auf formale Ausbildung.

Militärische Organisationen haben schon lange erstaunliche Beweise geliefert, wie formale Ausbildung zur Schulung großer Zahlen neuer Mitglieder innerhalb kurzer Zeit für sehr komplizierte und ungewohnte Aufgaben genutzt werden kann. In zivilen Organisationen, wo neue Mitglieder selten in so großer Zahl eingestellt werden und wo die neuen Mitarbeiter normalerweise zum Zeitpunkt ihrer Einstellung zumindest teilweise ausgebildet sind, sind die Möglichkeiten formaler Ausbildung weit weniger ausgeschöpft worden. In militärischen Organisationen werden Anweisungen darüber, „wie etwas zu tun ist“, fast völlig über den formalen Ausbildungsprozeß vermittelt, während Ausführungsbefehle im allgemeinen auf das „was zu tun ist“ beschränkt sind. In vielen zivilen Organisationen werden Anweisungen darüber, „wie etwas zu tun ist“, weitgehend überwachenden Mitarbeitern überlassen. Unzweifelhaft ist die schlechteste Methode zur Übermittlung von Ausführungsverfahren, sich allein auf schriftliche Anweisungen und Handbücher zu verlassen.

Die Erhaltung der Aufnahmebereitschaft in der auszubildenden Gruppe ist vielleicht die größte Schwierigkeit bei der Verwendung von formalen Ausbildungsmethoden. Jeder Lehrer erkennt – oft mit einem starken Gefühl der Hilflosigkeit –, daß die Motivation der Schlüssel zum Lernprozeß ist. Der Auszubildende muß ein Interesse am Lernen haben. Er muß darüber hinaus überzeugt sein, daß er das, was er lernen soll, nicht schon kennt. Bei der einführenden Ausbildung von neuen Mitarbeitern ist das Motivationsproblem am geringsten. Bei der Ausbildung von Mitarbeitern, die ihre Tätigkeit schon über einen beträchtlichen Zeitraum ausgeübt haben, kann es dagegen sehr schwerwiegend sein.

Ausbildung erfordert vom Auszubildenden eine gewisse Achtung gegenüber dem Lehrer und ein Eingeständnis des unvollkommenen Wissens, das viele Individuen, die eine gewisse Altersreife und eine verantwortungsvolle Position erreicht haben, als recht kränkend empfinden. Wenn innerbetriebliche Schulung mit solchen Individuen –

Facharbeitern, Gruppenleitern, Führungskräften – stattfindet, dann muß dem Prestige und der Anerkennung des Ausbilders sowie der praktischen Eignung des Ausbildungsmaterials erhebliche Aufmerksamkeit geschenkt werden. Einer der Gründe für den Erfolg der Konferenzmethode bei der Ausbildung solcher Gruppen ist die Minimierung der „Lehrerrolle" des Ausbilders und die Schaffung der Illusion, daß die neuen Ideen von der Gruppe selbst entwickelt wurden. Das ist natürlich nicht völlig illusionär, aber sicherlich stärker als die Theoretiker der Ausbildung nach der Konferenzmethode gern zugeben.

Schulung ist auf den Entscheidungsprozeß immer dann anwendbar, wenn die gleichen Elemente in einer Vielzahl von Entscheidungen auftreten. Schulung kann dem Auszubildenden die Fakten liefern, die für die Behandlung dieser Entscheidungen notwendig sind. Sie kann ihm einen Bezugsrahmen für sein Denken vermitteln. Sie kann ihn „anerkannte" Lösungen lehren oder ihm die Werte einprägen, die bei seinen Entscheidungen berücksichtigt werden sollen.

Ausbildung hat als eine Form der Beeinflussung von Entscheidungen bei den Situationen ihren größten Wert, in denen sich die Ausübung formaler Autorität durch Anordnungen als schwierig erweist. Die Schwierigkeiten können in der Notwendigkeit schneller Handlung, in der räumlichen Ausbreitung der Organisation oder in der Komplexität des Entscheidungsgegenstandes, die der Generalisierung in Regeln und Vorschriften trotzt, begründet sein. Ausbildung erlaubt dadurch einen höherern Grad der Dezentralisation des Entscheidungsprozesses, daß die notwendige Kompetenz auf die untersten Ebenen der organisatorischen Hierarchie gebracht wird.

Schluß

Dieses Kapitel war mit dem organisatorischen Kommunikationssystem befaßt – speziell mit den Aspekten, die das Autoritätssystem ergänzen. Es wurde gezeigt, daß die Spezialisierung von Funktionen in Entscheidungsprozessen wesentlich von der Möglichkeit der Entwicklung adäquater Kommunikationskanäle zu und von den Entscheidungszentren abhängt. Im allgemeinen wird die Organisationsstruktur die Festlegung eines formalen Kommunikationssystems – einschließlich Kanäle für mündliche und schriftliche Kommunikation, Papierfluß, Aufzeichnungen, Berichte und Handbücher – beinhalten, aber dies wird durch ein umfangreiches informales Kommunikationsnetz ergänzt, das auf den sozialen Beziehungen beruht, die sich in der Organisation entwickeln.

Persönliche Motive können dazu führen, daß Organisationsmitglieder das Kommunikationssystem für eigene Zwecke zu nutzen versuchen, ebenso dazu, daß sie Informationen vor Vorgesetzten und Kollegen zurückhalten. Persönliche Motive und Einstellungen beeinflussen auch die Wahrnehmung, die den übertragenen Informationen geschenkt wird. Die Fähigkeit eines Individuums, andere durch seine Mitteilungen zu beeinflussen, wird von seiner formalen und informalen Autoritätsposition und von der Verständlichkeit und der Überzeugungskraft der Mitteilungen selbst abhängen.

Organisationen entwickeln normalerweise Bereiche, die für bestimmte Kommunikationsfunktionen spezialisiert sind. Dazu gehören Stäbe, Speicher des organisatorischen „Gedächtnisses" sowie interne und externe Beschaffungsstellen.

Ausbildung ist eine von verschiedenen alternativen Methoden der Kommunikation, die sich vor allem für die Übertragung des für eine Tätigkeit notwendigen Wissens als nützlich erweist. Ihre erfolgreiche Nutzung hängt aber von der Schaffung günstiger Einstellungen der Auszubildenden gegenüber dem Ausbildungsprogramm ab.

Fußnoten zu Kapitel VIII

1 Barnards Untersuchung der Kommunikation leidet etwas darunter, daß er Kommunikationskanäle mit Autoritätskanälen gleichsetzt. Vgl. *Barnard*, C. I., The Functions of the Executive, Cambridge 1938, S. 175–181.

2 *U.S. Army Field Service Regulations*, 1923, S. 25–26.

3 Dieser Punkt wurde sehr gut von Gardner untersucht. Die vorliegenden Ausführungen sind eng an seine Analyse angelehnt. Vgl. *Gardner*, B. B., Human Relations in Industry, Chicago 1945, Kap. II.

KAPITEL IX

Das Kriterium der Effizienz

In den letzten beiden Kapiteln haben wir uns auf die Art konzentriert, wie die Organisation ihren Einfluß auf ihre einzelnen Mitglieder wirksam werden läßt. Durch das Autoritätssystem und die anderen Kommunikationsarten, die erörtert worden sind, stattet die Organisation das Individuum mit einigen seiner grundlegenden Entscheidungsprämissen aus: sie legt seine grundlegenden Wertprämissen – die Organisationsziele – fest und sie versorgt es mit allen Arten relevanter Informationen, die notwendig sind, wenn es diese Werte anwenden soll. Es ist nun Zeit, daß wir uns den „internen" Aspekten der Entscheidung zuwenden und sehen, wie die durch die Organisation gelieferten Prämissen vom Individuum zu einer vollständigen Entscheidung zusammengesetzt werden. Entscheidend für die Synthese sind die Entscheidungsprämissen, die das Individuum selbst einbringt. Neben den Informationen, die beim Individuum entstehen, sind die wichtigsten Entscheidungsprämissen das Kriterium der Effizienz[1] sowie die organisatorischen Identifikationen oder Loyalitäten des Individuums. Diese werden Gegenstand dieses bzw. des nächsten Kapitels sein.

Da die Anwendung des Effizienzkriteriums auf nichtkommerzielle Organisationen sehr viel schwieriger ist als die Anwendung auf kommerzielle Organisationen, wird ein großer Teil dieses Kapitels auf das Problem verwendet, das Konzept der Effizienz so weit auszudehnen, daß es auf den ersten Fall genau so anwendbar wird wie auf den zweiten.

Das Konzept der Effizienz

Das Effizienzkriterium ist am einfachsten zu verstehen, wenn es auf kommerzielle Organisationen angewendet wird, die weitgehend am Gewinnziel orientiert sind. In solchen Organisationen schreibt das Effizienzkriterium die Auswahl jener Alternative aus den für das Individuum verfügbaren vor, die der Organisation den größten Netto-(Geld-)Ertrag erbringen wird. Diese „Bilanzeffizienz" beinhaltet einerseits, daß das Einkommen maximiert wird, wenn die Kosten als konstant angenommen werden; und andererseits, daß die Kosten minimiert werden, wenn das Einkommen als konstant angenommen wird. In der Realität müssen natürlich das Maximum des

Einkommens und das Minimum der Kosten simultan betrachtet werden, d. h., tatsächlich ist die Differenz zwischen diesen beiden Größen zu maximieren.

Es wird gezeigt, daß das Effizienzkriterium eng mit den Organisations- und den Erhaltungszielen verbunden ist, wie diese Begriffe in Kapitel VI definiert worden sind. Mit dem Organisationsziel ist es insoweit verbunden, als es die Maximierung der „Outputs" berührt. Mit den Erhaltungszielen ist es insoweit verbunden, als es die Erhaltung einer positiven Differenz zwischen Output und Input berührt.

Die Einfachheit des Effizienzkriteriums in kommerziellen Organisationen ist zu einem großen Teil auf die Tatsache zurückzuführen, daß Geld einen gemeinsamen Nenner für die Messung sowohl von Output als auch von Einkommen bereitstellt und erlaubt, daß sie direkt verglichen werden können. Das Konzept muß deshalb erweitert werden, wenn es auf einen Entscheidungsprozeß angewendet werden soll, an dem Faktoren beteiligt sind, die nicht direkt in Geldgrößen gemessen werden können. Solche Faktoren sind zweifellos in nichtkommerziellen Organisationen vorhanden, wo die monetäre Messung des Outputs üblicherweise sinnlos oder unmöglich ist. Sie sind aber auch in kommerziellen Organisationen in dem Maße vorhanden, wie die Personen, die die Organisation führen, nicht allein durch das Gewinnmotiv geleitet werden – d. h., wenn diese Personen mit Fragen des öffentlichen Interesses oder der Wohlfahrt der Mitarbeiter auch dann befaßt sind, wenn diese Faktoren nicht unmittelbar mit der Gewinn- und Verlustrechnung in Beziehung stehen. Nichtmonetäre Faktoren werden darüber hinaus bei den internen Vorgängen selbst von rein kommerziellen Organisationen eine Rolle spielen, wenn spezielle Tätigkeiten betroffen sind, deren Beziehung zur Gewinn- und Verlustrechnung nicht direkt abgeschätzt werden kann. Entscheidungen in einer Personalabteilung z. B. können nicht immer in monetären Größen bewertet werden, da die monetäre Wirkung einer bestimmten Personalpolitik nicht direkt bestimmt werden kann.

Das Kostenelement bei Entscheidungen

Bei kommerziellen sowie bei nichtkommerziellen Organisationen (außer bei freiwilligen Organisationen) kann der „Inputfaktor" weitgehend in monetären Größen gemessen werden. Dies gilt auch dann, wenn die Organisationsziele über Gewinn oder Erhaltung der Organisation hinausgehen. Das heißt, selbst wenn die Organisation an den Kosten *für die Gemeinschaft* interessiert ist, können diese Kosten durch die Güter und Dienstleistungen, die die Organisation kauft, ziemlich gut bewertet werden.[2]

Diese Aussage mag für den Fall der Bewertung der Dienstleistungen von Mitarbeitern nicht ganz einsichtig sein. Die Aufgaben, die den Mitarbeitern zugewiesen werden, sind nicht alle im Hinblick auf Annehmlichkeit, Gefahr usw. gleich. Soweit sie es nicht sind, ist der Lohn (falls er diese Elemente nicht genau wiedergibt – was gewöhnlich der Fall ist) kein genaues Maß des Inputs in einer Organisation, in der die Wohlfahrt der Mitarbeiter neben anderen Organisationszielen Stellenwert besitzt. In solchen Fällen müssen Organisationsentscheidungen nicht nur in Geld bewerteten Input gegen Output, sondern in Geld bewerteten Input gegen Output *und* Wohlfahrt der Mitarbeiter abwägen.

Es gibt noch andere Fälle, in denen der Input nicht genau durch monetäre Kosten der Organisation gemessen werden kann. Beispielsweise hat ein Industriekonzern, der für die Verbreitung von Rauch und Ruß über der Gemeinde nicht belastet wird, unter der Bedingung, daß die Organisationsziele Interesse für die öffentliche Wohlfahrt einschließen, einen Kostenfaktor, der in der Kostenrechnung nicht erscheint.

Wenn die Entscheidung in einer öffentlichen Verwaltung getroffen wird, deren Ziele die allgemeine Stabilität und das Gedeihen der Wirtschaft umfassen – z. B. in der Bundesregierung –, dann müssen noch weitere Überlegungen einfließen. Im Falle eines privaten Unternehmens müssen Zinsen auf das eingesetzte Kapital in Höhe des Marktzinses als Kosten in die Kalkulationen einbezogen werden. Wenn im Falle der Regierung der Zweck von Ausgaben der Einsatz von Kapital ist, das anderenfalls unproduktiv wäre, dann sind die Zinsen auf dieses Kapital aus der Sicht der gesamten Wirtschaft in Wirklichkeit keine Kosten. Der „Output" von Investitionen der Regierung kann darüber hinaus Wirkungen dieser Investitionen auf das Einkommens- und das Beschäftigungsniveau der Wirtschaft einschließen und diese Wirkungen müssen bei der Messung des Produkts einbezogen werden.

Wenn ein privates Unternehmen einen Arbeitslosen beschäftigt, sind dessen Löhne ebenfalls gewöhnliche Kosten. Wenn aber die Regierung eine solche Person beschäftigt, dann nutzt sie eine Ressource, die anderenfalls nicht genutzt werden würde. Deshalb stellen die Löhne dieses Beschäftigten aus der Sicht der Gemeinschaft keine wirklichen Kosten dar.

Diese Bemerkungen sind nicht als Verteidigung irgendeiner bestimmten Konzeption der Rolle der Staatsausgaben in einer modernen Wirtschaft gedacht – ein Thema, das genug Kontroversen zwischen verschiedenen konkurrierenden Schulen moderner Ökonomen hervorruft. Es soll nur aufgezeigt werden, daß das Effizienzkriterium nicht auf Entscheidungen von öffentlichen Verwaltungen angewendet werden kann, ohne daß die wirtschaftlichen Wirkungen berücksichtigt werden, die die Handlungen dieser Verwaltungen haben können. In der Sprache der Ökonomen ausgedrückt, muß das Problem der Effizienz in der öffentlichen Verwaltung aus der Sicht des allgemeinen, nicht des partiellen Gleichgewichts angegangen werden.

Positive Werte bei Entscheidungen

Während die negativen Werte, die mit Entscheidungen verbunden sind, normalerweise durch Zeit oder monetäre Kosten zusammengefaßt werden können, zeigt sich für die positiven Werte ein etwas komplexeres Bild. Wie wir gesehen haben, spielt bei kommerziellen Unternehmen der monetäre Wert des Outputs etwa die gleiche Rolle wie die Kosten der Produktion (des Inputs) bei der Zusammenfassung der beteiligten Wertelemente. Aus positiver Sicht ist die Art des hergestellten Produkts ein wertmäßig neutrales Element. Dies gilt nicht für öffentliche Dienstleistungen. Also muß in der öffentlichen Verwaltung ein Ersatz für den monetären Wert des Outputs als Wertmaßstab gefunden werden.

Dieser Ersatz wird durch eine Darstellung der Handlungsziele und durch die Konstruktion von Indizes, die den Grad der Erreichung dieser Ziele messen, bereitgestellt. Jedes Maß, das die Wirkungen einer Verwaltungshandlung für die Erreichung ihres obersten Zieles anzeigt, wird als Maß des *Ergebnisses* dieser Handlung bezeichnet.[3]

Definition von Zielen. Die Definition von Zielen öffentlicher Dienste ist bei weitem keine einfache Aufgabe. Zunächst ist es wünschenswert, die Ziele so weit wie möglich durch Werte darzustellen. Das heißt, nur dann, wenn sie Ausdrücke für relativ letzte Zwecke sind, sind sie geeignete Wertindizes. Wenn die Ziele durch Unterzwecke ausgedrückt werden, dann besteht die ernsthafte Gefahr, daß Entscheidungen, die durch den Unterzweck geleitet werden, auch dann noch weiter gültig bleiben, wenn dieser Zweck nicht mehr für die Werterreichung geeignet ist. Das Ausufern von Formularen und Akten in einer öffentlichen Verwaltung ist z. B. häufig Beweis für das Versäumnis, Handlungen, die auf einen konkreten Zweck zielen, anhand der umfassenden Werte zu überprüfen, die dieser Zweck begünstigen soll.

Andererseits sind jedoch die Werte, die öffentliche Dienste zu realisieren suchen, selten in konkreten Begriffen auszudrücken. Ziele wie die eines Erholungsamtes – „Gesundheit verbessern", „Erholung ermöglichen", „gute Bürger entwickeln" –, müssen in faßbaren und objektiven Begriffen formuliert werden, bevor Ergebnisse beobachtet und gemessen werden können. Hier stellt sich ein ernsthaftes Dilemma. Die Werte, auf die diese Dienstleistungen ausgerichtet werden sollen, liefern keine ausreichend konkreten Kriterien, die bei speziellen Entscheidungsproblemen angewendet werden können. Wenn aber Wertindizes an Stelle der Werte selbst als Kriterien verwendet werden, dann werden die Zwecke wahrscheinlich den leichter faßbaren Mitteln – die Substanz der Form – geopfert.

Weitere Schwierigkeiten entstehen durch das Fehlen eines gemeinsamen Nenners für Werte. Eine Handlung kann, wie bei dem oben erwähnten Amt für Erholung, zwei oder mehr Werte verwirklichen. Wie ist die relative Bedeutung der verschiedenen Werte für die Steuerung der Handlungen des Amtes? Das Gesundheitsamt liefert ein Beispiel für das gleiche Problem. Soll das Amt im nächsten Jahr seine finanziellen Mittel umverteilen, um die Säuglingssterblichkeit zu senken oder um die Einrichtungen der Klinik für Geschlechtskranke auszubauen? Beobachtungen von Ergebnissen, gemessen anhand von Wertindizes, können nur aufzeigen, in welchem Ausmaß die verschiedenen Ziele realisiert werden, wenn die eine oder die andere Maßnahme ergriffen wird. Falls nicht beide Maßnahmen auf genau den gleichen Wert ausgerichtet sind, kann die Messung von Ergebnissen nicht angeben, welche Maßnahme vorgezogen werden soll. Rationalität kann auf Verwaltungsentscheidungen erst angewendet werden, nachdem die relativen Gewichte konfliktärer Werte festgelegt worden sind.

Die Frage, wer das System von Werten oder Präferenzen, die Organisationsentscheidungen zugrunde liegen, konstruieren sollte, ist schon im Kapitel III untersucht worden. Hier wollen wir nur betonen, daß irgendwo und irgendwann im Entscheidungsprozeß Werten tatsächlich Gewichte zugewiesen werden. Wenn das nicht bewußt und absichtsvoll getan wird, dann wird es als Implikation der tatsächlich getroffenen Entscheidungen erreicht. Es ist nicht möglich, dem Problem dadurch auszuweichen, daß man es zwischen den unausgesprochenen Entscheidungsprämissen versteckt.

Zielerreichung – eine graduelle Angelegenheit. Das Definieren von Zielen erschöpft das Wertelement einer organisatorischen Entscheidung nicht. Es ist notwendig, daß außerdem der Grad festgelegt wird, zu dem das Ziel erreicht werden soll. Eine Stadtverfassung oder -verordnung mag die Funktion der Feuerwehr als „Schutz der Stadt vor Feuerschäden" festlegen. Aber daraus folgt nicht, daß die Stadt die Feuerwehreinrichtungen so weit ausbauen will, bis Feuerschäden vollkommen ausgeschlossen werden – eine offensichtlich unmögliche Aufgabe. Zudem wird von einer falschen Voraussetzung ausgegangen, wenn man sagt, die Feuerwehr solle Schäden „soweit wie möglich" vermindern, denn wie weit es möglich ist, Schäden zu vermindern, hängt von den finanziellen Mitteln ab, die für Brandschutz und Brandverhütungsdienste zur Verfügung stehen.

Wertfragen werden aus dem Brandschutzproblem dieser Stadt so lange nicht beseitigt, bis festgelegt worden ist, daß (1) die Feuerwehr versuchen sollte, Feuerschäden auf x Geldeinheiten pro Kopf zu begrenzen und (2) der Stadtrat y Geldeinheiten zuweist, von denen auf der Basis verfügbarer Informationen erwartet wird, daß sie die Ausführung von (1) erlauben. Werte sind also nicht nur an der Definition von Zielen beteiligt, sondern ebenso an der Bestimmung des Niveaus der Angemessenheit von Dienstleistungen, das angestrebt werden soll. Zielerreichung ist *immer* eine graduelle Angelegenheit.

Die Prozesse der „Politikbestimmung", so wie sie in unseren staatlichen Institutionen stattfinden, bewältigen selten diese Fragen des Grades bei der Bestimmung der Ziele von öffentlichen Dienstleistungen. Es wird in späteren Abschnitten dieses Kapitels eindringlich darauf hingewiesen werden, daß eine Ausweitung der Politikbestimmung auf solche Fragen von grundlegender Bedeutung für die Aufrechterhaltung der demokratischen Kontrolle über die Wertelemente in Entscheidungen ist. Es wird gezeigt, daß ein großer Teil dieser Verfahrensreform durch eine Veränderung und Ausweitung der Haushaltstechniken erreicht werden kann.

Verteilungswerte. Bislang hat sich die Diskussion auf Werte konzentriert, die „Aggregate“ sind. Das heißt, die Gemeinde mißt ihren Feuerschaden als Gesamtsumme der Zerstörungen im Jahr. Sie unterscheidet nicht den Schaden in Höhe von 1000 $ im Laden von Smith von dem Schaden in Höhe von 1000 $ im Laden von Jones. Die Polizeibehörde gibt bei dem Versuch zur Verminderung von Raubüberfällen einem Überfall in der Dritten Straße kein anderes Gewicht als einem ähnlichen Überfall in der Vierten Straße.

Trotzdem treten Fragen der „Verteilungswerte“ bei nahezu jeder Verwaltungsentscheidung auf – wenn auch nur in der Weise, daß wie in den genannten Beispielen eine Annahme des „gleichen Gewichts“ gemacht wird. Ein Spielplatz, der im Westen der Stadt gebaut wird, dient nicht den Kindern im Osten. Wenn im Bürgerhaus Schachkurse angeboten werden, dann sind möglicherweise keine Räume für Personen vorhanden, die an Gesellschaftstanz Interesse haben.

Viele Verteilungsfragen sind geographischer Natur, aber sie können auch soziale, ökonomische oder unzählige andere „Klassenunterschiede“ beinhalten. Die Bedeutung solcher Überlegungen für die Verwaltung wird erkennbar, wenn man bedenkt, daß Steuerbehörden, Verwaltungsgerichte und selbst Wohlfahrtsämter vorrangig mit Verteilungswerten und weniger mit aggregierten Werten befaßt sind.

Wie später noch gezeigt wird, sind Verteilungsfragen auch von großer Bedeutung, wenn die Arbeit einer Organisation nach den Kriterien „Gebiet“ oder „Klientel“ spezialisiert ist. In diesen Fällen ist das Ziel der organisatorischen Einheit unmittelbar auf eine bestimmte Menge von Personen begrenzt, und es können Zuständigkeitsprobleme mit erheblicher Konsequenz entstehen.

Ein gemeinsamer Nenner für Werte – Das Effizienzkriterium

Ein fundamentales Problem beim Treffen einer Entscheidung ist die Ermittlung eines gemeinsamen Nenners für die beiden erwähnten Werte: niedrige Kosten und hohe Ergebnisse. Wie wird entschieden, wenn die beiden in Konflikt stehen? Vier Beziehungen sind zwischen den Alternativen A und B denkbar. Wenn I_A der Input für A ist, und I_B für B sowie O_A und O_B die entsprechenden Outputs, dann können diese vier möglichen Beziehungen wie folgt ausgedrückt werden:

1. I_A ist kleiner als I_B und O_A ist größer als O_B
2. I_B ist kleiner als I_A und O_B ist größer als O_A
3. I_A ist kleiner als I_B und O_A ist kleiner als O_B
4. I_B ist kleiner als I_A und O_B ist kleiner als O_A.

In den Fällen 1 und 2 ist die Wahl eindeutig, aber nicht in den Fällen 3 und 4. Das heißt, wenn die Möglichkeit A höhere Kosten als die Alternative B verursacht, aber ein niedrigeres Ergebnis produziert, dann ist B offensichtlich vorzuziehen. Aber wenn die Möglichkeit A sowohl niedrigere Kosten als auch ein geringeres Ergebnis bringt, dann müssen die Kosten gegen die Ergebnisse abgewogen werden, bevor eine Wahl getroffen werden kann.

Der Weg für die Lösung dieser Schwierigkeit wurde schon angezeigt. Alle Organisationsentscheidungen unterliegen einer Beschränkung – einer „Knappheit“ – der verfügbaren Ressourcen. Dies ist der fundamentale Grund dafür, daß Zeit und Geld Kosten sind. Weil sie mengenmäßig begrenzt sind, verhindert ihre Verwendung für einen organisatorischen Zweck die Realisierung alternativer Möglichkeiten. Die organisatorische Entscheidung zwischen Möglichkeiten kann also immer als Wahl zwischen Alternativen ausgedrückt werden, die die gleichen Kosten, aber unterschiedliche positive Werte beinhalten.

Eine organisatorische Entscheidung ist somit falsch formuliert, wenn sie als eine Wahl zwischen Möglichkeit A mit niedrigen Kosten und geringen Ergebnissen und Möglichkeit B mit hohen Kosten und Ergebnissen dargestellt wird. Für A sollte eine dritte Möglichkeit C eingeführt werden, die die Alternative A *zuzüglich* die alternativen Handlungen einschließen würde, die durch die Kostendifferenz zwischen A und B möglich sind. Wenn dies getan wird, dann löst sich die Entscheidung in einen Vergleich der Ergebnisse auf, die durch den Einsatz gleicher Ressourcen für die Alternativen B und C erreichbar sind. Die Effizienz einer Verhaltensweise ist das Verhältnis zwischen den Ergebnissen dieses Verhaltens und dem maximalen Ergebnis der Verhaltensweisen, die alternativ zu dem gegebenen Verhalten möglich sind.

Das Effizienzkriterium fordert die Wahl der Alternative, die für die gegebene Verwendung von Ressourcen das höchste Ergebnis erzeugt.

Es sollte beachtet werden, daß dieses Kriterium zwar einen gemeinsamen Nenner, aber keinen gemeinsamen Zähler für den Vergleich von organisatorischen Handlungsalternativen bereitstellt. Selbst wenn alle Entscheidungen mit Hilfe alternativer Verwendungen der gleichen Ressourcen getroffen werden, dann bleibt noch das Problem des Vergleiches der Werte, die durch die verschiedenen Handlungsmöglichkeiten erreicht werden. Das Effizienzkriterium kann dieses Problem der Vergleichbarkeit weder lösen noch vermeiden.

Bemerkung zum Begriff „Effizienz“

Der Begriff „Effizienz“ hat im Verlauf der letzten Generation eine Reihe von unglücklichen Bedeutungen erlangt, die ihn mit einer mechanistischen, gewinnorientierten Stoppuhrtheorie der Organisation in Verbindung bringen. Dies ist die Folge der etwas nachlässigen Verwendung des Begriffs durch überenthusiastische Anhänger der Bewegung der „Wissenschaftlichen Betriebsführung“. Trotz allem kommt kein anderer Begriff unserer Sprache der Repräsentation des Konzeptes, das in diesem Kapitel beschrieben wird, so nahe wie „Effizienz“. Der Begriff ist deshalb in der Hoffnung verwendet worden, daß der Leser das Kriterium in dem Sinne verstehen wird, in dem es gerade definiert wurde, und daß er in der Lage sein wird, es von allen unglücklichen Bedeutungen zu trennen, die es in seinem Bewußtsein gehabt haben mag.

Praktisch bis zum Ende des neunzehnten Jahrhunderts wurden die Begriffe „Effizienz" und „Effektivität" als nahezu synonym angesehen. Das Oxford Dictionary definiert „Effizienz": „Tauglichkeit oder Kraft zum Erreichen oder Erfolg beim Erreichen des angestrebten Zweckes; geeignete Kraft, Effektivität, Wirksamkeit."

In den letzten Jahren hat aber „Effizienz" eine zweite Bedeutung erlangt: Das Verhältnis zwischen Input und Output.[4] Mit den Worten der *Encyclopaedia of the Social Sciences*:

„Effizienz im Sinne eines Verhältnisses zwischen Input und Output, Leistung und Ergebnis, Ausgaben und Einkommen, Kosten und der entstehenden Lust ist ein vergleichsweise junger Begriff. In diesem speziellen Sinne wurde er im Ingenieurwesen erst während der zweiten Hälfte des neunzehnten Jahrhunderts und in Betriebs- und Volkswirtschaft erst zu Beginn des zwanzigsten Jahrhunderts geläufig."[5]

Die Verwendung des Begriffs bei den Führern der Bewegung der „Wissenschaftlichen Betriebsführung" fügte noch eine dritte Bedeutung hinzu. Wieder sei die *Encyclopaedia of the Social Sciences* zitiert:

„Die Begründung der modernen wissenschaftlichen Betriebsführung kann auf F. W. Taylors Aufsatz „A Piece Rate System" *datiert werden, in dem er seine Pioniermethode der Einführung von Normen für Arbeitsleistungen bei den Midvale-Stahlwerken beschrieb. Nachdem solche Normen festgelegt waren, wurde es üblich, das Verhältnis der tatsächlichen Arbeitsleistung zur Normleistung als Arbeitseffizienz zu bezeichnen. Dieser Sprachgebrauch weicht von dem der Maschinenbauingenieure etwas ab, die den Begriff auf das Verhältnis von tatsächlichem Output zu tatsächlichem Input anwenden."*[6]

Von Harrington Emerson, einem anderen Pionier der Wissenschaftlichen Betriebsführung, der den Begriff „Effizienztechnik" vorzog, wird berichtet, er habe Effizienz als „die Beziehung zwischen dem, was erreicht wird, und dem, was erreicht werden könnte" definiert. In diesem Zusammenhang spricht er von der „Effizienzquote des Beschäftigten".[7]

Es muß beachtet werden, daß es bei der Berechnung eines Input-Output-Verhältnisses in der Physik und in den Sozialwissenschaften einen Unterschied gibt. Für den Ingenieur werden sowohl Input als auch Output durch Energie gemessen. Das Gesetz der Erhaltung der Energie sagt ihm, daß der Output an Nutzenergie nicht größer als der Energie-Input sein kann. Dadurch entsteht das Konzept der „idealen" Effizienz – das ist die Situation, in der Output gleich Input ist. In den Sozialwissenschaften werden Input und Output selten in vergleichbaren Einheiten gemessen. Selbst wenn das der Fall ist, wie etwa bei einem Vergleich der Kosten des Feuerschutzes mit den in Geldeinheiten bewerteten Feuerschäden, gibt es kein „Gesetz der Erhaltung der Energie", das verhindert, daß der Output den Input übersteigt. Also muß das Konzept der idealen Effizienz, wenn es überhaupt verwendet wird, umdefiniert werden. Tatsächlich wird das Konzept der idealen Effizienz in der vorliegenden Studie nicht benötigt. Reale Probleme, wie sie sich dem Manager darstellen, beziehen sich stets auf *relative* Effizienz, und ein Maß für *absolute* Effizienz wird nie benötigt. Darüber hinaus benötigt die Theorie kein numerisches Effizienzmaß, sondern alleine einen Vergleich über *Größer-* oder *Kleiner*-Beziehungen zwischen den Effizienzen von zwei alternativen Möglichkeiten. Unter diesen Bedingungen laufen die Definitionen der Effizienz als Output-Input-Verhältnis sowie als Verhältnis von Tatsächlichem zu maximal Möglichem auf das gleiche hinaus.

Eine ökonomische Analogie

Es läßt sich zeigen, daß das auf organisatorische Entscheidungen angewandte Effizienzkriterium streng analog zu dem Konzept der Nutzenmaximierung in der ökonomischen Theorie ist. Es wird hier nicht behauptet, daß das Effizienzkriterium stets die Organisationsentscheidungen beherrscht, sondern vielmehr, daß es sie beherrschen würde, wenn die Entscheidungen rational wären. Es gibt keine Behauptung, daß diese Rationalität eine allgemeine Eigenschaft des tatsächlichen Verhaltens ist. Andererseits ist die Lehre von der Nutzenmaximierung in der ökonomischen Literatur häufig auch als eine erklärende Theorie vertreten worden, d. h. als Beschreibung von tatsächlichem Marktverhalten. Dieser Unterschied zwischen den beiden Aussagen sollte sorgfältig beachtet werden.

Die Analogie zwischen den beiden Aussagen gilt auch für die Annahmen, die ihnen zugrunde liegen. Die erste dieser Annahmen ist, daß die verwendeten Ressourcen knapp sind. Eine zweite Annahme ist, daß die betroffenen Handlungen „instrumentale" Handlungen sind – d. h., Handlungen, die wegen der positiven Werte, die sie in Form irgendwelcher „Ergebnisse" erzeugen, durchgeführt werden. Drittens beinhalten beide Aussagen zumindest die subjektive Vergleichbarkeit der Werte, durch die Ergebnisse gemessen werden. (Diese Annahme ist schon im letzten Abschnitt diskutiert worden.)

Die große Reichweite der Analogie wird zunehmend deutlicher werden, wenn die Diskussion fortschreitet. Es wird deutlich werden, daß das Problem der Organisationsentscheidungen in ein Problem der Produktionstheorie übertragen werden kann und daß Konzepte und Theoreme, die in der ökonomischen Theorie entwickelt wurden, breite Anwendbarkeit auf organisatorische Entscheidungen haben.

Kritik am Effizienzkriterium

Kritik der „Effizienz" als ein Leitgedanke der Organisation hat es häufig und lautstark gegeben.[8] Eine Gruppe kritischer Äußerungen braucht uns hier nicht zu beschäftigen, da sie sich auf Definitionen des Begriffs beziehen, die sich von der hier vorgeschlagenen unterscheiden. Zu dieser Kategorie sind Angriffe gegen Effizienz zu rechnen, die den Begriff mit „Sparsamkeit" oder „Ausgabensenkung" gleichsetzen. So wie wir „Effizienz" verwendet haben, gibt es absolut keine Implikation, daß eine geringe Ausgabe – oder gleichermaßen eine hohe Ausgabe – per se wünschenswert ist. Es wurde nur behauptet, daß dann, wenn zwei Ergebnisse mit den gleichen Ausgaben erreicht werden können, das höhere Ergebnis vorgezogen werden soll. Zwei Ausgaben unterschiedlicher Größe können im allgemeinen nur dann verglichen werden, wenn sie in Opportunitätskosten transformiert werden, d. h. wenn sie mit Hilfe alternativer Ergebnisse ausgedrückt werden.

„Mechanische" Effizienz

Andere Einwände gegen „Effizienz" wurden mit der Begründung erhoben, daß sie zu einer „mechanischen" Konzeption der Organisation führt. Auch dieser Einwand muß aus einem ganz anderen Gebrauch des Begriffs als dem hier vorgeschlagenen folgen. Denn ein bloßes Kriterium der Präferenz zwischen Handlungsmöglichkeiten beschränkt in keiner Weise die organisatorischen Techniken, die zur Erreichung der Möglichkeiten eingesetzt werden können, noch reduziert es, wie wir im nächsten Abschnitt sehen werden, in irgendeiner Weise die Rolle des Urteils der Entscheidungsträger bei der Entscheidungsfindung. Außerdem stimmt das Effizienzkriterium weitestgehend mit einer Sichtweise überein, die die sozialen Konsequenzen der Organisation in den Vordergrund der sie bestimmenden Einflüsse rückt.

„Die Zwecke heiligen die Mittel"

Zwei andere Richtungen der Kritik behaupten, daß das Effizienzkriterium zu einer falschen Beziehung zwischen „Mitteln" und „Zwecken" führt. Einerseits wird vorgebracht, daß im Interesse der Effizienz, Zwecke zur Rechtfertigung jedes geeigneten Mittels herangezogen werden. Wie wir in Kapitel IV gezeigt haben, müssen die Begriffe „Zwecke" und „Mittel" zur Vermeidung von Widersprüchen vorsichtig verwendet werden. Aus diesem Grund haben wir es vorgezogen, von Wert- und Tatsachenaspekten von Alternativen zu reden. Es möge ausreichen, zu sagen, daß dann, wenn die Bewertung der Ergebnisse von organisatorischen Handlungen *alle* wichtigen

Wertelemente der organisatorischen Alternativen einbezieht, keine unzulässige Unterordnung von „Mitteln" unter „Zwecke" erfolgen kann.

„Rücksichtslose" Effizienz

Andererseits wird der Vorwurf erhoben, daß Effizienz alle Aufmerksamkeit auf die Mittel lenkt und die Zwecke vernachlässigt. Dieser Vorwurf wurde schon beantwortet, als die integrale Rolle aufgezeigt wurde, die die Bewertung bei der Anwendung eines Effizienzkriteriums spielt. Es wird bereitwillig zugestanden, daß Effizienz als ein wissenschaftliches Problem vorrangig mit „Mitteln" befaßt ist und daß eine „effiziente" Leistung im Hinblick auf eine Vielzahl möglicher Zwecke effizient sein kann. Aber nur die Erkenntnis, daß der Bewertungsprozeß außerhalb der Reichweite der Wissenschaft liegt und daß die Anpassung der Mittel an die Zwecke das einzige Element des Entscheidungsproblems ist, das eine faktische Lösung hat, heißt nicht, Indifferenz gegenüber den Zwecken zuzugeben, denen die Effizienz dient. Gleich ob im demokratischen oder im totalitären Staat, Effizienz ist das angemessene Kriterium, das auf das faktische Element des Entscheidungsproblems angewendet werden muß. Andere, ethische, Kriterien müssen auf das Bewertungsproblem angewendet werden.

All diesen kritischen Äußerungen ist eine Implikation gemein, daß nämlich ein „Effizienzansatz" eine vollständige Trennung der „Mittel" von den „Zielen" nötig macht. Wir haben schon gesehen, daß dies, genaugenommen, nicht der Fall ist, – daß die einzig gültige Unterscheidung die zwischen ethischen und faktischen Elementen bei Entscheidungen ist. Jedoch gibt es bei der tatsächlichen Anwendung des Effizienzkriteriums in organisatorischen Situationen oft eine Tendenz, die erste Unterscheidung durch die zweite zu ersetzen, und solch eine Ersetzung führt unausweichlich zu der engeren, „mechanischen" Effizienz, die der Gegenstand der Kritik war.

Es soll kurz erläutert werden, wie es zu dieser Ersetzung kommt. Das ethische Element bei Entscheidungen besteht im Erkennen und Abwägen aller Wertelemente, die in den alternativen Möglichkeiten enthalten sind. Die wesentlichen beteiligten Werte werden üblicherweise als „Ergebnisse" der organisatorischen Tätigkeit ausgedrückt, und, wie wir gesehen haben, die Tätigkeit selbst wird gewöhnlich als wertneutral betrachtet. Dies führt zur Isolierung von zwei Werten: (1) der positiven Werte, die als „Ergebnisse" ausgedrückt werden, und (2) der negativen Werte bzw. Opportunitätskosten, die durch Zeit oder monetäre Kosten ausgedrückt werden.

Die organisatorische Tätigkeit selbst als wertneutral zu betrachten, ist tatsächlich eine in weiten Grenzen vertretbare Abstraktion von der Realität, die aber, wenn sie extrem betrieben wird, sehr wichtige menschliche Werte ignoriert. Diese Werte können die Vergütung und Arbeitsbedingungen (in weitem Sinne der Begriffe) der Mitglieder der Gruppe, die die Handlungen durchführt, umfassen.

Wir können einige dieser Wertelemente ausführlicher aufzählen:

1. Wenn Kosten in Geldgrößen gemessen werden, dann können Löhne der Mitarbeiter nicht als ein wertneutrales Element angesehen werden, sondern müssen zu den Werten gerechnet werden, die bei der Entscheidung abzuwägen sind.

2. Die Arbeitsgeschwindigkeit der Arbeiter kann nicht als ein wertneutrales Element betrachtet werden – andernfalls kämen wir zu dem Schluß, daß eine „Beschleunigung" immer überaus erwünscht wäre.

3. Die sozialen Aspekte der Arbeitssituation können nicht als ein wertneutrales Element betrachtet werden. Die Entscheidung darüber muß die sozialen und psychologischen Konsequenzen der Substitution einer Arbeitssituation durch eine andere abwägen.

4. Die Lohnpolitik, die Beförderungspolitik usw. dürfen nicht nur aus der Sicht der Anreize und Ergebniseffizienz betrachtet werden, sondern auch unter dem Aspekt der Verteilungsgerechtigkeit gegenüber den Gruppenmitgliedern.

Es ist also zu unterstreichen, daß dann, wenn eine Wahl zwischen Alternativen irgendeine wertmäßig bedeutsame Differenz bei den Arbeitshandlungen umfaßt, diese Differenz in die Werte einbezogen werden muß, die beim Treffen einer Entscheidung abzuwägen sind.

Bewertungs-Vorurteile

Ein eng damit verbundener Irrtum bei der Anwendung des Effizienzkriteriums besteht darin, daß bei der Bewertung von Handlungsalternativen nur jene Werte herangezogen werden, die zuvor als die *Zielsetzung* der betrachteten speziellen organisatorischen Handlung ausgewählt worden sind. Die Auswirkungen von einigen organisatorischen Handlungen sind auf einen recht begrenzten Bereich beschränkt, und indirekte Auswirkungen bereiten dann keine besonderen Schwierigkeiten. Die Handlungen der Feuerwehr haben üblicherweise eine Wirkung auf Feuerschäden, aber sehr geringe Beziehungen zum Erholungsproblem der Gemeinde (falls nicht begeisterte Feuerfanatiker einen großen Teil der Bevölkerung ausmachen). Mithin braucht der Branddirektor Erholungswerte bei seinen Entscheidungen nicht zu berücksichtigen. Es ist ein großes Glück, daß die Ergebnisse menschlicher Handlungen so streng getrennt sind; wären sie es nicht, dann würde das Problem rationalen Entscheidens nicht lösbar sein.[9] Aber die bloße Tatsache, daß Handlungen *üblicherweise* keine bedeutsamen indirekten Werteffekte haben, berechtigt uns nicht, solche Werte zu vernachlässigen, wenn sie *tatsächlich* vorliegen. Das heißt, der Branddirektor darf nicht, nur weil er Branddirektor ist, die Möglichkeit von Unfällen vernachlässigen, wenn er für seine Feuerwehrzüge die Reaktionsgeschwindigkeit auf Alarmmeldungen festlegt.

Dies scheinen alles Gemeinplätze zu sein, doch wir werden einen großen Teil des nächsten Kapitels auf den Nachweis verwenden, daß Entscheidungsträger in der Realität bei Entscheidungen üblicherweise die Verantwortung für die indirekten Ergebnisse organisatorischer Handlungen leugnen.[10] Diesem Standpunkt stellen wir die entgegengesetzte Auffassung gegenüber, daß der Entscheidungsträger, der einer öffentlichen Verwaltung in einem demokratischen Staat dient, *allen* gemeinschaftlichen Werten ein geeignetes Gewicht beimessen muß, die für seine Handlungen relevant und deren Beziehungen hierzu vernünftig abschätzbar sind, und daß er sich nicht auf Werte beschränken kann, die zufällig seiner speziellen Verantwortung unterliegen. Nur unter diesen Voraussetzungen kann ein Effizienzkriterium begründet als eine Handlungsdeterminante gefordert werden.[11]

Natürlich wird das Ausmaß, in dem Entscheidungsträger in der Praxis „indirekte" Effekte berücksichtigen können, durch die psychologischen Zusammenhänge, die in Kapital V ausführlich untersucht worden sind, ernsthaft begrenzt. Viele Effekte, die nicht direkt mit dem Organisationsziel verbunden sind, werden zwangsläufig vernachlässigt, weil die Aufmerksamkeitsspanne des Entscheidungsträgers begrenzt ist und es oft einschneidende Beschränkungen der Zeit gibt, die für Entscheidungsprozesse zur Verfügung steht.

Faktische Elemente bei Entscheidungen[12]

Wir haben gesehen, daß das Kriterium, das der Entscheidungsträger auf faktische Probleme anwendet, ein Effizienzkriterium ist. Die Ressourcen, der Input, die dem Entscheidungsträger zur Verfügung stehen, sind streng begrenzt. Es ist nicht seine Funktion, ein Utopia zu errichten. Seine Funktion ist es, die Erreichung der Verwaltungsziele (vorausgesetzt, daß über diese Einigkeit erzielt worden ist) durch den effizienten Einsatz der ihm zur Verfügung stehenden beschränkten Ressourcen zu maximieren. Vom organisatorischen Standpunkt aus ist eine „gute" Bibliothek nicht dadurch gekennzeichnet, daß sie alle jemals publizierten Bücher besitzt, sondern dadurch, daß sie die begrenzten finanziellen Mittel, die ihr zugewiesen wurden, zum Aufbau einer unter den Voraussetzungen möglichst guten Sammlung genutzt hat.

Wenn eine Entscheidung mit Hilfe des Effizienzkriteriums getroffen wird, dann ist empirisches Wissen über die Ergebnisse nötig, die mit jeder alternativen Möglichkeit verbunden sind. Betrachten wir eine bestimmte städtische Funktion, die Feuerwehr. Ihr Ziel ist es, die gesamten Feuerschäden zu reduzieren, und die Ergebnisse werden anhand dieser Schäden gemessen.

Das Ausmaß der Feuerschäden wird durch eine Vielzahl von Faktoren bestimmt. Dazu gehören natürliche Faktoren (die Häufigkeit von starkem Wind, starkem Schneefall, sehr kaltem Wetter, heißem trockenem Wetter, Tornados, Orkane und

Wirbelstürme, Erdbeben und Überflutungen), Gebäude- und Nutzungsfaktoren (Standortgefahren, physische Barrieren, Bebauungsdichte, Art der Bauausführung, Dachkonstruktion, Inhalt und Risiko der Nutzung), das moralische Risiko (Sorglosigkeit und Brandstiftung) und letztlich die Effektivität der Feuerwehr selbst. Der Verlust wird also eine Funktion all dieser Variablen einschließlich der Leistung der Feuerwehr selbst sein. Der Branddirektor muß wissen, wie sich die Tätigkeiten seiner Behörde auf die Schäden auswirken, wenn er vernünftige Entscheidungen treffen will.

Wie erfüllt die Feuerwehr ihre Aufgabe? Sie überprüft Gebäude, um Feuergefahren auszuschalten, sie führt Aufklärungsaktionen gegen Sorglosigkeit durch, sie bekämpft Feuer, sie bildet Feuerwehrleute aus, sie untersucht und verfolgt Brandstiftungen.

Wir können diese Analyse aber einen Schritt weiterführen. Woraus besteht Feuerbekämpfung? Ein Gerät muß zum Ort der Handlung gebracht werden, ein Schlauch gelegt, Wasser gepumpt und auf die Flammen gerichtet, Leitern müssen aufgerichtet und Wertgegenstände bedeckt werden, um Wasserschäden gering zu halten. Wiederum kann jede dieser Handlungen in ihre Komponenten zerlegt werden. Was ist mit dem Legen eines Schlauches verbunden? Der Schlauch muß beschafft und gewartet werden. Gerät zu seinem Transport muß beschafft und gewartet werden. Feuerwehrleute müssen eingestellt und ausgebildet werden. Die Feuerwehrleute müssen eine gewisse Zeit und Energie beim Legen des Schlauches aufwenden.

Eine letzte Ebene der Analyse ist erreicht, wenn die Kosten jedes dieser Aufgabenelemente bestimmt werden. Dadurch kann der gesamte Prozeß der Feuerbekämpfung in eine Reihe von Buchungen in den Rechnungsbüchern der Stadt übersetzt werden.

Das Problem der Effizienz besteht darin, auf jeder dieser Analyseebenen die Kosten jedes einzelnen Elements der Ausführung und den Beitrag zu bestimmen, den dieses Ausführungselement für die Erreichung der Ziele der Behörde leistet. Wenn diese Kosten und Beiträge bekannt sind, können die Ausführungselemente so kombiniert werden, daß eine maximale Senkung der Feuerschäden erreicht wird.

Es gibt mindestens vier recht unterschiedliche Ebenen, auf denen die Analyse der organisatorischen Situation durchgeführt werden kann. Auf der höchsten Ebene liegt die Messung von Ergebnissen der Zielerreichung der Verwaltung. Beiträge zu diesen Ergebnissen erbringen die Elemente der organisatorischen Leistung. Diesen ist dann wieder der organisatorische Input untergeordnet, gemessen durch den Leistungseinsatz. Leistungseinsatz kann schließlich mit Hilfe monetärer Kosten analysiert werden.

Der mathematisch Interessierte wird in dieser Struktur ein Gleichungssystem erkennen – völlig identisch mit den „Produktionsfunktionen" des Ökonomen. Die erste Gleichung drückt die Ergebnisse der Verwaltung als eine Funktion der Durchführung von bestimmten Handlungen aus. Weitere Gleichungen drücken diese Durchführungseinheiten als Funktionen von weniger direkten Durchführungseinheiten aus, diese in der Form von Leistungseinsatzeinheiten. Schließlich wird Leistungseinsatz als eine Funktion von Ausgaben ausgedrückt. Das Effizienzproblem besteht im Auffinden des Maximums einer Produktionsfunktion unter der Nebenbedingung, daß die gesamten Ausgaben fest vorgegeben sind.

Die Bestimmung von sozialen Produktionsfunktionen

Aus den vorgelegten Überlegungen folgt, daß sich der faktische Teil von Entscheidungsprozessen, der Teil, der wissenschaftlicher Behandlung zugänglich ist, auf die Bestimmung der Produktionsfunktionen für organisatorische Handlungen zurückführen läßt. Dies ist ein Forschungsproblem von höchstem Rang, das bislang kaum berührt wurde.

Fortschritt zum Verständnis dieser Funktionen erfordert eine Reihe von wohldefinierten Schritten:

(1) Die Werte oder Ziele, die durch jede Handlung berührt werden, müssen in Begriffen definiert werden, die ihre Beobachtung und Messung erlauben.
(2) Außerorganisatorische sowie organisatorische Variable, die den Grad der Erreichung dieser Funktionen bestimmen, müssen einzeln bestimmt werden.
(3) Konkrete, empirische Untersuchungen müssen über die Art gemacht werden, in der sich Ergebnisse ändern, wenn die außerorganisatorischen und die organisatorischen Variablen verändert werden.

Die notwendige Breite und Schwierigkeit eines Forschungsprogramms, das einen wesentlichen Beitrag zu unserem Wissen von diesen Funktionen leisten würde, kann nur schwerlich übertrieben werden. Der hauptsächliche Fortschritt wurde bisher beim ersten Schritt erreicht[13], und bis jetzt gibt es nahezu überhaupt keine empirischen Studien, die sich mit den Schritten 2 und 3 befassen.[14]

Wenn solche Forschung auch schwierig ist, sie ist doch unverzichtbar. Es ist schwer vorstellbar, wie Rationalität eine bedeutsame Rolle bei der Formulierung organisatorischer Entscheidungen spielen kann, wenn diese Produktionsfunktionen nicht wenigstens annäherungsweise bekannt sind. Das Problem kann auch nicht dadurch vermieden werden, daß man auf den „gesunden Menschenverstand“ der Entscheidungsträger zurückgreift – auf ihre „Intuition“ und „praktische Einsicht“ bei der Bewältigung von Situationen, für die sie eine „lange Erfahrung“ qualifiziert hat. Jeder, der ein enges Verhältnis zu organisatorischen Situationen gehabt hat, kann bezeugen, daß es keine Korrelation zwischen den Fähigkeiten von Entscheidungsträgern und ihr Vertrauen in ihre Entscheidungen gibt – wenn überhaupt, dann ist diese Korrelation negativ. Die fähigsten Entscheidungsträger sind die ersten, die zugeben, daß ihre Entscheidungen im allgemeinen die reinsten Vermutungen sind; daß jede von ihnen gezeigte Zuversicht das Schutzschild ist, mit dem der Praktiker sich selbst und seine Untergebenen vor seinen Zweifeln wappnet.

Tatsache ist, daß jeden Tag folgenschwere Entscheidungen über die Zuweisung von Ressourcen zu dem einen oder anderen konkurrierenden Zweck getroffen werden und daß diese Entscheidungen, vor allem in nicht-kommerziellen Organisationen, bei nahezu vollständigem Fehlen der Nachweise getroffen werden, die zu ihrer Begründung notwendig wären. Der wesentliche Grund dafür ist natürlich die Schwierigkeit, abgesehen von Unternehmen, die ein relativ leicht meßbares Produkt herstellen, die tatsächlichen Produktionsfunktionen zu bestimmen.

Die Erkenntnis, wie wenig tatsächliche Entscheidungen der Rationalität entsprechen, ist keine Kritik des Entscheidungsträgers, der handeln muß, gleich ob er die Informationen, die für die vollständige Rationalität seiner Entscheidungen notwendig wären, besitzt oder nicht. Es ist aber eine Kritik an Rechtfertigungen, die aus seiner Ignoranz eine Tugend machen und die Notwendigkeit umfangreicher Forschungsprogramme in dieser Richtung bestreiten möchten.[15]

Funktionalisierung in Beziehung zu Effizienz

Einige wenige Bemerkungen müssen nun über die Auswirkungen dieses Effizienzkriteriums auf organisatorische Probleme gemacht werden. In einem früheren Kapitel wurde bemerkt, daß Spezialisierung in der Organisation oft funktionalen Beziehungen folgt. Diese Funktionalisierung erfordert die Zerlegung des Organisationsziels in untergeordnete Ziele. Eines oder mehrere der Unterziele können jeder der organisatorischen Einheiten zugeordnet werden.

So kann eine Feuerwehr in eine Stelle zur Feuerverhütung und eine Reihe von Abteilungen zur Feuerbekämpfung zerlegt werden. Die Funktion oder das Ziel der ersteren wird im Sinne von Verhüten, die der letzteren im Sinne von Löschen definiert werden. Ein Gesundheitsamt kann eine Abteilung für übertragbare Krankheiten, eine Abteilung für vorgeburtliche Vorsorge, eine Abteilung für medizinische Statistik usw. umfassen. Ähnliche Beispiele können in jedem Bereich der öffentlichen Dienstleistungen gefunden werden.

Unter diesen Bedingungen wird es eine Hierarchie von Funktionen und Zielen geben, die der Hierarchie von Abteilungen und Stellen in der Behörde entspricht. Die hierarchische Anordnung der Funktionen wird im allgemeinen einer Mittel-Zweck-Beziehung entsprechen. Feuerschäden z. B. können als das Produkt aus der Anzahl der Brände und dem durchschnittlichen Schaden je Brand verstanden werden. Dementsprechend kann eine Feuerwehr die Verminderung der Anzahl der Brände und die Verminderung des Durchschnittsschadens je Brand als Unterziele auffassen und diese Ziele untergeordneten Einheiten der Organisation zuweisen.

Für eine wirksame Funktionalisierung gibt es mehrere Vorbedingungen. Erstens muß, wie oben angedeutet, das allgemeine Ziel in Unterziele zerlegt werden, die mit diesem in einer Mittel-Zweck-Beziehung stehen. Aber weiterhin muß die Technologie der Tätigkeiten so beschaffen sein, daß die Arbeit der Behörde in eigenständige Teile zerlegt werden kann, von denen jedes vornehmlich zu einem und nur einem der Unterziele beiträgt. So wäre es nutzlos, ein Erholungsamt in Abteilungen für „gutes Bürgertum", „Gesundheit", „Vergnügen" und „Erziehung" zu zerlegen. Obwohl sie als Unterziele der Erholungsarbeit verteidigt werden könnten, wäre es unmöglich, ein Organisationsschema zu entwickeln, das diese Tätigkeiten so in Bestandteile zerlegen würde, daß jedes nur zu einem dieser Ziele beitragen würde.

Wert und Grenzen der Funktionalisierung

Das sogenannte „Funktionalprinzip" der Organisation ist so gesehen von ziemlich komplexer Natur. Es unterstellt die Möglichkeit einer parallelen Funktionalisierung von Zielen und Handlungen. Wo solch eine Parallelität fehlt, bietet die bloße Zerlegung eines Zieles in seine Teile keine Basis für die Organisation.

Wenn die Grenzen der Funktionalisierung offensichtlich sind, dann sind es auch einige ihrer Vorteile. Denn wenn die Handlungen einer organisatorischen Einheit auf ein bestimmtes wohldefiniertes Ziel hin ausgerichtet sind, dann ist das Entscheidungsproblem in dieser Einheit entsprechend vereinfacht. Die Wertelemente, die bei der Abwägung von Alternativen berücksichtigt werden müssen, können alle auf das Organisationsziel bezogen werden. Eine Feuerverhütungsabteilung muß nur die Auswirkungen ihrer Handlungen auf die Anzahl der entstehenden Brände beachten.

Wenn andererseits die Funktionalisierung unrealistisch ist – wenn sie nicht in das technologische Bild paßt –, dann kann Funktionalisierung zu einer Verschlechterung der Qualität der Entscheidungen führen. Denn in diesem Fall werden die Werte, die durch die Handlungen der Organisationseinheit betroffen werden, die aber nicht in der Formulierung des Organisationsziels enthalten sind, in dem Entscheidungsprozeß vernachlässigt.

Spezialisierung nach „Gebiet" und „Klientel"

Es ist in der Organisationsliteratur nicht allgemein erkannt worden, daß die Spezialisierung nach „Gebiet" und „Klientel" tatsächlich nur eine besondere Form der Funktionalisierung ist. Dies folgt aus dem schon erwähnten Tatbestand, daß die vollständige Definition eines Zieles die Angabe der Personengruppe einschließt, auf die sich der entsprechende Wert bezieht.

Die Feuerwehr von Podunk z. B. hat nicht das Ziel „Minimierung der Feuerschäden", sondern das Ziel „Minimierung der Feuerschäden *in Podunk*".

Wenn Spezialisierung nach Gebiet und Spezialisierung nach Klientel nur Formen der Funktionalisierung sind, dann müssen sie, um erfolgreich zu sein, den Bedingungen für wirksame Funktionalisierung genügen: (1) es muß technologisch möglich sein, die Arbeitstätigkeiten ebenso wie die Ziele nach funktionalen Beziehungen zu teilen; (2) diese zerlegten Arbeitstätigkeiten dürfen Werte außerhalb der festgelegten Funktionen nicht im wesentlichen Maße beeinflussen.

Der erste Punkt soll wieder am Beispiel eines Gesundheitsamtes erläutert werden. Es wäre technologisch nicht zulässig, ein Programm gegen ansteckende Krankheiten in zwei Teile zu zerlegen, wobei das eine auf die Verringerung ansteckender Krankheiten bei Männern und das andere bei Frauen abzielt.

Der zweite Punkt wird in Kapitel X ausführlich behandelt. Zur Verdeutlichung brauchen wir nur an die häufigen Zeitungsberichte über Gebäude zu erinnern, die bis auf die Grundmauern abbrennen, weil sich eine Feuerwehr weigert oder nicht in der Lage ist, Zuständigkeitsgrenzen zu überschreiten.

Effizienz und das Budget[16]

Als eine praktische Anwendung des in diesem Kapitel entwickelten Ansatzes wollen wir den Prozeß der Aufstellung des öffentlichen Haushaltsplanes und die Form betrachten, die dieser Prozeß annehmen muß, wenn er den Erfordernissen der Rationalität entsprechen soll.

Es wurde erklärt, daß das Effizienzkonzept eine Zerlegung der organisatorischen Situation in ein positives Wertelement (die zu erreichenden Ziele) und ein negatives Wertelement (die Kosten) einschließt. Für die praktische Durchführung dieser Zerlegung wird eine Technik benötigt, die den Entscheidungsträger in die Lage versetzt, verschiedene Ausgabealternativen anhand von Ergebnissen und Kosten zu vergleichen. Der Haushaltsentwurf liefert die Grundlage für solch einen Vergleich.

Das Wesentliche des öffentlichen Haushaltsprozesses besteht darin, daß er einen umfassenden Plan erfordert, dem für *alle* Ausgaben, die in einer begrenzten Periode gemacht werden sollen, zuzustimmen ist. Wenn aber der Haushaltsplan als ein Instrument der Effizienzkontrolle verwendet werden soll, dann müssen wesentliche Verbesserungen der gegenwärtigen Techniken erreicht werden.

Unzulänglichkeit der üblichen Budgetmethoden

Was beinhaltet der typische öffentliche Haushaltsplan? Er sagt, wieviel jede Abteilung im nächsten Jahr ausgeben darf und wie sie das Geld ausgeben darf. Wie werden die einzelnen Zahlen ermittelt, die man in Haushaltsplänen findet? Wie wird festgelegt, daß 14 Prozent des Budgets der Feuerwehr und 11,6 Prozent den Schnellstraßen gewidmet werden sollen?

Auf diese Frage würde man in jeder Gemeinde, in der man sie stellte, eine unterschiedliche Antwort erhalten. Einige Budgets werden so aufgestellt, daß man die Zahlen der Ausgaben des letzten Jahres abschreibt. Einige werden durch Erhöhung oder Kürzung der Bewilligungen um einen bestimmten Prozentsatz aufgebaut. Einige werden durch Zuweisung eines gewissen Prozentsatzes der Anforderungen jeder Abteilung bestimmt – wer am lautesten schreit, bekommt am meisten. Einige haben noch weniger systematische Pläne.

Wenn das übertrieben erscheint, dann sollten die nachfolgenden Rechtfertigungen für erhöhte Bewilligungen in den Erläuterungen eines städtischen Haushaltsplans dazu dienen, auch den größten Skeptiker zu überzeugen:

„Gehälter sollten im richtigen Verhältnis zu den Pflichten und der Verantwortung des Amtes stehen."

„Natürlich wird bei vermehrter Arbeit mehr Bürobedarf nötig, und die Kosten werden höher sein. Allein meine Postgebühren belaufen sich auf $ 2500 im Jahr."

„Zeit und Fähigkeiten, die für diese Arbeit vor und nach der Wahl benötigt wurden."

„Ein größerer Zuwachs wurde im letzten Jahr beantragt und abgelehnt."[17]

Es gibt natürlich einige wenige Ausnahmen bei den Städten und anderen Behörden, die versuchen, eine rationale Budgetprüfung an die Stelle dieses „leichtsinnigen" Prozesses zu setzen. Eine Reihe von Bundesministerien, einschließlich des Landwirtschaftsministeriums, können in diesem Zusammenhang genannt werden.[18]

Das langfristige Budget

Wenn die Haushaltsaufstellung als eine Grundlage für die rationale Zuweisung der Ausgaben dienen soll, müssen zwei umfassende Budgets an die Stelle der heutigen, inadäquaten Unterlagen gesetzt werden: ein jährliches Budget und ein langfristiges Budget. Da aber das jährliche Budget nur ein Ausschnitt des langfristigen Budgets ist, muß nur das letztere diskutiert werden.

Das langfristige Budget wird aus mehreren Teilen bestehen:

(1) langfristige Trendschätzungen für die Größenordnungen der Probleme der verschiedenen Abteilungen – Verteilung und Konzentration brennbarer Werte, die gegen Feuer geschützt werden müssen, Länge der Straßen, die saubergehalten werden müssen, Bevölkerungszahl, die durch Büchereien versorgt werden muß usw.;

(2) langfristige Schätzungen der Leistungsangemessenheit – das ist das Niveau der Dienstleistungen, die die Stadt ihren Bürgern zu bieten beabsichtigt, wieviel Hektar Park je 1000 Einwohner, eine bestimmte Höhe der Feuerschäden usw.;

(3) ein langfristiges Arbeitsprogramm, das in Arbeitseinheiten die Dienstleistungen

zeigt, die zur Verfügung zu stellen sind, sowie die Einrichtungen, die für die Erreichung des in (1) und (2) dargelegten Programms zu erstellen sind; und (4) ein Finanzierungsprogramm, das das Arbeitsprogramm mit den finanziellen Ressourcen der Gemeinde in Beziehung setzt.

Punkt (1) betrifft vorrangig faktische Überlegungen. Die Bestimmung von Punkt (2) ist hauptsächlich eine Angelegenheit von Werturteilen. Die Punkte (3) und (4) werden weitgehend faktische Fragen, wenn die beiden ersten Punkte festgelegt worden sind. Es dürfte also eine legislative Aufgabe sein, (2) gegen (4) abzuwägen und das Haushaltsprogramm zu bestimmen. Andererseits würde die Legislative Unterstützung benötigen, um die faktischen Informationen für (1), (2) und (3) zu entwickeln.

Bei dem gegenwärtigen Budgetverfahren sind die Punkte (1) und (2) selten auch nur ein Teil des Budgetentwurfs, und die gesamte Diskussion wird anhand der Punkte (3) und (4) durchgeführt. Außerdem wird üblicherweise der Legislative nur ein einzelner Haushaltsplan zur Annahme oder Ergänzung vorgelegt. Wenn die notwendigen Informationen verfügbar wären, dürfte es erheblich vorzuziehen sein, der Legislative direkt die in (2) enthaltenen politischen Fragen und alternative Budgetpläne vorzulegen, die die Implikationen von Ausgabenerhöhungen und -kürzungen für die Politik aufzeigen. Veränderungen in diese Richtung dürften unbedingt erforderlich sein, wenn die Legislative wieder in eine einflußreiche Position bei der Bestimmung der öffentlichen Politik gebracht werden soll.

Zu oft werden bei der gegenwärtigen Praxis die grundlegenden Politikentscheidungen ohne eine Möglichkeit der Kontrolle dieser Politik durch die Legislative von den Technokraten getroffen, die in der Verwaltung mit der Budgetkontrolle betraut sind. Daß dieser Zustand geduldet wird, ergibt sich zum Teil aus allgemeinem Versagen, das relative Element in öffentlichen Zielen zu erkennen.[19] Da die meisten parlamentarischen Erklärungen zur Politik Ziele der Regierungstätigkeit angeben, ohne das Anspruchsniveau anzugeben, das die Dienstleistungen erreichen sollen, ist es für einen „Fachmann" unmöglich, auf der Basis von Tatsachen zu einer Schlußfolgerung über die Angemessenheit der Zuweisungen an eine Abteilung zu kommen. Mithin dürften die gegenwärtigen Verfahren eine ausreichende demokratische Kontrolle über die Bestimmung der Politik nicht sichern.

Fortschritt zu einem langfristigen Budget

Öffentliche Verwaltungen haben in den letzten Jahren beachtliche Fortschritte im Hinblick auf langfristige Pläne gemacht, die ein Aufgabenprogramm und einen Finanzplan umfassen. Geringer Fortschritt wurde bislang im Hinblick auf ein Programm gemacht, das dem Gesetzgeber und dem Bürger sagt, was ihm dieses Programm im Sinne einzelner öffentlicher Dienstleistungen bringt. Außerdem wurde bislang wenig Fortschritt erzielt bei der Schätzung der Kosten zur Aufrechterhaltung öffentlicher Dienstleistungen auf einem bestimmten Anspruchsniveau oder bei der Entscheidung, wann Ausgaben im Interesse der Effizienz von gegenwärtigen Verwendungen in andere, nützlichere Richtungen umgeleitet werden sollten.

Erläuterung eines rationalen Budgets

Zur Erläuterung der Entwicklungslinie, die verfolgt werden muß, wird das Haushaltsverfahren der California State Relief Administration kurz beschrieben. Die Behörde wendete über mehrere Jahre ein gut aufgebautes Verfahren der Budgetschätzung an. Ein Grund für die erfolgreiche Durchführung dieser schwierigen Aufgabe war die Art ihrer Ziele.

Die Hauptaufgabe einer Behörde für Arbeitslosenunterstützung ist es, bedürftige Familien mit einem Mindestniveau an wirtschaftlicher Sicherheit zu versorgen. Das Familienbudget, das die Behörde zur Ausführung ihrer Politik verwendet, liefert eine direkte Übersetzung von „Kosten" in „Ergebnisse". Das heißt, es ist unmittelbar möglich darzustellen, was eine bestimmte Ausgabe im Hinblick auf das Niveau der wirtschaftlichen Unterstützung bedeutet, die die Behörde bereitstellt. Die politiksetzende Körperschaft kann entscheiden, welchen Umfang eines Familienbudgets sie genehmigen will, und diese Entscheidung kann sofort in Kostengrößen umgeformt werden. Auf diesem Weg wird „Leistungsangemessenheit" bestimmt.

Auf ähnliche Weise hat die State Relief Administration ein detailliertes Verfahren ausgearbeitet, um über einen Zeitraum zu schätzen, wie viele Fälle Anspruch auf Unterstützung haben dürften; das heißt, welche Größenordnung das Problem haben dürfte. Mit dem Abschluß dieser beiden Schritte – der Bestimmung des Niveaus der Dienstleistungen und der Schätzung der Größenordnung des Problems – war es eine einfache Angelegenheit, das Arbeitsbudget zu entwickeln und den Finanzbedarf zu schätzen.

Diese Erläuterung ist stark vereinfacht worden, um ihre auffälligen Eigenschaften zu betonen. Eine Behörde für Arbeitslosenunterstützung muß gewisse Dienstleistungen sowie Geldunterstützung erbringen. Die Betriebsausgaben der Behörde wurden ebenfalls nicht in die Überlegung einbezogen.[21] Aber außer diesen Vereinfachungen und Auslassungen kommt das dargestellte Budgetierungsverfahren dem Ideal eines rationalen Budgetierungsprozesses recht nahe.

Zusammenfassung

In diesem Kapitel haben wir gesehen, daß der Entscheidungsträger bei den faktischen Aspekten von Entscheidungen durch das Effizienzkriterium geleitet werden muß. Dies Kriterium erfordert, daß bei begrenzten Ressourcen die Ergebnisse maximiert werden müssen.

Andererseits haben Kriterien der „Richtigkeit" keine Bedeutung für die rein wertenden Elemente bei Entscheidungen. Ein demokratischer Staat ist der allgemeinen Kontrolle über diese Wertelemente verpflichtet, und die Unterscheidung der Werte von den Fakten ist von grundlegender Bedeutung, um eine richtige Beziehung zwischen Politik und Verwaltung zu erreichen.

Verbesserungen der Qualität von Entscheidungen bedürfen der empirischen Erforschung der Produktionsfunktionen, die Handlungen mit Ergebnissen verbinden. Unser Wissen über diese Funktionen ist zur Zeit bruchstückhaft, sie sind jedoch unverzichtbar als ein Instrument der Vernunft, ohne das sie in einem faktischen Vakuum operiert.

Der Wert der Organisation nach funktionalen Beziehungen liegt in ihrer Vereinfachung von Entscheidungsprozessen. Funktionalisierung ist aber nur möglich, wenn die Technologie eine Zerlegung der Handlungen entsprechend paralleler Beziehungen erlaubt.

Ein überzeugendes Mittel für die Verbesserung sowohl der legislativen als auch der administrativen öffentlichen Entscheidungsprozesse ist der Haushalt. Die Verbesserung der Budgetierungsmethoden wird (1) eine leistungsfähigere Arbeitsteilung zwischen Politik und Verwaltung erlauben und (2) die Aufmerksamkeit auf die sozialen Produktionsfunktionen und ihre kritische Rolle beim Entscheidungsprozeß konzentrieren.

Fußnoten zu Kapitel IX

1 Die Grundzüge der hier entwickelten Effizienztheorie wurden vorgeschlagen in *Ridley*, C. E. / *Simon*, H. A., Measuring Municipal Activities, Chicago 1938.

2 Zu einer sorgfältigen Ausarbeitung dieses Punktes und zu Angaben der Einschränkungen, die hinzugefügt werden müssen, um ihn streng zutreffend zu machen, wird der Leser auf die Literatur zur Wohlfahrtsökonomie verwiesen. Siehe z. B. *Pigou*, A. C., The Economics of Welfare, London 1924.

3 Vgl. *Ridley / Simon*, a.a.O., S. 1.

4 Eine frühe Anwendung des technischen Konzepts auf den sozialen Bereich stammt von F. Y. Edgeworth, der Effizienz im wesentlichen so definierte, wie sie in dieser Untersuchung definiert wird: „... Effizienz sei so definiert: Eine Maschine ist immer dann effizienter als eine andere, wenn die gesamte verbrauchte Kraftstoffmenge der ersteren gleich dem Verbrauch der letzteren und zugleich die gesamte erzeugte Energiemenge der ersteren größer als die der letzteren ist." *Edgeworth*, F. Y., Mathematical Psychics, London 1881, S. 2.

5 *Encyclopaedia of the Social Sciences*, „Efficiency", Bd. 5, S. 437.

6 *Encyclopaedia of the Social Sciences*, a.a.O., S. 437.

7 *Drury*, H. B., Scientific Management, New York 1915, S. 114, 115.

8 Vgl. dazu die angegebenen Beispiele bei *Dimock*, M. E., The Criteria and Objectives of Public Administration, in:

Gaus, J. M. / *White*, L. D. / *Dimock*, M. E. (Hrsg.), The Frontiers of Public Administration, Chicago 1936, S. 116–133.

9 Vgl. dazu oben S. 116–118

10 Zu einer hervorragenden Erläuterung der Schwierigkeit, organisatorische Verantwortung für indirekte Effekte zu sichern, vgl. *Stromsen*, K. E., The Usefulness of Central Review of Bureau Communications, in: Case Reports in Public Administration, Nr. 16, Chicago 1940. Die gesamte Untersuchung geht von der Annahme aus, daß organisatorische Relevanz das herrschende Kriterium dafür ist, ob einem indirekten Effekt organisatorische Beachtung gewidmet werden sollte.

11 Dewey findet in diesen indirekten Effekten die grundlegende Eigenschaft, die „öffentliche" von „privaten" Transaktionen unterscheidet. Vgl. *Dewey*, J., The Public and Its Problems, New York 1927, S. 12–13.

12 Dieser Abschnitt basiert auf *Simon*, H. A., Comparative Statistics and the Measurement of Efficiency, in: National Municipal Review 26, 1937, S. 524–527.

13 Zu einer Zusammenstellung der Schriften zu diesem Thema vgl. *Ridley* / *Simon*, a.a.O., S. 68–74.

14 Vgl. *Simon*, H. A. u. a., Determining Work Loads for Professional Staff in a Public Walfare Agency, Berkeley 1941.

15 Selbst Barnard, dessen kritische Einsichten ihn üblicherweise vor dem „Praktikerfehlschluß" schützen, schreibt den intuitiven Fähigkeiten beträchtlich größere Gültigkeit zu, als ihnen zuzustehen scheint. Vgl. „Mind in Everyday Affairs", als Anhang wieder abgedruckt in: *Barnard*, C. I., The Functions of the Executive, Cambridge 1938, S. 301–322.

16 Dieser Abschnitt ist übernommen von *Simon*, H. A., Measurement Techniques in Administrative Research, in: Civic Affairs 8, 1941, S. 1ff.

17 Ich gestatte der Stadt, aus deren Haushalt diese Beispiele entnommen wurden, anonym zu bleiben.

18 Vgl. *Lewis*, V. B., Budgetary Administration in the Department of Agriculture, in: *Gaus*, J. M. / *Wolcott*, L. O., Public Administration and the U. S. Department of Agriculture, Chicago 1941, S. 403–462 und *MacMahon*, A. W. / *Millett*, J. D. / *Ogden*, G., The Administration of Federal Work Relief, Chicago 1941, S. 171–185.

19 Vgl. oben S. 87–92, 199 und *Jeze*, G., Théorie Générale du Budget, Paris 1922, S. I–III.

20 John Dewey hat viel zur Entwicklung einer demokratischen Philosophie von der Beziehung zwischen Experten und Öffentlichkeit beigetragen. Vgl. *Dewey*, J., a.a.O., S. 208, wo er die wesentliche These der vorliegenden Studie formuliert.

21 Vgl. *Simon* u. a., a.a.O.

KAPITEL X

Loyalität und Identifikation mit der Organisation

Die Werte und Ziele, die individuelle Entscheidungen in der Organisation steuern, sind weitgehend die Organisationsziele – die Leistungs- und Erhaltungsziele der Organisaton selbst. Anfänglich werden sie gewöhnlich dem Individuum durch Autoritätsausübung auferlegt; aber großenteils werden die Werte allmählich „internalisiert" und in die Psychologie und Einstellungen des einzelnen Teilnehmers aufgenommen. Er erwirbt eine Bindung an die oder Loyalität zur Organisation, die automatisch – d. h. ohne die Notwendigkeit externer Stimuli – garantiert, daß seine Entscheidungen mit den Organisationszielen konsistent sein werden. Diese Loyalität kann selbst zwei Aspekte haben: Sie kann eine Bindung an die Leistungsziele der Organisation beinhalten (die in Kapitel VI als „das Organisationsziel" bezeichnet wurden) und sie kann auch eine Bindung an die Erhaltung und das Wachstum der Organisation selbst einschließen.

Der Teilnehmer an einer Organisation erwirbt auf diese Weise durch seine Unterwerfung unter organisatorisch bestimmte Ziele und durch die graduelle Aufnahme dieser Ziele in seine eigenen Einstellungen eine „Organisationspersönlichkeit", die sich von seiner individuellen Persönlichkeit erheblich unterscheidet. Die Organisation weist ihm eine Rolle zu: Sie legt im einzelnen die besonderen Werte, Tatsachen und Alternativen fest, auf die seine Entscheidungen in der Organisation begründet werden sollen. Für einen Meister im Bereich der Parkpflege nehmen die Alternativen die Formen des Grasmähens und Pflanzens, der Wegeunterhaltung und Säuberungsarbeiten usw. an; die Werte sind legislativ und sozial bestimmte Standards des Aussehens, der Sauberkeit und des Erholungsgebrauchswertes; die Tatsachen sind Budgets, Arbeitsverfahren und Einheitskosten. Vom Meister wird gewöhnlich nicht erwartet, daß er sich ernsthafte Gedanken über die alternative Möglichkeit der vollständigen Auflösung des Parks macht. Dennoch kann diese Möglichkeit genauso ernsthafte Aufmerksamkeit verdienen wie die richtige Anlage eines Blumenbeetes. Sie wird nicht betrachtet, weil sie ihn „nichts angeht".[1]

Die generellen Entscheidungen in der Organisation legen fest, was jedermanns „Angelegenheit" ist – was sein Bezugsrahmen bei Entscheidungsprozessen sein soll. Es wurde bereits in Kapitel V erklärt, warum die Schaffung dieser organisatorischen Rolle und Persönlichkeit für Rationalität in organisatorischen Entscheidungen wichtig ist. Durch Beschränkung des Bereiches, innerhalb dessen die Entscheidungen und Handlungen eines Individuums liegen sollen, reduziert die Organisation seine Entscheidungsprobleme auf handhabbare Dimensionen.

Gesellschaftliche versus organisatorische Werte

Wenn erkannt ist, daß tatsächliche Entscheidungen in einem solchen institutionellen Rahmen stattfinden müssen, wird deutlich, daß die „Richtigkeit" jeder einzelnen Entscheidung von zwei unterschiedlichen Standpunkten aus beurteilt werden kann. Im weiteren Sinne ist sie „richtig", wenn sie mit der allgemeinen gesellschaftlichen Wertskala vereinbar ist[2] – wenn ihre Folgen gesellschaftlich erwünscht sind. Im engeren Sinne ist sie „richtig", wenn sie mit dem Bezugsrahmen vereinbar ist, der durch die Organisation dem Entscheider zugewiesen worden ist.

Diese Unterscheidung wird in der Literatur zur „Wohlfahrtsökonomik" gut erläutert.[3] In einer Privatwirtschaft erlaubt die Institution des Privateigentums ein beachtliches Maß an Dezentralisierung im Entscheidungsprozeß. Es wird angenommen, daß jedes Individuum seine Entscheidungen im Sinne der Maximierung seines „Gewinns" oder „Nutzens" treffen wird. Eine Entscheidung ist „richtig", wenn sie diese Maximierung erreicht. Aber der Wohlfahrtsökonom bewertet Entscheidungen von einem anderen Standpunkt aus. Er möchte wissen, inwieweit die Maximierung von persönlichem Nutzen mit der Maximierung gesellschaftlicher Werte vereinbar ist. Wenn Entscheidungen im Rahmen der Umwelt des Individuums betrachtet werden, ist Werbung als eine Technik zur Gewinnerhöhung erklärbar. Da er Entscheidungen vom gesellschaftlichen Standpunkt aus betrachtet, stellt der Wohlfahrtsökonom den gesellschaftlichen Wert der Energien in Frage, die auf Werbung verwendet werden.[4]

Diese Unterscheidung zwischen allgemeinem gesellschaftlichen Wert und organisatorischem Wert führt wiederum zu einem dritten Richtigkeitsbegriff – der „Richtigkeit" der organisatorischen Umwelt selbst. Das heißt, der gesellschaftliche Wert der Organisationsstruktur kann durch die Feststellung des Maßes an Übereinstimmung zwischen den organisatorisch richtigen und den gesellschaftlich richtigen Entscheidungen bestimmt werden.

Eine Privatwirtschaft, z. B., wird gewöhnlich mit der Begründung gerechtfertigt, daß ein hohes Maß an Übereinstimmung zwischen den zwei Arten von Richtigkeit besteht. Wenn erkannt wird, daß unter bestimmten Umständen – z. B. monopolistischen Bedingungen – eine beachtliche Diskrepanz entsteht, werden Veränderungen in der Entscheidungsumwelt gefordert (Konzernzerschlagung, Preisregulierung oder ähnliches), die die Diskrepanzen beseitigen oder reduzieren sollen.

Bedeutung des Ausdrucks „gesellschaftlicher Wert“

Der Begriff „gesellschaftlicher Wert“, wie er hier benutzt wird, kann am besten im Sinne einer Hierarchie von Organisationen oder sozialen Institutionen verstanden werden. Eine Gesellschaft setzt bestimmte sehr allgemeine Werte durch ihre grundlegende institutionelle Struktur und versucht, eine gewisse Übereinstimmung zwischen diesen allgemeinen Werten und den organisatorischen Werten der verschiedenen Gruppen, die in der Gesellschaft existieren, zu erreichen. Dies ist schon im vorangegangenen Abschnitt veranschaulicht worden. Auf die gleiche Weise versucht jede große Organisation – eine Unternehmung oder eine Regierung – die organisatorischen Ziele ihrer Teile – Abteilungen, Ämter usw. – mit den Zielen der Organisation als Ganzes in Übereinstimmung zu bringen.

Mit „gesellschaftlichem Wert“ sind hier die Ziele einer größeren Organisation oder sozialen Struktur in bezug auf die „organisatorischen Werte“ ihrer Bestandteile gemeint. Aus der Sicht der gesetzgebenden Körperschaft oder der Bürgerschaft sind die Ziele des Innenministeriums oder der United States Steel Corporation, insoweit diese formulierte Ziele haben, organisatorische Ziele. Vom Standpunkt des Innenministers oder des Präsidenten der Stahlgesellschaft aus betrachtet sind die Ziele seines Betriebes die „gesellschaftlichen Ziele“, mit denen die organisatorischen Ziele der Teilbetriebe und Abteilungen übereinstimmen müssen.

Da es schwierig ist, Unterziele festzulegen, die immer mit dem allgemeinen Ziel vereinbar sein werden, wird das Individuum, das Mitglied der jeweiligen Unterorganisation ist, manchmal Entscheidungen fällen, die mit dem Teilziel seines besonderen Organisationsteils vereinbar, aber unvereinbar mit dem übergreifenden Ziel der Organisation als Ganzes sind. Dieses Problem – die Abstimmung der „Rollenübernahme“, die die Organisation den Individuen auferlegt, mit der Erreichung von Zielen, die über diese besonderen Rollen hinausgehen – stellt den hauptsächlichen Gegenstand dieses Kapitels dar.

Ein Beispiel für den Konflikt

Zur Veranschaulichung wollen wir den Entscheidungsprozeß in einem speziellen organisatorischen Zusammenhang untersuchen. Im Bundesstaat Kalifornien war vor dem Juli 1941 die Verantwortlichkeit für die Betreuung Arbeitsloser auf zwei Behörden verteilt: Die State Relief Administration betreute die *arbeitsfähigen* Arbeitslosen und ihre Familien; die Bezirkswohlfahrtsämter betreuten die *nicht arbeitsfähigen* Arbeitslosen. Die Aufgabenteilung war weitgehend historischen Ursprungs und nicht durch irgendwelche sehr zwingende Gründe gestützt; aber dies ist hier nicht wichtig.

Vom Standpunkt des Staates als Ganzem war es das Ziel der Wohlfahrtsverwaltung, die Arbeitslosen zu betreuen und ihnen einen bestimmten minimalen Lebensstandard zu garantieren. Darüber hinaus war es wünschenswert, dieses Ziel so effizient wie möglich zu erfüllen. Das heißt, nachdem die Regelungen für die Anspruchsberechtigung festgelegt und die Maßstäbe für die Höhe der Haushaltseinkommen bestimmt worden waren, bestand die Aufgabe der Verwaltung darin, dafür zu sorgen, daß anspruchsberechtigte und nur anspruchsberechtigte Personen die Unterstützung erhielten, daß ihre Haushaltseinkommen mit den bewilligten Maßstäben übereinstimmten und daß diese Ziele mit den geringsten finanziellen Ausgaben erreicht wurden. Die State Relief Administration hat vermutlich versucht, dieses Ziel in ihrem auf arbeitsfähige Personen beschränkten Tätigkeitsbereich zu erfüllen, während die Bezirkswohlfahrtsämter das gleiche Ziel in ihren auf arbeitsunfähige Personen beschränkten Tätigkeitsbereichen angestrebt haben.

Aber wenn diese Ziele aus organisatorischer Sicht betrachtet werden, tritt sofort ein Wettbewerbselement bei den jeweiligen Entscheidungen der staatlichen und bezirklichen Verwaltungsbeamten auf. Ein Weg, durch den die staatliche Behörde ihre Effizienz steigern konnte (gemessen anhand ihrer eigenen beschränkten Zielsetzung und nicht anhand des Zieles des Staates als Ganzem), bestand darin, sicherzustellen, daß jede arbeitsunfähige Person auf ihren Auszahlungslisten entdeckt und an den Bezirk überwiesen wurde. Ein Weg, durch den die Bezirksbehörde ihre Effizienz steigern konnte, (wiederum anhand der beschränkten organisatorischen Zielsetzung gemessen) bestand darin, sicherzustellen, daß jede arbeitsfähige Person in ihren Auszahlungslisten entdeckt und an den Staat überwiesen wurde.

Im Ergebnis versuchte jede Organisation die relative Maximierung ihres eigenen Zieles, und viel Zeit, Mühe und Geld wurde von diesen Behörden auf Versuche verwendet, Arbeitslose in Grenzfällen von der einen an die andere Behörde abzuschieben. Dieses Wettbewerbsverhalten ist aus der Sicht der organisatorischen Ziele jeder Organisation vollkommen verständlich, aber es leistete keinen Beitrag zur Maximierung des umfassenderen gesellschaftlichen Wertes.

Es sollte jedoch festgehalten werden, daß diese Entwicklung keineswegs unvermeidbar ist. Entscheidungen werden nicht von „Organisationen", sondern von Menschen getroffen, die sich als Organisationsmitglieder verhalten. Es gibt keine logische Notwendigkeit, daß ein Organisationsmitglied seine Entscheidungen anhand von Werten fällen muß, die auf die Organisation begrenzt sind. Trotzdem können wir beliebig viele Beispiele für Individuen finden, die sich so verhalten, als ob die Institutionen, zu denen sie gehören, „Economic Men" seien, die bei jeder Entscheidung den „institutionellen Nutzen" sowohl im Sinne von Leistungs- als auch von Erhaltungszielen berechnen. Wie kann dieses Phänomen erklärt werden? Um es zu verstehen, müssen wir zuerst den Unterschied zwischen persönlichen und organisatorischen Entscheidungen der Menschen verdeutlichen.

Unpersönlichkeit von organisatorischen Entscheidungen

Barnard hat sehr deutlich gemacht, daß die Entscheidungen, die eine Person als Organisationsmitglied fällt, sich von ihren persönlichen Entscheidungen erheblich unterscheiden:

„Das System, dem wir den Namen ‚Organisation' geben, ist mithin ein System, das sich aus den Tätigkeiten von Menschen zusammensetzt. Diese Tätigkeiten werden dadurch zu einem System, daß hier die Arbeitsleistungen verschiedener Personen koordiniert werden. Aus diesem Grund sind ihre bedeutsamen Merkmale nicht persönlicher Art. Sie werden ihrer Art, ihrem Ausmaß oder der Zeit nach durch das System bestimmt. Die meisten Arbeitsleistungen in kooperativen Systemen können leicht als unpersönlich erkannt werden. Beispielsweise verrichtet ein Büroangestellter, der ein Berichtsformular für eine Gesellschaft ausfüllt, offensichtlich etwas an einem Ort, auf einem Formular und über einen Sachverhalt, das eindeutig nie sein rein persönliches Interesse erwecken könnte. Wenn wir sagen, daß wir uns mit einem System koordinierter menschlicher Leistungen befassen, meinen wir mithin, daß die Tätigkeit unter dem Aspekt, der für die Untersuchung kooperativer Systeme wichtig ist, nicht persönlich ist, obwohl Personen Träger der Tätigkeit sind.“[5]

An einer späteren Stelle zeigt Barnard eindeutig, warum dies so ist. Persönliche Überlegungen bestimmen, ob eine Person an einer Organisation teilnehmen wird; aber wenn sie sich zur Teilnahme entscheidet, werden diese Überlegungen nicht den Inhalt ihres organisatorischen Verhaltens bestimmen:

„Jede für die Organisation konstitutive Leistung, d. h. jede koordinierte kooperative Leistung, kann zwei Entscheidungsakte beinhalten. Der erste ist die Entscheidung der betroffenen Person, ob sie nach ihrer persönlichen Wahl diese Leistung beitragen will oder nicht. Dies ist ein Ausschnitt des Prozesses wiederholter persönlicher Entscheidungen, die bestimmen, ob das Individuum Beiträge an die Organisation leisten bzw. weiterhin leisten wird oder nicht... Dieser Entscheidungsakt liegt außerhalb *des Leistungssystems, das die Organisation konstituiert..., obwohl er, wie wir gesehen haben, ein Gegenstand der organisierten Aufmerksamkeit ist.*

Die zweite Art von Entscheidungen hat keine unmittelbare oder spezielle Beziehung zu persönlichen Ergebnissen, sondern betrachtet die Bemühungen darum, welche Entscheidung getroffen werden soll, unpersönlich aus der Sicht ihrer organisatorischen Wirkung und ihrer Beziehung zum Organisationszweck. Dieser zweite Entscheidungsakt wird oft im direkten Sinne durch Individuen ausgeführt, aber er ist unpersönlich und organisational in seiner Absicht und Wirkung. Sehr oft ist er auch in seinem Prozeß organisational, z. B. in gesetzgebenden Körperschaften oder wenn Vorstände oder Komitees Handlungen beschließen. Der Entscheidungsakt ist ein Teil der Organisation selbst.

Diese Unterscheidung zwischen den zwei Entscheidungstypen wird häufig in Alltagsangelegenheiten berücksichtigt. Wir sagen oder hören sehr oft Sätze wie: „Wenn dies meine Aufgabe wäre, glaube ich, daß ich die Frage auf diese Weise entscheiden würde – aber es ist nicht meine persönliche Angelegenheit“; oder: „Ich glaube, die Situation erfordert diese und diese Antwort – aber ich bin nicht in der Position um zu bestimmen, was getan werden sollte“; oder: „Die Entscheidung sollte von jemand anderem getroffen werden.“ Dies ist tatsächlich eine Wiederholung mit anderer Betonung der Überlegungen aus Kapitel VII, daß eine Art dualer Persönlichkeit von den Individuen gefordert wird, die Beiträge zu organisatorischen Tätigkeiten leisten – die private Persönlichkeit und die organisatorische Persönlichkeit.“[6]

Nachdem das Wertsystem, das eine organisatorische Entscheidung steuern soll, festgelegt worden ist, gibt es eine und nur eine „beste“ Entscheidung, und diese Entscheidung wird durch die Werte und Situation der Organisation bestimmt und nicht durch die persönlichen Motive des Organisationsmitgliedes, das die Entscheidung fällt. Nachdem ein Individuum auf der Grundlage seiner persönlichen Motive entschieden hat, die Organisationsziele anzuerkennen, wird im Rahmen des Ermessensspielraumes sein weiteres Verhalten nicht durch persönliche Motive bestimmt, sondern durch die Erfordernisse der Effizienz.

Diese Aussage muß jedoch eingeschränkt werden. Es gibt einen Akzeptanzbereich, in dem sich das Individuum „organisational“ verhalten wird. Wenn die organisationalen Anforderungen außerhalb dieses Bereichs liegen, dann kommen persönliche Motive wieder zur Geltung und die Organisation hört in diesem Maße auf, zu existieren.

Wenn eine Person sich unpersönlich verhält, dann wird also ihre persönliche Wertskala durch eine organisationale Wertskala als Kriterium der „Richtigkeit“ bei ihren Entscheidungen ersetzt. Dementsprechend kann ihre Entscheidung als Variable betrachtet werden, die in ihrem spezifischen Charakter von der besonderen organisatorischen Wertskala abhängt, die sie steuert.

Wir haben noch keine Antwort auf die Frage, warum ein Individuum eine bestimmte organisatorische Wertskala als sein Entscheidungskriterium verwendet anstatt einer oder mehrerer der unzähligen anderen Skalen, die es benutzen könnte. Wir können unsere Aufmerksamkeit nun dieser Frage zuwenden.

Identifikation mit der Organisation

Um den Sachverhalt zu kennzeichnen, den wir behandeln, können wir den Begriff „Identifikation“ einführen, der bereits in der politischen Theorie verbreitet ist. „Identifikation“ wird in der psychoanalytischen Literatur verwendet, um eine bestimmte Art der emotionalen Bindung zu bezeichnen. Freud beschreibt das Wesen der Bindung folgendermaßen:

„Es ist leicht, den Unterschied einer solchen Vateridentifizierung von einer Vaterobjektwahl in einer Formel auszusprechen. Im ersten Falle ist der Vater das, was man *sein* möchte, im zweiten das, was man *haben* möchte. Es ist also der Unterschied, ob die Bindung am Subjekt oder am Objekt des Ichs angreift."[7]

Freud stellt weiterhin die Hypothese auf, daß Identifikation ein fundamentaler Mechanismus beim Gruppenzusammenhalt ist:

„Wir ahnen bereits, daß die gegenseitige Bindung der Massenindividuen von der Natur einer solchen Identifizierung durch eine wichtige affektive Gemeinsamkeit ist, und können vermuten, diese Gemeinsamkeit liege in der Art der Bindung an den Führer."[8]

Lasswell hat vermutlich den Begriff von Freud übernommen[9] und widmet ein ganzes Kapitel den „Nationen und Klassen: Die Symbole der Identifikation". Nirgends jedoch definiert er den Begriff, außer daß er über „Identifikationssymbole wie ‚Nation', ‚Staat', ‚Klasse', ‚Rasse', ‚Kirche'" spricht und einen „Gesinnungsbereich" als „den Ort derjenigen, die sich miteinander identifizieren", definiert. Außerdem erklärt er an keiner Stelle, daß der zugrunde liegende psychologische Mechanismus mit dem Freudschen Konzept der Identifikation identisch ist.

Bedeutung von Identifikation

Um die Definition des Konzepts, das Lasswell benennt, deutlich zu machen, sagen wir, daß *sich eine Person mit einer Gruppe identifiziert, wenn sie bei einer Entscheidung die verschiedenen Entscheidungsalternativen im Sinne ihrer Konsequenzen für die gegebene Gruppe bewertet.* Wir wollen nicht annehmen, daß der Mechanismus, der diesem Phänomen zugrunde liegt, der Freudsche ist. Tatsächlich scheint in diesem Fall, wie in vielen anderen, die Freudsche Hypothese erheblich vereinfacht zu sein.

Wenn eine Person eine bestimmte Handlungsalternative vorzieht, weil sie „gut für Amerika" ist, identifiziert sie sich mit den Amerikanern; wenn sie sie vorzieht, weil sie „das Geschäft in Berkeley fördert", identifiziert sie sich mit den Berkeleyanern. Von einer Person wird behauptet, sie handle aus „persönlichen" Motiven, wenn ihrer Bewertung eine Identifikation mit sich selbst oder der eigenen Familie zugrunde liegt.

Die Gruppe, mit der sich eine Person identifiziert, kann durch den geographischen Raum, in dem sie lebt, ihrem ökonomischen oder sozialen Status in der Gesellschaft oder einer Vielzahl anderer Kriterien charakterisiert werden. Die „Nation" ist ein Beispiel geographischer Identifikation; das „Proletariat" und die „Frauen" sind Beispiele ökonomischer und sozialer Identifikationssymbole. Beispiele für Identifikationen, die für unsere politischen Institutionen wichtig sind, lassen sich in der Literatur über parlamentarische Prozesse und Interessengruppen finden.[10]

Die Identifikation des Individuums kann entweder mit dem Organisationsziel oder mit der Erhaltung der Organisation erfolgen. Eine Person, die eine Entscheidung fällt, kann sich z. B. mit der Funktion oder dem Ziel der Bildung identifizieren – sie kann alle Alternativen aus der Sicht ihrer Wirkung auf die Bildung bewerten. Andererseits kann sie sich mit einer besonderen Bildungsorganisation identifizieren – sie kann sich der Verlagerung von bestimmten Erholungsfunktionen von einer Schulbehörde an eine Parkbehörde widersetzen – und die Erhaltung und das Wachstum dieser Organisation anstreben. Wie in Kapitel VI herausgestellt wurde, müssen entsprechend diesen beiden Identifikationsarten zwei Typen organisatorischer Loyalität unterschieden werden.

Diese Identifikationen mit der Gruppe oder der Funktion sind eine derart beherrschende Erscheinung, daß man keine Viertelstunde an politischen oder organisatorischen Angelegenheiten teilnehmen oder fünf Seiten eines Organisationsberichtes lesen kann, ohne dafür Beispiele zu finden.

Zeitungen berichten häufig über Beispiele für solche Identifikationen. Im folgenden zitieren wir einen kurzen Zeitungsbericht über das kalifornische Autobahnnetz:

„Kalifornien kann kaum daran denken, $ 150000000 auszugeben, um seine Schnellstraßen an militärische Erfordernisse anzupassen, solange das Landstraßennetz dringend der Ausbesserung bedarf", sagte heute der Leiter des Staatsstraßenbauamtes, Charles H. Purcell.

Purcell berichtete einem parlamentarischen Untersuchungsausschuß, das Hauptanliegen des Staatsstraßenbauamtes sei die Beschaffung der $ 442500000, die benötigt werden, um die Landstraßen so herzurichten, daß sie den normalen Zivilverkehr der nächsten zehn Jahre aufnehmen können. Wenn das Kriegsministerium 5887 Meilen strategisch wichtiger Schnellstraßen in Kalifornien an seine Anforderungen angepaßt haben wolle, erklärte der Leiter des Straßenamtes, sei es die „wichtigste Verantwortlichkeit" der Bundesregierung, das Geld zur Verfügung zu stellen. Das bestehende Schnellstraßennetz, fügte er hinzu, werde für den Zivilbedarf als ausreichend angesehen."[11]

Der Straßenamtsleiter begreift es offenbar als seine Funktion, zwischen konkurrierenden Möglichkeiten des Straßenbaus mit Hilfe des Wertes „Zivilbedarf" statt des Wertes „Militärbedarf" oder eines aus beiden zusammengesetzten Wertes zu entscheiden. Er nimmt in seiner Aussage weiter an, daß bei Mitteln, die durch eine Behörde des Bundesstaates ausgegeben werden, Werte des Bundesstaates bei den Entscheidungen über die Verteilung der Mittel ein Gewicht erhalten müssen, während Werte, die über die Landesgrenzen hinausdringen können, nicht zu berücksichtigen sind. Weder Kritik an noch Übereinstimmung mit dieser Position ist hier beabsichtigt. Festzuhalten ist, daß die Urteile des Behördenleiters Folgen seiner organisatorischen

Identifikation sind, und daß seine Schlüsse nur gezogen werden können, wenn diese Identifikation vorausgesetzt wird.

Die Anhörungen vor dem Haushaltsausschuß des Kongresses der Vereinigten Staaten sind eine fruchtbare Quelle für Beispiele des Identifikationsphänomens. Das folgende Beispiel mag genügen:

„Mr. Oliver: *Dies ist selbstverständlich ein wertvoller Beitrag, aber wie glauben Sie denn praktische, konkrete Ergebnisse aus den Untersuchungen und Erhebungen zu gewinnen, die Sie in den verschiedenen angegebenen Richtungen unternehmen?*

Miss Anderson: *Ja, das ist sehr schwer zu sagen, weil sie in gewisser Hinsicht unbestimmt sind.*

Mr. Oliver: *In anderen Worten, es sind Informationen, die entweder die Bundesstaaten oder einige Organisationen der Bundesstaaten aufgreifen sollten, und wenn sie Ihren Vorschlägen entsprechend handeln, würden diese eine gewisse Abhilfe oder Erleichterung schaffen?*

Miss Anderson: *Ja, nehmen Sie z. B. den Staat Connecticut. Dem Staat Connecticut sind zahlreiche Informationen zur Verfügung gestellt worden, und ich habe keinen Zweifel, daß die Informationen, die wir ihnen über diese Bedingungen gegeben haben, und was sie seither selbst erarbeitet haben, sich in einer bestimmten Gesetzgebung in der nächsten Sitzungsperiode ihres Parlamentes niederschlagen werden.*

Mr. Oliver: *Nun, warum sollten nicht die Staaten diese Informationssammlung übernehmen? Warum sollte von ihnen verlangt werden, daß sie sich an Washington wenden, viele, viele Meilen weg, und die Bundesregierung bitten, Informationen zu sammeln, die ihnen und ihren eigenen Beamten viel leichter zugänglich sind?*

Miss Anderson: *Die Arbeitsministerien von nur ein oder zwei Staaten des Landes sind imstande, das Material selbst zu sammeln. Sie haben nicht die entsprechende Informationsbeschaffungsorganisation eingerichtet.*

Mr. Oliver: *Trifft nicht folgendes zu: Solange die Bundesregierung Anfragen dieser Art bereitwillig beantwortet – und es ergibt sich aus Ihrer Aussage, daß man sich jedes Jahr an Sie wendet, in einem neuen Gebiet tätig zu werden – solange also Anforderungen ohne weiteres erfüllt werden, werden es die Staaten ablehnen, das zu tun, was in erster Linie ihnen zufallen sollte?*"

Und etwas später im Dialog fügt der Kongreßabgeordnete hinzu:

„Mr. Oliver: *Wie lange sollten wir in der heutigen Zeit weiterhin Dienstleistungen dieser Art für die Bundesstaaten zur Verfügung stellen, bei denen jeder zuzugeben scheint, daß es sich in erster Linie um eine Verpflichtung handelt, die dem Bundesstaat zufällt?*"[12]

Obwohl der Kongreßabgeordnete sein erstes Argument unter Effizienzaspekten vorbringt, ist offensichtlich, daß das tatsächliche Problem in seinen Vorstellungen organisatorischer Art ist. Eine Tätigkeit, die von berechtigtem Wert sein könnte, wenn sie von einem Bundesstaat ausgeführt wird, soll weniger hoch bewertet werden, wenn sie durch eine Bundesbehörde betrieben wird, weil es sich „in erster Linie um eine Verpflichtung handelt, die dem Bundesstaat zufällt." Wir wollen dem Kongreßabgeordneten die äußerste Unlogik seiner einschränkenden Bemerkung „in der heutigen Zeit" verzeihen. Es ist jedoch bedeutsam, daß seine Unlogik, genauso wie seine Logik, von einer organisationalen Identifikation herrührt.

Die Psychologie der Identifikation

Kein einzelner oder einfacher Mechanismus wird wahrscheinlich das Identifikationsphänomen realistisch erklären können. Einige der zur Erklärung beitragenden Faktoren sollen aufgezählt werden:

1. *Persönliches Interesse am Organisationserfolg.* Die Entscheidung, die im Sinne von Werten der Organisation getroffen wird, ist insoweit unpersönlich; aber die Bindung an die Organisation leitet sich aus persönlichen Motiven her. Das Individuum ist bereit, unpersönliche organisatorische Entscheidungen zu fällen, weil eine Vielzahl von Faktoren oder Anreizen es an die Organisation binden – sein Gehalt, Prestige, Freundschaft und viele andere.

Viele dieser persönlichen Werte hängen nicht nur von seiner Verbindung mit der Organisation ab, sondern auch von dem Wachstum, dem Prestige oder dem Erfolg der Organisation selbst. Sein Gehalt und seine Macht stehen beide mit der Größe der Einheit in Beziehung, die es leitet. Wachstum der Organisation bietet ihm und seinen Mitarbeitern Gehaltserhöhungen, Aufstieg und Gelegenheit, Verantwortung zu übernehmen. Ein großes Budget wird ihm erlauben, Tätigkeiten und Dienstleistungen durchzuführen, die das Interesse und die Bewunderung seiner Berufskollegen in anderen Organisationen erregen werden. Folglich führen diese Motive zu einer Identifikation mit Erhaltungszielen.

Umgekehrt können Scheitern der Organisation oder Kürzungen ihres Budgets Gehaltskürzung, Machtverlust oder sogar Arbeitslosigkeit für den Manager bedeuten. Zumindest zwingen sie ihm die unerfreuliche Pflicht auf, Mitarbeiter zu entlassen und beeinträchtigen ernsthaft den Anreiz möglichen Aufstiegs für seine Untergebenen.

2. *Übertragung der Psychologie privatwirtschaftlicher Unternehmen.* Der private Sektor unserer Wirtschaft arbeitet unter der Annahme, daß das Management seine Entscheidungen im Hinblick auf den Gewinn für die einzelne Unternehmung fällen wird. Diese institutionelle Entscheidungspsychologie kann allzu leicht auf den öffentlichen Sektor der Wirtschaft übertragen werden, wenn die grundlegenden Unterschiede in den Voraussetzungen, die diesen beiden Sektoren unterliegen, nicht erkannt werden. Die Führungskraft, die gewöhnt ist, in Begriffen wie „mein" Geschäft zu

denken, neigt leicht dazu, in Begriffen wie „mein" Bezirk oder „meine" Abteilung zu denken. Auch dieses Motiv würde in erster Linie zur Identifikation mit Erhaltungszielen anstatt mit bestimmten Organisationszielen führen. Diese Einstellungen können bei Personen vorliegen, die, obwohl sie nie Führungsverantwortung in der Privatwirtschaft gehabt haben, diese Vorstellungen aus einer vorwiegend privatwirtschaftlich geprägten kulturellen Umwelt aufgenommen haben.[13]

Es wäre ein interessanter Forschungsgegenstand, das Ausmaß zu bestimmen, in dem privatwirtschaftliche Einstellungen in einer sozialistischen Wirtschaft, wie der Sowjetunion, fortbestehen. Es würde jedoch äußerst schwierig sein, diesen Faktor von den Elementen der persönlichen Motivation zu trennen, die das Individuum auch in einer verstaatlichten Wirtschaft weiter an die Organisation binden.

Die anhand der öffentlichen Wohlfahrtsverwaltung des Staates Kalifornien gegebenen Erläuterungen[14] sind ein gutes Beispiel für die Folgen, die aus einer „privaten" Konzeption der organisatorischen Effizienz resultieren. Die Staats- und Bezirksbehörden waren so fanatisch bei der Ablehnung von Arbeitslosen, die jeweils im „Verantwortungsbereich" der anderen lagen, daß es sich in den meisten Bezirken des Staates als politisch unmöglich erwies, einen unparteiischen medizinischen Ausschuß einzurichten, auf den die Entscheidungen über die Arbeitsfähigkeit in zweifelhaften Fällen hätten übergehen können.

3. Aufmerksamkeitsschwerpunkt. Ein drittes Element im Prozeß der Identifikation ist die Konzentration der Aufmerksamkeit des Verwaltungsbeamten auf jene Werte und Gruppen, die am unmittelbarsten durch das Verwaltungsprogramm betroffen werden. Wenn ein Verwaltungsbeamter mit der Aufgabe der *Schulbildung* für die Kinder von Berkeley betraut wird, ist er sich wahrscheinlich der Wirkung jedes besonderen Vorschlages auf ihre Lernprozesse klarer bewußt als der möglichen indirekten Auswirkungen auf ihre Gesundheit – und umgekehrt. Er identifiziert sich also mit dem Organisationsziel.

Es ist klar, daß Aufmerksamkeit die Sichtweite durch die Auswahl bestimmter Werte, bestimmter Teile empirischen Wissens und bestimmter berücksichtigter Verhaltensalternativen so verengen kann, daß andere Werte, anderes Wissen und andere Möglichkeiten ausgeschlossen werden. Identifikation hat daher eine feste Grundlage in den Beschränkungen der menschlichen Psyche bei der Bewältigung des Problems rationalen Entscheidens.

Aus dieser Sicht ist Identifikation ein wichtiger Mechanismus für den Aufbau der Entscheidungsumwelt. Wenn die Identifikation fehlerhaft ist, führen die daraus resultierenden Unstimmigkeiten zwischen gesellschaftlichen und organisatorischen Werten zu einem Verlust an gesellschaftlicher Effizienz. Wenn die Organisationsstruktur andererseits konzeptionell gut entwickelt ist, erlaubt der Identifikationsprozeß, daß die großen organisatorischen Zusammenhänge die Entscheidungen der an der Struktur beteiligten Personen steuern. Auf diesem Wege erlaubt sie der menschlichen Rationalität, die Grenzen zu überschreiten, die ihr durch die enge Aufmerksamkeitsspanne auferlegt sind.[15]

Ein Beispiel für die Art, wie der Aufmerksamkeitsschwerpunkt der Teilnehmer an einer Organisationsstruktur durch ihre Position in der Struktur bestimmt wird, ist dem Verfasser bekanntgeworden, als er eine Untersuchung der Verwaltung der Erholungseinrichtungen in Milwaukee durchführte. Die Spielplätze dieser Stadt waren von der Spielplatzabteilung des Amtes für öffentliche Arbeiten gebaut worden, aber die Vorgänge auf den Spielplätzen wurden durch die Fortbildungsabteilung des Schulamtes überwacht. Auch die Instandhaltung der Spielplätze war dieser Behörde zugewiesen worden und es gab einige Stimmen, daß die Instandhaltung unzureichend sei.

„Es ist verständlich, daß die Fortbildungsabteilung, die plötzlich mit riesigen neuen finanziellen Verpflichtungen durch die Ausweitung der Sacheinrichtungen konfrontiert war, die Instandhaltungskosten zu minimieren versuchte, um nicht Mittel von den Überwachungstätigkeiten abzweigen zu müssen. Die Tatsache, daß die ersten Bauarbeiten stark experimenteller Natur waren, führte zu Instandhaltungskosten über den ursprünglichen Erwartungen. Es ist gleichermaßen verständlich, daß die Spielplatzabteilung, deren Aufgabe der Bau der Sacheinrichtungen gewesen war, es als falsches Sparsamkeitsdenken ansah, daß für die Instandhaltung dieser Einrichtungen nur unzureichend gesorgt wurde.

Es hatte z. B. unterschiedliche Auffassungen über den Stellenwert der landschaftlichen Gestaltung bei der Spielplatzplanung gegeben. Die Spielplatzabteilung hat die Bedeutung der richtigen landschaftlichen Gestaltung wegen ihrer Wirkung auf die öffentliche Einstellung gegenüber Spielplätzen betont. Sie hat darauf bestanden, daß der Spielplatz ein Gewinn für das Erscheinungsbild des Wohnviertels sein sollte.

Die Fortbildungsabteilung mußte die ersten zehn Jahre ihres Bestehens mit den einfachsten Sacheinrichtungen arbeiten. Die Spielplätze waren größtenteils heiß und staubig, ohne eine Idee landschaftlicher Gestaltung. Aus dieser zehnjährigen Erfahrung lernte die Abteilung, daß der Erfolg eines Spielplatzes in erster Linie von der Menschenführung und weniger von den Sachanlagen abhängt.

Jede Abteilung weiß genau, daß für die Durchführung eines erfolgreichen Programms beide Ziele wünschenswert und zu einem gewissen Grade notwendig sind. Die Frage ist nicht, „welches“ Ziel, sondern „wieviel“, und da die Fortbildungsabteilung die Mittel verwaltet, hat die Instandhaltung in einem gewissen Maße gelitten.“[16]

Identifikation und Adäquanz

Eine der häufigsten Folgen funktionaler Identifikation ist die fehlende Abwägung von Kosten und Werten bei Entscheidungen in Organisationen. Die Zielerreichung eines organisatorischen Programms kann durch seine *Adäquanz* (das Maß, in dem seine

Ziele erreicht worden sind) oder seine *Effizienz* (das Maß, in dem seine Ziele relativ zu den verfügbaren Ressourcen erreicht worden sind) gemessen werden. Um ein sehr einfaches Beispiel anzuführen: Die Adäquanz des jüngsten Rüstungsprogramms würde anhand der Stärke und Ausrüstung der in das Feld geschickten Streitkräfte gemessen; seine Effizienz durch einen Vergleich zwischen der tatsächlich erzielten Produktion und dem, was beim besten Einsatz der nationalen Ressourcen hätte erzielt werden können. Die amerikanische Kriegsproduktion erwies ein hohes Maß an Adäquanz; ob sie auch effizient war, ist eine ganz andere Frage.

Ein Verwaltungsbeamter, der sich mit einem bestimmten Ziel identifiziert, neigt dazu, seine Organisation eher im Sinne der Adäquanz als der Effizienz zu messen.[17] Von diesen Spezialisten wird nicht immer erkannt, daß es überhaupt keine wissenschaftliche Grundlage für die Bildung von sogenannten „Standards wünschenswerter Dienstleistung" oder „Standards angemessener Mindestdienstleistung" für eine bestimmte Funktion gibt, ehe bekannt ist, was diese Dienstleistung kosten wird, welche Ressourcen zu ihrer Finanzierung zur Verfügung stehen und welche Kürzungen bei anderen Dienstleistungen oder bei privaten Ausgaben durch eine Erweiterung dieser bestimmten Dienstleistung erforderlich würden.

Wann wird jemals ein Jahresbericht veröffentlicht, der nicht einige Empfehlungen der folgenden Art enthält:

„Die hauptsächliche und sehr dringende Empfehlung zum Abschluß dieses Rechnungsjahres ist eine Personalaufstockung. Sie ist insbesondere in der Abteilung für Mindestlöhne erforderlich, deren Arbeitsvolumen außerordentlich angewachsen ist, seit der Oberste Gerichtshof die Mindestlohngesetzgebung bestätigt hat. Viele Bundesstaaten, die sich noch im Aufbaustadium bei der Verwaltung der Lohngesetzgebung befinden, suchen beim Women's Bureau nach Unterstützung bei der Organisation, bei der Beschaffung der notwendigen Lohn- und Arbeitszeitdaten und bei der überaus wichtigen Aufgabe der Vereinheitlichung bei der Festsetzung von Lohnsätzen und der Praxis ihrer Durchsetzung. Häufige Besuche bei den Bundesstaaten und Konferenzen von Staatsbeamten in Washington sind erforderlich. Das Personal dieser Abteilung muß erhöht werden, weil es nicht allen an sie herangetragenen Anforderungen gerecht werden kann."[18]

Das ist die universelle Klage der Verwaltung: „Das Budget ist *unangemessen.*" Nun liegen zwischen dem Weiß der Angemessenheit und dem Schwarz der Unangemessenheit alle die Grauschattierungen, die verschiedene Grade der Angemessenheit darstellen. Zudem sind die menschlichen Wünsche im Verhältnis zu den menschlichen Ressourcen unersättlich. Aus diesen beiden Sachverhalten können wir schließen, daß das grundlegende Kriterium für Verwaltungsentscheidungen ein *Effizienzkriterium* und nicht ein *Adäquanz*kriterium sein muß. Es ist die Aufgabe des Verwaltungsbeamten, gesellschaftliche Werte *relativ* zu begrenzten Ressourcen zu maximieren.[19]

Wenn daher der Identifikationsprozeß den Verwaltungsbeamten dazu führt, den besonderen gesellschaftlichen Werten, mit denen er befaßt ist, übermäßiges Gewicht einzuräumen, dann ist er, psychologisch ausgedrückt, nicht in der Lage, eine befriedigende Entscheidung zu treffen über den Geldbetrag, der seiner Funktion zugeteilt werden sollte, oder über die relative Berechtigung seiner Forderungen nach öffentlichen Mitteln im Vergleich mit den Forderungen konkurrierender Einheiten.[20]

Budgetierungsverfahren sind die wichtigsten Mittel, um Fragen der Adäquanz in Fragen der Effizienz zu übersetzen. Das Budget erzwingt erstens die gleichzeitige Betrachtung aller konkurrierenden Anforderungen für Unterstützung. Zweitens trägt das Budget die Entscheidungen über die Mittelverteilung in der Organisationshierarchie nach oben bis zu einem Punkt, an dem konkurrierende Werte gewichtet werden müssen und an dem funktionale Identifikationen nicht zu einer fehlerhaften Gewichtung von Werten führen werden.

Veränderung von Identifikationen durch Organisation

Ein Hauptproblem leistungsfähiger Organisation dürfte die Spezialisierung und Unterteilung von Tätigkeiten in der Form sein, daß die psychologischen Kräfte der Identifikation zur richtigen Entscheidungsfindung beitragen, anstatt sie zu behindern.

Arten der Spezialisierung

Die Art, in der Aufgaben in der Organisation unterteilt werden, wird einen wesentlichen Einfluß auf die Identifikation ausüben. Die organisatorische Abtrennung einer Funktion wird in dem Maße zufriedenstellend sein, als (1) die Tätigkeiten, die bei der Ausführung der Funktion auftreten, von anderen Tätigkeiten in der Organisation unabhängig sind, (2) indirekte Auswirkungen der Tätigkeit, die nicht anhand des funktionalen Ziels meßbar sind, fehlen und (3) es möglich ist, Kommunikationsbeziehungen einzurichten, die der für die Funktionsausführung verantwortlichen Einheit das notwendige Wissen für die erfolgreiche Ausführung vermitteln.

Alle drei Probleme sind technische und faktische Fragen. Dies bedeutet, daß jeder Versuch, eine Organisation für die Bereitstellung von Dienstleistungen durch eine Zerlegung der Verwaltungsfunktionen in ihre Bestandteile am grünen Tisch auszudenken, von Natur aus steril ist. Dennoch hat ein großer Teil der sogenannten Organisationsforschung, die in der letzten Generation durchgeführt worden ist, genau diesen Charakter.

Die Verteilung der Entscheidungsfunktion

In dem Ausmaße, wie Identifikationen Entscheidungen verändern, muß die leistungsfähige Verteilung von Entscheidungsfunktionen diese Identifikationen berücksichtigen.

Wenn überhaupt ein Grundprinzip diese Verteilung steuert, dann lautet es, daß jede Entscheidung einem Punkt zugeordnet werden sollte, wo sie notwendigerweise als Frage der Effizienz und nicht als Frage der Adäquanz angegangen wird. Das bedeutet, daß es verfehlt ist, einen Entscheider, der für eine Funktion verantwortlich ist, auch mit der Verantwortung für die Gewichtung der Bedeutung dieser Funktion gegenüber der Bedeutung anderer Funktionen zu betrauen. Die einzige Person, die die Aufgabe der Gewichtung der relativen Bedeutung dieser Funktion kompetent angehen kann, ist entweder für beide oder keine der beiden Funktionen verantwortlich.

Dies unterstellt jedoch, daß Personen sich *tatsächlich* mit ihren Organisationseinheiten identifizieren werden. Obwohl wir mehrere Faktoren, die eine solche Identifikation bewirken, angeführt haben, sollte nicht angenommen werden, daß sie jemals vollständig oder in sich geschlossen ist. Der Entscheider, der eine Wahl zwischen sozialen und organisatorischen Werten treffen muß, empfindet zumeist stärkere oder schwächere Gewissensbisse, wenn er Organisationsziele vor umfassendere soziale Ziele setzt. Es gibt keine Zwangsläufigkeit bei einer bestimmten Identifikation.

Es ist daher zu hoffen, daß es in einem gewissen Maße möglich sein könnte, den Identifikationsbereich zu erweitern, der die Entscheidungen des Managers beherrscht. Es könnten Schritte unternommen werden, um die Ergebenheit von kleineren auf größere Organisationseinheiten und von den engeren auf die weiteren Ziele zu übertragen. In dem Maße, in dem dies erreicht wird, ist die genaue Zuordnung von Entscheidungsfunktionen von geringerer Bedeutung.

„Lord Haldanes Ausschuß bedauerte die so genannte traditionelle Einstellung der Gegnerschaft zwischen Finanzministerium und den anderen Ministerien. Ich bin mir nicht bewußt, daß mir dieses Problem besonders aufgefallen wäre, aber zweifellos gibt es in vielen Ministerien Leute, die an das russische Sprichwort zu glauben scheinen ‚Wessen Brot ich esse, dessen Lied ich singe', und die glauben, daß es ihre Pflicht als Mitglieder eines bestimmten Ministeriums ist, das, was sie als ihre Loyalität gegenüber dem Ministerium ansehen, zu zeigen, indem sie es auf jeden Fall unterstützten. Ich glaube, daß eine solche Ansicht gründlich falsch ist. Die Loyalität jedes Staatsbürgers gehört dem ganzen Staat. Es ist das Brot des Staates, das er ißt, nicht das Brot des Gesundheitsministeriums oder des Landwirtschaftsministeriums oder des Schatzamtes. Wenn er etwas findet, von dem er glaubt, daß im Interesse des Staates darauf hingewiesen werden sollte, dann sollte er sich von der Erfüllung dieser einfachen Pflicht nicht durch das Gefühl abhalten lassen, daß er sich in seinem eigenen Ministerium unbeliebt machen oder seinem persönlichen Fortkommen schaden könnte. Dies trifft na-

türlich noch stärker zu, wenn man alle Ministerien betrachtet, und wenn ein Ministerium sehr eifersüchtig auf ein anderes wird und sehr ärgerlich, wenn man ihm ins Gehege kommt, worauf ein unfruchtbarer, unendlicher Briefwechsel zwischen den Ministerien folgt.“[21]

Hier liegt eindeutig das anzustrebende Ziel; aber es wird mehr als Hoffnung und Ermahnungen bedürfen, um es zu erreichen. Wenn persönliche Motive, privatwirtschaftliche Einstellungen und Beschränkungen der Aufmerksamkeitsspanne die Faktoren sind, die enge organisatorische Identifikationen herbeiführen, dann muß jeder Versuch, solche Identifikationen abzuschwächen oder zu übertragen, genau diese Faktoren verändern. Loyalität mit der größeren Gruppe wird sich ergeben, wenn die Loyalität mit dieser Gruppe selbst beim Konflikt mit der Loyalität zur kleineren Gruppe belohnt wird. Loyalität mit der größeren Gruppe wird sich ergeben, wenn die Unterscheidung zwischen der privatwirtschaftlichen und öffentlichwirtschaftlichen Denkweise eindeutig verstanden wird. Loyalität mit der größeren Gruppe wird sich ergeben, wenn Organisationssituationen im Sinne von Effizienz anstatt von Adäquanz verstanden werden.

Psychologische Typen im Entscheidungsprozeß

Diese Betrachtungen legen die Vermutung nahe, daß eine sehr grundlegende Klassifikation organisatorischer Typen anhand der unterschiedlichen Denkprozesse, die den Entscheidungen zugrunde liegen, entwickelt werden könnte. Die Ausarbeitung dieses Themas würde uns zu weit von unserem Hauptanliegen wegführen, aber einige Bemerkungen mögen zur Veranschaulichung dienen.

Die Beobachtung zeigt, daß mit der Annäherung an die höheren Ebenen in Organisationen die „interne“ Aufgabe des Entscheiders (seine Beziehungen mit der ihm unterstellten Organisation) im Vergleich zu seiner „externen“ Aufgabe (seine Beziehungen mit Personen außerhalb der Organisation) an Bedeutung abnimmt. Ein immer größerer Teil seiner Arbeit läßt sich den Oberbegriffen „Öffentlichkeitsarbeit“ und „Promotion“ zuordnen. Die geistigen Gewohnheiten, die für die organisatorischen Rollen auf den unteren und höheren Ebenen einer Organisation charakteristisch sind, zeigen zweifellos Unterschiede, die diesen Funktionsunterschieden entsprechen.

Auf den unteren Hierarchieebenen ist der Bezugsrahmen, innerhalb dessen eine Entscheidung stattfinden soll, weitgehend vorgegeben. Die zu bewertenden Faktoren sind schon festgelegt worden, und es bleibt nur noch die Bestimmung ihrer Werte unter den gegebenen Umständen. Auf den höheren Hierarchieebenen hat die Aufgabe einen künstlerischen und schöpferischen Charakter. Neue Werte müssen ausfindig gemacht und gewichtet werden, die Möglichkeiten neuer Organisationsstrukturen bewertet werden. Der Bezugsrahmen selbst, in dem Entscheidungen getroffen werden sollen, muß aufgebaut werden.

Gerade auf diesen höheren Ebenen können organisatorische Identifikationen ihre weitreichendsten Folgen haben. Auf der unteren Ebene ist die Identifikation ein Instrument, um breitere Überlegungen in einzelnen Situationen wirksam werden zu lassen. Sie stellt sicher, daß Entscheidungen verantwortlich und unpersönlich getroffen werden. Auf den höheren Ebenen führen Identifikationen dazu, daß Entscheidungen vorherbestimmt und in ihre Annahmen unerkannte und unbestätigte Bewertungen einbezogen werden.

Zusammenfassung

In diesem Kapital haben wir ein spezielles, aber grundlegend wichtiges Element in der psychologischen Entscheidungsumwelt untersucht – nämlich das Element der Identifikation. Identifikation ist der Prozeß, durch den das Individuum Organisationsziele (Leistungs- oder Erhaltungsziele) an die Stelle seiner eigenen Ziele als die Wertindikatoren setzt, die seine Entscheidungen in der Organisation bestimmen.

Durch Identifikation erlegt die organisierte Gesellschaft dem Individuum das Schema gesellschaftlicher Werte anstelle seiner persönlichen Motive auf. Eine Organisationsstruktur ist in dem Maße gesellschaftlich nützlich, wie das Identifikationsmuster, das sie erzeugt, eine Übereinstimmung zwischen gesellschaftlichen und organisatorischen Werten hervorbringt.

Die psychologischen Grundlagen der Identifikation sind unklar, scheinen aber zumindest drei Elemente zu beinhalten: persönliches Interesse am Erfolg der Institution, die Übertragung einer privatwirtschaftlichen Philosophie auf öffentliche Verwaltungen und Beschränkungen des Aufmerksamkeitsbereichs, die verhindern, daß mehr als eine eingeschränkte Wertmenge in sein Blickfeld kommt.

Die wichtigste unerwünschte Wirkung der Identifikation besteht darin, daß sie das organisierte Individuum davon abhält, in den Fällen richtige Entscheidungen zu treffen, in denen der begrenzte Wertbereich, mit dem es sich identifiziert, gegen andere Werte außerhalb dieses Bereichs abgewogen werden muß. Die Organisationsstruktur muß so gestaltet und Entscheidungen in ihr müssen so verteilt werden, daß Entscheidungsvorurteile, die aus diesem Grunde entstehen, minimiert werden. Zwei wichtige Anwendungen können angeführt werden. Um Vorurteile aus Identifikationen zu vermeiden, müssen Budgetentscheidungen an einer Stelle in der Organisation gefällt werden, wo sie vom Standpunkt der Effizienz und nicht der Adäquanz betrachtet werden – d. h., wo die wirklichen Kosten- und Wertalternativen aufgeworfen werden. Ähnlich wird der Erfolg der funktionalen Spezialisierung teilweise davon abhängen, daß Wertkonsequenzen fehlen, die außerhalb des Bereichs funktionaler Identifikation liegen, denn das Auftreten solcher Konsequenzen wird folgenreiche Vorurteile in die Entscheidungen einfließen lassen.

Wenn Identifikation auch zur Entpersönlichung von Entscheidungen in der Organisation und zur Durchsetzung gesellschaftlicher Verantwortung höchst nützlich ist, so kann sie gleichermaßen schädlich sein, wenn sie die Entscheidungen färbt und verzerrt, die der Errichtung der Organisationsstruktur selbst vorangehen. Der Aufbau von gesellschaftlich nützlichen Organisationen erfordert eine vorurteilsfreie Bewertung aller in Frage kommenden Werte. Vorurteile werden zwangsläufig auftreten, wenn das Urteil des Bewertenden durch seine Identifikationen verfälscht ist. Daher kann die persönliche Loyalität gegenüber organisatorischen Werten, die im allgemeinen ein so nützlicher Verhaltensaspekt in einer Organisation ist, ebenso nachteilig sein, wenn sie auf den Gebieten des Einfallsreichtums und der Förderung angetroffen wird, d. h. in den Neigungen des Entscheidungsträgers auf den höheren Ebenen der Hierarchie.

Fußnoten zu Kapitel X

1 Vgl. *Dewey*, J., The Public and Its Problems, New York 1927, S. 22.

2 Die Wendung „sozialer Wert" ist nicht ganz glücklich, insbesondere angesichts des Beharrens auf ethischem Relativismus in Kap. III. Sie wird hier in Ermangelung eines aussagekräftigeren und genaueren Ausdrucks gebraucht, und später wird ein Versuch gemacht, genau zu erklären, was gemeint ist.

3 Vgl. *Pigou*, A. C., The Economics of Welfare, London 1924.

4 Vgl. z. B. *Hoyt*, E. E., Consumption in Our Society, New York 1938, S. 104–105. Es soll hier nicht behauptet werden, daß Werbung immer gesellschaftlich wertlos ist, sondern nur aufgezeigt werden, daß der Wert der Werbung für das Unternehmen nicht notwendigerweise ihren Wert für die Gesellschaft mißt.

5 *Barnard*, C. I., The Functions of the Executive, Cambridge 1938, S. 77.

6 *Barnard*, a.a.O., S. 187–188.

7 *Freud*, S., Group Psychology and the Analysis of the Ego, New York 1922, S. 62, (hier zitiert nach der deutschen Gesamtausgabe; *Freud*, S., Massenpsychologie und Ich-Analyse, in: Gesammelte Werke (Hrsg. Anna Freud) Bd. 13, 5. Aufl., London 1967, S. 116).

8 *Freud*, a.a.O., S. 66 (S. 118).

9 Vgl. Lasswell, H. D., World Politics and Personal Insecurity, New York 1935, S. 29–51. Die Zitate sind von S. 7.

10 Vgl. *Herring*, E. P., Group Representation Before Congress, Baltimore 1929, S. 1–12 und passim; und *Lasswell*, H. D., Politics: Who Gets What, When, How, New York 1936, S. 1–28, 29–51, 129–232.

11 *Tribune*, Oakland (Calif.), vom 13. 10. 1941.

12 *U. S. Congress, Subcommittee of House Committee on Appropriations*, Hearing on Department of Labor Appropriation Bill for 1934, Washington 1933, S. 74–76.

13 Mehrere Personen, die ein früheres Manuskript dieser Untersuchung lasen, stellten die Existenz dieser Übertragung der Psychologie privatwirtschaftlicher Unternehmen in Frage. Der Verfasser kennt keine verfügbaren empirischen Belege, die eindeutig die Existenz eines solchen Transfers belegen oder widerlegen würden. Er kann nur sagen, daß ihm die Hypothese, daß ein solcher existiert, plausibel erscheint, und daß sowohl die Existenz des Transfers und, falls er existiert, seine Bedeutung sehr fruchtbare Objekte für empirische Untersuchung wären.

14 Vgl. oben S. 221–222.

15 Vgl. Kap. V, S. 132–134. Mannheim hat diesen gleichen Punkt betont. Vgl. *Mannheim*, K., Man and Society in an Age of Reconstruction, London 1940, S. 52–57, 290.

16 *Simon*, H. A. Administration of Public Recreational Facilities in Milwaukee, unveröffentlichtes Manuskript, 1935, S. 38.

17 Da, wie in Kap. VI schon gezeigt wurde, solche Identifikationen häufiger in öffentlichen Verwaltungen als in der Verwaltung kommerzieller Unternehmen sind, ist das in diesem Abschnitt diskutierte Problem in erster Linie (aber nicht völlig) ein Problem der öffentlichen Verwaltung.

18 *U. S. Department of Labor,* 25th Annual Report of the Secretary, Fiscal Year Ended June 30, 1937, Washington 1937, S. 136.

19 Wir dürfen nicht den entgegengesetzten Fehler begehen und Budgetentscheidungen im Sinne der *Sparsamkeit* fällen – d. h. Ausgabenkürzung ohne Rücksicht auf die Dienstleistung. Dies scheint der grundlegende Einwand gegenüber der Zuweisung eines unangemessenen Einflusses in Budgetangelegenheiten an eine Kontrollbehörde oder ein Schatzamt zu sein, wie sie z. B. vom British Machinery of Government Committee empfohlen wird: „Insgesamt scheint die Erfahrung zu zeigen, daß das Interesse des Steuerzahlers nicht den mittelverwendenden Ämtern überlassen werden kann; daß jenes Interesse die sorgfältige Abwägung jeder öffentlichen Ausgabe im Verhältnis zu anderen Ausgaben und zu den dem Staat verfügbaren Mitteln erfordert, ebenso wie die aufmerksame Überwachung durch eine Autorität, die nicht direkt mit den Ausgaben befaßt ist; und daß eine solche Überwachung durch das Amt vorgenommen werden kann, das für die Erhebung der erforderlichen Einnahmen verantwortlich ist". *Great Britain, Ministry of Reconstruction,* Report of the Machinery of Government Committee, Cd. 9230, London 1918, wiederabgedruckt 1925, S. 18–19.

20 Die Bedeutung der „Einordnung" für die Psychologie des Verwaltungsbeamten wird selbst von Laien weitgehend als natürliches Attribut institutionellen Denkens anerkannt. Dies wird humorvoll, aber überzeugend durch einen Vorfall illustriert, über den in der Klatschspalte der San Francisco News vom 12. 2. 1942 berichtet wurde. Der Fall bezieht sich auf die Stadtwerke von San Francisco, die sowohl die städtischen Wasserwerke und das Hetch Hetchy Kraftwerk als auch andere örtliche öffentliche Versorgungseinrichtungen leiten:
„Während der Leiter der Stadtwerke, Cahill, für 10 Tage, die einen Monat dauerten, in Washington war, hatte Nelson Eckart, Leiter der Wasserwerke, sowohl seine eigene Position, die des verstorbenen Leiters des Hetch Hetchy Kraftwerkes A. T. McAfee und auch Cahills übergeordnete Stelle inne. Geschäftsführer Ferret Gibbon mußte ihm durch den Hut, den er trug, zu erkennen geben, was er gerade war.
Als Cahill zurückkam, waren Eckarts erste Worte: „Hier ist der Schlüssel zum Maschinenhaus, hier sind die Aspirintabletten, ich kündige." Aber es dauerte einige Tage, ehe Cahill alle Knicke der freifachen Persönlichkeit entdeckte, die Eckart an den Rand des Wahnsinns getrieben hatten. Er entdeckte tatsächlich einen Brief, den der Wassermann Eckart geschrieben hatte, um Geld für mehr Wasserwerke zu erhalten, einen anderen Brief, den Hetch Hetchy Eckart geschrieben hatte, um mehr Moos für Hetch Hetchy zu fordern, und einen letzten Brief, den der geschäftsführende Leiter der Stadtwerke Eckart geschrieben hatte, um seine beiden eigenen Anforderungen abzulehnen.
Natürlich fragte Cahill, was der Unsinn solle. „Von hier oben", erklärte Eckart, „sehen die Dinge eben nicht so aus wie von dort unten.'"
Thomas Becket scheint eine stark institutionalisierte Persönlichkeit gewesen zu sein – der seine Loyalität mit seinem Ämtern wechselte. Siehe seine Biographie in der Encyclopaedia Britannica, wo seine Beziehungen zu Henry II im institutionellen Sinne erklärt werden. Vgl. *Encyclopaedia Britannica,* Bd. III, 11. Aufl., S. 609.

21 *Higgs,* H., Treasury Control, in: Journal of Public Administration 2. 1924, S. 129.

KAPITEL XI

Die Anatomie der Organisation

Es ist nun an der Zeit, die Fäden der Diskussion zusammenzuziehen und zu sehen, ob in ihnen ein Muster der Organisation erkennbar ist. Der Leser sollte eventuell zuerst noch einmal Kapitel I durchsehen, das in etwa einen Überblick über die Themen gibt, die bislang behandelt worden sind.

In diesem Kapitel wird ebenso wie in den vorherigen kein Versuch unternommen, Ratschläge darüber anzubieten, wie Organisationen aufgebaut und geführt werden *sollten.* Der Leser ist schon zuvor gewarnt worden, daß sich dieses Buch mit der Anatomie und der Physiologie der Organisation beschäftigt und nicht versucht, Rezepte gegen die Leiden der Organisation zu verordnen. Sein Gebiet ist eher Organisationsbiologie als Medizin. Sein einziger Anspruch als Beitrag zu den praktischen Problemen der Organisation besteht darin, daß eine solide medizinische Praxis nur auf genauer Kenntnis der Biologie des Organismus begründet werden kann. Etwaige Vorschriften für die organisatorische Praxis werden nur Nebenergebnisse zum hauptsächlichen Anliegen der Beschreibung und Analyse sein.

Das zentrale Thema, um das die Untersuchung entwickelt worden ist, besagt, daß Organisationsverhalten ein komplexes Netzwerk von Entscheidungsprozessen ist, die alle auf die Beeinflussung der Verhaltensweisen der ausführenden Kräfte gerichtet sind – derjenigen, die die tatsächliche „physische“ Arbeit in der Organisation tun. Die Anatomie der Organisation ist in der Verteilung und Zuweisung von Entscheidungsfunktionen zu finden. Die Physiologie der Organisation ist in den Prozessen zu finden, mit denen die Organisation die Entscheidungen aller ihrer Mitglieder beeinflußt – indem sie diese Entscheidungen mit ihren Prämissen versieht.

Der Prozeß der Kompositentscheidung

Es sollte vollkommen klar sein, daß nahezu keine in einer Organisation getroffene Entscheidung die Aufgabe eines einzigen Individuums ist. Selbst wenn die letzte Verantwortung für das Ergreifen einer besonderen Maßnahme bei einer bestimmten Person liegt, werden wir bei der Untersuchung des Zustandekommens dieser Entscheidung immer finden, daß ihre verschiedenen Komponenten über die formalen und informalen Kanäle der Kommunikation auf viele Individuen zurückverfolgt werden können, die an der Bildung ihrer Prämissen beteiligt waren. Wenn alle diese Komponenten bestimmt worden sind, dann kann sich ergeben, daß der Beitrag des Individuums, das die formale Entscheidung getroffen hat, eigentlich unbedeutend war.[1]

„Wir können sehen, wie der Finanzchef eines Unternehmens seine Unterschrift unter einen Vertrag setzt, durch den das Unternehmen zur Finanzierung eines bestimmten Projekts eine Geldsumme leiht. Der Finanzchef hat augenscheinlich die Autorität, diese Entscheidung für die Organisation zu treffen und die Organisation darauf zu verpflichten; aber welche Schritte gingen dieser Entscheidung voraus? Vielleicht entscheidet der Chefingenieur (der zweifellos auf der Basis von Informationen und Analysen handelt, die ihm von seinen Untergebenen übermittelt wurden), daß für den zweckmäßigen Betrieb eines technischen Systems ein bestimmtes Gebäude vorhanden sein sollte, das seine Abteilung zu erwarteten Kosten von $ 500.000 entworfen hat. Der Vorstandsvorsitzende, dem er berichtet, hat keine Einwände gegen den Vorschlag aus technischer Sicht, bezweifelt aber, daß sein Wert ausreichend sei, um eine so große Ausgabe zu rechtfertigen. Aber bevor er entscheidet, befragt er den Vorsitzenden oder einige Mitglieder des Aufsichtsrates im Hinblick auf ihre Zustimmungsbereitschaft für das Risiko der zusätzlichen Investition, die Finanzierungsmöglichkeit und den Finanzierungszeitpunkt. Dies führt zu einer Entscheidung, die eine Überarbeitung und Kürzung des Vorschlages fordert. Die Pläne werden in der technischen Abteilung neu entworfen, um die Kosten auf $ 400.000 zu reduzieren. Der Vorschlag wird dann formal erstellt, vom Chefingenieur und dem Vorstand genehmigt und dem Aufsichtsrat vorgelegt. Die Fragen sind dann: Soll das Projekt genehmigt werden, und wie soll es finanziert werden? Es wird genehmigt, aber es wird vorgeschlagen, daß wegen der Gefahr von Schätzfehlern eine Finanzierung über die Summe von $ 450.000 beschafft werden sollte, da sonst die finanzielle Position der Unternehmung in Schwierigkeiten kommen würde, wenn die Kosten $ 400.000 übersteigen sollten. Dann wird nach langer Diskussion entschieden, mit einem hypothekarisch gesicherten Kredit zu einem nach oben begrenzten Zinssatz zu finanzieren, der vorzugsweise bei der Gesellschaft X aufgenommen werden soll, und der Vorstand wird vom Aufsichtsrat zur Durchführung ermächtigt. Die Gesellschaft X ist jedoch bei den Verhandlungen an dem Projekt zu dem vorgeschlagenen Zinssatz nicht interessiert und glaubt nach einer Prüfung der Pläne, daß die technischen Aspekte nochmals überarbeitet werden müssen. Die Angelegenheit durchläuft wieder den gleichen Prozeß usw."

Am Ende ist das Vorstandsmitglied, das die letzten Verhandlungen führt oder den Vertrag unterschreibt, fast auf die Durchführung einer Hilfsfunktion beschränkt, obwohl es so scheint, als ob es zumindest die wichtigen Fragen entscheiden würde. Die wichtigsten Entscheidungen wurden weder durch den Aufsichtsrat noch durch ein Vorstandsmitglied, noch formal durch irgendeine Gruppe getroffen; sie entwickelten sich aus dem Zusammenspiel vieler Entscheidungen sowohl von Individuen als auch Komitees und Aufsichtsräten. Wahrscheinlich kann sich kein Mensch aller Entscheidungen bewußt sein, die zu dem Prozeß beigetragen haben, oder wer sie getroffen hat, oder welche Interaktionen im Zeitablauf an der einen oder anderen Stelle Entscheidungen verändert haben. Daß Entscheidungen nahezu immer ein zusammengesetzter Prozeß dieser Art sind, wird in einem späteren Abschnitt dieses Kapitels, der über den Planungsprozeß handelt, weiter veranschaulicht.

Für die Prozeßperspektive ist es nützlich, Kompositentscheidungen vom Standpunkt des Individuums zu betrachten, das eine Entscheidung trifft, um zu erkennen, (a) wieviel Spielraum ihm tatsächlich bleibt und (b) welche Methoden die Organisation benutzt, um die Entscheidungsprämissen zu beeinflussen, die es wählt.

Die Stufen der Beeinflussung

Beeinflussung wird in ihrer vollständigsten Form ausgeübt, wenn eine von einer Person verkündete Entscheidung jeden Aspekt des Verhaltens einer anderen Person steuert. Auf dem Exerzierplatz wird dem marschierenden Soldaten überhaupt kein Spielraum erlaubt. Jeder seiner Schritte, seine Haltung, die Länge seiner Schritte werden sämtlich durch Autorität festgelegt. Friedrich dem Großen wird nachgesagt, daß er die Exerzierhaltung seiner Garde perfekt gefunden habe – mit einem schwachen Punkt. „Sie atmen", beschwerte er sich. Für die Ausübung von Einfluß in unbeschränkter Form könnten aber nur wenige andere Beispiele genannt werden.

Meistens setzt die Beeinflussung nur teilweise Beschränkungen für die Ausübung eigenen Ermessens. Einem Untergebenen kann gesagt werden, *was* er tun soll, aber ein beträchtlicher Spielraum darüber zugestanden werden, *wie* er die Aufgabe ausführen wird. Das „Was" ist natürlich eine graduelle Angelegenheit und kann in engeren oder weiteren Grenzen bestimmt werden. Eine Satzung, die in allgemeinen Begriffen die Funktion einer städtischen Feuerwehr festlegt, erlegt dem Ermessensspielraum des Branddirektors weitaus weniger enge Grenzen auf, als die Befehle eines Hauptmanns am Ort einer Feuersbrunst dem Spielraum der Feuerwehrleute auferlegen.

Eine realistische Analyse der Beeinflussung im allgemeinen und der Autorität im speziellen muß berücksichtigen, daß Beeinflussung in allen Abstufungen der Genauigkeit ausgeübt werden kann. Zur Bestimmung des Ausmaßes an Beeinflussung oder Autorität, die in einem konkreten Fall ausgeübt wird, ist es nötig, die Entscheidungen des Untergebenen in ihre Bestandteile zu zerlegen und dann zu bestimmen, welche dieser Teile von den Vorgesetzten festgelegt werden und welche dem Ermessen des Untergebenen überlassen bleiben.

In Kapital III wurde gezeigt, daß eine rationale Entscheidung als eine Schlußfolgerung aus zwei unterschiedlichen Arten von Prämissen betrachtet werden kann: Wertprämissen und Tatsachenprämissen. Wenn eine vollständige Menge von Wert- und

Tatsachenprämissen vorgegeben ist, dann gibt es nur eine Entscheidung, die mit Rationalität übereinstimmt. Das heißt, bei einem gegebenen Wertsystem und einer spezifizierten Alternativenmenge gibt es eine Alternative, die gegenüber den anderen vorziehenswürdig ist.

Das Verhalten einer rationalen Person kann deshalb kontrolliert werden, wenn die Wert- und Tatsachenprämissen, auf die sie ihre Entscheidungen begründet, für sie festgesetzt werden. Diese Kontrolle kann vollständig oder teilweise sein – alle Prämissen können festgesetzt werden oder einige ihrem Ermessen überlassen bleiben. Einfluß wird dann durch Kontrolle über die Entscheidungsprämissen ausgeübt. Es wird gefordert, daß die Entscheidungen des Untergebenen mit Prämissen übereinstimmen, die sein Vorgesetzter für ihn ausgewählt hat. Der Bereich der Autorität und umgekehrt der Ermessensspielraum werden durch die Anzahl und Bedeutung der festgelegten bzw. die Anzahl und Bedeutung der nicht festgelegten Prämissen bestimmt.

Wie schon oben aufgezeigt wurde, hat Ermessen über Wertprämissen einen anderen logischen Status als Ermessen über Tatsachenprämissen. Letztere können immer in einem objektiven, empirischen Sinn als „richtig" oder „falsch" beurteilt werden. Auf die ersteren lassen sich die Begriffe „richtig" und „falsch" nicht anwenden. Wenn also nur faktische Prämissen dem Ermessen des Untergebenen überlassen werden, dann bleibt unter den gegebenen Bedingungen nur eine Entscheidung, die er „richtig" treffen kann. Wenn aber andererseits Wertprämissen dem Ermessen des Untergebenen überlassen bleiben, dann wird die „Richtigkeit" einer Entscheidung von den Wertprämissen abhängen, die er gewählt hat, und es gibt kein Kriterium für richtig und falsch, das auf seine Wahl angewendet werden kann.

Wenn zugegeben wird, daß sich Autorität nur auf einige der Prämissen einer Entscheidung zu erstrecken braucht, dann folgt, daß mehr als eine Anordnung eine gegebene Entscheidung steuern kann, vorausgesetzt, daß sich nicht zwei Anordnungen auf dieselbe Prämisse beziehen. Eine Analyse von nahezu jeder Entscheidung eines Mitglieds einer formalen Organisation würde zeigen, daß die Entscheidung auf eine sehr komplexe Beeinflussungsstruktur reagiert.

Die Militärorganisation liefert dafür ein hervorragendes Beispiel. Bei der Kriegführung im Altertum war das Schlachtfeld einem Exerzierplatz nicht unähnlich. Eine ganze Armee wurde oft durch einen einzigen Mann kommandiert, und seine Autorität erstreckte sich in höchst vollständiger Weise bis auf den einfachsten Soldaten. Dies war möglich, weil das ganze Schlachtfeld im Bereich der Stimme und Sicht eines Mannes lag und weil taktische Bewegungen größtenteils von der ganzen Armee einheitlich ausgeführt wurden.

Das moderne Schlachtfeld bietet ein ganz anderes Bild. Autorität wird durch eine komplexe Befehlshierarchie ausgeübt. Jede Hierarchieebene überläßt der untergeordneten Ebene einen weiten Ermessensspielraum, und selbst der einfache Soldat übt unter Kampfbedingungen ein beträchtliches Maß an eigenem Ermessen aus.

Wie erstreckt sich unter diesen Bedingungen die Autorität des Kommandeurs auf die Mannschaften? Wie beschränkt und führt er ihr Verhalten? Er erreicht das, indem er den allgemeinen Auftrag und das Ziel jeder Einheit auf der nächsttieferen Ebene festlegt und indem er solche Zeit- und Raumelemente bestimmt, die eine ordnungsgemäße Kooperation zwischen den Einheiten sicherstellen. Der Oberst weist jedem Bataillon seines Regiments dessen Aufgabe zu, der Major jeder Kompanie seines Bataillons und der Hauptmann jedem Zug in seiner Kompanie. Darüber geht der Offizier üblicherweise nicht hinaus. Die internen Anordnungen der Army Field Service Regulation legen fest, daß „ein Befehl nicht auf den Bereich eines Untergebenen übergreifen sollte. Er sollte alles enthalten, was außerhalb der unabhängigen Autorität des Untergebenen liegt, aber nicht mehr."[2]

Im Hinblick auf Gefechtsaufträge wird somit der Spielraum eines Offiziers nur durch die Festlegung des Zieles seiner Einheit und ihres allgemeinen Planes begrenzt. Er übernimmt es, die Spielräume seiner Untergebenen so weit einzuengen, wie es nötig ist, um festzulegen, welche Rolle jede Untereinheit bei der Erfüllung der Aufgabe der Einheit zu spielen hat.

Heißt das, daß das Ermessen des Offiziers nur durch sein Ziel oder seinen Auftrag begrenzt ist? Auf keinen Fall. Gewiß, der Gefechtsauftrag geht nicht darüber hinaus. Er legt das *Was* seiner Handlungen fest. Aber der Offizier wird auch durch die Taktikgrundsätze und die allgemeinen Befehle der Armee gesteuert, die im einzelnen das *Wie* festlegen. Wenn der Hauptmann Gefechtsbefehle erhält, seine Kompanie für einen Angriff zu formieren, dann wird erwartet, daß er dies in Übereinstimmung mit den anerkannten taktischen Prinzipien der Armee ausführt. Bei der Führung seiner Einheit wird er für das *Wie* ebenso wie für das *Was* verantwortlich gemacht.

Wenn wir unsere Aufmerksamkeit schließlich dem Mann zuwenden, der die Aufgabe der Armee ausführt – dem einfachen Soldaten – dann sehen wir, daß eine Vielzahl von Einflüssen auf die Entscheidungen einwirkt, die er trifft. Die Entscheidung, daß er an einem Angriff teilnimmt, kann vom Kommandeur einer Division oder gar eines Korps getroffen worden sein. Sein genauer geographischer Ort und sein Platz beim Angriff werden mit immer größerer Genauigkeit jeweils durch General, Oberst, Major, Hauptmann, Leutnant und Unteroffizier festgelegt. Aber das ist nicht alles. Der Angriffsplan, über den der Hauptmann bestimmt, ist nicht nur eine Folge der Gefechtsbefehle, die er erhält, sondern auch der Taktikausbildung, die er empfangen hat, und seiner Nachrichten über die Absichten des Feindes. So muß sich auch der einfache Soldat mehr und mehr auf die Einflüsse seiner Ausbildung und Schulung verlassen, während er zum Angriff in der Schützenlinie vorwärtsgeht.

Um den Entscheidungsprozeß in einer Organisation zu verstehen, ist es notwendig, weit über die in der Situation gegebenen Befehle hinauszugehen, die vom Vorgesetzten an den Untergebenen erteilt werden. Es ist herauszufinden, wie der Untergebene durch Dauerregelungen, durch Ausbildung und durch Überprüfung seiner Handlungen beeinflußt wird. Es ist notwendig, die Kommunikationskanäle in der Organisation zu untersuchen, um zu bestimmen, welche Informationen ihn erreichen, die für seine Entscheidungen relevant sein können. Je größer der Ermessensbereich ist, der dem Untergebenen belassen wird, desto wichtiger werden jene Arten der Beeinflussung, die nicht von der Ausübung formaler Autorität abhängen.

Die Formen der Beeinflussung

Die Methoden, wie die Organisation ihren Einfluß auf die Entscheidungen ihrer Mitglieder wirksam werden läßt, sind in Kapitel I aufgezählt worden. Die „externen" Beeinflussungen umfassen Autorität, Beratung, Informationen und Ausbildung. Die „internen" Beeinflussungen umfassen das Effizienzkriterium und organisatorische Identifikationen. Jede dieser Methoden ist in den vorausgehenden Kapiteln ausgiebig diskutiert worden, und diese Diskussion muß hier nicht wiederholt werden.

Es ist ein grundlegendes Organisationsproblem, das Ausmaß und die Art der Anwendung jeder dieser Formen der Beeinflussung zu bestimmen. In einem sehr großen Umfang sind die verschiedenen Formen der Beeinflussung austauschbar, ein Tatbestand, der in kleinen Organisationen viel häufiger als in großen gewürdigt wird.

Das einfachste Beispiel dafür ist die schrittweise Ausdehnung des Ermessensspielraums, der einem Mitarbeiter zugestanden werden kann, während er mit seiner Aufgabe vertraut wird. Eine Sekretärin lernt, die Routinekorrespondenz zu entwerfen; ein Statistik-Mitarbeiter lernt, seine eigenen Berechnungen zu entwickeln. In jedem Falle hat Ausbildung die Stelle der Autorität bei der Steuerung der Entscheidungen des Mitarbeiters eingenommen.

„Funktionale Kontrolle" nimmt oft die Form der Beratung statt der Autorität an. Diese Substitution von Autorität durch Beratung kann sich in vielen Situationen als notwendig erweisen, um Autoritätskonflikte zwischen Linienmanagern, die auf geographischer Basis organisiert sind, und Experten, die auf funktionaler Basis organisiert sind, zu vermeiden.

In dem Maße, wie diese Einflußformen Autorität ergänzen oder an ihre Stelle treten, wird das Beeinflussungsproblem ein Problem der internen Ausbildung und der Öffentlichkeitsarbeit. Es folgt ein Beispiel für diese Art der Beeinflussung:

„Für die Verwaltung einer großen Abteilung stellen die Mitarbeiter der Abteilung selbst eine Art innerer ‚Öffentlichkeit' dar. Die richtige Gestaltung ihrer Einstellungen zueinander bei den gegenseitigen dienstlichen Kontakten, besonders wegen des unvermeidbaren Fehlens des direkten persönlichen Kontaktes, der diese Einstellungen in einer kleinen Organisation sichert, dürfte prima facie genau die gleiche Art der Aufmerksamkeit, die gleiche ‚praktische Psychologie' oder ‚Verkäuferhaltung' fordern, wie ihre Einstellung gegenüber Mitgliedern der äußeren Öffentlichkeit...

Man betrachte z. B. die Maschinerie zur Vorbereitung offizieller Anweisungen an das Personal... Tendieren nicht offizielle Anweisungen dazu, zu rationalistisch formuliert zu werden? Ist nicht die Aufmerksamkeit des Verfassers oft zu sehr auf die Ausarbeitung einer logischen Aussage gerichtet, die genau und umfassend angibt, was getan werden sollte?... *Letzten Endes besteht aber das wesentliche Ziel einer Anweisung nicht darin, von kritischen Spezialisten der gleichen Abteilung bewundert zu werden; nach einer Anweisung soll gehandelt werden und zwar durch Personen, die in der Regel weder kritisch, noch Spezialisten, noch in der gleichen Abteilung sind – mit anderen Worten, eine Anweisung soll solch einen Eindruck auf den* letzten *Empfänger ausüben, daß dieser bei ihrem Erhalt sofort bereit ist, das zu tun, was von ihm verlangt wird.*"[3]

Entscheidungsträger haben in den letzten Jahren zunehmend erkannt, daß Autorität, wenn sie nicht durch andere Formen der Beeinflussung unterstützt wird, relativ ungeeignet bei der Steuerung von Entscheidungen auf andere als negative Weise ist. Die Elemente, die in alle außer die völlig routinisierten Entscheidungen einfließen, sind so zahlreich und so komplex, daß es unmöglich ist, mehr als einige wenige tatsächlich zu kontrollieren. Falls der Untergebene nicht selbst in der Lage ist, die meisten Entscheidungsprämissen bereitzustellen und dann passend zusammenzufügen, wird die Überwachungsaufgabe zur hoffnungslosen Belastung.

Wenn man es von diesem Standpunkt betrachtet, wird das Organisationsproblem untrennbar mit dem Personalbeschaffungsproblem verflochten, da das Beeinflussungssystem, das wirksam in der Organisation genutzt werden kann, direkt von der Ausbildung und der Kompetenz der Mitarbeiter auf den verschiedenen Ebenen der Hierarchie abhängen wird. Wenn ein Wohlfahrtsamt ausgebildete Sozialarbeiter für die Sprechstunde und die Feldarbeit finden kann, dann kann diesen bei der Bestimmung der Anspruchsberechtigung ein großer Ermessensspielraum zugestanden werden, der nur einer stichprobenweisen Überprüfung sowie der Überprüfung besonders schwieriger Fälle unterliegt.

Wenn ausgebildete Mitarbeiter dagegen nur für Überwachungspositionen gewonnen werden können, dann werden diese Vorgesetzten eine viel vollständigere Überwachung ihrer Untergebenen ausüben müssen, wobei sie möglicherweise jede Entscheidung kontrollieren und laufend Anweisungen erteilen. Das Überwachungsproblem wird entsprechend stärker belasten als im ersten Beispiel und die wirksame Leitungsspanne der Vorgesetzten entsprechend enger sein.

Wenn eine organisatorische Einheit groß genug ist, um in ihren eigenen Grenzen das spezialisierte Fachwissen zu halten, das für einige ihrer Entscheidungen benötigt wird, dann wird gleichfalls der Bedarf für funktionale Überwachung aus anderen Teilen der Organisation entsprechend geringer. Wenn eine Abteilung ihre eigene juristische, medizinische oder andere fachliche Unterstützung beschaffen kann, dann werden die Probleme der funktionalen Organisation entsprechend einfacher und die direkte Autorität über die Abteilung benötigt weniger Ergänzung durch Beratungs- und Informationsdienste.

Organisationsprobleme können also nicht unabhängig von den Eigenschaften der Mitarbeiter gesehen werden, die die von der Organisation geschaffenen Stellen besetzen sollen. Die gesamte Thematik der Bewertung von Tätigkeiten muß viel enger mit der Organisationstheorie abgestimmt werden. Die optimale Organisationsstruktur ist eine Variable, deren Gestalt von der Personalausstattung des Betriebes abhängt. Umgekehrt ist die Bewertung einer Stelle eine Variable, die vom Grad der Zentralisation oder Dezentralisation abhängt, der beim Betrieb der organisatorischen Gestalt gewünscht oder erwartet wird.

Planung und Kontrolle beim Prozeß der Kompositentscheidung

Es gibt zwei organisatorische Techniken, die von grundlegender Bedeutung beim Prozeß der Kompositentscheidung und bei der Ausübung einer Vielzahl von Einflüssen auf eine einzelne Entscheidung sind. Stellenweise ist schon auf sie hingewiesen worden, aber als Teil der umfassenden Entscheidungsstruktur der Organisation verdienen sie eine systematischere Diskussion. Die erste ist die Planung – eine Technik, durch die die Fähigkeiten einer Vielfalt von Spezialisten auf ein Problem angewendet werden können, ehe die formale Stufe des Entscheidungsprozesses erreicht ist. Die zweite ist Kontrolle – eine Technik, durch die das Individuum für die „internen" ebenso wie für die „externen" Prämissen seiner Entscheidung verantwortlich gemacht werden kann.

Der Planungsprozeß

Pläne sind vielleicht von Anweisungen nicht streng zu unterscheiden, da sie üblicherweise ihre Autorität aus einer Anordnung ableiten. Trotzdem sind sie wegen der außerordentlichen Menge an Details, die in sie eingebracht werden können, und wegen der breiten Beteiligung, die, falls erwünscht, bei ihrer Formulierung erreicht werden kann, als Mittel zur Beeinflussung von Entscheidungen von besonderem Interesse. Wir wollen den letzten Punkt zuerst betrachten. Ein Beispiel wird von Sir Oswyn Murray angegeben:

„Es gibt sehr wenig, was bei der Ordnung der Abteilungen der Admiralität zufällig oder zusammenhanglos ist. Der bemerkenswerte Aspekt daran ist nicht so sehr ihre Zahl oder Vielfalt als ihre enge Verknüpfung und die Art, in der sie zusammenwirken, um jenen organisatorischen Zwecken zu dienen, die ich zu Beginn dieses Aufsatzes er-

wähnte. Vielleicht kann ich dies am besten dadurch verdeutlichen, daß ich kurz das Verfahren beim Entwurf und der Herstellung eines neuen Schlachtschiffes beschreibe, das mir immer der wahre Inbegriff der Koordination zu sein scheint.

Wir beginnen damit, daß der Erste Seelord und sein Stellvertretender Chef des Marinestabes in allgemeinen Begriffen die Merkmale festlegen, die sie in dem neuen Entwurf verkörpert sehen wollen – die Geschwindigkeit, den Aktionsradius, die Angriffsleistungen, den Panzerschutz. Daraufhin formuliert der Director of Naval Construction, der unter und in Beratung mit dem Controller handelt, vorläufige Entwürfe, die die Art des gewünschten Schiffes umreißen, zusammen mit Schätzungen über die Größe und Kosten der verschiedenen Möglichkeiten. Dazu müssen er und seine Offiziere gute allgemeine Kenntnisse – die selbst nur durch enge Beziehungen zu den für diese Dinge Verantwortlichen erreichbar sind – über die jüngsten Entwicklungen und Ideen in einem großen Kreis von Fachgebieten haben – Geschütze, Torpedos, Konstruktion, Panzerung, Feuerkontrolle, Navigation, Signalgebung, Unterkünfte usw. –, um hinlänglich sicher zu sein, daß die in seine Entwürfe aufgenommenen Einrichtungen wahrscheinlich die Experten auf all diesen Fachgebieten zufriedenstellen werden, wenn die Zeit für aktive Kooperation kommt.

Mit diesen alternativen Entwürfen vor sich, vereinbaren die Seelords die allgemeinen Merkmale des neuen Schiffes, wonach die konkreten Vorbereitungen für den eigentlichen Entwurf beginnen. Die Dimensionen und äußere Form des Schiffes werden näherungsweise von den Konstrukteuren der Marine gezeichnet. Dann werden der Chefingenieur und seine Abteilung hinzugezogen, um zur Anordnung des Triebwerkes, zur Lage der Wellen, Schrauben, Bunker, Schornsteine usw. ihre Zustimmung zu geben. Zur gleichen Zeit ist die Kooperation des Direktors des Waffenamtes der Marine erforderlich, um die Positionen der Geschütze mit ihren Geschützbänken, Magazinen, Granatenräumen sowie die Einrichtungen für die Munitionsversorgung der Geschütze im Einsatz zu regeln.

Ein Einvernehmen zwischen diesen drei Abteilungen ermöglicht weiteren Fortschritt. Die Kooperation des Director of Torpedos und des Director of Electrical Engineering wird nun erforderlich, um die Einrichtungen für die Torpedobewaffnung, die Stromgeneratoren, die elektrische Beleuchtung usw. zu regeln. So schreitet der Entwurf fort und wird von den unteren Teilen nach oben hin weiterentwickelt. Alsbald kann der Director of Naval Construction den Director of Naval Equipment zu Rate ziehen wegen der vorgeschlagenen Einrichtungen bezüglich der Größen und Stauung der mitzuführenden Motorboote, Dampfboote, Ruder- und Segelboote sowie der Anker und Kabel; den Director of the Signal Department wegen der Einrichtungen zur drahtlosen Telegraphie; den Director of Navigation wegen der Einrichtungen für die Navigation des Schiffes usw. Auf diesem Wege wächst der Entwurf in vorläufiger Form, wobei sein Fortschritt stets von der Effizienz verschiedener Teile abhängt, bis endlich ein mehr oder weniger vollständiges Ganzes in der Form von Zeichnungen und

Spezifikationen zustande kommt, das provisorisch alle Vereinbarungen enthält. Dies ist wirklich die schwierigste und interessanteste Stufe, da im allgemeinen an diesem Punkt deutlich wird, daß sich Anforderungen überschneiden und daß das Bestmögliche in zahlreichen Punkten innerhalb der den Zulieferanten gesetzten Grenzen nicht erreicht werden kann. Diese Schwierigkeiten werden durch Diskussion bei Konferenzen am runden Tisch geklärt, wo die Kompromisse vereinbart werden, die den Wert des Schiffes am wenigsten beeinträchtigen. Der vollständige Entwurf wird dann endlich dem Direktorium zur Zustimmung vorgelegt. Etwa vierzehn Abteilungen sind mit der Regelung der abschließenden detaillierten Vereinbarungen beschäftigt."[4]

Der Punkt, der hier so klar aufgezeigt wird, besteht darin, daß das Planungsverfahren die Einbeziehung von Fachwissen jeder Art in die Entscheidung erlaubt, ohne daß Schwierigkeiten durch die Autoritätsbeziehungen der Organisation bereitet werden. Der letzte Entwurf erhielt unzweifelhaft die Zustimmung der Autorität. Aber während des gesamten Entwicklungsprozesses flossen Vorschläge und Empfehlungen ungehindert aus allen Teilen der Organisation, ohne das Problem der „Einheit der Auftragserteilung" aufkommen zu lassen. Daraus folgt, daß in dem Maße, in dem Planungsverfahren zur Entscheidungsfindung eingesetzt werden, die formale Organisation nur in den letzten Stufen des gesamten Prozesses Bedeutung hat. Solange die geeigneten Experten befragt werden, braucht ihre genaue Einordnung in der Autoritätshierarchie die Entscheidung nicht sonderlich zu berühren.

Diese Aussage muß durch einen wichtigen Vorbehalt eingeschränkt werden. Organisatorische Faktoren können erhebliche Bedeutung erlangen, wenn eine Entscheidung einen Kompromiß zwischen mehreren konkurrierenden Werten erfordert, die teilweise miteinander unvereinbar sind. In einem solchen Fall sind der Schwerpunkt der Aufmerksamkeit und die Identifikation der Person, die die Entscheidung tatsächlich trifft, in der Lage, den Grad ihrer Beeinflussung durch Ratschläge, die ihr von anderen Personen in der Organisation angeboten werden, zu beeinträchtigen. Dieser Faktor liegt in dem gerade zitierten Beispiel des Kriegsschiffes vor.

Dasselbe Beispiel läßt den anderen, oben erwähnten Aspekt des Planungsverfahrens hervortreten – daß der Plan ein komplexes Verhaltensmuster bis hin zu kleinsten Details kontrollieren kann. Der vollständige Plan des Schlachtschiffes wird den Entwurf des Schiffes bis zur letzten Niete festlegen. Die Aufgabe der Schiffbauer ist durch diesen Entwurf genauestens festgelegt.

Der Kontrollprozeß

Kontrolle ermöglicht denen, die in einer Autoritätsposition in der Organisationshierarchie sind, festzustellen, was von ihren Untergebenen tatsächlich getan wird.

Kontrollmethoden. Kontrolle kann sich auf die *Ergebnisse* der Handlungen der

Untergebenen, gemessen an ihren Zielen, erstrecken; auf die greifbaren *Produkte* ihrer Handlungen, falls es solche gibt oder auf die Methode ihrer *Verrichtung*.

Wenn Autorität durch die Angabe des Zieles der organisatorischen Einheit ausgeübt wird, dann besteht eine hauptsächliche Kontrollmethode darin, den Grad der Erreichung des Organisationszieles – die Ergebnisse – zu ermitteln. Ein Stadtdirektor z. B. kann die Messung von Ergebnissen als ein wesentliches Mittel zur Kontrolle städtischer Ämter verwenden. Er kann die Feuerwehr anhand der Feuerschäden, die Polizei anhand der Verbrechens- und Unfallquoten, die Stadtwerke anhand des Straßenzustandes und der Häufigkeit der Abfallbeseitigung beurteilen.

Eine zweite, sehr wichtige Kontrollmethode ist die der Untersuchung des abgeschlossenen Arbeitsstückes, um festzustellen, ob es den Anforderungen an Quantität und Qualität genügt. Diese Methode setzt voraus, daß der Kontrolleur dazu fähig ist, die Qualität und Quantität der abgeschlossenen Arbeit mit einer gewissen Kompetenz zu beurteilen. So kann ein Vorgesetzter alle abgehenden Briefe kontrollieren, die von seinen Untergebenen geschrieben wurden, oder die Arbeit von Maschinenschreiberinnen kann von einem Leiter des Schreibdienstes geprüft werden, oder die Arbeit einer Straßenausbesserungskolonne kann von einem Aufseher überprüft werden.

Es ist nicht oft genug erkannt worden, daß in vielen Fällen die Arbeitskontrolle ebenso gut auf eine ausgewählte Stichprobe der Arbeit beschränkt wie auf alle Produkte ausgedehnt werden kann. Ein hoch entwickeltes Beispiel für ein solches Stichprobenverfahren ist bei der Personalverwaltung der Farm Credit Administration zu finden. Diese Organisation führt ihre personellen Funktionen auf einer nahezu vollständig dezentralen Basis durch, mit Ausnahme eines kleinen zentralen Stabes, der Standards und Verfahren festlegt. Als ein Mittel zur Absicherung, daß die örtlichen Praktiken diesen Standards folgen, prüfen Außenkontrolleure die Arbeit der örtlichen Büros. Im Falle gewisser personeller Verfahren, wie etwa Einstufungen, die Festsetzung von Vergütungsskalen und die Entwicklung von Testmaterialien, versichern sie sich der Qualität der Arbeit durch konkrete Prüfung einer Stichprobe. Die gleiche Verfahrensart wird üblicherweise von staatlichen Ämtern befolgt, die örtliche Veranlagungen kontrollieren. Schließlich haben die Wohlfahrtsbehörden in Kalifornien, New York und möglicherweise anderen Staaten ein Rechnungsprüfungsverfahren auf einer Stichprobenbasis entwickelt, um die Arbeit der örtlichen Wohlfahrtsämter zu kontrollieren.

Die dritte und vielleicht einfachste Kontrollmethode ist die Beobachtung des Mitarbeiters bei der Arbeit, entweder um zu sehen, ob er die geforderte Stundenzahl leistet, oder um zu sehen, daß er sich mit bestimmten Bewegungen beschäftigt, deren Fortführung zur Fertigstellung der Arbeit führen wird. In diesem Fall erstreckt sich die Kontrolle auf Verfahren und Techniken anstatt auf Produkte oder Ergebnisse. Sie ist die vorherrschende Kontrollform auf der Meisterebene.

Funktionen der Kontrolle. Um zu bestimmen, welche Kontrollmethode in einer konkreten organisatorischen Situation angewendet werden sollte, muß ganz klar sein, was mit diesem besonderen Kontrollprozeß bewirkt werden soll. Es gibt mindestens vier unterschiedliche Funktionen, die ein Kontrollprozeß erfüllen kann: Diagnose der Qualität von Entscheidungen, die von Untergebenen getroffen werden, Veränderungen durch Einfluß auf nachfolgende Entscheidungen, die Korrektur von falschen Entscheidungen, die schon getroffen worden sind und Durchsetzung von Sanktionen gegen Untergebene, damit diese bei ihren Entscheidungen Autorität akzeptieren werden.[5]

In dem ersten Fall ist Kontrolle das Mittel, durch das die Organisationshierarchie erfährt, ob Entscheidungen richtig oder falsch getroffen werden, ob die Arbeit auf den unteren Ebenen der Hierarchie gut oder schlecht getan wird. Sie ist also eine grundlegende Informationsquelle, auf die sich die höheren Ebenen der Hierarchie für ihre Entscheidungen stark verlassen müssen. Mit Hilfe dieser Informationen können Verbesserungen in den Entscheidungsprozeß eingeführt werden.

Dies führt zu der zweiten Funktion der Kontrolle – der Beeinflussung nachfolgender Entscheidungen. Dies wird auf den verschiedensten Wegen erreicht. Es können Anweisungen erlassen werden, die bestimmte Aspekte erfassen, über die falsche Entscheidungen getroffen worden sind oder die neue Richtlinien für Entscheidungen festlegen. Mitarbeiter können Ausbildung oder Auffrischungen im Hinblick auf die Aspekte ihrer Arbeit erhalten, die sich bei der Kontrolle als fehlerhaft erwiesen haben. Es können ihnen Informationen gegeben werden, deren Fehlen zu falschen Entscheidungen geführt hat. Änderungen können, kurz gesagt, auf jedem der verschiedenen Wege herbeigeführt werden, durch die Entscheidungen beeinflußt werden können.

Drittens kann Kontrolle eine Berufungsfunktion ausüben. Wenn die einzelne Entscheidung schwerwiegende Konsequenzen hat, kann sie von einer höheren Autorität kontrolliert werden, um sicherzustellen, daß sie richtig ist. Diese Kontrolle kann eine Selbstverständlichkeit sein oder sie kann nur auf Einspruch einer interessierten Seite erfolgen. Die Begründungen für einen solchen Kontrollprozeß sind, daß
(1) er eine doppelte Abwägung der Entscheidung erlaubt und
(2) die Berufungskontrolle weniger Zeit je Entscheidung erfordert als die ursprüngliche Entscheidung und dadurch die Zeit des besser ausgebildeten Personals für die schwierigeren Entscheidungen bewahrt. Die Berufungskontrolle kann, um die Sprache des Verwaltungsrechts zu benutzen, in einer Betrachtung de novo bestehen oder nur die ursprüngliche Entscheidung im Hinblick auf substantielle Übereinstimmung mit wichtigen Richtlinien kontrollieren.

Viertens ist Kontrolle oft für die wirksame Ausübung von Autorität wesentlich. Wie wir in Kapitel VII gesehen haben, hängt Autorität in einem gewissen Maß von der Verfügbarkeit von Sanktionen ab, damit sie Wirksamkeit erhält. Sanktionen können nur angewendet werden, wenn es Mittel zur Feststellung gibt, wann Autorität anerkannt und wann sie mißachtet worden ist. Kontrolle versorgt die Autoritätsperson mit dieser Information.

Wenn wir uns an die „Regel der antizipierten Reaktionen" erinnern, dann sehen wir, daß die Antizipation der Kontrolle und die Androhung von Sanktionen Übereinstimmung der vor der Kontrolle getroffenen Entscheidungen mit der Autorität sichert. Aus diesem Grunde kann Kontrolle eine frühere Entscheidung beeinflussen.

Zentralisation und Dezentralisation

Unsere Untersuchung des Prozesses der Kompositentscheidung und insbesondere der Methoden und Funktionen der Kontrolle in einer Organisation wirft erhebliches Licht auf die Art, in der Entscheidungsprozesse am besten über die Organisation verteilt werden können, und auf die relativen Vorteile und Nachteile der Zentralisation von Entscheidungsprozessen.

Was ist im Hinblick auf diese Frage schon gesagt worden? In Kapitel VII wurde aufgezeigt, daß die Spezialisierung und Zentralisation von Entscheidungsprozessen drei Zwecken dient: Sie sichert Koordination, Expertise und Verantwortlichkeit. In Kapitel III wurden einige pragmatische Tests zur Erreichung einer Funktionsteilung zwischen Gesetzgeber und Verwaltung vorgeschlagen. In Kapitel VIII wurde die Beziehung zwischen der Zentralisation von Entscheidungen und Kommunikationsproblemen erforscht. In Kapital X wurde erkannt, daß eine Notwendigkeit zur Zentralisation manchmal aus den falschen institutionellen Identifikationen von Organisationsmitgliedern entsteht. In diesem Kapitel wurde geltend gemacht, daß die Fähigkeiten der Organisationsmitglieder einer der Einflußfaktoren des möglichen Dezentralisationsgrades seien. Gibt es zusätzliche Überlegungen außer den schon erwähnten, die bei der Verteilung von Entscheidungen Gewicht haben sollten?

Zu Beginn muß eine wichtige Unterscheidung klar verstanden werden. Es gibt zwei sehr unterschiedliche Aspekte der Zentralisation. Einerseits kann Entscheidungsmacht durch die Verwendung allgemeiner Regeln zentralisiert werden, um den Ermessensspielraum des Untergebenen zu begrenzen. Andererseits kann Entscheidungsmacht dadurch zentralisiert werden, daß dem Untergebenen die tatsächliche Entscheidungsfunktion aus der Hand genommen wird. Beide Prozesse können als „Zentralisation" bezeichnet werden, weil sie dazu führen, daß dem Untergebenen die tatsächliche Abwägung konkurrierender Betrachtungen aus der Hand genommen wird und erfordern, daß er die von anderen Organisationsmitgliedern erreichten Schlußfolgerungen akzeptiert.

Ebenfalls sollte auf die sehr enge Beziehung zwischen der Art der Ausübung von Kontrolle und dem Grad der Zentralisation bzw. Dezentralisation hingewiesen werden. Kontrolle beeinflußt Entscheidungen, indem sie sie bewertet und dadurch den Untergebenen der Disziplin und Steuerung aussetzt. Kontrolle wird manchmal als ein Mittel zur Entdeckung und Korrektur falscher Entscheidungen verstanden. Dieses

Konzept mag sehr nützlich bei der Anwendung auf jene sehr wichtigen Entscheidungen sein, bei denen ein Berufungsverfahren notwendig ist, um individuelle Rechte oder demokratische Verantwortung zu bewahren. Unter normalen Umständen aber ist die Funktion der Korrektur der *Entscheidungsprozesse* des Untergebenen, die zu falschen Entscheidungen führen, wichtiger als die Funktion der Korrektur *falscher Entscheidungen.* Wenn die Fähigkeiten des Untergebenen für das Treffen richtiger Entscheidungen gestärkt werden, dann wird Dezentralisation zunehmend möglich. Kontrolle kann mithin drei Konsequenzen haben: (1) Wenn sie verwendet wird, um individuelle Entscheidungen zu korrigieren, dann führt sie zur Zentralisation und einer tatsächlichen Übertragung der Entscheidungsfunktion. (2) Wenn sie verwendet wird, um herauszufinden, wo der Untergebene zusätzliche Führung benötigt, dann führt sie zur Zentralisation durch die Verkündung von mehr und mehr vollständigen Regeln und Vorschriften, die den Ermessensspielraum des Untergebenen begrenzen. (3) Wenn sie verwendet wird, um herauszufinden, wo die Fähigkeiten des Untergebenen gestärkt werden müssen, dann führt sie zur Dezentralisation. Alle drei Elemente können und werden üblicherweise in verschiedenem Maße kombiniert.

Aber warum sollte eine Organisation Dezentralisation anstreben? Unsere gesamte Analyse hat bis zu dieser Stelle die wichtigen Funktionen betont, die die Zentralisation von Entscheidungsprozessen erfüllt. Trotzdem werden wir vor einer naiven Akzeptanz der Vorteile der Zentralisation durch das Mißtrauen gewarnt, das vorsichtige Organisationsforscher ihr gegenüber ausdrücken. Sir Charles Harris z. B. hat folgendes zu sagen:

„*Wenn ich vor Ihnen als ein kompromißloser Verteidiger der Dezentralisation auftrete, dann wie ein im mittleren Alter zum Glauben Bekehrter... Zu Beginn meines Dienstes war ich stark beeindruckt von dem Mangel an Allgemeinwissen und Verständnis zentraler Prinzipien, die sich in den lokalen Entscheidungen und Aktionen offenbarten, die mir bekannt wurden. Über Jahre wuchs in mir die Überzeugung, daß ein größeres Maß an aktiver Kontrolle durch die Zentrale sowohl zur Effizienz als auch zur Sparsamkeit der Verwaltung beitragen würde; und würde ich heute meine Sicht auf einzelne Details und unmittelbare Ergebnisse begrenzen, würde ich zu diesem Punkt noch keine Spur von Zweifel empfinden. Diese Gewißheit verschwindet, wenn man auf die Sichtweise von Capability Brown (englischer Landschaftsarchitekt – A.d.Ü.) zurückgeht und versucht, sowohl den Wald als auch die Bäume zu sehen.*

...Einfache Zentralisation treibt die Funktionen der Entscheidung und Autorisierung hinauf in das oberste Zentrum, sie überläßt die Handlungen, nachdem über sie entschieden wurde, der Ausführung durch die untergeordnete Autorität.

Beschneide nicht den Ermessensspielraum des Mannes unten oder seiner Klasse durch die Forderung nach Unterwerfung unter höhere Autorität in der Zukunft, weil er einen Fehler gemacht hat. Lehre ihn und versuche es noch einmal; wenn er aber unbelehrbar ist, dann schiebe ihn beiseite.“[6]

Nahezu jede Person, falls sie nicht die langfristigen Konsequenzen erkennt, fühlt sich „sicherer", wenn sie Entscheidungen selbst trifft, statt sie an einen Untergebenen zu delegieren. Der Vorgesetzte erklärt diese Zentralisation rational mit verschiedenen Gründen: Er ist fähiger oder besser ausgebildet als der Untergebene; wenn er die Entscheidung trifft, dann kann er sicher sein, daß sie so getroffen wurde, wie er es wollte. Er bemerkt jedoch nicht immer, daß er durch die Konzentration der gesamten Entscheidungsfunktion bei sich selbst seine Arbeit vervielfacht und den Untergebenen überflüssig macht.

Es gibt zwei wesentliche Gründe für die Dezentralisation von Entscheidungen auch in den Fällen, wo der Vorgesetzte besser ausgebildet ist als der Untergebene. Der erste geht auf die in Kapitel IX behandelte Unterscheidung zwischen Effizienz und Adäquanz zurück. Es ist nicht genug, die Genauigkeit einer Entscheidung zu berücksichtigen; ihre Kosten müssen ebenso gewichtet werden. Der Vorgesetzte wird vermutlich besser bezahlt als der Untergebene. Seine Zeit muß für die wichtigeren Aspekte der Arbeit der Organisation bewahrt werden. Wenn es für eine bestimmte Entscheidung notwendig ist, daß er Zeit opfert, die wichtigeren Entscheidungen gewidmet werden sollte, dann kann die bei der ersteren erreichte größere Genauigkeit mit einem zu hohen Preis bezahlt worden sein.

Der zweite Grund, warum Dezentralisation häufig der Zentralisation vorzuziehen ist, besteht darin, daß die Übergabe einer Entscheidung auf höhere Hierarchieebenen zusätzliche monetäre und Zeitkosten in den Entscheidungsprozeß einführt. Gegenüber allen Vorteilen der Genauigkeit einer zentralen Entscheidung müssen die Kosten der Verdoppelung des Entscheidungsprozesses zusammen mit den Kosten der Kommunikation der Entscheidungen abgewogen werden.

Um die Kosten unwirtschaftlicher Kontrollmaßstäbe hervorzuheben, können wir am besten ein Beispiel von Ian Hamilton aus seiner persönlichen Erfahrung zitieren:

„1896 war ich Stellvertretender Generalquartiermeister in Simla; damals, vielleicht noch, einer der arbeitsreichsten Posten in Asien. Nach einem langen Bürotag ging ich gewöhnlich nach Hause zum Abendessen, verfolgt von einem drei bis vier Fuß hohen Aktenberg. Der Generalquartiermeister, mein Chef, war ein kluges, reizendes Arbeitstier. So schwitzten wir und machten eine Zeitlang zusammen ein Kopf-an-Kopf-Rennen mit unseren Aktenbergen. Aber ich war der Jüngere und er war der erste, der von den Ärzten nach Europa zurückbeordert wurde. Dann trat ich im Alter von 43 Jahren an seine Stelle und wurde amtierender Generalquartiermeister von Indien. Unglücklicherweise war die Regierung damals in einer sehr knauserigen Stimmung. Sie verweigerte den Sold, um die Position zu besetzen, die ich freimachte und Sir George White, der Oberbefehlshaber, bat mich, ich möge mich verdoppeln und die doppelte Arbeit tun. Mir schwand der Mut, aber ich hatte keine andere Wahl, als es zu versuchen. Der Tag kam; der Generalquartiermeister ging nach Hause, und mit

ihm ging sein Anteil an der Arbeit. Für mich aber schmolz der harte Zwölf-Stunden-Tag wie durch ein Wunder auf den sozialistischen Traum eines Sechs-Stunden-Tages. Wie kam das? Wenn eine Anfrage von einer der Dienststellen kam, dann war ich früher gezwungen gewesen, eine langes Memorandum darüber zu erstellen, den Fall zu erläutern, meine eigenen Ansichten darzulegen und zu versuchen, den Generalquartiermeister zu ihrer Annahme zu überreden. Er war ein sehr gewissenhafter Mensch, und wenn er von meiner Auffassung abwich, dann legte er seine Gründe gern schriftlich nieder – mehrere Seiten Gründe. Oder, wenn er zustimmte, dann wollte er gern in seinen eigenen Worten zustimmen und „sie zu den Akten nehmen". Jetzt, nachdem ich Generalquartiermeister und Stellvertretender Generalquartiermeister in einem war, prüfte ich den Fall wie zuvor, aber hier endete meine Arbeit: Ich mußte nicht meine eigenen Untergebenen überreden: ich hatte keinen Vorgesetzten, außer dem Oberbefehlshaber, der froh war, wenn er in Ruhe gelassen wurde. Ich gab nur einen Befehl – eine einfache Sache, wenn man nicht ängstlich ist. ‚Ja', sagte ich oder ‚Nein'."[7]

Es gibt noch einen zusätzlichen Einwand gegen Zentralisation, der über die bislang betrachteten hinausgeht. Es wurde bis jetzt angenommen, daß mit reichlich Zeit der Vorgesetzte genauere Entscheidungen treffen könnte als der Untergebene. Das gilt jedoch nur dann, wenn die Informationen, auf denen die Entscheidung zu begründen ist, beiden in gleicher Weise zugänglich sind. Wenn Entscheidungen zu einem bestimmten Termin getroffen werden müssen oder wenn die Organisation räumlich weit zerstreut ist, dann kann das durchaus nicht der Fall sein. Die „Fakten des Falles" können dem Untergebenen direkt zur Verfügung stehen, aber sehr schwer an den Vorgesetzten zu übermitteln sein. Die Isolierung der höheren Ebenen der Organisationshierarchie von der Welt der Fakten, die den unteren Ebenen aus erster Hand bekannt sind, ist ein bekanntes organisatorisches Phänomen.

Zentralisation wird manchmal als notwendige Begleiterscheinung der Aufgabenspezialisierung geltend gemacht. Wenn Arbeit spezialisiert wird, dann müssen Verfahren eingeführt werden, die die Koordination der Gruppenmitglieder sichern; und eines der leistungsfähigsten Koordinationsverfahren ist die Zentralisation von Entscheidungen. Das ist richtig; aber wenn wir diese Schlußfolgerung akzeptieren, dann dürfen wir uns den sehr realen Nachteilen und Kosten nicht verschließen, die die Spezialisierung begleiten.

Interpersonale Koordination beinhaltet die Kommunikation eines Planes. Wie komplex und leistungsstark auch die Instrumente sind, die für derartige Koordination genutzt werden können, ihre Wirksamkeit ist in keiner Weise mit dem Koordinationsvermögen des individuellen menschlichen Nervensystems vergleichbar. Wenn die Elemente des Plans auf Diagrammen und Karten erfaßt werden können, wie etwa beim Entwurf für ein Schiff oder eine Brücke, dann kann die interpersonale Koordination selbst bis zum kleinsten Detail gehen. Aber die Koordinationsmechanismen eines geübten Pianisten oder eines Ingenieurs, der alle seine Fähigkeiten und sein Wissen auf ein Konstruktionsproblem anwendet, sind viel komplizierter.

Die erfolgreiche Anwendung des Spezialisierungsmittels zur Erhöhung der Effizienz setzt entweder voraus, daß keine Koordination zwischen den spezialisierten Teilen der gesamten Aufgabe erforderlich ist, oder daß diese Koordination mit den verfügbaren Techniken der interpersonalen Koordination erreicht werden kann. Wenn keine dieser Voraussetzungen erfüllt ist, dann muß Spezialisierung geopfert werden, um die Nutzung des menschlichen Gehirns als Koordinationsmechanismus zu erhalten. Es ist nicht sehr einfach, eine Nadel einzufädeln, wenn eine Person den Faden und eine die Nadel hält. Hier besteht die Aufgabe darin, Faden und Nadel an denselben Ort zu bringen, und interpersonale Koordination erreicht das weitaus weniger erfolgreich als die Bewegungskoordination der beiden Hände durch das menschliche Nervensystem.

Das Zitat, in dem das Verfahren für den Entwurf eines Schlachtschiffes beschrieben wurde[8], ist ein anderes Beispiel für diesen Punkt. Eine sorgfältige Analyse des Verfahrens läßt erkennen, daß an ihm nicht nur die Experten für die verschiedenen Bereiche der Schlachtschiffkonstruktion beteiligt waren, sondern auch eine Gruppe von Beamten, die als „Allerwelts-Experten für Schlachtschiffkonstruktion" beschrieben werden könnten. Der Director of Naval Construction und nicht die funktionalen Experten legt die allgemeinen Merkmale des Schiffes fest. Um zu wiederholen:

„Daraufhin formuliert der Director of Naval Construction, der unter und in Beratung mit dem Controller handelt, vorläufige Entwürfe, die die Art des gewünschten Schiffes umreißen, zusammen mit Schätzungen über die Größe und Kosten der verschiedenen Möglichkeiten. Dazu müssen er und seine Offiziere gute allgemeine Kenntnisse – die selbst nur durch enge Beziehungen zu den für diese Dinge Verantwortlichen erreichbar sind – über die jüngsten Entwicklungen und Ideen in einem großen Kreis von Fachgebieten haben – Geschütze, Torpedos, Konstruktion, Panzerung, Feuerkontrolle, Navigation, Signalgebung, Unterkünfte usw. –, um hinlänglich sicher zu sein, daß die in seine Entwürfe aufgenommenen Einrichtungen wahrscheinlich die Experten auf all diesen Fachgebieten zufriedenstellen werden, wenn die Zeit für aktive Kooperation kommt."[9]

Erst nachdem der „Allerweltskerl" seine Arbeit getan hat, werden die Experten um ihre Vorschläge gebeten. Anschließend wird eine Technik der interpersonalen Koordination, die Konferenz, benutzt, um die konkurrierenden Forderungen der Experten in Einklang zu bringen. Letztlich wird der Plan wieder den Nicht-Spezialisten zur Genehmigung vorgelegt.

Wir können also schlußfolgern, daß ein gewisses Maß an Zentralisation unverzichtbar ist, um die Vorteile der Organisation zu sichern: Koordination, Expertise und Verantwortlichkeit. Andererseits dürfen die Kosten der Zentralisation nicht vergessen werden. Sie kann Entscheidungen in die Hände hoch bezahlter Mitarbeiter legen, die deren Aufmerksamkeit nicht verdienen. Sie kann zu einer Verdoppelung der Funktion führen, die den Untergebenen überflüssig macht, Kommunikationseinrichtungen müssen verfügbar sein, die manchmal recht teuer sind. Die für eine richtige Entscheidung notwendigen Informationen können alleine dem Untergebenen verfügbar sein. Schließlich läßt Zentralisation die leistungsfähige koordinative Kapazität des menschlichen Nervensystems leerlaufen und ungenützt und ersetzt sie durch einen interpersonalen Koordinationsmechanismus. Dies sind Überlegungen, die erwogen werden müssen, wenn der Grad der Zentralisation oder Dezentralisation von Entscheidungen bestimmt wird.

Lehren für die Organisationstheorie

In Kapitel II wurde der Standpunkt vertreten, daß die gegenwärtig akzeptierten „Organisationsprinzipien" kaum mehr als mehrdeutige und sich gegenseitig widersprechende Sprüche seien und daß ein neuer Ansatz benötigt werde, um eine konsistente und nützliche Organisationstheorie zu schaffen. Dies ist eine Tatsache, die langsam in der Organisationsliteratur erkannt wird. Wenn wir die Reihe an Publikationen betrachten, die sich von Mooney und Reiley über Gulick und die Kontroverse des President's Committee bis zu Schuyler Wallace und Benson erstreckt, dann sehen wir eine ständige Schwerpunktverschiebung von den „Organisationsprinzipien" selbst zur Untersuchung der *Bedingungen,* unter denen konkurrierende Prinzipien jeweils anwendbar sind. Wir sagen nicht mehr, daß Organisation nach dem Zweck erfolgen solle, sondern vielmehr, daß unter diesen und jenen Bedingungen zweckorientierte Organisation, aber unter diesen und jenen anderen Bedingungen prozeßorientierte Organisation wünschenswert ist. Es ist die zentrale These dieser Untersuchung, daß ein Verständnis dieser zugrundeliegenden Bedingungen der Anwendbarkeit von Organisationsprinzipien aus einer Analyse des organisatorischen Prozesses im Sinne von Entscheidungen zu gewinnen ist.

Wenn dieser Ansatz gewählt wird, dann wird die Rationalität von Entscheidungen – d. h. ihre Eignung für die Erreichung bestimmter Ziele – das zentrale Anliegen der Organisationstheorie. Wie aber schon in Kapitel II aufgezeigt wurde, wäre die Organisationstheorie öde und leer, wenn es keine Grenzen der menschlichen Rationalität gäbe. Sie würde aus dem einzigen Gebot bestehen: Wähle immer jene aus der Menge aller verfügbaren Alternativen, die zur vollständigsten Erreichung deiner Ziele führt. Die Notwendigkeit für eine Organisationstheorie ruht in der Tatsache, daß es praktische Grenzen der menschlichen Rationalität *gibt* und daß diese Grenzen nicht statisch sind, sondern von der organisatorischen Umwelt abhängen, in der die individuellen Entscheidungen getroffen werden. Es ist die Aufgabe der Organisation, diese

Umwelt so zu gestalten, daß sich das Individuum bei seinen Entscheidungen so eng wie praktisch möglich der Rationalität (im Sinne der Organisationsziele beurteilt) nähert.

Der Bereich der Rationalität

Wie ebenfalls schon in Kapitel II erläutert worden ist, fallen die Grenzen der Rationalität, wenn sie vom Standpunkt des Individuums betrachtet werden, in drei Kategorien: Es wird durch seine unbewußten Fähigkeiten, Gewohnheiten und Reflexe begrenzt; es wird durch seine Werte und Zweckvorstellungen begrenzt, die von den Organisationszielen abweichen können; es wird durch das Ausmaß seines Wissens und seiner Informationen begrenzt. Das Individuum kann im Sinne der Organisationsziele nur in dem Maße rational sein, wie es *fähig* ist, eine bestimmte Handlungsweise zu verfolgen, wie es eine richtige Vorstellung vom *Ziel* der Handlung hat und wie es richtig über die Bedingungen *informiert* ist, die seine Handlung umgeben. Innerhalb der Grenzen, die durch diese Faktoren festgelegt werden, sind seine Wahlhandlungen rational – zielorientiert.

Rationalität legt mithin das Verhalten nicht fest. Innerhalb des Bereichs der Rationalität ist das Verhalten vollständig flexibel und anpassungsfähig an Fähigkeiten, Ziele und Wissen. Statt dessen wird Verhalten durch die irrationalen und nicht-rationalen Elemente bestimmt, die den Bereich der Rationalität begrenzen. Der Bereich der Rationalität ist der Bereich der Anpassungsfähigkeit an diese nicht-rationalen Elemente. Zwei Personen mit den gleichen möglichen Alternativen, den gleichen Werten und dem gleichen Wissen können rationalerweise nur die gleiche Entscheidung treffen. Die Organisationstheorie muß sich folglich mit den Grenzen der Rationalität und mit der Art und Weise beschäftigen, in der die Organisation diese Grenzen für den Entscheidungsträger beeinflußt. Die Theorie muß – wie in Kapitel X vorgeschlagen – bestimmen, wie institutionalisierte Entscheidungen mit Werten in Übereinstimmung gebracht werden können, die in einer allgemeineren organisatorischen Struktur entwickelt wurden. Die Theorie muß die Wirkungen (aus der Sicht der gesamten Organisation beurteilt) kritisch untersuchen, die die Organisationsstruktur auf die Entscheidungen ihrer Bestandteile und ihrer individuellen Mitglieder hat.

Vielleicht wird ein Beispiel für die Art, in der die Organisation jede der drei oben aufgezeigten Grenzen verändern kann, das Problem konkreter herausstellen:

Begrenzte Alternativen. Angenommen, ein Maurer ist nicht in der Lage, mit einer akzeptablen Geschwindigkeit zu arbeiten. Es braucht keinen Mangel an Rationalität in seinem Verhalten zu geben. Tatsächlich kann es sein, daß seine Fähigkeiten nicht ausreichend entwickelt sind, um ihm schnelles Mauern zu ermöglichen. Wenn aber den Fähigkeiten selbst Aufmerksamkeit gewidmet würde, wenn er Anweisungen und

Ausbildung in den richtigen Methoden erhielte, dann könnte das Unmögliche schnell möglich werden. Fertigkeiten sind Beispiele für Verhaltensmuster, die kurzfristig den Bereich der Anpassungsfähigkeit oder Rationalität begrenzen, aber langfristig durch Ausbildung völlig neue Verhaltensmöglichkeiten eröffnen können.

Umorientierung von Werten. Manchmal wird Rationalität durch das Versagen des Individuums begrenzt, sich richtig mit den Zielen der ganzen Organisation zu identifizieren. Zumindest in gewissen Situationen ist es möglich, ein Individuum von der Identifikation mit einem Unterziel der Organisation zur Identifikation mit einem breiteren und umfassenderen Ziel der Organisation umzuorientieren. Der Autor hatte in einem anderen Zusammenhang die Gelegenheit, auf diese Methode der Umorientierung des Verhaltens einer „rationalen Person" durch Veränderung ihres Wertrahmens aufmerksam zu machen. Das Problem bestand in jener Situation darin, die Motivation einer Gruppe von Sozialarbeitern, die an einem Organisationsexperiment teilnahmen, zu steuern und zu verändern:

„Für den Arbeiter könnte das Experiment mit den Zielen inkonsistent erscheinen, die er in seiner täglichen Arbeit zu erreichen versuchte. Die Kooperation eines solchen Arbeiters könnte nur dadurch erreicht werden, daß die Studie im Licht seiner fundamentalen Werte interpretiert und ihm gezeigt wurde, daß diese allgemeineren Werte durch einen zeitweiligen Verzicht auf einige seiner unmittelbaren Ziele und Einstellungen einen Vorteil haben würden. Auf diesem Wege könnte seine Aufmerksamkeit von dem engeren Bezugsrahmen, den konditionierten Reflexen sozusagen, losgelöst werden, der ihm durch seinen normalen täglichen Arbeitsablauf aufgezwungen wurde."[10]

Grenzen des Wissens. Wenn ein bestimmtes Stück Wissen wiederholt bei Entscheidungen benötigt wird, kann die Organisation diesen Bedarf voraussehen und den Bereich der Rationalität des Individuums dadurch ausweiten, daß sie es mit diesem Wissen vor der Entscheidung versorgt. Dies ist besonders wichtig, wenn es Zeitbeschränkungen für Entscheidungen gibt. So wird ein Polizist in Methoden zur Durchführung von Verhaftungen, zur Behandlung aufsässiger Gefangener u. ä. ausgebildet, damit er diese Dinge nicht erst an Ort und Stelle herausfinden muß, wenn es die Situation erfordert.

Individuelle und Gruppenrationalität

Eine Entscheidung ist vom Standpunkt des Individuums rational (subjektiv rational), wenn sie mit den Werten, den Alternativen und den Informationen konsistent ist, die es beim Entscheidungsprozeß erwogen hat. Eine Entscheidung ist vom Standpunkt der Gruppe rational (objektiv rational), wenn sie mit den die Gruppe beherrschenden

Werten und den für die Entscheidung relevanten Informationen, die die Gruppe besitzt, konsistent ist. Also muß die Organisation so aufgebaut werden, daß eine Entscheidung, die (subjektiv) rational vom Standpunkt des entscheidenden Individuums ist, rational bleiben wird, wenn sie vom Standpunkt der Gruppe erneut eingeschätzt wird.

Angenommen, ein Offizier befiehlt einem Soldaten unter seinem Kommando, eine bestimmte Anhöhe einzunehmen. Rationalität (subjektive) verlangt von dem Soldaten, daß er dieses Ziel, oder diesen Wert, mit den Fähigkeiten, die er zur Annäherung an feindliche Positionen besitzt, und mit den Informationen, die ihm seine Sinne über die Situation liefern, kombiniert.

Andererseits erfordert die Rationalität von dem Offizier, daß das Ziel, das er dem Soldaten zuweist, zum breiteren Ziel seiner Einheit beiträgt (was üblicherweise impliziert, daß das Ziel des Soldaten eine vernünftige Möglichkeit des erfolgreichen Abschlusses haben muß) und daß er den Soldaten mit allen verfügbaren Informationen versorgt, die ihn bei seiner Aufgabe unterstützen können. Vom Offizier zu sagen, daß er rational ist, bedeutet, daß das Verhalten des Soldaten weiterhin als rational erscheint, wenn es aus der allgemeineren Sichtweise bewertet wird, die die Position des Offiziers gewährt.

Das ist die grundlegende Aufgabe der Organisation – jedem „ausführenden" Mitarbeiter eine Entscheidungsumwelt der Art zu schaffen, daß ein Verhalten, das vom Standpunkt dieser Umwelt rational ist, auch vom Standpunkt der Gruppenwerte und der Gruppensituation rational ist. Außerdem muß beachtet werden, daß die Errichtung einer Entscheidungsumwelt für das Individuum Kommunikationsprobleme für die Organisation mit sich bringt. Die grundlegenden Elemente, aus denen eine Organisationstheorie aufgebaut werden kann, sind also: (1) Eine Entscheidung, die über der ausführenden Ebene getroffen wurde, muß übermittelt werden; (2) wo immer eine Entscheidung getroffen wird, ihre Qualität wird von der Umwelt abhängen, die den Bereich der Rationalität der die Entscheidung treffenden Person begrenzt. Bezüglich des ersten Elementes ist die Kommunikationstechnologie (im weitesten Sinn) der begrenzende Faktor; bezüglich des zweiten sind die begrenzenden Faktoren genau die Faktoren, die den Bereich der individuellen Rationalität begrenzen.

Bedeutung der organisatorischen Einordnung

Da die Organisationstheorie mit der Kontrolle des Nichtrationalen befaßt ist, folgt, daß die Organisation um so weniger wichtig ist, je größer der Bereich der Rationalität ist. So kann z. B. die Funktion der Planvorbereitung oder des Planentwurfs ohne Einfluß auf die Ergebnisse fast überall in der Organisation eingeordnet werden, wenn sie sich in einem schriftlichen Plan niederschlägt, der ohne Schwierigkeiten interpersonal übermittelt werden kann. Alles was benötigt wird, ist ein Verfahren, durch das dem Plan autoritativer Status gegeben werden kann; und das kann auf mehreren Wegen erreicht werden. Eine Diskussion über die richtige Einordnung einer Planungs- oder Gestaltungsabteilung wird also wahrscheinlich völlig ergebnislos bleiben und kann von den Persönlichkeiten in der Organisation und ihrer relativen Begeisterung, oder dem Mangel an Begeisterung, gegenüber der Planungsfunktion abhängen.[11]

Andererseits ist die Einordnung der Entscheidung in der Organisation dann von großer Wichtigkeit, wenn Faktoren der Kommunikation oder Identifikation kritisch für die Entscheidungsfindung sind. Die Methode der Verteilung von Entscheidungen in der Armee, beispielsweise, sorgt zumindest in der Zeit vor dem tatsächlichen Kampf automatisch (und „theoretisch", beeile ich mich hinzuzufügen) dafür, daß jede Entscheidung dort getroffen wird, wo das Wissen für ihre Koordination mit anderen Entscheidungen vorliegt. Ähnlich können wir feststellen, daß letzte Entscheidungen über Budgetbewilligungen immer den Entscheidungsträgern anvertraut werden, die mit den speziellen, zu bewilligenden Positionen nicht identifiziert sind, aber diese Positionen gegenüber alternativen Positionen abwägen müssen.

Die Rolle des Organisators

Es mag angemessen sein, dieses Buch mit einer kurzen Aussage über die Rolle und die Ausbildung des Organisators abzuschließen. Oben wurde darauf hingewiesen, daß die Entscheidungen, die allein als „organisatorische" Entscheidungen bezeichnet werden könnten, jene sind, die sich mit dem Entscheidungsprozeß selbst befassen. Das heißt, solche Entscheidungen bestimmen nicht den Inhalt der Arbeit der Organisation, sondern vielmehr, wie die Entscheidungsfunktion in dieser bestimmten Organisation verteilt und beeinflußt werden soll.

Aber zu sagen, daß in jeder Organisation gewisse „organisatorische" Entscheidungen getroffen werden müssen, heißt nicht, daß die Person, die gerade als „Organisator" in dieser Organisation bezeichnet wird, nur organisatorische Entscheidungen trifft oder treffen sollte. Unabhängig davon, ob es wünschenswert ist oder nicht, daß es Funktionsträger geben *sollte,* deren Aufgaben in diesen Grenzen liegen, ist es sicherlich keine genaue Beschreibung von heute bestehenden Organisationen, wenn man die Aufgaben des Organisators in diesem Sinne definiert.

In nahezu allen Organisationen hat er nicht nur die Verantwortung, die Organisationsstruktur zu errichten und zu erhalten, sondern auch einige der allgemeineren und bedeutenderen Entscheidungen über den Inhalt der Organisationsarbeit zu treffen. Um nur eine dieser Entscheidungen zu erwähnen: Der höhere Organisator hat üblicherweise eine erhebliche Verantwortung für Budgetentscheidungen – also für Entscheidungen über die Richtungen, in die die Bemühungen der Organisation gehen sollten. Außerdem fällt ihm im Rahmen seines Ermessensspielraumes die Verantwortung für die Formulierung organisatorischer Ziele zu – also der Werte, die Entscheidungen auf allen unteren Ebenen der Organisation lenken werden.

Die Aussage, daß in dem Maße, wie wir die Hierarchie hinaufgehen, „organisatorische" Pflichten die Zeit des Organisators zunehmend mehr und „technische" Pflichten zunehmend weniger in Anspruch nehmen, muß also mit beträchtlicher Vorsicht interpretiert werden. Sie ist nicht richtig, wenn der Begriff „organisatorische Pflichten" nur auf die organisationsbestimmenden Funktionen bezogen wird. Sie ist richtig, wenn die breiteren Entscheidungsfunktionen, die dem Organisator zufallen, als „organisatorische Pflichten" betrachtet werden.

Worin besteht der Unterschied zwischen diesen letzten Funktionen und den „technischen" Funktionen auf den unteren Ebenen der Hierarchie? Einfach, daß sich die inhaltlichen Entscheidungen des höheren Organisators mehr mit letzten Zwekken und allgemeineren Prozessen befassen als die Entscheidungen des unteren Organisators. Wir könnten sagen, daß die Zwecke des unteren Organisators die Prozesse des höheren Organisators sind.

Die Rationalität einer Stenotypistin wird bei der Übertragung eines Entwurfs mit beliebigem Inhalt in ein maschinegeschriebenes Manuskript ausgeübt. Die Rationalität ihres Vorgesetzten wird bei der Bestimmung des Inhalts des Entwurfs ausgeübt, wobei gerade das Element, das die Stenotypistin beschäftigt, als selbstverständlich vorausgesetzt wird – seine Übertragung in maschinengeschriebene Form.

Wenn die Entscheidungen des Chefingenieurs weniger als die seiner Konstruktionsingenieure mit Fragen der Technik befaßt sind, womit sind sie dann befaßt? Wenn die Entscheidungen eines Amtsarztes nicht die Einzelheiten des medizinischen Wissens betreffen, was betreffen sie dann? Sie betreffen die Anwendung des Effizienzkriteriums auf die allgemeineren Zwecke der Organisation. Da die die allgemeineren Zwecke von öffentlichen Organisationen (und in einem geringeren Maße der kommerziellen Organisationen) vornehmlich gesellschaftlicher Natur und die größeren Probleme der Mittel ökonomischer und fiskalischer Natur sind, bedeutet dies, daß die Entscheidungen des höheren Organisators sozialwissenschaftliche Prinzipien und ökonomische Kalkulationen betreffen.

Ein weiterer Punkt sollte beachtet werden, der selbst für jene Entscheidungen zutrifft, die sich mit der Organisationsstruktur selbst befassen. Wenn, wie behauptet worden ist, die Organisationstheorie nicht völlig vom Interesse am Inhalt der Arbeit der Organisation befreit werden kann, dann folgt, daß begründete Organisationsentscheidungen auch ein Wissen über diese Inhalte erfordern.

Wir sehen also, daß die Arbeit des Organisators, so wie Organisationen jetzt geartet sind (1) Entscheidungen über die Organisationsstruktur und (2) die allgemeineren Entscheidungen über den Inhalt der Arbeit der Organisation betrifft. Beide Typen von Entscheidungen können nicht vollständig oder auch nur hauptsächlich auf Kenntnissen oder Beherrschung der Organisationstheorie beruhen. Die erste Entscheidung muß fest auf der Technologie der Organisation begründet sein. Die letzte muß auf der Technologie der Organisation begründet sein und erfordert zusätzlich (a) ein gründliches Verständnis der Effizienztheorie und (b) Kenntnisse jener sozialwissenschaftlichen Aspekte, die für die allgemeineren Zwecke der Organisation relevant sind.

Wenn diese Analyse zutreffend ist, dann hat sie direkte Implikationen für die Ausbildung einer „Klasse von Organisatoren", d. h. für die Ausbildung von Personen, die für höhere Organisation befähigt sind. Erstens läßt sie schwerwiegende Zweifel an der Möglichkeit aufkommen, organisatorische Fähigkeiten getrennt von sachlicher Kompetenz zu entwickeln, außer auf den höchsten Ebenen der Hierarchie. Zweitens zeigt sie an, daß die zweckmäßige Ausbildung von „Organisatoren" nicht in dem engen Bereich der Organisationstheorie, sondern allgemein im breiteren Bereich der Sozialwissenschaften liegt.

Schluß

Unsere Untersuchung hat uns nicht zu irgendwelchen endgültigen Organisationsprinzipien geführt. Sie hat uns jedoch einen Bezugsrahmen für die Analyse und die Beschreibung von organisatorischen Situationen und eine Reihe von Faktoren geliefert, die zur Erreichung jedes begründeten Vorschlages zur Organisation abgewogen werden müssen. Sie hat uns außerdem gezeigt, daß gegenwärtig akzeptierte Prinzipien der Organisation unter innerer Mehrdeutigkeit und gegenseitiger Widersprüchlichkeit leiden.

Welche nächsten Schritte muß die Forschung gehen? Erstens muß sie geeignete Fallstudien von existierenden Organisationssituationen entwickeln. Es wird ausreichen, sie in kleinem Umfang zu beginnen, wobei sie sich in kleinsten Einzelheiten mit Organisationseinheiten mittlerer Größe befassen. Nur auf diese Weise kann Oberflächlichkeit vermieden werden.

Zweitens müssen Techniken zur Messung des Erfolges bestimmter organisatorischer Regelungen entwickelt und verbessert werden. Insbesondere die so häufig in organisationstheoretischen Studien gemachte Annahme, daß eine Regelung leistungsfähig sei, weil sie existiert, ist ein Zirkelschluß der schlimmsten Art. Organisationstheoretiker besitzen keinen magischen Blick, der ihnen erlaubt, durch einfache Beobachtung einer Organisation zu bestimmen, ob sie „läuft" oder nicht. Das einzige Bewertungsverfahren, das überhaupt gültig sein kann, ist der Vergleich alternativer organisatorischer Systeme anhand ihrer objektiven Ergebnisse.

Schließlich sollten die wertvollen Untersuchungen, die bereits über die „Bedingungen", unter denen unterschiedliche Organisationsprinzipien begründet anwendbar sind, begonnen wurden, mit Hilfe des „entscheidungsorientierten" Bezugsrahmens, der in dieser Untersuchung beschrieben wurde, weiter entwickelt werden.

Fußnoten zu Kapitel XI

1 Ich bin C. I. Barnard aus unserem Briefwechsel für den Begriff „Kompositentscheidung" sowie für das besondere Beispiel einer Kompositentscheidung, das hier angegeben wird, zu Dank verpflichtet. Der Leser kann zweifellos viele vergleichbare Beispiele aus seiner eigenen organisatorischen Erfahrung liefern.
2 *U. S. Army Field Service Regulations*, 1923, S. 7.
3 *Townshend*, H., ‚Practical Psychology' in Departmental Organization, in: Journal of Public Administration 12, 1934, S. 66.
4 *Murray*, O. A. R., The Administration of a Fighting Service, in: Journal of Public Administration 1, 1923, S. 216–217.
5 Eine etwas ähnliche, aber nicht identische Analyse der Kontrollfunktion kann in dem Aufsatz von Bunbury gefunden werden. Vgl. *Bunbury*, H. N., Efficiency as an Alternative to Control, in: Journal of Public Administration 6, 1928, S. 97–98.
6 *Harris*, C., Decentralization, in: Journal of Public Administration 3, 1925, S. 117–133.
7 *Hamilton*, I., The Soul and Body of an Army, London 1921, S. 235–236.
8 Vgl. oben S. 246–248.
9 *Murray*, a.a.O.
10 *Simon*, H. A. / *Divine*, W., Controlling Human Factors in an Administrative Experiment, in: Public Administration Review 1, 1941, S. 487.
11 Vgl. z. B. *Walker*, R. A., The Planning Function in Urban Government, Chicago 1941, S. 166–175. Walker entwickelt einen Fall für die Zuordnung der Planungsabteilung zum Amtsleiter. Aber er stützt seinen ganzen Fall auf die ziemlich schwache Basis, daß „solange die Planungsabteilung außerhalb der Verwaltungshierarchie ist, wird das jedoch dazu führen, daß die Planung als Eingriff in ihre Verantwortung und ihren Zuständigkeitsbereich auf den Widerstand der Beamten stoßen wird". Das Verb „wird" erscheint viel zu stark im Hinblick auf die Fakten des Falles.

ANHANG

Was ist eine Organisationswissenschaft?

Die Unterscheidung, die in Kapitel III zwischen dem Ethischen und dem Faktischen vorgenommen wurde, hilft bei der Erklärung von Form und Inhalt der Organisationswissenschaft.

Wissenschaftliche Aussagen, so wurde in jenem Kapitel gesagt, sind Behauptungen über die beobachtbare Welt und die Art, wie sie funktioniert. Ethische Sätze bringen andererseits Präferenzen zum Ausdruck. Erfüllen Organisationsprinzipien nach dieser Definition die Bedingungen als wissenschaftliche Aussagen oder enthalten sie ein ethisches Element?

Theoretische und angewandte Wissenschaften

Es gibt zwei Arten von Wissenschaften: theoretische und angewandte. So können wissenschaftliche Aussagen als angewandt angesehen werden, wenn sie etwa in der Form angegeben werden: „Um diese und jene Sachlage herbeizuführen, muß dies und jenes getan werden." Aber für jeden solchen Satz kann eine genau äquivalente theoretische Aussage mit den gleichen Verifikationsbedingungen in rein deskriptiver Form angegeben werden: „Diese und jene Sachlage wird ausnahmslos von diesen und jenen Bedingungen begleitet." Da die beiden Aussagen die gleiche faktische Bedeutung haben, muß ihr Unterschied im ethischen Bereich liegen. Genauer, der Unterschied liegt in der Tatsache, daß der erste Satz eine imperative Eigenschaft besitzt, die dem zweiten fehlt. Der erste Satz kann nur dann als „wahr" oder „falsch" bezeichnet werden, wenn dieser imperative Aspekt vernachlässigt wird.

Diese Situation ist streng analog zu derjenigen, die wir im Hinblick auf Entscheidungen als gültig befunden haben. Insofern Entscheidungen als „richtig" bezeichnet werden können, lassen sie sich in faktische Aussagen übertragen. Ihr ethisches Element muß eliminiert werden, bevor die Begriffe „wahr" und „falsch" auf sie angewendet werden können. Ähnlich müssen die Aussagen einer angewandten Wissenschaft in hypothetische Form gebracht werden, um das ethische Element zu eliminieren.

Wenn Faktenaussagen in erster Linie wegen ihrer Nützlichkeit bei der Ableitung eines Imperativs aus einem anderen gewählt werden, können sie als angewandt angesehen werden. In anderen Fällen sind sie *theoretisch*. Es ist offensichtlich, daß sie sich voneinander nur bezüglich der Motive der sie verwendenden Personen voneinander unterscheiden.

Aus den vorausgegangenen Erörterungen können zwei eindeutige Schlußfolgerungen gezogen werden:

Erstens ist Wissenschaft an Sätzen nur im Hinblick auf ihre Verifikation interessiert. Daher beschäftigt sich Wissenschaft mit den faktischen Aspekten der Bedeutung, aber nicht mit den ethischen.

Zweitens unterscheiden sich angewandte Wissenschaften von theoretischen Wissenschaften, wie diese Begriffe hier benutzt worden sind, nur in ihren ethischen Aspekten.

Aussagen einer Organisationswissenschaft[1]

Aussagen über organisatorische Prozesse sind insofern wissenschaftlich, als von ihnen Wahrheit und Falschheit im faktischen Sinne behauptet werden kann. Wenn umgekehrt Wahrheit und Falschheit von einer Aussage über organisatorische Prozesse behauptet werden kann, dann ist diese Aussage wissenschaftlich.

Es wird manchmal angenommen, daß die Organisationswissenschaft ein wesentliches ethisches Element enthält, weil die Wörter „gut" und „schlecht" oft in Sätzen auftreten, die von Organisationsforschern geschrieben wurden. Wenn dies richtig wäre, dann würde eine Organisationswissenschaft unmöglich sein, denn es ist unmöglich, auf empirischer Grundlage zwischen ethischen Alternativen zu entscheiden. Glücklicherweise ist es nicht richtig. Die Begriffe „gut" und „schlecht" werden selten in einem rein ethischen Sinne verwendet, wenn sie in einer Untersuchung über Organisationsfragen auftreten. Verfahren werden als „gut" bezeichnet, wenn sie der Erreichung bestimmter Ziele förderlich sind, und als „schlecht", wenn sie einer solchen Erreichung nicht förderlich sind. Ob sie förderlich sind oder nicht, ist eine reine Tatsachenfrage, und es ist dieses faktische Element, das den wirklichen Gehalt einer Organisationswissenschaft ausmacht. Zur Erläuterung: In den Wirtschaftswissenschaften läßt sich die Aussage „Alternative A ist *gut*" in zwei Aussagen übertragen, die eine faktisch und die andere ethisch:

„Alternative A wird zum maximalen Gewinn führen."
„Gewinn zu maximieren ist gut."

Der erste dieser beiden Sätze hat keinen ethischen Gehalt und ist ein Satz einer angewandten Betriebswirtschaftslehre. Der zweite Satz ist ein ethischer Imperativ und hat in keiner Wissenschaft Platz.

Wissenschaft kann nichts darüber sagen, ob wir Gewinn maximieren *sollten*. Sie kann uns nur sagen, unter welchen Bedingungen die Maximierung erreicht wird und was die Folgen der Maximierung sein werden.

Wenn diese Analyse zutrifft, dann gibt es keine *logischen* Unterschiede, die die Sätze einer Wissenschaft von denen einer anderen unterscheiden. Welche Unterschiede auch immer existieren, sie müssen aus den Gegenständen der verschiedenen Wissenschaften erwachsen und nicht aus der inneren Natur ihrer Sätze.

Naturwissenschaften und Sozialwissenschaften

Die bisherige Diskussion führt zur Lösung eines Problems, das von Methodologen der Sozialwissenschaften erörtert worden ist. Es ist oft behauptet worden, die Sozialwissenschaften beinhalteten ethische Normen und mangelten daher der naturwissenschaftlichen Objektivität. Eine jüngere Darstellung dieser Ansicht ist in Robert S. Lynds „*Knowledge for What?*"[2] zu finden. Da offensichtlich ist, daß Wahrheit und Falschheit nicht von Sollsätzen behauptet werden kann, kann diese Unterscheidung nicht richtig sein. Wenn es grundlegende Unterschiede zwischen den Natur- und den Sozialwissenschaften gibt, dann müssen sie in einer anderen Richtung liegen.

Eine andere Gruppe von Unterschieden muß, obwohl richtig, als oberflächlich abgetan werden. Erstens sind soziale Phänomene wahrscheinlich weit komplexer als die Daten, mit denen sich die Naturwissenschaften beschäftigen. Folglich könnte erwartet werden, daß die Aufgabe der Entdeckung von Regelmäßigkeiten, die sozialen Phänomenen zugrunde liegen, schwieriger ist. Zweitens können Experimente in den Sozialwissenschaften nicht durchgeführt werden, ohne die Folgen für die Objekte des Experimentierens zu beachten. Der Arzt in *Arrowsmith* (von Sinclair Lewis – A. d. Ü.) hatte eine beispiellose Gelegenheit, mit Impfstoff unter kontrollierten Bedingungen zu experimentieren; aber seine menschlichen Werte überwogen und er sah sich außerstande, seinen Kontrollpersonen die Vorteile der Behandlung vorzuenthalten. Die Gültigkeit dieser beiden Unterschiede kann zugestanden werden, aber sie können kaum als fundamental angesehen werden. Komplexität ist eine graduelle Angelegenheit, und es läßt sich sehr wohl in Frage stellen, ob nicht einige der verwickelteren Phänomene, mit denen die Physik fertiggeworden ist, ebenso komplex wie einige der einfacheren sozialen Phänomene sind. Experimentieren kann auch kaum der wirkliche Unterschied sein, denn die Astronomie, die zuerst entwickelte Naturwissenschaft, hat nie die Vorteile des Labors bei der Entdeckung ihrer Gesetze gehabt.

Erwartungen als Faktoren des sozialen Verhaltens

Wenn es einen grundlegenden Unterschied zwischen den Sozial- und den Naturwissenschaften gibt, dann leitet er sich aus der Tatsache ab, daß die Sozialwissenschaften mit bewußten Menschen zu tun haben, deren Verhalten durch Wissen, Gedächtnis und Erwartungen beeinflußt wird. Das Wissen der Menschen selbst über die Kräfte, die ihr Verhalten formen, kann folglich (aber muß nicht) dieses Verhalten verändern. Es ist z. B. heute offensichtlich, daß das öffentliche Bewußtsein über den Gebrauch der Propaganda in einem früheren Weltkrieg in einem gewissen Maße die öffentliche Reaktion auf Propaganda im zweiten Weltkrieg beeinflußte.

Dies bedeutet nicht, daß es unmöglich ist, gültige Gesetze über menschliches Verhalten aufzustellen. Es heißt einfach, daß eine der Variablen, die in die Darstellung von sozialen Gesetzmäßigkeiten einbezogen werden muß, der Wissensstand und die Erfahrung der Personen sind, deren Verhalten das Gesetz zu beschreiben behauptet.[3] Je absichtsvoller das Verhalten, das den Gegenstand einer Wissenschaft bildet, desto wichtiger ist die Rolle, die Wissen und Erfahrung spielen.

Diese Eigenschaft zweckgerichteten Verhaltens, also seine Abhängigkeit von Glauben oder Erwartung, hat weitere Konsequenzen im sozialen Bereich, wenn es um Gruppenverhalten geht. Die Entscheidung eines jeden Gruppenmitgliedes kann von seiner Erwartung über das Verhalten der anderen Gruppenmitglieder abhängen; d. h., die Entscheidung von A kann von seiner Erwartung über das Verhalten von B abhängen, während die Entscheidung von B von seiner Erwartung über das Verhalten von A abhängen kann. Auf diese Art kann eine gewisse Unbestimmtheit entstehen, wie sie tatsächlich in solchen sozialen Institutionen wie dem Aktienmarkt vorkommt, wo erfolgreiches Verhalten das Ausrechnen anderer Marktteilnehmer in Hinblick auf diese Erwartungen einschließt.[4]

Es ist ein grundlegendes Merkmal sozialer Institutionen, daß ihre Stabilität und selbst ihre Existenz von Erwartungen dieser Art abhängen. Insoweit das Verhalten einer anderen Person genau vorhergesagt werden kann, bildet es einen Teil der objektiven Umwelt und ist in seiner Art identisch mit den nichtmenschlichen Teilen dieser Umwelt.

Bei der Anwendung dieser Überlegungen auf den Bereich der Organisation erkennen wir vor allem, daß die Organisation zweckgerichtetes Verhalten seitens ihrer Teilnehmer impliziert. Somit werden die Erwartungen dieser Teilnehmer ein Faktor zur Bestimmung ihres Verhaltens sein. Weiterhin werden ihre Erwartungen zum Teil Erwartungen über das Verhalten anderer Organisationsmitglieder beinhalten.

So gesehen ist Organisation der Schauspielerei nicht unähnlich. Es ist die Aufgabe des guten Schauspielers, seine Rolle zu kennen und zu spielen, obwohl verschiedene Rollen sich im Inhalt stark unterscheiden können. Die Wirksamkeit der Aufführung wird von der Wirksamkeit des Stückes und der Wirksamkeit, mit der es gespielt wird, abhängen. Die Wirksamkeit des organisatorischen Prozesses wird sich mit der Wirksamkeit der Organisation und der Wirksamkeit, mit der die Mitglieder ihre Rollen spielen, verändern.

Das Wesen von Organisationsprinzipien

Wir können die Ergebnisse zusammenfassen, zu denen wir im Hinblick auf eine Organisationswissenschaft gekommen sind. In erster Linie befaßt sich eine Organisationswissenschaft, wie jede andere Wissenschaft, allein mit Faktenaussagen. Für ethische Bekenntnisse gibt es im Gebäude einer Wissenschaft keinen Platz. Wenn immer ethische Aussagen auftreten, lassen sie sich in zwei Teile trennen, in einen faktischen und einen ethischen; und nur der erstere hat wissenschaftliche Relevanz.

Gebraucht man die Begriffe „theoretisch" und „angewandt", so wie sie in diesem Abschnitt definiert worden sind, dann kann eine Organisationswissenschaft jede dieser beiden Aussagearten verwenden. Einerseits können Aussagen über Organisationen Beschreibungen – mit Bezug entweder auf eine bestimmte Organisation oder auf Organisationen im allgemeinen – über die Art und Weise sein, wie sich Menschen in organisierten Gruppen verhalten. Dies kann als eine Soziologie der Organisation bezeichnet werden.

Andererseits besteht eine angewandte Organisationswissenschaft aus Aussagen darüber, wie sich Menschen verhalten würden, wenn sie wollten, daß ihre Handlungen zur bestmöglichen Erreichung der Organisationsziele bei knappen Mitteln führen.[5]

Diese beiden alternativen Formen der Organisationswissenschaft sind genau analog zu den beiden Formen, die die Wirtschaftswissenschaften annehmen. Erstens sind die ökonomische Theorie und die institutionalistische Ökonomie verallgemeinerte Beschreibungen des Verhaltens von Menschen am Markt. Zweitens stellt die Betriebswirtschaftslehre jene Bedingungen wirtschaftlichen Verhaltens dar, die zur Gewinnmaximierung führen werden.

Diese Abhandlung hat Erörterungen sowohl der Soziologie der Organisation als auch der angewandten Organisationswissenschaft einbezogen. Die Kapitel IV, VI, VIII und X haben sich vornehmlich mit der ersteren beschäftigt und die Kapitel III, IX und XI vornehmlich mit der letzteren.

Fußnoten zum Anhang

1 Luther Gulick hat inhaltlich diese gleiche Ansicht im Hinblick auf den Gegenstand der Organisationsforschung entwikkelt. Vgl. *Gulick*, L., Science, Values und Public Administration, in: *Gulick*, L. / *Urwick*, L. (Hrsg.), Papers on the Science of Administration, New York 1937, S. 191–193.

2 Vgl. *Lynd*, R. S., Knowledge for What? The Place of Social Science in American Culture, Princeton 1939. Eine etwas differenziertere Variante dieser Sichtweise zieht sich durch die Schriften von Frank H. Knight. Vgl. insbes. seine Besprechung: *Knight*, F. H., Bertrand Russel on Power, in: International Journal of Ethics 49, 1939, S. 235–285 und das Vorwort zur Neuausgabe seines Buches *Knight*, F. H., Risk, Uncertainty, and Profit, Boston 1921, Neuausgabe (1933), S. XV–XVI.

3 Eine sorgfältige Durchsicht der Veröffentlichungen zu diesem Punkt in der Literatur zur sozialwissenschaftlichen Methodologie deckte eine kurze, aber klare Darlegung dieser Behauptung in einem Aufsatz von Van de Walle auf. Vgl. *Van de Walle*, W. E., A Fundamental Difference Between the Natural and Social Sciences, in: Journal of Philosophy

29, 1932, S. 542–550. Die Unterscheidung ist eng verknüpft mit der zwischen dem Artifiziellen und dem Natürlichen, die durch Ward in die Soziologie eingeführt wurde. Vgl. *Ward*, L. F., Dynamic Sociology, New York 1926; *Mayer*, J., Scientific Method and Social Science, in: Philosophy of Science 1, 1934, S. 338–350. Aber sowohl in den Schriften von Ward als auch in Frank Knights Erörterungen der gleichen Frage wird offensichtlich die Ansicht vertreten, daß aus dem „Artifiziellen" der Gesellschaft folgt, daß eine Soziologie unvermeidbar ethische Annahmen enthält. In der vorliegenden Untersuchung wird der gegenseitige Standpunkt eingenommen. Vgl. *Knight*, a.a.O., S. XV–XXXII.

4 F. Knights grundlegende These ist, daß dieses „Ausrechnen" der Erklärungsmechanismus für den Gewinn in einer Wettbewerbswirtschaft ist. Vgl. *Knight*, a.a.O., S. 35–37, 333–335. Siehe auch die Analyse zum ökonomischen Duopolproblem, wo das Phänomen des Ausrechnens sich bis zu einem extremen Maße zeigt. Vgl. *Allen*, R. G. D., Mathematical Analysis for Economists, London 1938, S. 200–204, 345–347 und die dort zitierte Literatur.

5 Zu einer ausführlicheren Diskussion der Unterscheidung zwischen einer Soziologie der Organisation und einer angewandten Organisationsforschung vgl. *Musgrave*, R. A., The Planning Approach in Public Economy: A Reply, in: Quarterly Journal of Economics 55, 1941, S. 324 und *Simon*, H. A., The Planning Approach in Public Economy: Further Comment, in: Quarterly Journal of Economics 55, 1941, S. 329. Zu einem Beispiel für die falschen Auffassungen, die sich ergeben, wenn diese Unterscheidung nicht getroffen wird, siehe die Empfehlungen zur Organisationsforschung bei *Key*, V. O., The Lack of a Budgetary Theory, in: American Political Science Review 34, 1940, S. 1143f.

Teil II

KAPITEL XII

Über das Konzept des Organisationszieles[1]

Es gibt wenige Beiträge zur Organisationstheorie, in denen nicht irgendein Konzept von „Organisationsziel" eingeführt wird. In der klassischen ökonomischen Theorie der Unternehmung, in der kein Unterschied zwischen der Organisation und dem einzelnen Unternehmer gemacht wird, ist das Ziel der Organisation – das Ziel der Unternehmung – einfach identisch mit dem Ziel des realen oder hypothetischen Unternehmers. Es wird ganz allgemein davon ausgegangen, daß es unproblematisch ist, für Individuen Ziele zu behaupten. Wenn diese Voraussetzung erfüllt ist, dann bereitet diese Lösung keine Schwierigkeiten.

Wenn wir aber nach der internen Struktur einer Organisation fragen, dann kann das Problem auf diese Weise nicht vermieden werden. Entweder müssen wir organisatorisches Verhalten durch die Ziele der individuellen Mitglieder der Organisation erklären oder wir müssen die Existenz von einem oder mehreren organisatorischen Zielen zusätzlich und unabhängig von den Zielen der Individuen behaupten.[2]

Die erste Alternative erscheint attraktiv. Sie schützt uns vor der Gefahr, die Organisation zu reifizieren, sie als eine überindividuelle Einheit mit einer Existenz und einem Verhalten unabhängig von dem Verhalten ihrer Mitglieder zu behandeln. Schwierigkeiten ergeben sich erst bei der Durchführung dieser Alternative. Üblicherweise wird das dadurch versucht, daß man den Ausdruck „Organisationsziele" gleichsetzt mit „Ziele der Eigentümer der Unternehmung" oder alternativ mit „Ziele der obersten Unternehmensleitung" oder mit „Ziele derjenigen Personen, die die legitime Autorität zur Führung der Organisation haben".

Aber diese Lösung führt zu neuen Schwierigkeiten, da wir oft beobachten können, daß diejenigen Ziele, die tatsächlich den Entscheidungen in einer Organisation zugrunde liegen, nicht mit den Zielen der Eigentümer oder der Unternehmensleitung übereinstimmen, sondern von den Managern und den Mitarbeitern aller Ebenen modifiziert worden sind. Müssen wir daraus schließen, daß es die Ziele untergeordneter Manager und Mitarbeiter sind, die das Verhalten einer Organisation bestimmen? Vermutlich nicht, denn die tatsächlichen Verhaltensweisen entsprechen nicht denen, die wir erwarten würden, wenn die Manager und Mitarbeiter nur ihre eigenen Ziele zu Rate ziehen würden. Das gesamte Konzept einer informalen Organisation, die von den Zielen des Managements oder der einzelnen Mitarbeiter beeinflußt wird, damit aber nicht identisch ist, wird unklar und mehrdeutig, wenn wir diesem Weg folgen.

Wir wollen sehen, ob wir einen Weg zwischen dieser Scylla und der Charybdis der Reifikation finden. Der erste Schritt zur Klärung ist die Beachtung der Unterscheidung zwischen Zielen einerseits und Motiven andererseits. Unter *Zielen* werden wir Wertprämissen verstehen, die als Inputs für Entscheidungen dienen können. Unter *Motiven* verstehen wir beliebige Gründe, die Individuen dazu veranlassen, bestimmte Ziele und nicht andere als Prämissen ihrer Entscheidungen auszuwählen. Im nächsten Abschnitt werden wir das so definierte Zielkonzept entwickeln. In nachfolgenden Abschnitten werden wir uns bemühen, den Begriff des *Organisationsziels* zu entwickeln und die Beziehungen zwischen Organisationszielen und persönlichen Motiven zu klären.

Bevor wir *Organisationsziele* definieren können, müssen wir uns darüber klar sein, was wir mit *Zielen eines Individuums* meinen. Wir beginnen mit der Betrachtung der letztgenannten Frage.

Ziele und Entscheidungen: Mehrfache Kriterien

Unsere Diskussion von Zielen wird sehr viel einfacher, wenn wir ein bestimmtes Modell der betrachteten Situation vor Augen haben. In den letzten Jahren haben wir in der Betriebswirtschaftslehre und der Unternehmensforschung gelernt, formale Modelle zur Charakterisierung selbst von recht detaillierten und komplexen Entscheidungssituationen zu formulieren und zur Bestimmung von „optimalen" Entscheidungen zu nutzen. Da viele dieser Modelle das Instrument der linearen Programmierung verwenden, werden wir auch einen linearen Programmierungs-Ansatz verwenden, um die Entscheidungssituation zu beschreiben. Es wird dabei kein mathematisches Wissen vorausgesetzt, das über die Fähigkeit hinausgeht, algebraische Schreibweise zu lesen.[3]

Das Problem der optimalen Diäten ist ein typisches, einfaches Problem der linearen Programmierung. Gegeben ist eine Liste von Nahrungsmitteln und für jede Position auf der Liste ihr Preis, ihr Kaloriengehalt und ihre für die Ernährung bedeutsamen Anteile an Mineralien und Vitaminen. Außerdem wird eine Reihe von Ernährungsanforderungen vorgegeben, die Angaben über den minimalen täglichen Bedarf an Mineralien, Vitaminen und Kalorien enthalten sowie Beschränkungen für die maximale Aufnahme von einigen oder allen dieser Komponenten festlegen können.

Das Diätenproblem besteht nun darin, diejenigen Nahrungsmittel und ihre Mengen zu finden, die die Ernährungsbedingungen zu den geringsten Kosten erfüllen. Dieses Problem kann wie folgt formalisiert werden:

Die verschiedenen Nahrungsmittel seien mit 1 bis N, die verschiedenen Nährstoffkomponenten mit 1 bis M bezeichnet. x_i sei die Menge des Nahrungsmittels i in der Diät, y_j die gesamte Menge der Nährstoffkomponente j in der Diät und p_i der Preis des Nahrungsmittels i. a_{ij} sei die Menge der Nährstoffkomponente j in einer Mengeneinheit des Nahrungsmittels i, b_j die Mindestmenge und c_j die Obergrenze der Nährstoffkomponente j. Einige der b_j können gleich Null und einige der c_j unendlich groß sein. Es gilt nun

$$(1) \qquad \sum_i a_{ij} x_i = y_j \qquad \text{für} \qquad j = 1, \ldots, M;$$

d. h., der Gesamtverbrauch der Nährstoffkomponente j ist die Summe der in jedem verbrauchten Nahrungsmittel enthaltenen Mengen dieser Komponente. Die Ernährungsbedingungen können wie folgt beschrieben werden:

$$(2) \qquad c_j \geq y_j \geq b_j \qquad \text{für} \qquad j = 1, \ldots, M;$$

d. h., die Gesamtmenge der Nährstoffkomponente j muß zwischen b_j und c_j liegen. Die Menge jedes verbrauchten Nahrungsmittels muß nichtnegativ sein; sie kann aber auch Null sein:

$$(3) \qquad x_i \geq O \qquad \text{für} \qquad i = 1, \ldots, N.$$

Schließlich sollen die Gesamtkosten der Diät minimiert werden; wir suchen also:

$$(4) \qquad \underset{x}{\text{Min}} \sum_i x_i p_i$$

Eine Diät (es kann auch mehrere Lösungen geben), die den Bedingungen (2), (3) und (4) genügt, heißt *optimale* Diät. Eine Diät, die den Ungleichungen (2) und (3) (den *Nebenbedingungen*) genügt, aber nicht zwingend minimale Kosten verursacht, heißt *zulässige* Diät.

Was ist das Ziel der Diätentscheidung? Es würde dem alltäglichen Sprachgebrauch entsprechen, wenn wir sagen würden, daß das Ziel in der Minimierung der Kosten einer angemessenen Diät besteht, da die Bedingung (4) das zu minimierende Kriterium ist. Dieses Kriterium hebt die Wirtschaftlichkeit als Ziel hervor.

Andererseits könnten wir unsere Aufmerksamkeit hauptsächlich auf die Nebenbedingungen richten, vor allem auf die Ernährungsbedingungen (2). Dann könnten wir sagen, daß es das Ziel ist, eine den Ernährungsbedingungen genügende Diät zu finden, die auch wirtschaftlich ist. Obwohl wir in dieser Formulierung Kosten auch erwähnen, haben wir eindeutig die Betonung auf die Angemessenheit der Diät unter dem Gesichtspunkt der Ernährung verlagert. Gute Ernährung ist jetzt das wesentliche Ziel.

Die Beziehung zwischen der Zielfunktion (4) und den Nebenbedingungen (2) kann noch deutlicher aufgezeigt werden. Dazu ersetzen wir die Zielfunktion (4) durch eine neue Nebenbedingung:

$$(5) \quad \sum_{i} x_i p_i \leq k,$$

also durch die Forderung, daß die Gesamtkosten der Diät nicht größer als eine Konstante k werden soll. Nun ist die Menge aller zulässigen Diäten auf jene beschränkt, die den Nebenbedingungen (5) sowie (2) und (3) genügen. Aber da wir die Minimierungsbedingung aufgegeben haben, gibt es offensichtlich keine Basis mehr, um aus diesen Diäten eine gegenüber anderen vorzuziehen.

Unter bestimmten Bedingungen können wir jedoch die Menge der näher zu betrachtenden Diäten auf eine Teilmenge der Menge der zulässigen Diäten beschränken. Nehmen wir an, alle Ernährungsbedingungen (2) seien Minimalbedingungen, und nehmen wir weiter an, daß wir, ceteris paribus, eine größere Menge einer Nährstoffkomponente immer einer kleineren Menge vorziehen. Wir sagen nun, daß die Diät B die Diät A genau dann dominiert, wenn die Kosten von Diät B nicht größer als die Kosten von Diät A sind und wenn die Diät B von allen Nährstoffkomponenten mindestens genausoviel wie die Diät A, von mindestens einer aber mehr enthält. Wir bezeichnen die Menge aller Diäten, die zulässig sind und nicht dominiert werden, als die Pareto-effiziente Menge.

Unsere Präferenz für die eine oder andere Diät in der Pareto-effizienten Menge wird von der relativen Bedeutung abhängen, die wir den Kosten im Vergleich zu den Mengen an Nährstoffkomponenten und dem Verhältnis der Mengen dieser Nährstoffkomponenten zueinander zuweisen. Sind die Kosten der ausschlaggebende Faktor, dann werden wir wieder genau die Diät auswählen, die sich nach dem Kriterium (4) ergibt. Wenn wir aber andererseits der Nährstoffkomponente j eine größere Bedeutung beilegen, dann werden wir im allgemeinen eine ganz andere zulässige Diät auswählen – eine, bei der die Komponente j so groß wie möglich ist. Innerhalb der durch die Nebenbedingungen gesetzten Grenzen erscheint es durchaus vernünftig, jedes Kriterium als unser Ziel zu bezeichnen, das uns zur Auswahl eines bestimmten Elementes aus der Pareto-effizienten Menge führt. Sind nun aber die Nebenbedingungen streng genug, so daß die zulässige Menge und a fortiori die Pareto-effiziente Menge sehr klein sind, dann werden die Nebenbedingungen einen genauso großen oder größeren Einfluß auf die schließlich ausgewählte Diät haben als das eben definierte Ziel. Wenn wir z. B. eine oder mehrere Ernährungsbedingungen sehr hoch ansetzen, so daß nur noch sehr wenige Diäten auch die Budgetbedingung (5) erfüllen, dann wird die Einführung des Kriteriums der Kostenminimierung als endgültige Auswahlregel nur noch einen relativ kleinen Einfluß auf die ausgewählte Diät haben.

Unter solchen Umständen kann es geraten erscheinen, die Idee aufzugeben, daß die Entscheidungssituation durch ein einfaches Ziel beschrieben werden kann. Statt dessen erscheint es vernünftiger, von einer ganzen Menge von Zielen zu sprechen – genau genommen der Menge aller Ernährungs- und Budgetbedingungen, die der Entscheidungsträger zu erreichen trachtet. In Abwandlung eines bekannten Epigramms: „Wenn Sie mir die Wahl der Nebenbedingungen überlassen, dann ist es mir gleich, wer das Optimierungskriterium wählt."

Mehrfache Ziele in Organisationen

Um die organisatorische Bedeutung unseres Beispiels aufzuzeigen, müssen wir nur annehmen, daß die untersuchte Entscheidung von einem Hersteller von Futtermitteln zu treffen ist, daß die Ernährungsbedingungen Bedingungen für Mastschweine und die Preise für die verfügbaren Futterbestandteile gelten und daß die Absatzpreise der fertigen Futtermittel für das Unternehmen festgelegt sind. Unter diesen Voraussetzungen ist die Minimierung der Kosten von Futtermitteln, die bestimmten Ernährungsstandards genügen, identisch mit der Maximierung des Gewinns durch den Verkauf von Futtermitteln, die diesen Standards genügen. Kostenminimierung repräsentiert bei diesem Unternehmen das Ziel der Gewinnmaximierung.

Wir können genauso gut sagen, daß das Ziel des Futtermittelunternehmens darin besteht, seine Kunden mit den bestmöglichen Futtermitteln gemessen an Ernährungsstandards bei einem gegebenen Preis zu versorgen, also Futtermittel herzustellen, die in der Pareto-effizienten Menge sind. Möglicherweise ist es das, was Interessenvertreter der Wirtschaft meinen, wenn sie sagen, daß nicht Gewinn, sondern die effiziente Produktion von Gütern und Dienstleistungen das Ziel ihrer Tätigkeit sei. Hätten wir unser Modell so erweitert, daß einige Preise nicht als konstant gegeben, sondern als Nebenbedingungen erschienen wären, dann hätten wir auch andere Ziele einführen können, etwa das Gewinnziel der Lieferanten oder, wenn es auch Arbeit als Produktionsfaktor gäbe, das Ziel hoher Löhne.[4]

Wir können die bisherige Untersuchung wie folgt zusammenfassen. In realen Entscheidungssituationen muß eine Handlung, um akzeptabel zu sein, einer ganzen Reihe von Nebenbedingungen oder Beschränkungen genügen. Manchmal wird eine dieser Bedingungen herausgegriffen und als das Ziel der Handlung bezeichnet. Aber die Auswahl einer der Beschränkungen aus vielen ist ziemlich willkürlich. Für viele Zwecke ist es sinnvoller, die ganze Menge von Bedingungen als das (komplexe) Ziel der Handlung zu bezeichnen. Diese Schlußfolgerung gilt sowohl für individuelle als auch für organisatorische Entscheidungen.

Die Suche nach einer Handlungsalternative

Bisher haben wir angenommen, daß die Menge der möglichen Handlungen dem Entscheidungsträger im voraus bekannt ist. In vielen, wenn nicht gar in den meisten realen Situationen müssen mögliche Handlungsalternativen entdeckt, entworfen oder entwickelt werden. Im Prozeß der Suche nach einer befriedigenden Lösung können die Handlungsziele – also die Beschränkungen, denen die Lösung genügen muß – in zweierlei Hinsicht als Orientierungshilfe dienen. Erstens können die Beschränkungen direkt bei der Entwicklung vorgeschlagener Lösungen verwendet werden *(Alternativenerzeugung)*. Zweitens können die Beschränkungen bei der Überprüfung der Angemessenheit einer vorgeschlagenen Lösung verwendet werden *(Alternativenprüfung)*. Die erste Menge von Beschränkungen wird uns im allgemeinen eher als zielartig erscheinen.[5]

Wir können diese Möglichkeiten verdeutlichen, wenn wir uns überlegen, was im Kopf eines Schachspielers vorgeht, wenn er einen Zug in einem Spiel erwägt. Eine Bedingung für einen guten Zug besteht darin, daß er Druck auf den Gegner durch einen Angriff oder durch die Vorbereitung eines Angriffs ausübt. Diese Bedingung legt einem erfahrenen Spieler mögliche Züge nahe (Alternativenerzeugung). Wenn z. B. der König des Gegners nicht gut gedeckt ist, wird der Spieler nach Zügen suchen, die den König angreifen. Aber wenn ein möglicher Zug auf diese Weise erzeugt worden ist (und damit automatisch die Bedingung erfüllt, Druck auf den Gegner auszuüben), muß er im Hinblick auf andere Bedingungen überprüft werden (Alternativenprüfung). So wird er kaum zufriedenstellend sein, wenn er einen überlegeneren oder schneller durchführbaren Gegenangriff erlaubt.

Die Entscheidungen im Organisationsalltag sind diesen Entscheidungen beim Schach ähnlich. Ein Bankangestellter, der im Rahmen einer Vermögensverwaltung Mittel in Aktien und Anleihen investiert, kann gemäß den Bedingungen des Verwaltungsvertrages die Erhöhung des Kapitalwertes des Vermögens als sein Ziel setzen. Das wird ihn dazu führen, den Ankauf von Stammaktien von Gesellschaften in Wachstumsbranchen zu erwägen (Alternativenerzeugung). Aber er wird jeden möglichen Ankauf im Hinblick auf andere Bedingungen prüfen: daß die Finanzstruktur der Gesellschaft solide ist, ihre vergangene Ertragslage befriedigend und so weiter (Alternativenprüfung). Alle diese Überlegungen können zu seinen Zielen beim Aufbau des Portefeuilles gerechnet werden, aber einige der Ziele dienen der Erzeugung von möglichen Portefeuilles, andere der Überprüfung.[6]

Der Prozeß der Gestaltung von Handlungsalternativen liefert uns also eine weitere Quelle der Asymmetrie zwischen den „zielähnlichen" Beschränkungen, die die eigentliche Entwicklung steuern, und den Beschränkungen, die angeben, ob mögliche Handlungsalternativen auch zulässig sind. Im allgemeinen wird die Suche so lange weitergehen, bis eine oder höchstens eine kleine Anzahl von Alternativen aus der

Menge der zulässigen Alternativen gefunden worden ist. Welche Alternative aus der Menge der zulässigen Alternativen entdeckt und ausgewählt wird, kann wesentlich von dem Suchprozeß abhängen, also davon, welche Beschränkungen im oben definierten Sinn zum Erzeugen und welche zur Überprüfung dienen.

In einer Mehrpersonen-Situation können die Ziele eines Menschen Beschränkungen für einen anderen Menschen sein. Der Futtermittelhersteller kann z. B. durch die Suche nach neuen Beigaben versuchen, Futtermittel so billig wie möglich zu produzieren. Die Futtermittel müssen aber bestimmte Ernährungsbedingungen erfüllen. Der Schweinezüchter kann z. B. durch die Suche nach neuen Herstellern versuchen, Futtermittel mit der höchsten Qualität zu finden. Das Futter darf aber nicht mehr kosten, als seine finanziellen Mittel erlauben. Wenn es zu teuer ist, muß er entweder die Qualität oder die Menge einschränken. Ein Verkauf wird dann zustandekommen, wenn eine Futterpartie entsprechend den Bedingungen sowohl des Herstellers als auch des Züchters zulässig ist. Haben Hersteller und Züchter die gleichen Ziele? In einem Sinne sicher nicht, da es einen eindeutigen Interessenkonflikt zwischen ihnen gibt: Der Züchter möchte billig einkaufen, der Hersteller teuer verkaufen. Aber wenn andererseits eine Vereinbarung getroffen werden kann, die den Bedingungen beider genügt – wenn die zulässige Menge, die beiden Mengen von Beschränkungen genügt, nicht leer ist –, dann haben sie in einem anderen Sinne ein gemeinsames Ziel. Im Grenzfall der vollkommenen Konkurrenz engen die durch den Markt und die Technologie gesetzten Beschränkungen die zulässige Menge auf einen einzelnen Punkt ein und bestimmen so die Mengen und die Preise der ausgetauschten Güter eindeutig.

Die Klarheit und Eindeutigkeit dieses Grenzfalles der vollkommenen Konkurrenz sollte uns aber nicht den Blick für die Tatsache trüben, daß die meisten realen Situationen diesem Fall nicht genau entsprechen. Typischerweise ist die Erzeugung von Alternativen (etwa Innovation, Entwicklung und Gestaltung von Produkten) ein mühsamer und kostspieliger Prozeß. Typischerweise gibt es auch eine praktisch unbegrenzte Fülle von möglichen Alternativen. Ein Plan für ein Staudammprojekt, der auf die Erzeugung von elektrischer Energie abzielt und daneben angemessene Maßnahmen zur Bewässerung, zum Hochwasserschutz und zur Erholung berücksichtigen soll, wird im allgemeinen ganz anders aussehen als ein Plan zum Hochwasserschutz, der daneben die anderen erwähnten Ziele angemessen berücksichtigen soll. Selbst wenn die in beiden Fällen erzeugten Pläne nach allen angegebenen Dimensionen auf ihre Eignung überprüft werden, ist es fast sicher, daß in den beiden Fällen recht unterschiedliche Pläne entworfen und vorgeschlagen und daß die letztlich ausgewählten Pläne recht verschiedene Punkte in der zulässigen Menge darstellen werden.

An späterer Stelle werden wir einige Gründe für die Annahme angeben, daß die Gesamtheit der Beschränkungen, die von Entscheidungsträgern in verschiedenen Teilen einer Organisation beachtet werden, wahrscheinlich recht ähnlich ist, daß aber verschiedene Entscheidungsträger wahrscheinlich die Beschränkungen in sehr unterschiedlicher Weise zur Erzeugung bzw. zur Überprüfung von Alternativen verwenden. Wenn wir unter diesen Umständen den Ausdruck „Organisationsziele" umfassend zur Bezeichnung der Beschränkungsmengen verwenden, so werden wir zu dem Schluß kommen, daß Organisationen tatsächlich Ziele (weitgehend gemeinsame Beschränkungsmengen) haben. Wenn wir den Ausdruck „Organisationsziele" enger für die Bezeichnung von Beschränkungen zur Alternativenerzeugung verwenden, werden wir zu dem Schluß kommen, daß es wenig Gemeinsamkeit bei den Zielen von verschiedenen Teilen großer Organisationen gibt und daß die Bildung von Unterzielen und Zielkonflikte auffällige und wichtige Erscheinungen des organisatorischen Alltags sind. Unsere Unterscheidung zwischen erzeugenden und prüfenden Beschränkungen hilft, diese Mehrdeutigkeiten zu entwirren, unterstreicht aber auch die Notwendigkeit, stets genau anzugeben, in welchem Sinne von Zielen geredet wird.

Motivation für Ziele

Wenn wir mit Motivation stets das meinen, was einen Menschen zur Auswahl einer bestimmten Handlungsalternative veranlaßt, dann ist – definitionsgemäß – jede Handlung motiviert. Aber bei den meisten Fällen menschlichen Verhaltens ist die Beziehung zwischen Motiven und Handlung nicht einfach; sie wird durch eine ganze Kette von Ereignissen und umgebenden Bedingungen vermittelt.

Wir beobachten einen Mann, der sich am Arm kratzt. Was ist sein Motiv (oder Ziel)? Er will einen Juckreiz lindern.

Wir beobachten einen Mann, der in einen Medikamentenschrank greift. Was ist sein Motiv (oder Ziel)? Er will eine Flasche mit einer Flüssigkeit herausnehmen, von der seine Frau versichert, daß sie sehr wirksam gegen das Jucken von Mückenstichen sei. Oder haben wir sein Motiv falsch angegeben? Ist es die Anwendung der Flüssigkeit auf seinen Arm? Oder wie zuvor die Linderung des Juckens? Aber die Beziehung zwischen Handlung und Ziel ist in diesem Fall weitaus komplexer als im vorherigen. Zwischen sie tritt eine Zweck-Mittel-Folge (Flasche greifen, Flüssigkeit anwenden, Jucken lindern), eine Erwartung (daß die Flüssigkeit das Jucken lindert) und eine die Erwartung stützende soziale Überzeugung (daß die Versicherung der Frau ein zuverlässiger Indikator für die Wirkung der Flüssigkeit ist). Die Beziehung zwischen der Handlung und dem letzten Ziel ist schon in diesem einfachen Fall sehr indirekt und von Zwischenhandlungen abhängig geworden. Dabei ist zu beachten, daß diese neuen Komplikationen der indirekten Wirkung den schon oben diskutierten Komplikationen hinzugefügt werden – daß das Ziel nur in den Grenzen verfolgt wird, die durch zahlreiche Nebenbedingungen auferlegt werden (stoße nicht die anderen Flaschen im Medikamentenschrank um, berühre nicht die frische Farbe usw.).

Unser Punkt ist identisch mit dem Punkt der ehrwürdigen Geschichte von den drei

Maurern, die gefragt wurden, was sie eigentlich tun. „Mauern", „Eine Wand hochziehen", „Bei der Errichtung einer großen Kathedrale helfen", waren ihre jeweiligen Antworten. Der Vermögensverwalter, dessen Verhalten wir oben betrachtet haben, könnte auf ähnliche oder andere Art sagen: „Ich versuche, eine Aktie für dieses Portefeuille auszuwählen", „Ich stelle ein Portefeuille für die Altersversorgung meines Kunden zusammen", „Ich bin als Vermögensverwalter beschäftigt." Die Organisationstheorie wird vor allem an der nur sehr indirekten Beziehung zwischen der jeweils zweiten und dritten Antwort interessiert sein. Der Vermögensverwalter hat mutmaßlich kein „persönliches" Interesse an der Altersversorgung seines Kunden, sondern nur ein „professionelles" Interesse an seiner Rolle als Vermögensverwalter und Bankangestellter. Andererseits hat er ein persönliches Interesse, seine Rolle und seinen Angestelltenstatus zu erhalten.

Rollenverhalten

Natürlich ist in der Realität die Grenzlinie zwischen persönlichen und professionellen Interessen nicht sehr scharf, denn persönliche Zufriedenheit kann aus der kompetenten Ausübung einer professionellen Rolle erwachsen. Persönliche Zufriedenheit bzw. Unzufriedenheit kann sich aus unzähligen Bedingungen im Rahmen der Beschäftigung ergeben. Trotzdem ist es in erster Annäherung überaus wichtig, zwischen den Antworten auf zwei Fragen nach dem Motiv zu unterscheiden: „Warum behalten (oder übernehmen) Sie diese Stelle?" und „Warum haben Sie gerade diese Investitionsentscheidung getroffen?" Die erste Frage wird anhand der persönlichen Motive oder Ziele des Rolleninhabers richtig beantwortet, die zweite anhand der Ziele, die für die Rolle selbst das angemessene Verhalten festlegen.

Entsprechend dieser Unterscheidung von Zielen in persönliche und rollenbestimmte Ziele wird die Organisationstheorie manchmal in zwei Teile zerlegt: (1) eine Motivationstheorie, die Entscheidungen von Menschen über die Teilnahme an und den Verbleib in Organisationen erklärt; und (2) eine Theorie der Entscheidungsprozesse in Organisationen, die aus diesen Menschen bestehen.[7]

In der von Barnard und mir formulierten Motivationstheorie wird behauptet, daß die Motive jeder Gruppe von Teilnehmern in *Anreize* (Aspekte der Teilnahme, die von den Teilnehmern angestrebt werden) und *Beiträge* (Aspekte der Teilnahme, die Inputs für die Produktionsfunktion der Organisation sind, aber im allgemeinen für die Teilnehmer einen negativen Nutzen haben) unterschieden werden können. Jeder Teilnehmer ist motiviert, seine Anreize zu maximieren oder zumindest zu erhöhen und zugleich seine Beiträge zu senken. Diese Motivation ist eine zentrale Überlegung bei der Erklärung der Entscheidung zum Beitritt (oder zum Verbleib). Aber „Beitreten" bedeutet Anerkennung einer Rolle in der Organisation, und deshalb benötigen wir außer den Annahmen der Anreiz-Beitrags-Theorie keine weiteren Motivationsannahmen, um das nachfolgende Verhalten der Rollenausübung zu erklären.

Ich beeile mich, die einige Abschnitte zuvor eingeführte Warnung zu wiederholen, daß wir mit dieser Trennung unserer Betrachtung der organisatorischen Rollenausübung von der Betrachtung der persönlichen Motivation – mit der Beitrittsentscheidung als einzigem Verbindungsglied – eine Abstraktion von der Komplexität der realen Welt vorschlagen. Ein großer Teil der bedeutsamen Forschung über soziale Beziehungen und informale Organisation, die in der letzten Generation sehr zu unserem Verständnis von organisatorischem Verhalten beigetragen hat, war speziell mit den Erscheinungen befaßt, die durch diese Abstraktion ausgeschlossen werden. So stellen Machtstreben und Interesse am persönlichen Fortkommen ein Eindringen von persönlichen Zielen in die organisatorische Rolle dar, ebenso wie die soziale und berufliche Zufriedenheit und Unzufriedenheit, die mit der Arbeit verbunden ist.

Das Zugeständnis, daß die Abstraktion manchmal unhaltbar ist, schließt nicht aus, daß es viele Situationen geben kann, in der sie höchst nützlich ist. Es gibt erstens viele organisatorische Entscheidungen, die persönliche Motive einfach überhaupt nicht berühren – organisatorische Ziele sind hier unabhängig von persönlichen Zielen. So wird, um ein triviales Beispiel zu geben, im allgemeinen der Ausgleich zwischen Anreiz und Beitrag für eine Sekretärin keinen Deut durch die Entscheidung, ob sie einen Brief an A oder an B schreiben soll, oder durch den Inhalt des Briefes betroffen. Zweitens können persönliche Motive im Entscheidungsprozeß als konstante Beschränkungen auftreten. (Nur Handlungsalternativen, die den Beschränkungen genügen, werden betrachtet, aber diese Beschränkungen haben keinen Einfluß auf die Auswahl einer Handlung aus der dann noch zulässigen Menge an Handlungsalternativen.) So können die Vereinbarungen eines Arbeitsvertrages die Arbeitszeit auf 40 Wochenstunden begrenzen, aber wenig darüber sagen, was in den vierzig Stunden geschieht.[8]

Die Abstraktion der organisatorischen Rolle von persönlichen Zielen erweist sich vor allem beim Studium der kognitiven Aspekte organisatorischer Entscheidungsprozesse als nützlich, denn die Abstraktion stimmt mit einigen bekannten Fakten über menschliche Denkprozesse überein. Von all dem Wissen, den Einstellungen und Werten, die in einem menschlichen Gedächtnis gespeichert sind, wird in einer gegebenen konkreten Situation nur ein sehr kleiner Bruchteil hervorgerufen. So kann ein Individuum eine große Vielzahl von Rollen annehmen, wenn diese durch geeignete Umstände hervorgerufen werden, und jede dieser Rollen steht möglicherweise nur in schwacher Beziehung mit den anderen. Ein Mann kann zu einem Zeitpunkt Vater sein, zu einem anderen Maschinist, zu einem anderen Schachspieler. Die derzeitigen Informationsverarbeitungstheorien über menschliche Denkprozesse behaupten, daß sich die Teilmengen der Gedächtnisinhalte – Informationen und Programme – die durch diese verschiedenen Rollen hervorgerufen werden, nur in geringem Maß überschneiden. Dementsprechend könnten wir behaupten, daß die alltägliche organisatorische Umwelt ganz andere Assoziationen aus dem Gedächtnis des Teilnehmers hervorruft als Überlegungen über einen Wechsel des Arbeitsplatzes. Soweit dies der Fall ist, liefert es eine zusätzliche Erklärung dafür, warum sein „persönliches" System von Anreizen und Beiträgen, also die Nutzengrößen, die die Arbeitsplatzentscheidung beeinflussen, keinen Einfluß auf seine „organisatorischen" Entscheidungen haben wird, also die Entscheidungen, die getroffen werden, während die erste Menge hervorgerufen ist.

Die Fähigkeit eines einzelnen Individuums in Abhängigkeit von seiner Umweltsituation von einer Rolle in eine andere zu wechseln, hilft mithin, das Ausmaß zu erklären, in dem Organisationsziele internalisiert werden, d. h. bei der Rollenausübung automatisch hervorgerufen und angewendet werden. Durch welche Mittel auch immer das Individuum ursprünglich zur Übernahme der Rolle motiviert wurde, die der Rolle entsprechenden Ziele und Beschränkungen werden zu einem Teil des in seinem Gedächtnis gespeicherten Entscheidungsprogramms, das sein Rollenverhalten definiert.

Interpersonale Unterschiede

Obwohl die im letzten Abschnitt eingeführten Überlegungen zeigen, daß die Abkopplung der organisatorischen Rolle von persönlichen Zielen nicht vollständig sein muß, mag es sinnvoll sein, ein wenig genauer aufzuzeigen, wie Unterschiede zwischen Individuen ihr Verhalten in Rollen beeinflussen kann, die aus der Sicht der Organisation identisch sind.

Eine Rolle darf nicht als eine spezifische, stereotype Menge von Verhaltensweisen, sondern muß als ein *Programm* (im Sinne der Informatik) zur Bestimmung von Handlungen verstanden werden, die entsprechend den jeweils entstehenden Umständen unternommen werden sollen. In früheren Abschnitten haben wir Beispiele für solche Programme angegeben und gezeigt, daß sie höchst komplex sein können. Beispielsweise kann eine einzelne Entscheidung eine Funktion von sehr vielen Programmanweisungen oder Prämissen sein.

Zwar können wir uns einen Idealtypus einer Rolle vorstellen, die unter ihren Prämissen nur Organisationsziele enthält, aber die Rollen, die Organisationsmitglieder tatsächlich ausüben, enthalten ausnahmslos sowohl organisatorische als auch persönliche Ziele. Wir haben schon gesehen, wie beide Teil der Gesamtmenge von Beschränkungen sein können.

Aber interpersonale Unterschiede bei der Ausübung von Rollen gehen weit über die Aufnahme von persönlichen Zielen in die Rolle hinaus. Rollenverhalten hängt sowohl von Zweck-Mittel-Prämissen als auch von Zielprämissen ab. So kann eine bestimmte fachliche Ausbildung einem Individuum spezifische Techniken und Kenntnisse für die Lösung von Problemen vermitteln (Techniken des Rechnungswesens, juristische Techniken usw.), von denen dann als Teil des durch seine Rolle hervorgerufenen Programms Gebrauch gemacht wird. Auf diese Weise kann ein Unternehmensleiter mit Erfahrungen im Rechnungswesen zu anderen Problemlösungen kommen als ein Unternehmensleiter in derselben Position, aber mit juristischen Erfahrungen.

Ein Individuum kann in seine Rolle aber nicht nur einen fachlichen Denkstil, sondern auch einen persönlichen Stil aufnehmen. Es kann z. B. Gewohnheiten und Überzeugungen einbringen, die ihm entscheidende Prämissen für seine Handhabung von interpersonalen Beziehungen liefern. Eine autoritäre Persönlichkeit wird sich deshalb ganz anders verhalten als eine tolerante Person, selbst wenn beide in der gleichen organisatorischen Rolle sind und die gleichen Organisationsziele verfolgen.

Der Spielraum für den Ausdruck individueller Unterschiede beim Rollenverhalten ist im allgemeinen bei der Behandlung jener Angelegenheiten am engsten, die auf den Rolleninhaber durch die Initiative anderer zukommen, und ist im allgemeinen am breitesten, wenn er die Initiative übernimmt und jene Ermessensangelegenheiten auswählt, denen er Aufmerksamkeit und Priorität zuordnen will. Mit den früher eingeführten Begriffen heißt das, daß Prämissen, die von der organisatorischen Umwelt geliefert werden, im allgemeinen die Alternativenauswahl stärker steuern als die Alternativenerzeugung.

Das organisatorische Entscheidungssystem

Wir beschränken uns jetzt auf Situationen, in denen die Berufsrollen nahezu vollständig von den persönlichen Zielen getrennt sind und verfolgen die Konsequenzen dieser Zerlegung des Verhaltens von Organisationsteilnehmern in seine persönlichen und organisatorischen Komponenten. Wenn wir nun die organisatorischen Entscheidungsprogramme aller Teilnehmer gemeinsam mit dem verbindenden Kommunikationsfluß betrachten, können wir diese zu einer zusammengesetzten Beschreibung des organisatorischen Entscheidungssystems zusammenfügen – eines Systems, das weitgehend von den individuellen, die Teilnahme bestimmenden Motiven losgelöst worden ist.

Im einfachsten Fall einer kleinen, relativ wenig spezialisierten Organisation haben wir wieder eine Entscheidungssituation, die dem Problem der optimalen Diät nicht unähnlich ist. Begriffe wie „Ziele", „Bedingungen" und „Beschränkungen", die wir dort verwendet haben, können in gleicher Weise auf ähnlich unkomplizierte organisatorische Situationen angewendet werden.

In komplizierten Fällen kann Abstraktion der persönlichen Motive vom organisatorischen Entscheidungssystem nicht alle Aspekte interpersonaler (oder genauer Interrollen-)Unterschiede aus dem Entscheidungsprozeß entfernen. Wenn viele Personen mit spezialisierten Rollen an organisatorischen Entscheidungen teilnehmen, wird das gesamte System wahrscheinlich keine monolithische Struktur haben. Individuelle Rollen werden sich hinsichtlich der Anzahl und Art der erhaltenen Mitteilungen und der Teile der Umwelt, von denen sie die Mitteilungen erhalten, unterscheiden. Sie werden sich im Hinblick auf die bewertenden Mitteilungen unterscheiden, die sie von anderen Rollen erhalten. Sie werden sich bei ihren Suchprogrammen unterscheiden. Selbst im Rahmen unserer Abstraktion, die individuelle Motive vernachlässigt, können wir somit die Phänomene der unterschiedlichen Wahrnehmung und der Unterzielbildung erfassen. (Siehe Kapitel X oben.)

Um unsere Diskussion zu konkretisieren, wollen wir wieder ein spezielles Beispiel eines organisatorischen Entscheidungssystems betrachten – in diesem Falle ein System für die Steuerung von Lagerhaltung und Produktion. Wir nehmen einen Betrieb an, in dem Entscheidungen getroffen werden müssen über (1) die gesamte Produktionsmenge je Periode, d. h. die Anzahl der eingesetzten Arbeitskräfte und die wöchentliche Arbeitszeit der Mitarbeiter, (2) die Zuweisung der gesamten Produktionsanlagen auf die verschiedenen Produkte des Betriebes und (3) die Planung der Reihenfolge, in der die einzelnen Produkte auf den Produktionsanlagen bearbeitet werden sollen. Wir werden sie als Mengenentscheidung, Zuweisungsentscheidung bzw. Reihenfolgeentscheidung bezeichnen. Diese drei Entscheidungsmengen können durch verschiedene Rollen in der Organisation getroffen werden. Im allgemeinen würden wir erwarten, daß die Mengenentscheidung auf höheren Hierarchieebenen abgewickelt wird als die anderen Entscheidungen. Die reale Entscheidungssituation wird immer Schwierigkeiten enthalten, die über die hier beschriebenen hinausgehen, da sie auch Entscheidungen über Lieferungen an Lagerhäuser, Entscheidungen darüber, welche Produkte in Lagerhäusern vorrätig gehalten werden sollen, und viele andere Entscheidungen einschließt.

Nun können wir uns einen allwissenden Planer (den Unternehmer der klassischen ökonomischen Theorie) vorstellen, der durch die Lösung eines simultanen Gleichungssystems jede einzelne dieser interdependenten Entscheidungen treffen würde. Entscheidungsprobleme dieser Art sind im letzten Jahrzehnt ausgiebig von der Betriebswirtschaftslehre mit dem Ergebnis untersucht worden, daß wir heute eine ganze Menge über die mathematische Struktur dieser Probleme und die Größenordnung der Berechnungen wissen, die für ihre Lösungen erforderlich wären. Wir wissen vor allem, daß das Auffinden der optimalen Lösung eines vollständig spezifizierten Problems dieser Art weit jenseits der heute möglichen und zu erwartenden Leistungsfähigkeit von Rechenanlagen liegt.

In der tatsächlichen Praxis von Organisationen versucht niemand, eine optimale Lösung für das gesamte Problem zu finden. Statt dessen werden verschiedene einzelne Entscheidungen oder Bündel von Entscheidungen aus dem Gesamtkomplex von spezialisierten Mitgliedern oder Teilbereichen der Organisation getroffen. Beim Treffen dieser einzelnen Entscheidungen lösen die spezialisierten Teilbereiche nicht das Gesamtproblem, sondern suchen nach einer „befriedigenden" Lösung für ein oder mehrere Teilprobleme, wobei einige der Auswirkungen der Lösung auf andere Bereiche des Systems in der Definition von „befriedigend" berücksichtigt werden.

Beispielsweise können Plankosten als Beschränkungen für einen Betriebsleiter gesetzt werden. Sollte er feststellen, daß seine Maßnahmen diesen Beschränkungen nicht genügen, so wird er nach Möglichkeiten suchen, um seine Kosten zu senken. Größere Fertigungslose können ihm als Mittel zur Erreichung dieses Zweckes geeignet erscheinen. Größere Fertigungslose kann er erreichen, wenn die Anzahl der Produktvarianten verkleinert wird; deshalb schlägt er eine Produktstandardisierung als Lösung seines Kostenproblems vor. Vermutlich wird er diese Lösung aber nicht durchführen, bevor er sie anhand der durch die Absatzabteilung eingeführten Beschränkungen geprüft hat – Einwände, daß die Weigerung, spezielle Kundenwünsche zu erfüllen, zu Absatzeinbußen führen wird.

Jeder, der mit dem Alltag von Organisationen vertraut ist, kann eine Vielzahl von Beispielen dieser Art angeben, bei denen verschiedene Probleme in verschiedenen Teilen der Organisation wahrgenommen werden oder bei denen unterschiedliche Lösungen für dasselbe Problem erzeugt werden, je nachdem wo in der Organisation es entsteht. Der entscheidende Punkt, der hier festzuhalten ist, besteht darin, daß wir für die Erklärung solcher Konflikte oder Widersprüche keine Konflikte bei persönlichen Zielen oder Motiven behaupten müssen. Diese Konflikte und Widersprüche könnten und würden auch dann auftreten, wenn alle organisatorischen Entscheidungsrollen von Elektronenrechnern ausgeübt würden, bei denen die üblichen Arten persönlicher Grenzen bei der Akzeptanz organisatorischer Rollen vollständig fehlen würden. Die Widersprüche ergeben sich aus der kognitiven Unfähigkeit der Entscheidungsträger, das Gesamtproblem als eine Menge simultaner Beziehungen zu behandeln, die alle gleichzeitig betrachtet werden müßten.[9]

Ein Aspekt der Teilung von Entscheidungsaufgaben, der praktisch allen Organisationen gemein ist, besteht in der Unterscheidung zwischen den Entscheidungen allgemeiner, aggregierter Art, die auf hohen Ebenen der Organisation getroffen, und der Art von speziellen Einzelentscheidungen, die auf unteren Ebenen getroffen werden. Wir haben diese Unterscheidung schon in dem vorangegangenen Beispiel eines Steuerungssystems für Lagerhaltung und Produktion angesprochen. Wenn Führungskräfte auf hohen Ebenen eines solchen Systems Entscheidungen über den „gesamten Lagerbestand" treffen, dann beinhaltet diese Form der Zerlegung des Entscheidungsproblems schon radikale Vereinfachung und Annäherung. Es gibt z. B. keine einzelne, genau definierte Größe für die Gesamtkosten, die einem gegebenen Gesamtwert des gesamten Lagerbestandes entspricht. Es wird in der Regel verschiedene Kosten geben, die mit jeder der verschiedenen Artikelarten verbunden sind, aus denen das Lager besteht (z. B. können verschiedene Artikel unterschiedliche Verderbs- oder Veralterungsraten haben) und unterschiedliche Wahrscheinlichkeiten und Kosten werden mit fehlenden Vorräten jeder Artikelart verbunden sein. Ein gegebener Gesamtlagerbestand wird also unterschiedliche Kosten haben, die von seiner Zusammensetzung aus einzelnen Artikeln abhängen.

Die Gestaltung eines Systems für Entscheidungen über die Gesamtzahl der Arbeitskräfte, die Herstellmenge und die Lagerbestände erfordert die Annahme, daß der gesamte Lagerbestand niemals sehr weit von einer typischen Zusammensetzung aus einzelnen Artikelarten abweicht. Diese Annahme ist wahrscheinlich vertretbar, da untergeordnete Entscheidungen über die Läger einzelner Artikel ständig an anderen Punkten in der Organisation getroffen werden. Diese untergeordneten Entscheidungen verhindern, daß der gesamte Lagerbestand ernsthaft aus dem Gleichgewicht gebracht wird, und machen damit Durchschnitte zu sinnvollen Annahmen über den Gesamtwert.

Die für die Aggregation erforderliche Annahme ist so ähnlich wie die eines Ingenieurs, wenn er die Temperatur eines Wasserbehälters mit einem einzigen Thermometer als Meßgerät kontrolliert und weiß, daß eine hinreichende Mischung der Flüssigkeit im Tank erfolgt, durch die eine stabile Struktur der Temperaturbeziehungen zwischen ihren Teilen erhalten bleibt. Ohne eine solche stabile Struktur wäre es unmöglich, den Prozeß durch die Messung der durchschnittlichen Temperatur zu kontrollieren.

Wenn auf dieser Annäherungsbasis Rahmenentscheidungen über die Gesamtzahl der Arbeitskräfte, die Herstellmenge und die Lagerbestände getroffen worden sind, dann können diese Entscheidungen als Beschränkungen für detaillierte Entscheidungen auf unteren Ebenen über die Lagerbestände oder Produktion einzelner Artikel verwendet werden. Wenn die Gesamtmengenentscheidung getroffen wurde, daß im nächsten Monat eine Million Liter Farbe hergestellt werden soll, dann können weitere Entscheidungen darüber getroffen werden, wieviel Farbe von jeder Sorte hergestellt werden soll. Dabei ist die Beschränkung zu beachten, daß die Summe der Herstellmenge der einzelnen Sorten eine Million Liter ist.[10]

Dieses einfache Beispiel dient zur Erläuterung, wie die gesamte Menge an Entscheidungen, die fortwährend in einer komplexen Organisation getroffen werden, als ein organisiertes System betrachtet werden kann. Sie bilden ein System, in dem (1) bestimmte Entscheidungsprozesse darauf ausgerichtet sind, Handlungsalternativen zu finden, die im Lichte mehrfacher Ziele und Beschränkungen zulässig oder zufriedenstellend sind und (2) Entscheidungen, die in einem Teil der Organisation getroffen werden, als Ziele oder Beschränkungen in die Entscheidungen in anderen Teilen der Organisation einfließen.

Es gibt keine Garantie dafür, daß die getroffenen Entscheidungen in Hinblick auf irgendein organisatorisches Gesamtziel optimal sind. Das System ist nur locker verknüpft. Trotzdem können die Ergebnisse des Gesamtsystems mit Hilfe eines oder mehrerer Organisationsziele bewertet werden, und das Entscheidungssystem kann verändert werden, wenn diese Ergebnisse als unbefriedigend beurteilt werden.

Wenn wir die Entscheidungsstruktur in einer realen Organisation betrachten, können wir außerdem beobachten, daß sie im allgemeinen in einer Weise zusammengefügt ist, die sicherstellt, daß die Entscheidungen in spezialisierten Teilbereichen unter Berücksichtigung der allgemeineren Ziele getroffen werden. Einzelne Einheiten werden durch Produktionspläne, Belohnungs- und Bestrafungssysteme auf der Basis von Kosten- und Gewinnzielen, Lagerbeschränkungen usw. mit dem Gesamtsystem verbunden. Die lockere Verknüpfung zwischen den Teilen hat die positive Konsequenz, daß sie die Auferlegung einer großen Vielzahl spezieller Beschränkungen für die Teilsysteme erlaubt, ohne deren Entscheidungsmechanismen arbeitsunfähig zu machen.

Das Entscheidungssystem und organisatorisches Verhalten

In den vorangegangenen Abschnitten wurde große Mühe darauf verwendet, um die Ziele und Beschränkungen (Anreize und Beiträge), die Menschen für die Akzeptanz organisatorischer Rollen motivieren, von den Zielen und Beschränkungen zu unterscheiden, die in ihr Entscheidungsverhalten bei der Ausübung dieser organisatorischen Rollen einfließen. Einerseits setzt das System von persönlichen Anreizen und Beiträgen Beschränkungen, die die Organisation befriedigen muß, wenn sie überleben will. Andererseits sind die Beschränkungen, die in den organisatorischen Rollen, also dem, was ich hier das organisatorische Entscheidungssystem genannt habe, enthalten sind, jene Beschränkungen, denen eine Handlungsalternative genügen muß, damit sie von der Organisation angenommen wird.

Es gibt keine zwingende *logische* Verknüpfung zwischen den beiden Mengen von Beschränkungen. Schließlich gelingt es Organisationen manchmal nicht zu überleben, und ihr Ableben kann oft auf die versäumte Einbeziehung aller wichtigen motivationalen Belange der Teilnehmer in die Beschränkungen des organisatorischen Entscheidungssystems zurückgeführt werden. So ist ein wesentlicher Grund für das Scheitern kleiner Unternehmen der Mangel an Betriebskapital, eine Folge des Versäumnisses, sich auf solche Handlungen zu beschränken, die mit den Forderungen der Gläubiger nach pünktlichen Zahlungen konsistent sind. Ähnlich scheitern neue Produkte oft, weil in den Beschränkungen, die die Produktgestaltung steuern, unzutreffende Annahmen über die für die Kunden wichtigen Anreize enthalten sind. (Es wird allgemein angenommen, daß die Schwierigkeiten der Chrysler Corporation aus der Gestaltungsprämisse herrühren, daß Autokäufer vornehmlich am Erwerb einer leistungsfähigen Technik interessiert seien.)

Jedoch gibt es im allgemeinen einen starken empirischen Zusammenhang zwischen den zwei Mengen von Beschränkungen, denn die Organisationen, die wir üblicherweise in der Realität beobachten – das sind die, die für einige Zeit überleben konnten – sind genau jene, die organisatorische Entscheidungssysteme entwickelt haben, deren Beschränkungen garantieren, daß ihre Handlungen ein günstiges Verhältnis von Anreizen und Beiträgen für ihre Teilnehmer aufrechterhalten. Dieses evolutorische Argument kann in gleicher Weise auf biologische Organismen angewendet werden. Es gibt keine logische Notwendigkeit dafür, daß die Temperaturen, Sauerstoffkonzentrationen usw., die im Gewebe eines Vogels durch seine physiologischen Prozesse aufrechterhalten werden, in jenen Wertbereichen liegen müssen, die für sein Überleben notwendig sind. Wir werden ganz einfach nicht sehr oft die Möglichkeit haben, Vögel zu beobachten, deren physiologische Regelmechanismen diese externen Beschränkungen nicht berücksichtigen. Solche Vögel sterben schnell aus.[11]

Was der Soziologe die funktionalen Erfordernisse für Überleben nennt, kann uns mithin in der Regel gute Anhaltspunkte für die Prognose von Organisationszielen geben. Wenn jedoch die funktionalen Erfordernisse den Zielen ähnlich sind, so ist die Ähnlichkeit empirischer und nicht definitorischer Art. Die Ziele einer Organisation müssen aus der Beobachtung der organisatorischen Entscheidungsprozesse erschlossen werden, gleich, ob diese Prozesse auf Überleben oder auf Selbstzerstörung ausgerichtet sind.

Schlußfolgerungen

Wir können nun unsere Antworten auf die eingangs gestellte Frage „Welche Bedeutung hat der Begriff ‚Organisationsziel'?" zusammenfassen. Erstens haben wir erkannt, daß es zweifelhaft ist, ob Entscheidungen generell auf die Erreichung *eines* Zieles gerichtet sind. Es ist einfacher und klarer, Entscheidungen so aufzufassen, daß sie mit der Entdeckung von Handlungsalternativen befaßt sind, die einer Menge von Beschränkungen genügen müssen. Nur diese Menge und nicht ein einzelnes ihrer Elemente kann völlig zutreffend als das Ziel der Handlung betrachtet werden.

Wenn wir eine der Beschränkungen zur näheren Betrachtung auswählen, so geschieht dies (1) wegen ihrer Beziehung zu den Motiven des Entscheidungsträgers oder (2) wegen ihrer Beziehung zum Suchprozeß, der bestimmte Handlungsalternativen erzeugt oder gestaltet. Jene Beschränkungen, die den Entscheidungsträger motivieren, und jene, die seine Suche nach Handlungsmöglichkeiten steuern, werden manchmal als „zielähnlicher" angesehen als jene, die die betrachteten Handlungen begrenzen, oder jene, die zur Überprüfung verwendet werden, ob eine von ihm gestaltete mögliche Handlungsalternative zufriedenstellend ist. Ob wir alle diese Beschränkungen gleich behandeln oder ob wir einige als Ziele herausheben, ist weitgehend eine Angelegenheit der sprachlichen oder analytischen Zweckmäßigkeit.

Wenn wir uns organisatorischen Entscheidungen zuwenden, so beobachten wir, daß viele, wenn nicht die meisten Beschränkungen, die eine befriedigende Handlungsalternative definieren, mit einer organisatorischen Rolle und damit nur indirekt mit den persönlichen Motiven des Rolleninhabers verknüpft sind. In dieser Situation ist es zweckmäßig, den Begriff Organisationsziel für die Beschränkungen oder Mengen von Beschränkungen zu verwenden, die durch eine organisatorische Rolle gesetzt werden, die nur diese indirekte Beziehung zu den Motiven des Entscheidungsträgers besitzt.

Wenn wir die Beschränkungsmenge eines organisatorischen Entscheidungssystems untersuchen, so werden wir im allgemeinen erkennen, daß es Beschränkungen enthält, die tatsächlich alle wichtigen Anreize und Beiträge der verschiedenen Teilnehmergruppen berücksichtigen. Diese Beschränkungen tendieren dazu, mögliche Handlungsalternativen von der Betrachtung auszuschließen, die für das Überleben nachteilig sind. Sie bestimmen natürlich zumeist nicht allein vollständig die Handlungsalternativen.

Im Hinblick auf die für die meisten formalen Organisationen typische hierarchische Struktur ist es ein zweckmäßiger Sprachgebrauch, den Begriff „Organisationsziel" zu verwenden, um insbesondere auf die Beschränkungsmengen und Suchkriterien zu verweisen, die die Rollen auf den höheren Hierarchieebenen bestimmen. So ist es zweckmäßig, von der Erhaltung des Waldbestandes als dem hauptsächlichen Ziel des U. S. Forest Service oder von der Verminderung von Feuerschäden als dem hauptsächlichen Ziel einer städtischen Feuerwehr zu sprechen. Denn die hohen Führungskräfte dieser Organisationen werden solche Handlungen auswählen und unterstützen, die diese Ziele fördern. Die untergeordneten Mitarbeiter werden das gleiche tun oder zumindest ihre Entscheidungen auf die auf den höheren Ebenen im Hinblick auf diese Ziele gesetzten Beschränkungen zuschneiden.

Da es schließlich starke Elemente der Dezentralisation bei den Entscheidungen jeder großen Organisation gibt, können unterschiedliche Beschränkungen die Entscheidungsprobleme verschiedener Stellen oder spezialisierter Teilbereiche festlegen. So wird z. B. „Gewinn" in die Entscheidungen der meisten Mitglieder einer Wirtschaftsorganisation nicht direkt einfließen. Wiederum heißt das nicht, daß es unzweckmäßig oder sinnlos ist, Gewinn als ein hauptsächliches Ziel des Unternehmens anzusehen. Es heißt einfach, daß der Entscheidungsmechanismus ein locker verknüpftes System ist, in dem die Gewinnbeschränkung nur eine unter mehreren ist und für die meisten Teilsysteme nur indirekt wirksam wird. Es wäre sowohl berechtigt als auch realistisch, die meisten Unternehmen als auf Gewinnerzielung – unter Berücksichtigung einer Reihe von Nebenbedingungen – ausgerichtet zu bezeichnen. Sie arbeiten durch ein Netzwerk von Entscheidungsprozessen, das viele grobe Annäherungen in die Suche nach gewinnbringenden Handlungsalternativen einbringt. Außerdem folgt aus der Zielfestlegung nicht, daß jeder Mitarbeiter durch das Gewinnziel des Unternehmens motiviert wird, obwohl das für einige zutreffen kann.

Diese Sicht der Merkmale der Organisationsziele vermittelt uns ein Bild der organisatorischen Entscheidungsprozesse, das nicht einfach ist. Aber sie erlaubt uns, auf eine sehr operationale Art und Weise durch die Beschreibung der Struktur des organisatorischen Entscheidungsmechanismus zu zeigen, wie und in welchem Ausmaß Gesamtziele wie „Gewinn" oder „Erhaltung des Waldes" dazu beitragen, die tatsächlich ausgewählten Handlungsalternativen zu bestimmen.

Fußnoten zu Kapitel XII

1 Mit geringen Änderungen entnommen und mit Genehmigung abgedruckt aus: Administrative Science Quarterly 9, 1964, S. 1–22. Ich bin Herbert Kaufman für hilfreiche Kommentare zum Manuskript dankbar.
2 Die vorliegende Untersuchung ist im allgemeinen vereinbar, aber nicht identisch mit der meiner Kollegen R. M. Cyert und J. G. March, die Organisationsziele in Kap. III ihres Buches diskutieren. Vgl. *Cyert*, R. M. / *March*, J. G., A Behavioral Theory of the Firm, Englewood Cliffs 1963. Ihre Analyse ist am engsten mit den Abschnitten dieses Aufsatzes verwandt, die von der Motivation für Ziele und organisatorischem Überleben handeln.
3 Es gibt jetzt eine beträchtliche Zahl von Einführungen in die lineare Programmierung in der betriebswirtschaftlichen Literatur. Zu einer Darstellung, die die hier vorgeschlagene Sichtweise entwickelt vgl. *Charnes*, A. / *Cooper*, W. W., Management Models and Industrial Applications of Linear Programming, New York 1961, Kap. I. Siehe auch *Charnes*, A. / *Cooper*, W. W., Deterministic Equivalents for Optimizing and Satisfying under Chance Constraints, in: Operations Research 11, 1963, S. 18–39.
4 Vgl. *Simon*, H. A., A Comparison of Organization Theories, in: *Simon*, H. A., Models of Man, New York 1957, S. 170–182.
5 Zu einer weiteren Erörterung der Rolle von erzeugenden und prüfenden Beschränkungen beim Entscheiden und Problemlösen vgl. *Newell*, A. / *Simon*, H. A., The Processes of Creative Thinking, in: *Gruber*, H. E. / *Terrell*, G. / *Wertheimer*, M. (Hrsg.), Contemporary Approaches to Creative Thinking, New York 1962, insbes. S. 77–91.
6 Vgl. *Clarkson*, G. P. E., A Model of Trust Investment Behavior, in: *Cyert* / *March*, a.a.O.
7 Zur weiteren Diskussion und zu weiteren Verweisen siehe *March*, J. G. / *Simon*, H. A., Organizations, New York 1958, Kap. IV; siehe auch Kap. VI in diesem Buch.
8 Vgl. *Simon*, H. A., A Formal Theory of the Employment Relation, in: *Simon*, H. A., Models of Man, a.a.O.
9 Zu einigen empirischen Belegen siehe unten, Kapitel XV.
10 Ein System dieser Art wird im Detail entwickelt in *Holt*, C. C. / *Modigliani*, F. / *Muth*, J. F. / *Simon*, H. A., Planning Production, Inventories, and Work Force, Englewood Cliffs 1960. Kap. 10, Determining Production Quantities under Aggregate Constraints, S. 185–202. Vgl. die Diskussion der Kompositentscheidung in Kap. XI, oben.
11 Die Beziehung zwischen den funktionalen Erfordernissen zum Überleben und den tatsächlichen Beschränkungen des Ausführungssystems ist ein zentrales Konzept in W. R. Ashbys Begriff eines multistabilen Systems. Vgl. *Ashby*, W. R., Design for a Brain, 2. Aufl., New York 1960.

KAPITEL XIII

Die Zukunft der Informationsverarbeitungstechnologie[1]

Vorgestern sah ich in der herrlichen und historischen Stadt Guanajuato die eindrucksvollen Denkmäler, die dort die mexikanische politische Revolution preisen – *La Alhóndiga* und die Statue von *El Pípila*. Aber während ich die Stadt erkundete, sah ich auch ein Denkmal, das die heutige technologische Revolution lobpreist – einen elektronischen Computer in den Büros der Regierung des Staates Guanajuato. Tatsächlich ist in unserer Zeit die Gegenwart elektronischer Computer zu einem wichtigen Symbol der technischen Revolution geworden.

Aber ich muß vorsichtig beim Gebrauch meiner Begriffe sein. Wir verwenden heutzutage die Begriffe „Revolution", „Explosion" und „Durchbruch" recht großzügig. Kaum vergeht ein Tag ohne einen neuen „Durchbruch" bei der Zahnpastaherstellung oder dem Entwurf von Regenmänteln. Wenn wir eine Madison Avenue der Verwässerung von Bedeutungen vermeiden wollen, dann müssen wir diese Begriffe genau und sparsam verwenden. Wir müssen fragen, ob wir wirklich berechtigt sind, „Revolution" auf die gegenwärtigen Trends der Technologie im allgemeinen und „Explosion" auf Informationen im speziellen anzuwenden.

Plus ça change, plus c'est la même chose

Gibt es tatsächlich, wie so oft behauptet wird, eine „Informationsexplosion"? Warum glauben wir das? Wenn es eine solche gibt, was bedeutet sie?

Sicherlich haben die Tageszeitungen keinen Zweifel daran, daß die Information explodiert. Dieselbe Sonntagsausgabe der *New York Times* enthält die beiden folgenden Meldungen.

Im Finanzteil:

„*Wird eine ganze Woche mit verkürzten Börsenstunden Maklerfirmen glücklich machen, deren Hinterzimmer durch eine Papierflut verstopft sind?*"

In den Nachrichtenspalten:

„*George A. Miller, ein Psychologieprofessor von Harvard, sprach die Warnung aus, daß bis zum Jahr 2000 die Grenzen des menschlichen Geistes zur Informationsaufnahme erreicht sein können. Möglicherweise nähern wir uns schon einer Art Grenze für die weniger Begabten unter uns. Diejenigen, die das heutige Niveau der Komplexität noch bewältigen können, werden immer mehr gesucht.*"

Diese beiden Nachrichten sind nur eine mehr oder weniger zufällige Stichprobe aus einer viel größeren Zahl, die ich zitieren könnte – die ersten beiden, die mir auffielen. Das erste beschwört ein faszinierendes Bild der Wertpapierbörse herauf, die langsam unter einer Papierflut verschwindet; die zweite verspricht Wohlstand für „diejenigen, die das heutige Niveau der Komplexität noch bewältigen können" – und ich nehme an, das schließt alle hier Anwesenden ein.

Wie können wir diese und andere ähnliche Entwicklungen einschätzen? Wie begründet sind die Vorhersagen von der bevorstehenden Sintflut? Um diese Fragen zu beantworten, müssen wir die stabilen Elemente im menschlichen Leben von den sich wandelnden trennen.

Wandel – extrem schnellen Wandel – gibt es sicherlich in technischen und ökonomischen Dimensionen. Wir wissen, daß die Technologie mit großer Geschwindigkeit voranschreitet. Wir wissen, daß sie es zu ermöglichen *beginnt*, zum ersten Male in der Geschichte der Menschheit die akute Armut zu überwinden. Wir wissen, daß sie sogar Mittel zum Kampf gegen das überschnelle Bevölkerungswachstum zur Verfügung stellt – die ernsthafteste Gefahr für diese Aussicht auf Überwindung der Armut.

Aber (es gibt immer ein „aber" an diesem Punkt der Argumentation) wenn wir die Welt am Menschen messen, an seinen Werten und Zielen, dann haben wir viele gute Gründe zu zweifeln, ob sie sich überhaupt sehr viel ändert. Die Lektion 21 des Spanischlehrbuches, das ich zu dieser Tagung mitgebracht habe, liefert mir eine herrliche Bemerkung zur Stabilität der menschlichen Angelegenheiten. Übersetzt heißt es dort:

Nachrichten! Ich höre mit Zeitungslesen auf. Ich habe erfahren, daß die Preise gestiegen sind. Das Wetter wird weiter schlecht bleiben, und heute nacht kann es einen Sturm geben. In der Auseinandersetzung zwischen der Gewerkschaft und der Firmenleitung wurde keine Lösung erzielt; es wird wahrscheinlich einen weiteren Streik geben. Es erscheint zweifelhaft, ob die politischen Parteien ein Übereinkommen erreichen werden. Die internationale Lage verbessert sich nicht. Die anderen Nachrichten sind immer dasselbe: Unfälle, Verbrechen, Todesfälle, Geburten und Heiraten.

Ich bin sicher, daß der Autor dieser Zeilen nicht mehr als eine Spanischlektion schreiben wollte. Sie erweisen sich als eine gute Beschreibung der menschlichen Lebensbedingung – einer Bedingung, die sich seit der Zeit der Griechen nicht sehr geändert hat. Oder zumindest seit der Zeit des Cervantes – denn die Abenteuer des Don Quijote erinnern stark an Ereignisse der heutigen Zeit – selbst der Kampf gegen die Windmühlen.

Wir dürfen nicht annehmen, daß die Menschheit mit dem Fortschritt der Technik oder auch nur mit dem Fortschritt unserer Wirtschaft wahnsinnig glücklich werden wird. Denn die Ansprüche des Menschen haben die Eigenart, sich an seine Möglichkeiten anzupassen. Wir dürfen nicht erwarten, daß uns der technische Fortschritt Utopia bringen wird; es ist vernünftig zu hoffen, daß er Hilfe für akute Not und akuten Schmerz bringen wird.

Ein Essay über Voraussagen

Nach diesen Warnungen und Einschränkungen wollen wir uns wieder der Technologie selbst zuwenden und die Veränderungen untersuchen, die bei Informationsproduktion und -verarbeitung stattfinden. Bei einer Tagung der Operations Research Society of America in Pittsburgh vor zehn Jahren machten Allen Newell und ich einige sehr genaue Voraussagen für die nächsten zehn Jahre. Da der Termin für die Voraussagen fast erreicht ist, würde ich Ihnen jetzt gerne sagen, daß jede genau eingetroffen sei. Leider ist das nicht der Fall. Aber statt hier viel Zeit darauf zu verwenden, unsere Voraussagen von damals zu verteidigen oder wegzuerklären, will ich einfach einige allgemeine Bemerkungen über sie machen und dann angemessene Vorsicht üben, indem ich Voraussagen in Zukunft vermeide.

Wenn ich unsere Voraussagen verteidigen wollte, würde ich etwa wie folgt argumentieren: Alle Voraussagen waren im Detail falsch, aber in ihrer allgemeinen Tragweite richtig: Im Hinblick auf den vorhergesehenen Trend und die Veränderungsgeschwindigkeit. Wir haben nicht richtig eingeschätzt, wie Forschungsleistungen auf bestimmte Bereiche verteilt würden und wir haben die Rangordnung der Schwierigkeiten bestimmter Problembereiche nicht richtig eingeschätzt. Obwohl Musikkomposition, Schachspielen und das Beweisen von Theoremen mit Hilfe des Computers wichtige Fortschritte gemacht haben, wurden mithin unsere Zehnjahresziele noch nicht erreicht. Auf der anderen Seite der Bilanz sind das grundlegende Verständnis der natürlichen Sprache und der Fortschritt bei der Konstruktion von höheren Computersprachen schneller vorangekommen als wir vor einer Dekade vorauszusagen gewagt hätten, ebenso die automatische Konstruktion durch Computer, visuelle Darstellungen im on-line Mensch-Maschine-Dialog und die automatische Zeichenerkennung.

Im Licht des Fortschritts in dieser Dekade bereuen wir also nichts. Wir sehen keinen Grund, unsere zentrale These zu revidieren, daß elektronische Computer generell verwendbare Informationsverarbeitungsgeräte sind; daß wir schrittweise lernen werden, mit ihnen alle die Denkprozesse zu vollziehen, die Menschen machen können; daß wir mit Hilfe von Computersimulationstechniken lernen werden (und schon lernen), wie der Mensch denkt, und lernen werden, wie ihm zu besserem Denken verholfen werden kann.

Aufmerksamkeit für die vorhandene Information

Gestatten Sie mir für einen Moment die Annahme, daß sich die Informationsverarbeitungstechnologie so schnell entwickelt, wie es aus diesen Behauptungen folgen würde – das Programm dieser Tagung bietet noch eine Fülle von weiteren Belegen für diese Annahme. Wenn dies tatsächlich geschieht, warum *wird es keine* Informationsexplosion geben? Lassen Sie mich mit Hilfe einer Metapher erklären, warum es sie nicht geben wird – oder nicht geben muß.

Als der Bergsteiger Mallory gefragt wurde, warum er den Everest besteigen wolle, gab er die berühmte Antwort: „Weil er da ist." Nicht jeder wird diese Antwort akzeptieren, zumindest nicht für sich selbst. Nicht jeder trachtet danach, den Everest zu besteigen oder würde dem Vorhaben Sinn oder Zweck abgewinnen können.

Gegenüber der Informationsverarbeitung kann man nun genauso skeptisch sein wie gegenüber dem Bergsteigen. Insbesondere *müssen Informationen nicht allein deshalb verarbeitet werden, weil sie da sind.* Das Telephon muß nicht abgenommen werden, nur weil es klingelt; die Zeitung muß nicht gelesen werden, nur weil sie auf unsere Haustreppe geworfen wurde. Ich will aber sofort zugeben, daß Informationen auch manchmal auf unsere eigene Gefahr ignoriert werden. Die unerschöpfliche Sonntagsausgabe der *New York Times* liefert wieder ein Beispiel:

Tag Petersen, ein Verkehrsüberwacher bei einer Signalstation der Eisenbahn, sagte am Freitag vor Gericht aus, daß er dem Zug am Donnerstag die Durchfahrt erlaubte, obwohl die Signale anzeigten, daß die Strecke nicht frei war. Da er nichts von einem anderen Zug auf der Strecke gehört hatte, vermutete er, daß dieser nach Plan noch 20 Meilen östlich von Nyborg war und daß die Signale auf seiner Kontrolltafel falsch seien.

Trotz dieses Beispiels und anderer der gleichen Art, die noch angegeben werden könnten, machen wir uns häufiger des entgegengesetzten Irrtums schuldig – nämlich der Annahme, daß alles gut sein würde, „wenn wir nur mehr Informationen hätten". Wieder entnehme ich der *Times* ein geeignetes Beispiel:

Ein Nobelpreisträger von der Stanford University glaubt, die Zeit sei reif, daß die Urnen zu den Wählern gehen statt der Wähler zu den Urnen. „Ich glaube", sagte Professor Robert Hofstadter, Nobelpreisträger für Physik im Jahre 1961, „daß unsere Techniker weit genug sind, um ein einfaches elektronisches Wahlgerät in jedes Haus zu bringen."

Jeder Stimmberechtigte könne dann z. B. in seinem Wohnzimmer wählen. Professor Hofstadter sagte, „moderne Computer können die Daten nahezu augenblicklich und fehlerfrei zusammenfassen und ein endgültiges Ergebnis zur Frage geben".

Wir sehen darin ein Beispiel für einen rührend naiven Glauben an die „technologische Machbarkeit". Das folgende Beispiel ist erschreckender (da wir letzten Endes Physiker nicht allzu ernst nehmen, wenn sie sich zu politischen Fragen äußern):

„Das U.S. Außenministerium, das in einer Flut von etwa 15 Millionen Wörtern pro Monat von und zu 278 diplomatischen Außenstellen rund um die Welt zu ertrinken droht, hat den Computer zu Hilfe gerufen. Letzte Tests werden mit einer 3,5 Millionen Dollar teuren Kombination von Computern, Schnelldruckern und anderen elektronischen Geräten unternommen. Offizielle Stellen sagen, daß dadurch Engpässe im System überwunden werden, vor allem bei Krisen, wenn von den Krisenherden der Welt Ströme von gekabelten Nachrichten hereinfließen.

Wenn das neue System im Herbst vollständig in Betrieb genommen wird, dann werden Computer zur elektronischen Aufnahme von telegraphischen Nachrichten mit einer Geschwindigkeit von 1200 Zeilen pro Minute in der Lage sein. Die alten Fernschreiber können Nachrichten nur mit einer Geschwindigkeit von 100 Wörtern pro Minute aufnehmen."

Ein ergreifender Glaube an mehr Wasser als Mittel gegen Ertrinken! Hoffen wir, daß sich der Außenminister nicht dazu verpflichtet fühlen wird, alle 1200 Linien pro Minute nur deshalb zu verarbeiten, weil sie da sind.

Selektive Aufmerksamkeit

Es ist lächerlich anzunehmen, daß wir uns vor der Informationsflut durch die Einrichtung schnellerer Druckgeräte retten können. *Mangel* an Informationen ist nicht das typische Problem bei unseren Entscheidungsprozessen. Die Welt überschüttet uns laufend über Augen und Ohren mit Informationen – Millionen von bits pro Sekunde, von denen wir nach den besten Erkenntnissen nur etwa 50 bewältigen können.

Sättigung mit Informationen ist kein neuer Tatbestand. Die Bewegungen der Sterne, die für den Menschen über die Zehntausende von Jahren seiner Geschichte sichtbar waren, enthalten alle Informationen, die für die Newtonschen Bewegungsgesetze oder das Gravitationsgesetz benötigt werden. Die Informationen waren schon immer da. Was bis vor einigen hundert Jahren fehlte, war die Grundlage für die Auswahl jenes winzigen Bruchstückes davon, das für die Entwicklung wirksamer Verallgemeinerungen verwendet werden konnte.

Wir können es nicht vermeiden, in einer Welt zu leben, die uns mit Informationen – vom Menschen oder der Natur gemacht – überschüttet, aber wir *können* für unsere Verarbeitung die Informationen auswählen, die wahrscheinlich von Nutzen sind und die übrigen ignorieren. Gertrude Stein sagte auf den ersten Seiten von *The Autobiographie of Alice B. Toklas:* „Ich liebe eine Aussicht, aber ich sitze gern mit dem Rücken dazu." Wir können dem Beispiel von Miss Stein im Hinblick auf die Unabhängigkeit von der Informationsumwelt folgen. Unser wissenschaftliches und technologisches Wissen, unsere Entscheidungs- und Informationsverarbeitungssysteme sind Mittel, die es uns erlauben, der Aussicht den Rücken zu kehren – oder sehr selektiv auf sie zu starren und nur die gewünschten Teile herauszuheben.

In der gleichen Weise ist die gegenwärtige Beunruhigung über die Informationsexplosion in den Wissenschaften eine falsche Auffassung, da sie auf einem unzutreffenden Modell von der Art des wissenschaftlichen Fortschritts beruht. Die Wissenschaft schreitet nicht durch die Anhäufung von Informationen fort – sie organisiert Informationen und verdichtet sie. Von einer Generation war beispielsweise die organische Chemie eine Ansammlung von Einzelheiten, die nur schwach durch bekannte theoretische Verallgemeinerungen organisiert waren. Heute stellen die Prinzipien der Quantenmechanik leistungsfähige Mittel zur Organisation des Wissens der organischen Chemie zur Verfügung, obwohl dieses Wissen gewaltig gewachsen ist. Dementsprechend ist es heute zweifellos einfacher, die organische Chemie so zu beherrschen, daß bedeutsamere originäre Arbeit geleistet werden kann, als in einer früheren Zeit mit sehr viel weniger Wissen.

Das von mir gewählte Beispiel ist spektakulär, aber kein Einzelfall. Für das wissenschaftliche Streben hat „Wissen" schon immer „sparsames Wissen" bedeutet. Die Informationen, die uns die Natur anbietet, sind unvorstellbar redundant. Wenn wir den richtigen Weg zur Zusammenfassung und Charakterisierung dieser Informationen finden – wenn wir die in ihnen versteckte Struktur finden – verdichtet sich ihre riesige Masse zu prägnanten Gleichungen, deren jede außerordentlich informativ ist.

Eine Wissenschaft der Informationsverarbeitung

Hierin liegt die wahre Bedeutung der heutigen Informationsrevolution. Informationen und die Informationsverarbeitung werden zum ersten Male selbst die Gegenstände systematischer wissenschaftlicher Untersuchung. Wir schaffen die Grundlagen für eine Wissenschaft der Informationsverarbeitung, von der wir eine große Steigerung unserer Leistungsfähigkeit bei der Bewältigung der Informationen in unserer Umwelt erwarten können.

So ist in einer Zeit, in der wir Geräte schaffen, die mit noch nie dagewesener Geschwindigkeit Symbole übertragen und verarbeiten, die wichtigste Veränderung nicht die Verbesserung dieser Geräte, sondern das Heranwachsen einer Informations- oder Computerwissenschaft, die uns helfen wird, diese Geräte zu verstehen. Es ist das Wachstum unseres Verständnisses darüber, wie Informationen übertragen werden können, wie sie zur Speicherung und Rückgewinnung organisiert werden können, wie sie bei Denkprozessen, beim Problemlösen und bei Entscheidungsprozessen verwendet werden können (und wie sie verwendet werden).

Dieses wachsende Verständnis der Informationsverarbeitung gibt uns die Entscheidung zurück, ob Informationen überfließen und wir darin ertrinken müssen. Es gibt uns diese Entscheidung zurück, genauso wie Fortschritte in der Medizin der Menschheit die Entscheidung zurückgeben, ob es einen Bevölkerungsüberfluß geben muß und wir in unserer eigenen Vielzahl ertrinken müssen.

Eine wesentliche zukünftige Aufgabe für Wissenschaft und Technik ist die Gestaltung von leistungsfähigen Informationsverarbeitungssystemen für Entscheidungsprozesse in Wirtschaft und Verwaltung. Es ist wesentlich, daß wir von der Gestaltung von „Informationsverarbeitungssystemen" und nicht einfach von der Gestaltung von „Computern" reden. Diese Begriffswahl soll nicht nur betonen, daß das Programmsystem des Computers – die „Software" – mindestens so wichtig ist wie die Hardware. Das ist richtig, aber nur eine Seite der Medaille. Die Gestaltung solcher Systeme muß viel mehr als nur die Computerhardware und -software einschließen. Sie muß mit gleicher Sorgfalt die Informationsverarbeitungseigenschaften und -fähigkeiten der menschlichen Organisationsmitglieder behandeln, die die andere Hälfte des Systems darstellen.

Obwohl die Systeme, die wir Organisationen nennen, einige mechanisierte Bestandteile haben werden, werden für die nächsten Generationen weiterhin Menschen ihre zahlreichsten und entscheidenden Elemente bleiben. Die Leistungsfähigkeit dieser Systeme bei der Bewältigung von Problemen wird stärker von der Leistungsfähigkeit des Denkens, Problemlösens und Entscheidens der Menschen als von den Operationen der Computer und ihrer Programme abhängen. Demnach werden in der kommenden Periode wichtiger als Fortschritte bei der Computergestaltung die Fortschritte in unserem Verständnis von der menschlichen Informationsverarbeitung sein – vom Denken, Problemlösen und Entscheiden.

Eine Aufgabe für die Betriebswirtschaftslehre

Betriebswirtschaftliche Forscher werden eine wichtige Rolle bei diesen Entwicklungen spielen. Sie werden eine wichtige Verantwortung für die Erhöhung des Rationalitätsniveaus von organisatorischen Entscheidungen tragen, die das Schicksal von Millionen, manchmal gar Millarden von Menschen berühren.

Wenn sie leistungsfähig und vom Glück begünstigt sind, werden sie vielleicht sogar fähig sein, die Qualität der Entscheidungsprozesse in Vorstandsbüros und Ministerien so weit anzuheben, daß die Unglücksfälle, die unfähige Problemlösungen allzu oft über uns bringen, zu seltenen Ereignissen werden.

Don Quijote symbolisiert eindrucksvoll die häufige und rührende Unfähigkeit des Menschen, die Welt, in der er lebt, zu verstehen. Am Ende aber erkannte Don Quijote seinen eigenen Wahn und konnte sich von ihm befreien.

Und so können wir es in einer Welt, die so dringend Ausgewogenheit und Klarheit des Denkens erfordert, in einer Welt, wo der Mensch manchmal gefährlich wahnsinnig erscheint, mit unserem wachsenden Verständnis der Informationsverarbeitungstechnologie möglicherweise schaffen, ein Maß an Vernunft zurückzubringen.

Fußnote zu Kapitel XIII

1 Dieses Kapitel beruht auf einer Rede anläßlich der internationalen Tagung des Institute of Management Science (TIMS) am 24. August 1967 in Mexiko City. Es wird mit Genehmigung abgedruckt aus: Management Science 14, 1968, S. 619–624.

KAPITEL XIV

Die Anwendung der Informationstechnologie auf die Organisationsgestaltung[1]

In der Vergangenheit hat sich die Organisationstheorie vorrangig mit Problembereichen beschäftigt, die als „Organisation der Produktion" bezeichnet werden könnten, also mit Systemen, die die Arbeitsleistungen einer beträchtlichen Anzahl von Beschäftigten verwenden, um mehr oder weniger kontinuierlich gewisse Outputs oder „Produkte" herzustellen. Die normative Organisationstheorie, die die Verbesserung der organisatorischen Effizienz und Leistungsfähigkeit anstrebt, widmete traditionellerweise vor allem zwei Problemen ihre besondere Aufmerksamkeit: wie die Arbeit zum Zwecke ihrer effizienten Ausführung aufzuteilen ist, und zwar so, daß sich die Notwendigkeit der Koordination der Teile in handhabbaren Grenzen hält; und wie Mechanismen zur Koordination der verschiedenen organisatorischen Teile – insbesondere Autoritätsmechanismen – entwickelt und erhalten werden können.

Die Forschung über „soziale Beziehungen" in Organisationen, die in einem beachtlichen Ausmaß in den 30er Jahren einsetzte, lenkte die Aufmerksamkeit der Organisationsgestaltung auf die Verbindung zwischen dem Individuum als Organisationsmitglied und der Struktur der organisatorischen Tätigkeit. Das wesentliche normative Anliegen zielte dabei auf die Schaffung von organisatorischen Bedingungen, durch die Mitarbeiter motiviert werden sollten, der Organisation beizutreten, in ihr zu bleiben sowie tatkräftig und wirksam zu ihren Zielen beizutragen. Als Ergebnis der theoretischen und empirischen Erforschung der sozialen Beziehungen wurden die Fabrik und das Büro als relativ verarmte menschliche Lebensbereiche angesehen – die sowohl den menschlichen Geist als auch die menschlichen Gefühle verkümmern lassen. Es wurden Empfehlungen zur Umgestaltung von Organisationen vorgeschlagen, durch die Arbeit intellektuell anspruchsvoller (oder weniger langweilig) gestaltet und dem Arbeiter ein größeres Gefühl der Beteiligung an den Entscheidungen, die seine Tätigkeiten regeln, vermittelt werden sollte. „Arbeitsanreicherung" und „demokratischer Führungsstil" sind Stichworte, die allgemein mit diesen Schwerpunkten der Organisationsgestaltung in Verbindung gebracht werden.[2]

Die Human-Relations-Bewegung beschränkte sich aber nicht auf das Umgestalten von Organisationen zur Erreichung der traditionellen Ziele der organisatorischen Effektivität und Effizienz. Sie warf auch die grundlegenden Wertfragen auf, ob Organisationen überhaupt nach diesen Kriterien gestaltet werden *sollten* oder ob es andererseits einen bewußten Verzicht auf Effektivität und Effizienz geben sollte, um die Arbeit selbst zu einem lohnenden und erfreulichen Teil des menschlichen Lebens zu machen. Diese Wertfrage wird in der Literatur manchmal verschleiert, wenn explizit oder implizit die Annahme gemacht wird, daß „der glückliche Arbeiter auch der produktive Arbeiter" sei. Diese Annahme war in den frühen Schriften über Human Relations weit verbreitet, ist aber in den letzten Jahren von den Sozialkritikern der Neuen Linken häufig in Frage gestellt oder angegriffen worden.

Ich beabsichtige hier nicht, in diese Auseinandersetzung einzutreten. Ich bringe das Problem deshalb zur Sprache, weil ich meine, daß diese Diskussion unter Voraussetzungen geführt worden ist, die für heutige Organisationen zunehmend weniger zutreffen und für zukünftige Organisationen noch weniger zutreffen werden. Der Angriff gegen den inhumanen Charakter der Arbeit in Organisationen geht im allgemeinen von einem Modell der Organisation aus, in dem diese als System massenhafter repetitiver Verarbeitung von Materialien oder Symbolen vorgestellt wird – das Fließband oder ein Raum voller Bürokräfte oder Zeichner. Chaplins Film „Modern Times" übertreibt nur wenig das Bild, das die Human-Relations-Literatur von der Fabrik zeichnet.

Aber mit der Einführung von hoch automatisierten Maschinen und erst recht mit der Einführung von mechanisierten Informationsverarbeitungsanlagen wird das Fließband zur recht seltenen Form der Organisation genauso wie der repetitive nichtautomatisierte Büroprozeß. Der Arbeiter am Fließband oder die Bürokraft ist weniger häufig ein Zahnrad im fortlaufenden Produktionsprozeß oder auch der unmittelbare Kontrolleur dieses Prozesses. Er wird mehr und mehr zum Beobachter, Überwacher, Instandhalter und Reparateur für einen nahezu autonomen Prozeß, der für beträchtliche Zeitspannen ohne direkten menschlichen Eingriff ablaufen kann.

Die Frage, ob „der glückliche Arbeiter der produktive Arbeiter ist", muß auch noch unter diesen neuen Verhältnissen der Beschäftigung gestellt werden. Aber es ist nicht offensichtlich, daß auf die Frage die gleiche Antwort zu geben ist wie in der Vergangenheit. Die Probleme der kognitiven Verarmung und Entfremdung können durch ganz neue Probleme ersetzt werden – oder können völlig verschwinden. Nach meiner eigenen Einschätzung – die sich auf direkte Beobachtungen und von anderen durchgeführte Studien hoch automatisierter Arbeitssituationen stützt – wird die neue Arbeitswelt für die meisten Arbeiter angenehmer und menschlicher sein als die alte. Wir werden aber sehr viel mehr Erfahrungen mit dieser neuen Umwelt benötigen, um stichhaltige, nachweisbare Grundlagen für diesen Optimismus zu liefern.

Aber ich bin jetzt mit meinen Ausführungen ein wenig zu weit gegangen, da ich noch nicht gesagt habe, warum ich glaube, daß sich Organisationen in die von mir angegebene Richtung ändern werden.

Die nachindustrielle Gesellschaft

Peter Drucker hat den Ausdruck „nachindustrielle Gesellschaft“ verwendet, um die entstehende Welt zu beschreiben, in der die Fabrikproduktion und die mit ihr verbundenen Tätigkeiten eine viel weniger wichtige Rolle spielen als in der Welt des letzten Jahrhunderts. Organisationen der nachindustriellen Gesellschaft stellen mehr, vielfach immaterielle, Dienstleistungen bereit als sie Sachgüter erzeugen. Schon heute besteht ein großer Teil der wirtschaftlichen Tätigkeiten unserer Gesellschaft in der Bereitstellung von Dienstleistungen für die Bereiche der Bildung, Gesundheit und Freizeit.

Die Bereitstellung von Dienstleistungen stellt häufig andere Organisationsprobleme als die Herstellung von materiellen Gütern. Es ist im allgemeinen schwieriger, geeignete Outputmaße für Dienstleistungsorganisationen zu definieren als für Organisationen, die materielle Güter herstellen. Alle vorhandenen Probleme der Messung der Qualität von Sachgütern werden bei der Messung der Qualität von Dienstleistungen erheblich vergrößert. Dieser Punkt kann durch einen Vergleich von zwei Varianten der gleichen wirtschaftlichen Tätigkeit verdeutlicht werden, die zuerst als eine Sachgüter herstellende Tätigkeit und dann als eine Dienstleistungen bereitstellende Tätigkeit betrachtet wird: die Produktion von *Häusern* bzw. von „*Wohnung*“.

Ein Haus ist ein materielles Gut, das hergestellt und über den gewöhnlichen Marktmechanismus verteilt werden kann; „Wohnung“ ist ein Bündel von Dienstleistungen, die durch einen Wohnsitz in Verbindung mit einer Nachbarschaft, mit Schulen, Straßen, Einkaufsmöglichkeiten und einem Netz sozialer Interaktionen zwischen den Einwohnern erbracht werden. Wenn es schon komplex sein mag, die Qualität eines Hauses zu bestimmen, das im engen Sinne als Bauwerk verstanden wird, so ist es weitaus komplexer, die Qualität von „Wohnung“ zu definieren, wenn diese als eine Situation angesehen wird, die eine Struktur sozialer Beziehungen schafft und unterhält.

Verbunden mit der Tendenz von Organisationen in unserer Gesellschaft, die Bestimmung ihrer Ziele von der Produktion materieller Güter auf die Produktion von Dienstleistungsbündeln auszuweiten, die mit materiellen Gütern verbunden sein können oder nicht, ist eine Tendenz, ihr Interesse für die Externalitäten, die mit ihren Tätigkeiten verbunden sind, zu erweitern. Externalitäten sind, vereinfacht gesagt, jene Handlungskonsequenzen, die den Handelnden durch den existierenden Marktmechanismus nicht angelastet werden. Das klassische Beispiel ist der Rauch einer Fabrik, dessen soziale Kosten in der Regel nicht von den Konsumenten der Produkte der Fabrik bezahlt worden sind.

Es mag sein, daß Organisationen, die Dienstleistungen bereitstellen, üblicherweise mehr und umfangreichere Externalitäten durch ihre Tätigkeiten verursachen als Sachgüter herstellende Organisationen; es mag sein, daß unsere Gesellschaft einfach empfindlicher für die indirekten Konsequenzen von organisatorischen Handlungen wird, die auf spezielle Ziele hin ausgerichtet sind; es mag sein, daß mit dem Wachstum von Bevölkerung und Technologie die tatsächlichen Interdependenzen von Organisationen und deshalb die von ihnen verursachten Externalitäten umfassender und bedeutsamer werden. Welche Gründe auch immer zutreffen – und alle drei tragen wahrscheinlich zum Trend bei – Entscheidungsprozesse in den Organisationen der nachindustriellen Welt weisen alle Anzeichen auf, daß sie um ein beachtliches Maß komplexer werden als die Entscheidungsprozesse der Vergangenheit. Als eine Konsequenz dieses Tatbestandes wird anstelle der Vorgänge, die sofort und direkt zur Herstellung des Endprodukts der Organisation beitragen, der Entscheidungsprozeß eine immer größere Rolle als *die* zentrale Tätigkeit der Organisation spielen.

In der nachindustriellen Gesellschaft ist das zentrale Problem nicht mehr die Organisation effizienter Produktionsprozesse (obschon das immer ein wichtiges Anliegen bleiben wird), sondern die Organisation von Entscheidungsprozessen – also der Informationsverarbeitung. Bis vor wenigen Jahren waren Entscheidungsprozesse ausschließlich eine menschliche Tätigkeit. Sie umfaßte Prozesse in den Köpfen der Menschen und Kommunikation von Symbolen zwischen den Menschen. In unserer heutigen Welt werden Entscheidungsprozesse zwischen den menschlichen und mechanisierten Komponenten von Mensch-Maschine-Systemen geteilt, wobei die Maschinen jene Geräte sind, die wir Computer nennen. Die Arbeitsteilung zwischen den menschlichen und den Computerelementen in diesen Systemen hat sich im Laufe der letzten zwanzig Jahre stetig verändert, und wir können erwarten, daß sie sich weiter verändern wird, da die Verfeinerung der Computertechnologie – und insbesondere der Computerprogrammierung oder Softwaretechnologie – zunimmt.

Die Anatomie einer als System von Entscheidungs- und Informationsverarbeitungsprozessen betrachteten Organisation kann sich sehr von der Anatomie derselben Organisation unterscheiden, wenn sie als Ansammlung von Menschen betrachtet wird. Die zweite, traditionelle Sichtweise konzentriert ihre Aufmerksamkeit auf die Anordnung der Menschen – d. h. die Abteilungsbildung. Dagegen rückt die erste Sichtweise den Entscheidungsprozeß selbst in den Mittelpunkt – d. h. den Fluß und die Transformation von Symbolen. Wenn wir konzeptionell eine Organisation auf der Grundlage der wesentlichen Komponenten eines Entscheidungsprozesses in Subsysteme zerlegen, dann können und werden wir wahrscheinlich auch zu einer ganz anderen Unterteilung kommen als dann, wenn wir die Organisation in Abteilungen und Unterabteilungen zerlegen. Zudem wird der Unterschied zwischen diesen beiden Methoden der konzeptionellen Gestaltung der Organisation umso größer sein, je größer die Interdependenzen zwischen den Abteilungen sind.

Beide Betrachtungsweisen sind nützlich und sogar wesentlich, um zu tragfähigen Gestaltungsentwürfen für Organisationen zu gelangen. In dieser Untersuchung werde ich die weniger konventionelle Sichtweise hervorheben und den Entscheidungsprozeß sozusagen losgelöst vom Fleisch und Blut (oder auch vom Glas und Metall) des Entscheidungsträgers untersuchen, der diesen Entscheidungsprozeß tatsächlich durchführt. Statt einen Menschen oder Computer zu beobachten, wie er Informationen erhält, sie verarbeitet und selbst neue Informationen überträgt, werden wir Informationen beobachten, wie sie von einem Menschen oder Computer zu einem anderen fließen und im Verlaufe des Flusses transformiert werden. Selbst wenn er keine anderen Vorteile haben sollte (was ich jedoch bezweifle), wird uns dieser Ansatz eine neue Perspektive für die Organisationsgestaltung eröffnen.

Zwei Bedingungen der Organisationsgestaltung

Die Arbeitsteilung ist bei der Organisation von Entscheidungsprozessen genauso wichtig wie bei der Organisation der Produktion, aber was geteilt wird, ist in den beiden Fällen verschieden. Aus der Sicht der Informationsverarbeitung bedeutet Arbeitsteilung die Zerlegung des gesamten Systems der zu treffenden Entscheidungen in relativ unabhängige Subsysteme, so daß jedes unter möglichst geringer Beachtung seiner Interaktionen mit den anderen Subsystemen gestaltet werden kann. Die Teilung ist notwendig, weil sowohl die menschlichen als auch die maschinellen Informationsverarbeiter, die der Organisation zur Verfügung stehen, im Vergleich mit der Größenordnung der der Organisation gestellten Entscheidungsprobleme sehr begrenzte Verarbeitungskapazitäten haben. Die Anzahl der Handlungsalternativen, die berücksichtigt werden können, die Komplexität der Ketten von Konsequenzen, die verfolgt werden können – sie sind durch die begrenzten Kapazitäten der verfügbaren Informationsverarbeiter erheblich beschränkt.

Jede Arbeitsteilung zwischen entscheidungsorientierten Subsystemen erzeugt Externalitäten, die wegen der vernachlässigten Interdependenzen zwischen den Subsystemen entstehen. Gesucht ist eine Zerlegung, die diese Externalitäten minimiert, die damit einen maximalen Grad der Dezentralisierung von endgültigen Entscheidungen in den Subsystemen und eine maximale Verwendung relativ einfacher und billiger Koordinationsmechanismen, wie dem Marktmechanismus, erlaubt, um die einzelnen Subsysteme miteinander in Beziehung zu setzen.

Aber nicht nur die Größe der von Organisationen zu erledigenden Entscheidungsprobleme muß durch Zerlegung auf lösbare Proportionen beschränkt werden. Auch die Anzahl der zu bearbeitenden Entscheidungen muß durch die Anwendung guter Prinzipien der Aufmerksamkeitssteuerung begrenzt werden. Aufmerksamkeitssteuerung bedeutet für eine Organisation genau dasselbe wie für den einzelnen Menschen: Die Verarbeitungskapazität muß auf einzelne Entscheidungsaufgaben verteilt werden, und wenn die Gesamtkapazität für die Gesamtheit der Aufgaben nicht ausreicht, dann müssen Prioritäten so gesetzt werden, daß die wichtigsten oder kritischen Aufgaben erledigt werden.

Die Informationsverarbeitungssysteme unserer heutigen Welt schwimmen in einer außerordentlich fetten Suppe von Informationen, von Symbolen. In einer solchen Welt sind nicht Informationen die knappen Ressourcen; knapp sind die Verarbeitungskapazitäten zur Beachtung der Informationen. Aufmerksamkeit ist der wichtigste Engpaß der organisatorischen Tätigkeit, und der Engpaß wird immer schmaler und schmaler, je mehr wir uns der Spitze der Organisation nähern, wo parallele Verarbeitungskapazitäten nicht mehr ohne Gefährdung der Koordinationsfunktion, die eine wichtige Verantwortung dieser Ebenen ist, aufgebaut werden können.

Die Reichhaltigkeit der informationellen Umwelt und die Knappheit an Aufmerksamkeit haben viele Konsequenzen für die Organisationsgestaltung, von denen nun einige entwickelt werden sollen. Vorher müssen nur noch zwei weitere Anmerkungen gemacht werden. Erstens wird die Schwierigkeit der Bewältigung einer informationsreichen Umwelt durch die Tatsache verstärkt, daß der größte Teil der für die oberen Ebenen und langfristigen Organisationsentscheidungen relevanten Informationen in der Regel außerhalb der Organisation entsteht und damit in Formen und Mengen, die jenseits der Kontrolle der Organisation liegen. Das bedeutet, daß die Organisation ein Beobachtungssystem haben muß, das solche Informationen selektiv aufnimmt und in Formate übersetzt, die mit ihren internen Informationsflüssen und -systemen verträglich sind.

Zweitens, wenn Aufmerksamkeit die knappe Ressource ist, dann wird es vor allem wichtig, zwischen Entscheidungsproblemen, die mit festen Terminen verbunden sind (Echtzeit-Entscheidungen) und solchen, die relativ flexible Termine haben, zu unterscheiden. Recht unterschiedliche Systementwürfe sind für die Abwicklung dieser unterschiedlichen Arten von Entscheidungen nötig.

Zusammenfassend kann man sagen, daß die intern angelegten Kapazitätsgrenzen von Informationsverarbeitungssystemen zwei Bedingungen für die Organisationsgestaltung setzen: Die Gesamtheit aller Entscheidungsprobleme muß so zerlegt werden, daß die Interdependenzen zwischen den Komponenten minimiert werden; und das ganze System muß so strukturiert werden, daß mit der knappen Ressource Aufmerksamkeit sparsam umgegangen wird. Die Organisationsgestaltung muß Beobachtungssysteme zur Handhabung der Informationen bereitstellen, die außerhalb der Organisation anfallen, und besondere Vorsorge muß für jene Entscheidungen getroffen werden, die mit besonderen zeitlichen Grenzen verbunden sind.

Wendet man diese beiden grundlegenden Gestaltungsbedingungen an, dann fällt es nicht schwer, die Fehler einiger jüngerer und mehr oder weniger mißlungener Ansätze der Verbesserung von Informationssystemen zu erkennen: die kommunalen Datenbanken und die Management-Informationssysteme. Vor wenigen Jahren noch herrschte große Begeisterung für die Entwicklung von umfassenden Datenbanken für Großstädte – diese Datenbanken sollten die Myriaden an Informationen über den Boden und seine Verwendung, über die Menschen und ihre Tätigkeiten, die durch die

Maßnahmen der Stadtverwaltung anfallen, in einem einzigen System aufnehmen. Die Ergebnisse mehrerer Versuche zur Konstruktion solcher Systeme haben dazu geführt, daß sich die Begeisterung gelegt hat und mehrere Unternehmen dieser Art schon im Anfangsstadium wieder aufgegeben worden sind. Es gab mehrere Gründe für die Ernüchterung, die den ersten Versuchen zur Konstruktion solcher Systeme folgte. Erstens erwiesen sich die Aufgaben der Datenverarbeitung und der Datenspeicherung als viel größer und komplexer als man sich vorgestellt hatte. Vielleicht war noch wichtiger, daß zunehmend unklarer wurde, wie die Daten in den Entscheidungsprozeß eingebracht werden sollen oder für welche Entscheidung sie überhaupt relevant waren.

Die Lektion ist klar. Es gibt keine Magie der Vollständigkeit. Es mag für die Besteigung eines Berges eine hinreichende Motivation sein, „daß er da ist", aber die bloße Existenz einer Vielzahl von Daten ist kein hinreichender Grund, sie in einem einzigen, umfassenden Informationssystem zu sammeln. Das Problem liegt tatsächlich genau in der entgegengesetzten Richtung: Es ist ein Verfahren zur Zerlegung von Entscheidungsproblemen zu finden, so daß die verschiedenen Komponenten jeweils ihren relevanten Datenquellen zugeordnet werden können. Zuerst muß eine Analyse des Entscheidungssystems und seines Datenbedarfs stattfinden; erst dann kann ein begründeter Versuch unternommen werden, die Datensysteme zu definieren, die den Entscheidungsprozeß unterstützen können.

Die Geschichte der Management-Informationssysteme gleicht im wesentlichen der Geschichte der kommunalen Datenbanken. Getragen von der Begeisterung, die enormen Möglichkeiten von Computern zu nützen, gab es bei der Gestaltung solcher Systeme die Neigung, von den bestehenden Quellenaufzeichnungen auszugehen und dem obersten Management möglichst zu all diesen Informationen Zugang zu verschaffen. Es wurde nicht oder nicht mit der nötigen Ernsthaftigkeit gefragt, ob das oberste Management diese Informationen wollte oder benötigte; ebenso nicht, ob die Informationen, die das oberste Management benötigte oder haben sollte, tatsächlich aus diesen speziellen Quellenaufzeichnungen abgeleitet werden konnten. Die Systemgestaltung ermöglichte nicht den sparsamen Umgang mit der kritischen knappen Ressource – der Aufmerksamkeit der Manager – und sie ignorierte meistens die Tatsache, daß die für die obersten Manager wichtigsten Informationen hauptsächlich aus externen Quellen kommen und nicht aus den internen Aufzeichnungen, die für die mechanisierte Verarbeitung unmittelbar verfügbar waren.

Deshalb unterlagen viele Anstrengungen bei der Gestaltung von Informationssystemen für Städte und Unternehmungen dem Trugschluß, daß „mehr Informationen besser sind". Sie übernahmen implizit die Annahmen einer vergangenen Gesellschaft, in der Informationen und nicht Aufmerksamkeit der knappe Faktor waren.

Merkmale der Technologie

Gute Gestaltung erfordert eine effektive Beziehung zwischen gewünschten Zwecken und verfügbaren Mitteln. Um Entscheidungsprozesse in Organisationen effektiv zu gestalten, müssen wir die Struktur der zu treffenden Entscheidungen verstehen. Wir müssen auch die uns zur Verfügung stehenden Werkzeuge für Entscheidungen verstehen, die menschlichen und die mechanischen – Menschen und Computer.

Die menschlichen Komponenten

Bei all unserer Faszination von den neuen Möglichkeiten, die uns der Computer bietet, dürfen wir nicht vergessen, daß unsere menschlichen Entscheidungsträger auch einige durchaus beachtliche Qualitäten besitzen. Jeder menschliche Entscheidungsträger ist mit einem umfangreichen Gedächtnis ausgestattet, das über lange Jahre kumulativ mit den verschiedensten Arten relevanter und irrelevanter Informationen und Fähigkeiten aufgefüllt wurde. Jeder ist fähig, in natürlicher Sprache entweder im direkten persönlichen Kontakt oder durch entfernungsüberbrückende Geräte, wie das Telephon, mit seinen Kollegen zu kommunizieren.

Nehmen wir beispielsweise an, wir seien an der Gestaltung einer Organisation interessiert, die uns für beliebig auftretende Fragen zu der fachlich qualifiziertesten Informationsquelle in den Vereinigten Staaten führen würde. Dieses Fachwissen ist in menschlichen Köpfen sowie in Büchern gespeichert. Zudem sind die Informationen über Bücher in den Köpfen der Menschen systematisch verknüpft, so daß üblicherweise der schnellste Weg, um das richtige Buch zu finden, darin besteht, daß eine Person befragt wird, die Experte auf dem Gebiet des Buches ist. Aber nicht nur Bücher werden in den Köpfen von Menschen systematisch verknüpft, sondern auch Menschen. Unter Berücksichtigung dieser Hilfsmittel stellt das vereinte Gedächtnis, das über 200 Millionen menschliche Köpfe verteilt ist, zusammen mit dem Telephonsystem, das diese verteilten Gedächtnisse miteinander verbindet, das leistungsfähigste Informationsverarbeitungssystem für die Durchführung dieser Suchaufgabe dar. Wenn ich eine Anfrage erhalte, nehme ich den Telephonhörer auf und rufe die Person unter meinen Bekannten an, deren Fachgebiet möglichst nahe (es muß gar nicht ganz nahe sein) an dem gesuchten liegt. Ich frage sie nicht nach der Antwort auf die Anfrage, sondern nach dem Namen der Person in ihrem Bekanntenkreis, die am ehesten ein Experte für das Thema ist. Ich wiederhole den Prozeß, bis ich die gesuchte Information habe. Nur in seltenen Fällen werden mehr als drei oder vier Telephongespräche erforderlich sein.

Angenommen, es handele sich um die Frage, ob Walfische eine Milz haben. (Ich kann mir zwar nicht vorstellen, warum wir das wissen wollen, aber dieses Beispiel ist genauso gut wie jedes andere.) Ich rufe einen Biologen an, der mich an einen Fischkundler verweist, der mich an einen Spezialisten für Walfische verweist, der entweder die Antwort kennt oder mir ein Buch nennen kann, in dem ich sie finden kann.

Ich will damit nicht vorschlagen, daß wir alle unsere anderen Informationssysteme wegwerfen und uns alleine auf das Telephon und das riesige verteilte Gedächtnis verlassen, mit dem es uns verbindet. Dennoch ist dies ein nützliches Beispiel dafür, wie wir uns informationsverarbeitende Systeme – einschließlich menschlicher Systeme –, ihre Komponenten und Verknüpfungen vorstellen müssen, wenn wir sie gut gestalten wollen. Wir müssen lernen, sie durch die Größe ihrer Gedächtnisse, die Arten der Verknüpfungen in diesen Gedächtnissen, ihre Verarbeitungsgeschwindigkeiten und ihre Antwortgeschwindigkeiten zu beschreiben. Die menschlichen Komponenten von Informationssystemen sind genauso wie die maschinellen Komponenten beschreibbar, und seit dem Zweiten Weltkrieg haben wir durch die psychologische Forschung viel über die Parameter des menschlichen Systems gelernt.

Unser neues und wachsendes Verständnis der Informationsverarbeitung ermöglicht uns neue Betrachtungen von vertrauten Verarbeitungssystemen – wie Menschen und Telephonen. Es führt uns auch in jene neuen Systeme ein, die wir unter dem allgemeinen Begriff „Computer“ zusammengefaßt haben und die Fähigkeiten der verschiedensten Art haben.

Der Computer als Gedächtnis

Ein Computer ist vor allem ein Gedächtnis. Ich habe schon meine Bedenken darüber ausgedrückt, daß die Gestaltung von Informations*sammlungs*systemen mit der Gestaltung von Informations*verarbeitungs*systemen verwechselt wird. Der Fehler besteht natürlich nicht darin, daß Informationen gesammelt werden (obwohl allein das schon kostspielig sein kann). Er liegt vielmehr in der Beanspruchung der knappen Aufmerksamkeit der Entscheidungsträger durch die gesammelten Informationen. Als Komponenten von Informationsverarbeitungssystemen müssen Gedächtnisse als Speicher von *potentiellen* Informationen betrachtet werden, die bei leistungsfähiger Indexierung zu angemessenen Kosten verfügbar gemacht werden können, wann immer sie als Input für einen Entscheidungsprozeß benötigt werden.

Betrachten wir einen Mann, der eine Bibliothek mit 30000 Büchern zusammengetragen hat. Auch wenn er ein Buch pro Tag liest – ein ziemlich guter Schnitt –, dann müßte er 100 Jahre lesen, um durch alle Bände zu kommen. Wir mögen es sogar als etwas Protzerei betrachten, daß er mehr Bücher gesammelt hat, als er jemals lesen kann – so als ob er uns mit seiner Gelehrsamkeit beeindrucken wollte. Aber wir dürfen ihn nicht vorschnell verurteilen. Wenn seine Bibliothek einen guten Index hat, dann hat unser Sammler einen potentiellen Zutritt zu *jeder* Information in den 30000 Bänden. Er hat zu Recht mehr Bände gesammelt, als er lesen kann, wenn er nicht vorhersagen kann, welche speziellen Informationen er in Zukunft benötigen wird.

Die heute benutzten Computergedächtnisse sind im allgemeinen nicht groß im Vergleich mit den Gedächtnissen aus Papier und Tinte, die wir Bibliotheken nennen. Sie sind jedoch im allgemeinen besser indiziert im Hinblick auf die schnelle Wiedergewinnung von Informationen. Eine der wichtigsten Entwicklungslinien des technischen Fortschritts seit der Einführung des Computers betrifft unser Verständnis von Indexierungs- und Informationswiedergewinnungsprozessen und unsere Fähigkeit, diese Prozesse mechanisch durchzuführen.

Der Computer als Verarbeiter

Der Computer ist nicht nur ein Gedächtnis, er ist auch ein Verarbeiter, der für die Handhabung aller Arten numerischer und nichtnumerischer Symbole recht allgemeine Fähigkeiten besitzt. Das ist das besonders neuartige Charakteristikum des Computers. Nichtmenschliche Gedächtnisse sind der Menschheit seit der Erfindung des Schreibens vertraut. Nichtmenschliche Symbolmanipulation ist etwas völlig Neues, und selbst nach zwanzig Jahren fangen wir erst gerade an, einen Einblick in ihre Möglichkeiten zu erlangen.[3]

Bislang besteht die wohl wichtigste Verwendung des Computers bei Entscheidungsprozessen (obwohl es sich nicht um die Verwendung handelt, auf die der Großteil der in Organisationen verbrauchten Computerzeit entfällt) in der modellhaften Abbildung von komplexen Situationen und der Ableitung der Konsequenzen alternativer Entscheidungen. Einige dieser Modelle verwenden mathematische Techniken, wie die lineare Programmierung, die die Berechnung von optimalen Handlungsalternativen erlauben und damit direkt als Entscheidungsinstrumente dienen. In anderen Modellen dient der Computer als Simulator, der die alternativen Entwicklungen eines Systems berechnet, die sich aus unterschiedlichen Entscheidungsstrategien ergeben würden.

Der Begriff „Management-Informationssystem" ist im allgemeinen eng ausgelegt und, wie schon oben erwähnt, auf große Informationsspeicherungs- und Wiedergewinnungssysteme angewendet worden, in denen der Computer nur sehr einfache Informationsverarbeitungsprozesse durchführt. Der Begriff würde besser auf die Simulations- und Optimierungsmodelle passen, die zunehmend häufiger zur Klärung von Managemententscheidungen in verschiedenen Bereichen verwendet werden – Modelle, die üblicherweise als „Operations Research" und „Strategische Planung" bezeichnet werden. Solche Modelle, wie sie auch immer bezeichnet werden, geben uns vermutlich einen besseren Ausblick auf die zukünftige Verwendung von Computern in organisatorischen Entscheidungssystemen als die explizit so benannten Management-Informationssysteme.

Ein Beispiel für einen Anwendungsbereich eines strategischen Planungsmodells soll hier beschrieben werden. In den nächsten Jahrzehnten wird unsere Gesellschaft vor einigen wichtigen und schwierigen politischen Entscheidungen bezüglich der Produktion und Verwendung von Energie stehen. In der Vergangenheit wurde das nationale Energieproblem hauptsächlich als ein Ressourcenproblem verstanden und zu einem beträchtlichen Teil dem privaten Management über den Marktmechanismus überlassen. Heute sehen wir, daß die Verwendung von Energie beachtliche indirekte Konsequenzen für die Umwelt hat, und wir sehen auch, daß die Angemessenheit von Brennstoffreserven für die Energieproduktion von solch allgemeineren Einflüssen, wie der Industrialisierung von Entwicklungsländern und unseren Entscheidungen über Forschung und Entwicklung für Energietechnologien abhängen wird.

Die Anzahl der wichtigen Variablen, die beim Energieproblem eine Rolle spielen, ist so groß und die Interdependenzen zwischen den Variablen sind so verwickelt, daß der gesunde Menschenverstand und Alltagsüberlegungen keine angemessenen Aufschlüsse für die Energiepolitik mehr geben – falls sie es jemals getan haben. Auch eine einfache organisatorische Lösung der traditionellen Art greift nicht: die Errichtung einer Bundesbehörde mit umfassenden Rechtsvollmachten für Energieprobleme oder, alternativ, das Herumbasteln am Marktmechanismus. Die Reorganisation von Behörden ist aus mindestens zwei Gründen keine Lösung. Erstens können Energieprobleme nicht sauber von anderen Problemen getrennt werden. Welche Beziehungen hätte eine mächtige Energiebehörde zu Umweltproblemen? Die heutige Zersplitterung der Verantwortlichkeit für die Energiepolitik in der Bundesregierung ist eine Folge der Verknüpfung dieser Probleme mit anderen. Zweitens würde auch eine solche Behörde einen systematischen Bezugsrahmen benötigen, innerhalb dessen sie ihre Entscheidungsprobleme zu lösen hätte. Das Herumbasteln am Marktmechanismus wirft die gleichen Schwierigkeiten auf – ohne einen Bezugsrahmen für Entscheidungen wissen wir nicht, wie gebastelt werden soll.

Die wesentlichste organisatorische Voraussetzung für eine vernünftige Handhabung der Energiepolitik ist also die Entwicklung von einem oder mehreren Modellen – entweder vom Optimierungs- oder vom Simulationstyp –, um für den Entscheidungsprozeß einen Zusammenhang herzustellen. Zweifellos kommt es auch darauf an, daß die Verantwortung für die Entwicklung und Nutzung solcher Modelle an geeigneter Stelle in Regierung und Wirtschaft angesiedelt wird. Allein die Existenz solcher Modelle wird jedoch, unabhängig von ihrem Standort, auf jeden Fall einen wesentlichen Einfluß auf energiepolitische Entscheidungen haben. Erstaunlicherweise sind die ersten umfassenden Modelle des Energiesystems erst jetzt in der Entwicklung, obwohl der Bedarf für sie schon seit Jahren recht deutlich erkennbar war. Die Trägheit der Reaktion auf den Bedarf macht sowohl die Neuheit der Modelltechnologie als auch die Neuheit der Vorstellung deutlich, Organisationen als Ansammlungen von Entscheidungssystemen und nicht als Ansammlungen von Ämtern und Abteilungen zu betrachten.[4]

Computerzugriff auf externe Informationen

Ein dritter Punkt muß noch zu den Eigenschaften des Computers als Komponente des organisatorischen Informationsverarbeitungssystems angeführt werden. Ich habe als eine Beschränkung der Management-Informationssysteme der letzten Jahre erwähnt, daß sie sich zu sehr auf intern erzeugte Informationen verlassen – z. B. auf Informationen aus dem Produktionsbereich und dem Rechnungwesen. Ein wesentlicher Grund für diese Betonung interner Informationen ist der, daß es nicht schwer ist, sie in maschinell lesbarer Form herzustellen, da die Organisation die Produktion dieser Informationen selbst steuert. Es sind dann keine kostenintensiven Schritte damit verbunden, diese Informationen auf den Computer zu bringen.

Wenn wir die Arten der externen Informationen untersuchen, die Führungskräfte verwenden, dann sehen wir, daß ein großer Teil davon einfach Text in natürlicher Sprache ist – die Seiten von Tageszeitungen, Wirtschaftsmagazinen, technische Fachzeitschriften usw. Text in natürlicher Sprache kann ohne weiteres im Computergedächtnis gespeichert werden, nachdem er in eine maschinell lesbare Form übersetzt wurde – mit Lochkarten, Magnetbändern oder ähnlichem. Nachdem diese Texte im Gedächtnis gespeichert sind, können Computerprogramme geschrieben werden, die sie automatisch indexieren und aus ihnen Informationen auf Anfragen der unterschiedlichsten Art abrufen.

Die Kosten der Darstellung von Informationen in maschinell lesbarer Form sind also die einzige Hürde, wenn den mechanischen Komponenten eines organisatorischen Informationssystems die gleiche Art externer Informationen zur Verfügung gestellt werden soll, auf die sich jetzt die Führungskräfte stützen. Technologisch ist dieses Hindernis nicht unüberwindbar. Es ist möglich, Geräte herzustellen, die gedruckten Text auf Magnetbänder übertragen. Die Kosten dafür sind aber ziemlich hoch und die Aussichten erscheinen nicht günstig, daß sie schnell gesenkt werden.

Dieser spezielle gordische Knoten sollte zerschlagen und nicht aufgebunden werden. Jedes Wort, das heute in einer Zeitung, einer Zeitschrift oder einem Buch gedruckt wird, muß einmal im Verlaufe seiner Entstehungsgeschichte eine Maschine – eine Schreib- oder eine Setzmaschine – passieren, die gleichzeitig und zu unbedeutenden zusätzlichen Kosten neben der für den Menschen lesbaren Version des Textes eine maschinell lesbare herstellen könnte. Wir können also einer Zeit in naher Zukunft entgegensehen, in der das geschriebene Wort nahezu universell in maschinell und für den Menschen lesbaren Ausgaben verfügbar sein wird. Wenn der Übergang erst einmal beginnt, so daß es einen Markt für maschinell lesbare Versionen gibt, können wir erwarten, daß der Umstellungsprozeß sehr schnell fortschreiten wird. Es ist etwa wie beim Telephon – je mehr Leute einen Apparat haben, desto mehr lohnt es sich, einen anzuschaffen.

Diese Entwicklung wird dem Einsatz des Computers für organisatorische Informationssysteme eine Fülle neuer Möglichkeiten eröffnen. Es wird dann möglich sein, Computer als Eingangsfilter für die meisten Informationen zu verwenden, die die Organisation von außen erreichen und damit zur Verminderung der Aufmerksamkeitsanforderungen an Führungskräfte beizutragen.

Die Abstimmung von Techniken und Anforderungen

Diese Bemerkungen sollen als Hinweise darauf dienen, was mit der Anpassung der Anforderungen von organisatorischen Informationssystemen an die Eigenschaften der heute verfügbaren oder entstehenden Informationstechnologie verbunden ist. Der Schlüssel zur erfolgreichen Gestaltung von Informationssystemen liegt in der Abstimmung der Technologie mit den Grenzen der Aufmerksamkeitskapazitäten. Aus diesem allgemeinen Prinzip können wir mehrere Daumenregeln ableiten, die uns bei der Überlegung leiten können, ob eine weitere Komponente in ein existierendes Informationsverarbeitungssystem eingefügt werden soll.

Im allgemeinen wird eine weitere Komponente (Mensch oder Maschine) für ein Informationsverarbeitungssystem die Leistungsfähigkeit des Systems nur dann verbessern, wenn

1. ihr Output im Verhältnis zu ihrem Input klein ist, so daß sie Aufmerksamkeit einspart, statt zusätzliche Aufmerksamkeit zu erfordern;
2. sie effektive Indices aktiver und passiver Art enthält (aktive Indices sind Prozesse, die Informationen für nachfolgende Übertragungen automatisch auswählen und filtern);
3. sie analytische und synthetische Modelle enthält, die nicht nur zur Speicherung und Wiedergewinnung von Informationen, sondern auch zur Lösung von Problemen, zur Bewertung von Lösungen und zu Entscheidungen fähig sind.

Diese heuristischen Regeln sind auf alle Komponenten von Informationssystemen anwendbar, nicht nur auf Computer. Es ist z. B. eine nützliche Übung, das Fernsehen in diesem Lichte als eine Komponente eines politischen Informationssystems zu betrachten. Fernsehen kann für die Übertragung von Vorträgen oder für die Darstellung konkreter Szenen und Ereignisse eingesetzt werden. Als Quelle von Vorträgen hat es den großen Nachteil eines relativ undifferenzierten Massenpublikums – für nahezu jedes einzelne Mitglied des Auditoriums könnte man einen Vortrag entwerfen, der besser geeignet wäre, als der tatsächlich gesendete. Bei der Kommunikation von Informationen durch Bilder hat es den zusätzlichen Nachteil, daß es unfähig ist zu abstrahieren, zu verallgemeinern oder korrekte Stichproben aus komplexen Mengen von Ereignissen zu ziehen. Es besitzt keine anderen analytischen Fähigkeiten als die vom Kommentator beigesteuerten.

Auf diese schwerwiegenden Nachteile des Fernsehens als Quelle für politisch relevante Informationen hinzuweisen heißt nicht, seinen Einfluß auf das politische System zu leugnen. Der auffälligste Einfluß ist seine Fähigkeit, die Aufmerksamkeit einer ganzen Gesellschaft für eine Zeitspanne auf bestimmte Ereignisse zu richten – gleich, ob es sich um Mondreisen, um Unruhen oder um Gipfelkonferenzen handelt. Im allgemeinen *informiert* das Fernsehen sehr wenig über diese Ereignisse, aber es kann ihm gelingen, starke Emotionen bei Millionen von Zuschauern gleichzeitig hervorzurufen und damit die Rangfolge der öffentlichen Probleme zu verändern.

Politik als Informationsverarbeitung

Das letzte Beispiel trägt ebenso wie das frühere Beispiel zur Energiepolitik zur Verdeutlichung eines allgemeineren Problems bei: Es zeigt, daß unsere politischen Institutionen Organisationen sind und daß alles, was wir über die Gestaltung von Informationsverarbeitungssystemen für Organisationen gesagt haben, uneingeschränkt für die Gestaltung der Entscheidungskomponenten des politischen Systems zutrifft. Nirgendwo ist das Problem der Aufmerksamkeitssteuerung und des sparsamen Umgangs mit Aufmerksamkeit von größerer Bedeutung als im politischen Prozeß.

Die Fragen der Entfremdung der Wähler und der Notwendigkeit, „die Regierung dem Volk zurückzugeben", die bei der jüngsten öffentlichen Diskussion um unsere Institutionen eine wesentliche Rolle spielten, sind natürlich nicht neu auf der politischen Szene von Amerika. Zynismus über den politischen Prozeß ist tief in der amerikanischen Kultur verwurzelt. Der größte Teil der Vorschläge zur politischen Reform hat sich auf die Stärkung der Kontrolle über die gewählten oder bestellten hauptberuflichen Teilnehmer am System (etwa durch Wahlen auf Widerruf und Präsidentschaftsvorwahlen) oder auf die Einrichtung neuer Kanäle für die direkte, allgemeine Beteiligung an Entscheidungen (etwa durch Initiativen, Referenden, gesetzliche Vorschriften zur Beteiligung der Bürger an der öffentlichen Verwaltung) konzentriert.

Nachdem die fortgeschrittene Technologie eine größere Rolle in unserer Gesellschaft und insbesondere bei der Bereitstellung öffentlicher Dienstleistungen spielt, sind die wachsenden Schwierigkeiten bei der Absicherung des Prinzips, daß Beteiligung auch informierte Beteiligung sein muß, nicht unbeachtet geblieben. Informierte Beteiligung an Entscheidungsprozessen ist nicht nur für die zeitweilig am System Mitwirkenden – die Wähler – ein Problem, sondern auch für gewählte Abgeordnete und hohe Verwaltungsbeamte. Es ist der Kern des bekannten organisatorischen Problems der Beziehungen zwischen Experten und Laien.

Ein Beispiel für schlecht informierte Beteiligung

Das Fiasko der phosphathaltigen Waschmittel ist nur eines der jüngsten von unzähligen Beispielen für die Schwierigkeiten, technische Probleme mit großer öffentlicher Beteiligung zu klären. Es existierte ein Problem: übermäßiger Algenwuchs in Seen.

Es war bekannt, daß dieser Umstand nur in den Gewässern auftritt, die einen hohen Gehalt an organischen Nährstoffen haben; vor allem die Phosphate galten als hochverdächtige Missetäter. (Eindeutige wissenschaftliche Nachweise über den genauen Mechanismus der Eutrophikation und über die genauen Bedingungen, unter denen sie auftreten wird oder nicht, fehlen fast vollständig.) Ein wesentlicher Anteil des Phosphats im Wasser wird durch die im Haushalt verwendeten Waschmittel beigetragen. Es gibt auch Waschmittel, die wenig oder gar kein Phosphat enthalten. Deshalb – aber dieses „deshalb", so offensichtlich es auch sein mag, ließ die meisten kritischen Fragen unbeantwortet: Würde die Entfernung des Phosphats aus den Haushaltswaschmitteln überhaupt etwas bewirken, wenn andere Phosphatquellen blieben? War Phosphat tatsächlich der hauptsächliche Missetäter? Gibt es neben der Veränderung der Waschmittel noch andere Möglichkeiten zur Entfernung von Phosphat aus den Seen? Welche Eigenschaften haben die alternativen Waschmittel und welche Konsequenzen würde ihre Verwendung haben? Wie sehen die relativen Kosten der verschiedenen Handlungsmöglichkeiten aus?

Wie wir mit Hilfe unserer vorangegangenen Analyse hätten vorhersagen können, hatten die Massenmedien einen großen Einfluß bei der Konzentration der öffentlichen Aufmerksamkeit auf das Eutrophikationsproblem und der Aufstellung beharrlicher Forderungen nach wirksamen Maßnahmen. Es ist nicht schwierig, im Fernsehen einen toten Fisch oder (zumindest im Farbfernsehen) einen algengrünen See auf den Bildschirm zu bringen. Die Massenmedien konnten aber weder die wissenschaftlichen Unbekannten des Problems ausschalten noch eine Systemanalyse von Alternativen liefern. Als Folge des öffentlich erzeugten Drucks war die Bundesregierung nahe daran, Phosphate in Waschmitteln zu verbieten, hatte es aber glücklicherweise nicht getan, als einige der Schwierigkeiten und Gefahren der Alternativen bekannt wurden.

Mein Anliegen besteht hier nicht darin, Vorschläge zur Lösung des Problems zu machen, sondern mit Hilfe dieser Ereignisse auf die Schwächen unserer heutigen Entscheidungsprozesse in politischen Angelegenheiten mit komplexen technischen Fragen hinzuweisen. Die meisten gegenwärtigen Vorschläge zur Überwindung dieser Schwächen sind traditioneller Natur: Schaffe neue Organisationen, um das technische Fachwissen bereitzustellen, das jetzt fehlt. Die beiden bekanntesten Vorschläge sind die Schaffung oder Stärkung von Organisationen, die den Verbraucher repräsentieren und die Schaffung von Organisationen für die Abschätzung technologischer Folgen, wobei die letztgenannten dem Gesetzgeber verantwortlich sein sollen.

Soweit diese Vorschläge gehen, scheinen sie mir überzeugend, aber ich möchte davor warnen, daß man zuviel von ihnen erwartet. Vor allem, wenn wir über „Verbraucherorganisationen" reden, dann sollten wir uns daran erinnern, daß eine Regierung genau das sein soll und daß mithin neue Organisationen dieser Art genauso wenig von dem ehernen Gesetz der Bürokratie verschont bleiben wie die schon bestehenden Institutionen (wie uns die Erfahrungen mit Gewerkschaften, politischen Parteien und der American Medical Association gelehrt haben sollten).

Der Beitrag der Systemanalyse

Wenn Wunder vollbracht werden sollen, dann nicht durch die bloße Schaffung neuer Organisationen. Das vorrangige Problem ist nicht Kontrolle, sondern Informationen – nicht Durchsetzung der Tugend, sondern Entdeckung des Pfades der Tugend. Wir brauchen weniger neue Organisationen als vielmehr neue Entscheidungsprozesse. Um zu verdeutlichen, was ich meine, will ich einige Beispiele anführen, die erfreulicher sind, als die Phosphatdebatte der jüngsten öffentlichen Diskussion.

Der Streit um die anti-ballistische Rakete und das Überschallflugzeug sind nach meiner Auffassung Beispiele dafür, was wir uns als informierte Diskussion über hochgradig technische und komplexe Fragen erhoffen können. Das heißt nicht, daß die richtigen Entscheidungen notwendigerweise erreicht wurden. Ich habe ebenso wie die Kontrahenten zur Zeit der Debatte keine unfehlbaren Mittel für diese Entscheidung. Redliche und vernünftige Menschen konnten bei beiden Fragen für beide Auffassungen eintreten und taten es auch. Aber diese besonderen Debatten zeichnete aus, daß beide Seiten mit anspruchsvollen Analysen versehen waren, die auf Mann-Jahren von sorgfältigen, durch quantitative Modelle unterstützten Untersuchungen beruhten. Aus diesem Grunde konnte auch ein Laie mit vertretbarem Zeitaufwand verstehen, wo die Unterschiede lagen – welche Meinungsverschiedenheiten über Annahmen für die unterschiedlichen Schlußfolgerungen verantwortlich waren. Außerdem gab es für jede der Entscheidungen nicht nur eine, sondern mehrere Untersuchungen, die von den Anwälten unterschiedlicher Interessen und unterschiedlicher Standpunkte vorbereitet worden waren.

Beide Entscheidungsprozesse erhielten also Informationen durch Untersuchungen, die drei wesentliche Kriterien erfüllten: umfassende Reichweite, hohes technisches Niveau und Pluralismus. Die Erfüllung dieser Kriterien garantiert noch nicht, daß richtige Entscheidungen getroffen werden – in einer Welt unsicherer Erwartungen und konfliktärer Interessen kann diese Garantie nur selten gegeben werden. Sie dürfte jedoch sicherstellen, daß solche Entscheidungen getroffen werden, die vernünftige Menschen mit gutem Willen erreichen können. Und es ist die Garantie angemessener Verfahren, nicht die Garantie der Unfehlbarkeit, die demokratische Institutionen benötigen.

Mit meinem Plädoyer für mehr und bessere Systemanalysen und für mehr und bessere institutionelle Vorkehrungen zu ihrer Durchführung möchte ich nicht so verstanden werden, daß ich die Zentralisation jeder und aller Entscheidungen fordere. Eine gleichermaßen wichtige Richtung für die Verbesserung von Entscheidungsprozessen besteht darin, daß den Marktmechanismen als einer wesentlichen Komponente einer dezentralisierten Gesellschaft neue Kraft eingeflößt wird. Unser wachsendes Bewußtsein für die Externalitäten, vor allem die Umweltkosten, die das Preissystem in der Vergangenheit nicht berücksichtigte, hat so etwas wie eine Vertrauenskrise in Marktmechanismen als soziale Regulatoren und Entscheidungsträger verursacht. Auch wenn Externalitäten vorhanden sind, gibt es jedoch eine Alternative zur Zentralisation: die Einbeziehung der Externalitäten in den Preisbildungsprozeß. Eine Steuer auf in die Atmosphäre emittierte Schwefeloxyde ist ein Beispiel für eine solche Maßnahme. Wenn man einen solchen Vorschlag als „Genehmigung für Umweltverschmutzung" angreift, dann setzt man Schlagwörter an die Stelle von Problemlösungen. Wir müssen nicht nur die wahrgenommenen Probleme lösen, sondern bei ihrer Lösung auch die Beanspruchung unserer knappen Ressourcen minimieren. Die Verwendung des Preissystems als Anreiz stellt dort, wo es anwendbar ist, eines der leistungsfähigsten Mittel dar, die uns für die Gewinnung einer Vielzahl von Energien und Köpfen bei der Suche nach möglichst kostengünstigen Lösungen unserer Probleme zur Verfügung stehen.

Schluß

Die wesentlichen Probleme von staatlichen (und unternehmerischen und pädagogischen) Organisationen sind gegenwärtig nicht die Probleme der Abteilungsbildung und Koordination von ausführenden Einheiten. Stattdessen sind es Probleme der Organisation der Informationsspeicherung und Informationsverarbeitung – nicht Probleme der Arbeitsteilung, sondern Probleme der Zerlegung von Entscheidungsprozessen. Diese organisatorischen Probleme können, zumindest in einer ersten Annäherung, am besten durch eine Analyse des Informationssystems angegangen werden, die von der Verwaltungs- und Abteilungsstruktur abstrahiert.

Mit der schnellen Entwicklung der Informationsverarbeitungstechnologie werden unternehmerische und öffentliche Entscheidungsprozesse sehr viel anspruchsvoller und rationaler als sie es in der Vergangenheit waren. Wenn wir dafür einen Beweis benötigen, dann brauchen wir nur die Debatte über anti-ballistische Raketen (unabhängig davon, ob uns das Ergebnis gefällt) mit einer der von Thukydides beschriebenen Debatten über den Bau der Akropolis zu vergleichen – oder, wenn man will, mit jeder Debatte des Kongresses der USA in der ersten Hälfte dieses Jahrhunderts.

Durch die Entwicklung der Informationsverarbeitungstechnologie haben wir eine wachsende Kapazität, um die Interaktionen und Austauschwirkungen zwischen Handlungsalternativen und Ergebnissen zu betrachten sowie unser Verständnis der Teile des gesamten Problems durch die Einbettung dieser Teile in umfassende Modelle zu erhöhen.

Barbara Ward und andere haben uns darauf aufmerksam gemacht, daß die größten Krisen in unserer heutigen Welt Anspruchskrisen sind. Das Bevölkerungsproblem ist so alt wie die Menschheit. Neu an ihm ist heute, daß wir entschlossen sind, ein düsteres Ende nicht zu akzeptieren, sondern etwas dagegen zu tun. Über Jahrhunderte haben die Handlungen des Menschen zu allen möglichen nicht beabsichtigten und nicht erwarteten Konsequenzen geführt. Er konnte in dem Maße, in dem er diese Konsequenzen nicht sah, in gutem Gewissen mit seinen Handlungen leben. Heute können wir kleinste und indirekte Folgen unseres Verhaltens verfolgen: die Beziehung zwischen Rauchen und Krebs, die Beziehung zwischen der Zerbrechlichkeit von Adlereiern und dem Vorhandensein von DDT in der Umwelt. Mit dieser neuen Fähigkeit zur Aufdeckung von Konsequenzen fühlen wir uns für sie in einer zuvor unbekannten Weise verantwortlich. Das intellektuelle Erwachen ist auch ein moralisches Erwachen. Die durch unser neues wissenschaftliches Wissen neu geschaffenen (oder sichtbar gemachten) Probleme sind Symptome des Fortschritts, nicht Vorzeichen des Untergangs. Sie zeigen, daß der Mensch nun die analytischen Instrumente besitzt, die grundlegend für das Verständnis seiner Probleme sind – grundlegend für das Verständnis der menschlichen Lebensbedingungen. Probleme zu verstehen, heißt natürlich nicht notwendigerweise sie zu lösen. Aber es *ist* ein wesentlicher erster Schritt. Die neue Informationstechnologie die wir schaffen, ermöglicht uns diesen Schritt.

Fußnoten zu Kapitel XIV

1 Mit geringen Änderungen entnommen und mit Genehmigung abgedruckt aus: Public Administration Review 33, 1973, S. 268–278.

2 Die Namen Lewin, Roethlisberger, Likert, MacGregor und Argyris legen den allgemeinen Bereich der Ansätze und Schwerpunkte innerhalb der Human-Relations-Bewegung fest. Natürlich könnten dieser nur beispielhaften Aufzählung viele andere Namen hinzugefügt werden.

3 Ein Beleg für den Neuheitsgrad der Fähigkeiten des Computers ist der Widerstand, den er bei denen hervorruft, die sich weigern, in ihm etwas anderes als einen vergrößerten Tischrechner zu sehen. Seit der Darwinismusauseinandersetzung im letzten Jahrhundert haben wir keine so leidenschaftliche Verteidigung der Einzigartigkeit des Menschen gegenüber Verwandtschaftsansprüchen von Systemen erlebt, die nicht zu seiner Art gehören.

4 Wir haben nun die Erfahrung einer Generation mit Entscheidungsmodellen für die Wirtschaftspolitik. Die Konstruktion und Überprüfung solcher Modelle wurde in den Vereinigten Staaten in erheblichem Maße von nichtstaatlichen Institutionen durchgeführt – z. B. von der Cowles Foundation for Research in Economics und der Brookings Institution. Seit dem Tage, an dem sich Präsident Nixon als Keynesianer erklärte, konnte der Einfluß von Entscheidungsmodellen auf Regierungsentscheidungen nicht mehr länger bezweifelt werden, obwohl der Einfluß gewiß ein Jahrzehnt oder mehr dieser Erklärung vorausging. Die ökonometrischen Modelle haben im allgemeinen klassische, analytische mathematische Techniken benutzt, aber der Computer war für die Durchführung der Berechnungen wesentlich. Ein etwas anderes Beispiel liefern mehrere lineare Programmierungsmodelle, die hauptsächlich unter universitärer Schirmherrschaft erstellt wurden, um Entscheidungen der Gewässerpolitik zu lenken. In diesen beiden Fällen sehen wir Entscheidungssysteme, die relativ unabhängig von Reorganisationen der traditionellen Art gestaltet wurden. Es ist interessant, darüber nachzusinnen, ob alle der ämterverschiebenden Reorganisationen von Bundesbehörden seit 1937 eine ebenso große Wirkung auf die öffentliche Politik wie diese neuen Entscheidungssysteme hatten.

KAPITEL XV

Selektive Wahrnehmung: Die Identifikationen von Führungskräften[1]

(mit DeWitt C. Dearborn)

Eine wichtige Aussage der Organisationstheorie behauptet, daß jede Führungskraft jene Aspekte der Situation wahrnehmen wird, die besonders mit den Handlungen und Zielen ihrer Abteilung in Zusammenhang stehen (vgl. Kapitel X oben). Die Aussage wird häufig durch Anekdoten von Führungskräften und Beobachtern von Organisationen unterstützt, aber es sind wenige systematische Beweise für ihre Prüfung vorhanden. Es ist der Zweck dieses Kapitels, einige solcher Beweise zu liefern.

Die betrachtete Aussage ist nicht speziell organisatorischer Art. Sie ist einfach eine Anwendung einer allgemeinen Aussage, die im Mittelpunkt jeder Erklärung der selektiven Wahrnehmung steht, auf organisatorische Phänomene: Wenn dem Subjekt ein komplexer Stimulus dargeboten wird, dann nimmt das Subjekt das von ihm wahr, was es wahrzunehmen „bereit" ist; je komplexer oder mehrdeutiger der Stimulus ist, desto stärker wird die Wahrnehmung durch das bestimmt, was bereits „in" dem Subjekt ist und desto weniger durch das, was „in" dem Stimulus ist.[2]

Motivationale und kognitive Mechanismen vermischen sich im Selektionsprozeß, und es mag nützlich sein, ihre relativen Beiträge abzuschätzen. Wir können entweder annehmen: (1) Selektive Aufmerksamkeit für einen Teil eines Stimulus zeigt eine bewußte Vernachlässigung des übrigen Teils als irrelevant für die Ziele und Motive des Subjektes, oder: (2) Selektive Aufmerksamkeit ist eine erlernte Reaktion, die aus Belehrungen in der Vergangenheit herrührt. Im zweiten Falle könnten wir noch einige Schwierigkeiten haben, die Art der Verstärkung zu bestimmen, aber wenn wir eine Situation schaffen, aus der jede unmittelbare Motivation zur Selektivität entfernt ist, sollten wir imstande sein, den zweiten vom ersten Mechanismus zu unterscheiden. Die Situation, aus der wir unser Material erhielten, erfüllt diese Bedingung, und daher liefern unsere Daten Beweise für die Internalisierung des selektiven Prozesses.

Untersuchungsmethode

Eine Gruppe von 23 Führungskräften, die alle bei einem großen Industriekonzern beschäftigt und Teilnehmer an einem von ihrer Gesellschaft unterstützten Ausbildungsprogramm für Führungskräfte waren, wurde gebeten, eine normale Fallstudie zu lesen, die im Unterricht über Geschäftspolitik an Wirtschaftshochschulen häufig verwendet wird. Der Fall „Castengo Steel Company" beschrieb die Organisation und Tätigkeiten einer Gesellschaft mittlerer Größe, die sich am Ende des Zweiten Weltkrieges auf die Herstellung von nahtlosen Stahlrohren spezialisiert hatte. Der Fall, der ungefähr 10.000 Worte umfaßt, enthält reiches deskriptives Material über das Unternehmen und seine Branche sowie deren jüngere Geschichte (bis 1945), aber wenig Bewertung. Er ist bewußt so geschrieben, daß er sich eng an konkrete Fakten hält und die Interpretationslast soweit wie möglich dem Leser überläßt.

Als die Führungskräfte zu einer Sitzung erschienen, um den Fall zu diskutieren, aber bevor sie ihn diskutiert hatten, wurden sie vom Dozenten gebeten, eine kurze Aussage darüber aufzuschreiben, was sie als das wichtigste Problem der Castengo Steel Company ansahen – das Problem, dem sich ein neuer Direktor der Gesellschaft zuerst widmen sollte. Vor dieser Sitzung hatte die Gruppe andere Fälle diskutiert, wobei sie von Zeit zu Zeit vom Dozenten daran erinnert wurde, daß sie die Rolle der obersten Unternehmensführung bei der Betrachtung ihrer Probleme einnehmen sollte.

Die Führungskräfte waren dem Status nach eine relativ homogene Gruppe, die aus vielleicht drei Ebenen der Unternehmensorganisation kamen. Sie gehörten zu dem Bereich, der gewöhnlich als „mittleres Management" bezeichnet wird, und repräsentierten solche Positionen wie Abteilungsleiter in einem großen Werk, Produktmanager, verantwortlich für die Rentabilität einer der zehn durch die Gesellschaft hergestellten Produktgruppen sowie Werksarzt eines großen Betriebes. Hinsichtlich ihrer Abteilungszugehörigkeit fielen sie in vier Gruppen:

Verkauf (6): Fünf Produktmanager oder stellvertretende Produktmanager und ein Verkaufsleiter.

Produktion (5): Drei Abteilungsleiter, ein stellvertretender Werksleiter und ein Konstruktionsingenieur.

Rechnungswesen (4): Ein stellvertretender Leiter des Rechnungswesens und drei Abteilungsleiter des Rechnungswesens – für eine Budgetabteilung und für zwei Werksabteilungen.

Verschiedene (8): Zwei Mitglieder der Rechtsabteilung, zwei von Forschung und Entwicklung, je einer von Öffentlichkeitsarbeit, Personal, Gesundheitswesen und Einkauf.

Die Daten

Da die Aussagen, die diese Führungskräfte aufgeschrieben haben, relativ kurz sind, werden sie im Anhang vollständig wiedergegeben. Wir prüften unsere Hypothese, indem wir feststellten, ob es eine signifikante Beziehung zwischen dem genannten „wichtigsten Problem" und der Abteilungszugehörigkeit der nennenden Person gab.

In den Fällen, wo Führungskräfte mehr als ein Problem nannten, zählten wir alle genannten. Wir verglichen (1) die Führungskräfte, die „Verkauf", „Marketing" oder „Vertrieb" nannten, mit jenen, die dies nicht nannten; (2) die Führungskräfte, die „Bereinigung der Organisation" oder etwas Entsprechendes nannten, mit jenen, die dies nicht nannten; (3) die Führungskräfte, die „soziale Beziehungen", „Mitarbeiterbeziehungen" oder „Teamwork" nannten, mit jenen, die dies nicht nannten. Die Ergebnisse sind in der Tabelle zusammengefaßt.

Abteilung	Gesamtzahl der Führungskräfte	Zahl der Nennungen		
		Verkauf	„Organisationsbereinigung"	soziale Beziehungen
Verkauf	6	5	1	0
Produktion	5	1	4	0
Rechnungswesen	4	3	0	0
Verschiedene	8	1	3	3
Summen	23	10	8	3

Der Unterschied zwischen den prozentualen Anteilen bei den Verkaufsmanagern (83%) und bei den anderen Führungskräften (29%), die Verkauf als das wichtigste Problem nannten, ist auf dem 5%-Niveau signifikant. Darüber hinaus waren drei der fünf Führungskräfte, die nicht aus dem Verkauf kamen, aber den Verkauf nannten, aus dem Rechnungswesen und in Positionen, die mit der Analyse der Produktrentabilität befaßt waren. Dieser Tätigkeit des Rechnungswesens wurde sogar zur Zeit der Falldiskussion erhebliches Gewicht in der Gesellschaft gegeben, und die Führungskräfte aus dem Rechnungswesen hatten häufige und enge Kontakte mit den Produktmanagern der Verkaufsabteilung. Wenn wir die Führungskräfte des Verkaufs und des Rechnungswesens zusammenfassen, stellen wir fest, daß acht von zehn den Verkauf als das wichtigste Problem nannten, während dies nur zwei der verbleibenden 13 Führungskräfte taten.

Organisationsprobleme (außer der Marketingorganisation) wurden von vier der fünf Führungskräfte aus dem Produktionsbereich, den zwei Führungskräften aus Forschung und Entwicklung sowie dem Werksarzt genannt, aber nur von einer Führungskraft aus dem Verkauf und keiner aus dem Rechnungswesen. Der Unterschied zwischen dem prozentualen Anteil bei den Führungskräften aus der Produktion (80%) und den anderen Führungskräften (22%) ist ebenfalls auf dem 5%-Niveau signifikant. Die Untersuchung des Castengo-Falls zeigt, daß das Hauptproblem, das dort in bezug auf die Fertigung behandelt wird, das Problem der schlecht geregelten Beziehungen zwischen dem Werksleiter, dem Metallurgen und dem Präsidenten der

Gesellschaft ist. Die Anwesenheit des Metallurgen in der Situation kann dazu beitragen, die Sensitivität der beiden Führungskräfte aus Forschung und Entwicklung (die beide mit Metallurgie befaßt waren) für diesen besonderen Problembereich zu erklären.

Man kann leicht Vermutungen darüber anstellen, warum die Führungskräfte aus den Bereichen Öffentlichkeitsarbeit, Personal und Gesundheit einen Aspekt der sozialen Beziehungen genannt haben könnten und warum eine der beiden Führungskräfte aus der Rechtsabteilung den Vorstand genannt haben könnte.

Schlußfolgerung

Wir haben Daten über die selektive Wahrnehmung von industriellen Führungskräften dargestellt, denen Fallunterlagen vorgelegt wurden. Diese Daten stützen die Hypothese, daß jede Führungskraft jene Aspekte einer Situation wahrnehmen wird, die sich speziell auf die Tätigkeiten und Ziele ihrer Abteilung beziehen. Da eine Situation vorlag, in der die Führungskräfte motiviert waren, das Problem eher aus einer gesamtbetrieblichen als aus einer Abteilungssicht zu betrachten, weisen die Daten darauf hin, daß die Selektionskriterien internalisiert worden sind. Schließlich ist die benutzte Methode zur Beschaffung der Daten recht vielversprechend als ein projektives Verfahren zur Offenlegung der Einstellungen und Wahrnehmungen von Führungskräften.

Anhang

Führungskraft	**Verkauf**
4.	Offensichtlicher Bedarf für direkte Kenntnisse ihres Verkaufspotentials.
	Offensichtliche Notwendigkeit zur Ausnutzung ihres technischen Potentials, um einen breiteren Markt und einen Markt mit höherem Preisniveau zu erreichen.
	Offensichtlicher Bedarf nach Daten über Stück- und Betriebskosten.
5.	Wie die Unternehmung am besten zu organisieren ist, um imstande zu sein, die Vorteile des vorhandenen speziellen Marktes voll auszuschöpfen.
6.	Ernennung eines mit dem Betrieb vertrauten Produktionsmanagers.
	Analyse der Marktbedingungen im Hinblick auf eine Expansion im Kunststoffmarkt.
12.	Entwicklung einer Verkaufsorganisation, die Marktforschung einschließen sollte.

20. Fehlen einer Organisation, um Nachkriegsprobleme von Fertigung und Verkauf zu planen und zu handhaben.
25. Auswahl von Führungskräften durch den Präsidenten.

Produktion

1. Vertriebspolitik sollte mit stärkerer Betonung auf neue Kunden und Bemühungen um die vorhandenen überprüft werden.
15. Fehlen klarer Verantwortlichkeitsbeziehungen.
16. Entscheidung, wer der oberste Chef sein sollte und Weitergabe dieser Information an untergegebene Führungskräfte.
18. Überprüfung der Organisation.
Warum so viele Veränderungen bei einigen Stellen, wie dem Betriebsleiter.
24. Fehlende Politik – sollte vom Unternehmensleiter vorgegeben werden.

Führungskraft **Rechnungswesen**

7. Anforderungen auf den neuesten Stand bringen und an Anreize knüpfen. (Anreize existieren offensichtlich nicht.)
9. Zukunft der Unternehmung hinsichtlich Vermarktbarkeit der Produkte – Produktmerkmale – Wachstum oder Zurückhaltung oder Rückzug (d. h. vom Produkt).
10. Vertriebsprobleme. Nicht notwendigerweise ihre gegenwärtigen Vertriebsprobleme, sondern jene, die zweifellos in der nahen Zukunft auftreten werden – Kunststoffe, größere Unternehmen usw.
11. Reorganisation der Unternehmung, um den verlorenen Markt für ihre Produkte zu retten und nach einem zusätzlichen Markt Ausschau zu halten, ist das wichtigste Problem.

Andere

3. (Recht) Herstellung eines Produktes, das (a) gegen viele größere Hersteller mit besseren Möglichkeiten auf wettbewerbsintensivem Markt konkurriert und (b) vielleicht bald an ein verwandtes Produkt einen großen Teil seines Marktes verliert.
14. (Recht) Vorstand.
8. (Öffentlichkeitsarbeit) Die Handhabung der Mitarbeiterbeziehungen – besonders die Beziehungen zwischen Unternehmensleitung und Gewerkschaft.

17. (Personal) Können wir die verschiedenen Abteilungen zusammenbringen, um ein Team zur Kommunikation und Kooperation zu bilden.
19. (Gesundheit) (1) Reorganisation der Unternehmensstruktur, (2) Autoritäts- und Weisungsbeziehungen, (3) Persönliche Beziehungen.
21. (Einkauf) Wir sollten anfangen, über unsere Friedenswirtschaft nachzudenken und uns dafür zu organisieren.
22. (Forschung und Entwicklung) Überzentralisierte Kontrolle durch den Präsidenten.
23. (Forschung und Entwicklung) Keine formale Organisation mit festgelegten Pflichten.

Fußnoten zu Kapitel XV

1 Dieses Kapitel ist mit geringen Änderungen entnommen und mit Genehmigung abgedruckt aus: Sociometry 21, 1958, S. 140–144.
2 Vgl. *Bruner*, J. S., On Perceptual Readiness, in: Psychological Review 64, 1957, S. 123–152.

KAPITEL XVI

Die Geburt einer Organisation[1]

Am 3. April 1948 hat der Kongreß der Vereinigten Staaten dem Gesetz über wirtschaftliche Zusammenarbeit zugestimmt, das den sogenannten „Marshallplan" in Kraft setzte. Ungefähr vier Monate später, gegen Ende Juli, war die Economic Cooperation Administration (ECA) in Aktion, vollständig mit Organisationsschaubild, und hatte bereits einen beträchtlichen Erfahrungsschatz bei der Verwaltung ihres Auslandshilfeprogramms gesammelt. Die folgenden Ausführungen befassen sich mit einigen der Ereignisse, die bei der Schaffung der ECA geschahen, und mit einigen Lehren für die Organisationstheorie, die aus diesen Ereignissen gezogen werden können.

Der Bericht ist kein „Fall" im üblichen Sinne, viel weniger eine Organisationsgeschichte. Tatsächlich ähnelt er eher einer Organisationsautobiographie als einer Organisationsgeschichte, weil das, was ich von diesen Ereignissen weiß, weitgehend von der günstigen Position einer Stelle in der Organisations- und Managementabteilung der Behörde gewonnen wurde. Obwohl ich einige wenige Gelegenheiten hatte, die Objektivität meiner Beobachtungen bei Personen zu überprüfen, die zur gleichen Zeit Stellen in anderen Teilen der Behörde innehatten, bin ich sicher, daß sie nie genau dieselben Dinge gesehen haben wie ich, noch habe ich Grund zu der Annahme, daß das, was ich sah, die „Realität" war. Eine Moral der Geschichte, die ich erzählen will, ist gerade, daß die Organisation während ihres Entwicklungsstadiums weitgehend aus einer Reihe von Bildern in den Köpfen verschiedener Leute bestand. Diese verschiedenen Bilder stimmten kaum miteinander überein, und der Prozeß des Organisierens bestand in erheblichem Maße darin, zu einem einzigen Bild zu gelangen, das mehr oder weniger gemeinsam geteilt wurde.[2]

Erste Schritte

Ein guter Teil der Geschichte der Behörde während der Periode ihres stürmischen Wachstums kann aus den Telefonverzeichnissen abgelesen werden, die in regelmäßigen Abständen herausgegeben wurden, anfangs fast täglich. Das erste Verzeichnis, das etwa am 13. April erschien, verzeichnet 15 Namen. Da es Bürokräfte nicht einschließt, können wir annehmen, daß in den ersten eineinhalb Wochen insgesamt etwa 30 Personen am Schauplatz eintrafen. Am 22. April enthielt das Verzeichnis 138 Namen einschließlich Bürokräfte; am 26. Juli enthielt es 741 Namen, und die Zeit des rapiden Wachstums war vorbei.

Der Wachstumsprozeß war eindeutig ein Zellteilungsvorgang. Innerhalb weniger Tage nach seiner Ernennung als Leiter hatte Paul Hoffman neben zwei persönlichen Assistenten einen Betriebsdirektor, Wayne C. Taylor, einen amtierenden Controller, der bald durch E. L. Kohler als Controller ersetzt wurde, und einen Verwaltungsdirektor, Donald C. Stone, ernannt. Er holte auch drei Ökonomen, die für ihn die sachlichen Programme prüfen sollten, die entwickelt worden waren, bevor die Behörde formal ins Leben gerufen wurde. Der Leiter dieser Gruppe war Richard H. Bissell, der als Geschäftsführer des President's Committee für Auslandshilfe gedient hatte.

In diesem Stadium des Verfahrens war auf der programmatischen Seite der Behörde der Zellteilungsprozeß sehr langsam, auf der Seite des Organisationsapparates ging er sehr schnell. Es gibt zwei Gründe für diesen Unterschied. Erstens bestand bereits im Außenministerium eine Einheit für „Überbrückungshilfe", die die früheren Hilfsfonds für Österreich, Frankreich, Griechenland, Italien und Triest verwaltete, die den „Versorgungskanal" in der anfänglichen Organisationsperiode gefüllt hielt, und bald als Beschaffungseinheit in der ECA aufging.[3]

Zweitens waren in diesem Stadium technische Fragen viel klarer als inhaltliche Fragen. Es war klar, daß die Behörde Räume, Telefondienst und andere Versorgungsdienste benötigte und daß sie sich darauf einstellen mußte, eine große Zahl von Personal einzustellen. Sogar die Aufgabe der Pressebeziehungen wurde nicht übersehen. Erheblich unklarer war, wie die Behörde bei der Erfüllung ihrer Aufgabe der Verwaltung von Auslandshilfe vorgehen würde.

Mitte April hatte der Verwaltungsdirektor einen Budgetdirektor, einen Organisations- und Verfahrensdirektor, einen Personaldirektor und einen Bürovorsteher ernannt. In der dritten Aprilwoche arbeiteten 63% des Personals in diesen Einheiten und weitere 13% in der Controllerabteilung, womit 24% verblieben (die Gruppe vom Außenministerium nicht eingeschlossen) für alle jene Tätigkeiten, die mit den Programminhalten verbunden waren. Am 26. Juli war das Personal in den Programmeinheiten von einem Viertel des Gesamtpersonals des Washingtoner Büros auf die Hälfte angewachsen.

Mitte April ähnelte die ECA nichts so sehr wie einem Industriekonzern ohne Fabrik. Ein Schreibtisch oder ein Telefon ließ sich innerhalb weniger Stunden besorgen. In dem neuen, teilweise fertiggestellten Gebäude der Behörde wurden innere Trennwände mit erstaunlicher Geschwindigkeit errichtet. Aber alle Produkte, die herauskamen, waren von der Gruppe im Außenministerium erstellt worden, die mit wenig Kontakt und nahezu ohne Führung durch die neue Behörde arbeitete.

Diese Beobachtungen sind nicht kritisch gemeint. Der Gang der Ereignisse ist vollkommen verständlich. Da es in Washington eine klare Vorstellung darüber gab, wie eine Verwaltungsbehörde auszusehen hatte – sozusagen das Skelett einer abstrakten Verwaltungsbehörde –, konnte der Rahmen errichtet werden. Aber da keine Konzeption oder zumindest kein Konsens über die ECA als Behörde mit einem zu verwaltenden Programm existierte, konnte das Skelett noch nicht mit Fleisch, Blut und Nerven überzogen werden.

Die alternativen Ansätze

Wie entwickelten sich nun das Programm der ECA und die Organisation zur Umsetzung dieses Programms? Die ECA hatte, wie alle Organismen, eine pränatale Geschichte. Tatsächlich gab es, wie sich herausstellte, viele Ansprüche auf die Elternschaft – mehr als miteinander in Einklang gebracht werden konnten.

Es lassen sich zumindest sechs wichtige Ansätze für die Organisation der ECA identifizieren. Die frühe Organisationsgeschichte dieser Behörde kann zu einem wichtigen Teil anhand des Aufstiegs und des Falls dieser Ansätze und der mit ihnen verbundenen Organisationseinheiten geschrieben werden. Da sie nicht vollständig unvereinbar miteinander sind und da kein einziger Ansatz eindeutig durch das Gesetz unterstützt wurde, das die ECA ins Leben rief, ließ die sich ergebende endgültige Struktur Platz für mehrere von ihnen. In den nächsten Abschnitten werden diese sechs Ansätze charakterisiert.

Der Güterauswahl-Ansatz

Beträchtliche Erfahrung war bei der Verwaltung von Auslandsunterstützung durch Hilfsprogramme während des Krieges, insbesondere der FEA*, und danach bei den Überbrückungshilfeprogrammen gewonnen worden. Dabei befanden sich die hauptsächlichen menschlichen Ansammlungen von Verwaltungserfahrung in der Abteilung für Exportgenehmigungen im Amt für Internationalen Handel des Wirtschaftsministeriums und in der Überbrückungshilfsgruppe des Außenministeriums. Zusätzlich gab es unter anderem im Landwirtschafts- und im Innenministerium eine Reihe von Personen, die wichtige Rollen bei diesen früheren Programmen gespielt hatten.

Die aus dieser Tradition stammende Konzeption der Auslandsunterstützung bestand darin, bestimmte Warenbedürfnisse des Auslandes zu bestimmen und einzelne Lieferungen genau festgelegter Warenmengen zu genehmigen oder nicht zu genehmigen. Die damit verbundenen Entscheidungen bestanden in der Auswahl dieser einzelnen

* Anmerkung der Übersetzer: Foreign Economic Administration (FEA): Für die Verwaltung der Kriegshilfe der USA während und nach dem zweiten Weltkrieg zuständige Behörde

Transaktionen anhand der Programmkriterıen – z. B. des Bedarfs des Landes für die Güter, um seine Kriegsanstrengungen fortzusetzen oder sein Ernährungsniveau zu stützen sowie die Verfügbarkeit der knappen Güter.[4] Ein solcher Auswahlprozeß erforderte zwei Arten spezialisierter Kenntnisse: Kenntnisse der Bedürfnisse oder Anforderungen und Kenntnisse der Verfügbarkeiten. Die ersteren legten eine Kombination von Waren- und Regionalspezialisierung in der Behörde nahe; die letzteren deuteten in erster Linie auf Warenspezialisierung hin.

Der Handelsbilanz-Ansatz

Dem Erlaß der Marshallplan-Gesetzgebung waren beträchtliche Forschungsaktivitäten sowohl in Europa als auch in den Vereinigten Staaten vorausgegangen. Diese Untersuchungen hatten sich in erster Linie mit der Frage der Bestimmung der Größenordnung des europäischen Bedarfs nach amerikanischer Unterstützung befaßt.

Die Kommission für Europäische Wirtschaftliche Zusammenarbeit (CEEC) hatte als Antwort auf Minister Marshalls ursprünglichen Vorschlag eine solche Schätzung im Herbst 1947 aufgestellt. Ausgehend von Schätzungen der Konsumbedürfnisse der teilnehmenden Länder verglich die Kommission diese zunächst mit geplanten Produktionsniveaus und gelangte zu Schätzungen der Güter, die importiert werden mußten, um die vorgeschlagenen Konsumniveaus zu erreichen, und dann zur Situation der Zahlungsbilanz, die sich aus dem Importprogramm ergeben würde. Die so ermittelte „Dollarlücke" lieferte eine Grundlage für die Höhe der gewünschten amerikanischen Unterstützung. Der CEEC-Bericht wurde durch eine Gruppe von Kommissionen in unserem Land überprüft und reduziert. Diese revidierten Schätzungen stellten die Grundlage für die ECA-Gesetzgebung und die folgenden Mittelbewilligungen dar.[5]

In diesem Bild des Auslandsunterstützungsprogramms spielten einzelne Warenkäufe eine sehr untergeordnete Rolle. Nachdem der Gesamtbetrag an Hilfe für jedes Land ermittelt war, war es unwichtig, ob ein bestimmter Import durch ECA-Dollars oder durch Dollars aus dem Export des Landes finanziert wurde.

Dieser Ansatz ist offensichtlich aus der ökonomischen Theorie hergeleitet. Die Analyse von Konsumbedürfnissen und Produktionskapazitäten folgt dem sogenannten „Nationaleinkommens-Ansatz", der im letzten Jahrzehnt unter den professionellen Ökonomen weit verbreitet gewesen ist. Die Idee, daß das Auslandsunterstützungsproblem darin bestand, ein „Dollardefizit" auszugleichen, ergibt sich aus dem traditionellen Zahlungsbilanzkonzept, das im Mittelpunkt der Theorie des internationalen Handels stand.

Beide Konzeptionen legten, wenn auch in leicht abgewandelten Formen, aus organisatorischer Sicht den Bedarf für eine Behörde nahe, die durch ökonomische Analyse zu Globalentscheidungen über Dollarbeträge für Auslandsunterstützung an einzelne Länder kommen konnte.

Der Europäische-Zusammenarbeits-Ansatz

Eine andere Gruppe organisatorischer Vorstellungen wurde dadurch erreicht, daß der Marshallplan als ein Mittel zur Erzeugung eines größeren Maßes an internationalem Handel, ökonomischer Zusammenarbeit und Rationalisierung der Industrie in Westeuropa angesehen wurde. Dieser Ansatz für das Pogramm war ein wesentliches Element in den bereits erwähnten Untersuchungen und ein integraler Bestandteil der Politik des Außenministeriums und des Kongresses.[6] Seine organisatorischen Konsequenzen waren: Erstens, daß die Initiative zur Programmgestaltung bei den miteinander kooperierenden europäischen Ländern liegen sollte; zweitens, daß unsere Beziehungen mit ihnen hinsichtlich des Programmes eher multilateral als bilateral sein sollten, und daß diese Beziehungen hauptsächlich durch das Pariser Büro und nicht durch das Washingtoner Büro der ECA gelenkt werden sollten.

Der Bilaterale-Verpflichtungs-Ansatz

Etwas abweichend von der Idee, daß das zentrale Ziel des Programms die Förderung der europäischen Zusammenarbeit sein sollte, war die Vorstellung, daß Unterstützung von bilateralen Verpflichtungen zwischen den einzelnen teilnehmenden Ländern und den Vereinigten Staaten abhängig gemacht werden sollte.[7] Da ein Element in der erforderlichen Vereinbarung die Bereitschaft des teilnehmenden Landes war, an kooperativen Übereinkommen mit den anderen Ländern teilzunehmen, standen die beiden Konzeptionen sicherlich nicht in direktem Widerspruch. Trotzdem schufen die bilateralen Vereinbarungen die Notwendigkeit für direkte Verhandlungen mit einzelnen Ländern in Zusammenarbeit mit dem Außenministerium und schwächten aus organisatorischer Sicht die CEEC und das Pariser Büro der ECA als die primären Kontaktkanäle. Die bilateralen Vereinbarungen betonten auch bestimmte spezifisch amerikanische Ziele, wie die Sicherung der dauerhaften Verfügbarkeit strategischer Materialien.

Der Investitionsbank-Ansatz

Die amerikanische Regierung hatte auch durch die Export-Import-Bank Erfahrungen mit der Gewährung von Darlehen an andere Länder für Realinvestitionen. Das Gesetz über wirtschaftliche Zusammenarbeit sah speziell vor, daß von den 5,3 Milliarden Dollar, die im ersten Jahr an Hilfe gewährt werden sollten, 1 Milliarde Dollar in der Form von Darlehen vergeben werden und die Export-Import-Bank als Apparat benutzt werden sollte, durch den diese Darlehen abgewickelt werden sollten. Dies führte zu der Vorstellung, daß zumindest in bezug auf den Darlehensteil des Programms das

Problem in der Entscheidung bestand, ob einzelne Projekte zum Fabrikbau oder für andere Realinvestitionen wirtschaftlich solide in dem Sinne waren, daß sie gute Aussichten für die Erzielung eines Gewinns aus der Investition hatten. Der Kongreß selbst blieb unbestimmt (und das vielleicht mit Absicht) bei der Festlegung der Bewilligungskriterien für Darlehen. Sowohl die Ertragskraft der Investition als auch die Fähigkeit des Landes, aus der Sicht der Zahlungsbilanz zurückzuzahlen, sollten berücksichtigt werden.[8] Die Tatsachen, daß die festgelegte Absicht des Kongresses die Investitionsbankmaßstäbe enthielt und, vielleicht entscheidender, daß Mr. Taylor, der ursprünglich von Mr. Hoffmann berufene Betriebsdirektor, von der Export-Import-Bank zur ECA kam, hatten entscheidende Auswirkungen auf die Organisation der ECA während der ersten Monate.

Der Politikverwaltungs-Ansatz

Zusammen mit der ausführlichen sachlichen Planung, die dem Erlaß des Gesetzes im April voranging, waren besonders im Haushaltsamt (Vorläufer des Organization and Management Bureau) auch Überlegungen über die Art angestellt worden, in der das Programm verwaltet werden sollte, falls es beschlossen werden sollte. Einige der wesentlichen Fragen waren, ob das Programm im Außenministerium angesiedelt oder ob eine neue Behörde errichtet werden sollte, und ob, falls eine neue Behörde errichtet würde, sie eine selbständige Gesellschaft sein sollte. Diese Fragen wurden durch den Kongreß und nicht durch die Organisationsplaner entschieden, und wir werden sie an dieser Stelle nicht weiter betrachten.

Das Haushaltsamt hatte jedoch auch einige vorläufige Pläne für die interne Organisation der Behörde entwickelt, falls sie geschaffen werden sollte. Weil das Haushaltsamt keine klare Konzeption des Programms hatte und wahrscheinlich auch nicht haben konnte, hatten seine Pläne viele Charakteristika mit der Organisation gemein, die Anfang April entstand – starke Betonung auf dem Apparat und wenig auf die Produktion. Wenn der Name der Behörde von dem vom Haushaltsamt vorgeschlagenen Organisationsschaubild entfernt worden wäre, dann wäre äußerst schwierig festzustellen gewesen, ob sich die Organisation mit Auslandsunterstützung, Salzbergbau oder Gerichtsverfahren befassen sollte. Vorkehrungen wurden für eine Abteilung für Politikkoordination, eine Programmabteilung, eine Betriebsabteilung und einen Controller getroffen. Die erstgenannte sollte sich mit den übergeordneten Aspekten des europäischen Wiederaufbaus beschäftigen, die zweite mit der Prüfung von Warenlisten, die dritte mit der aktuellen Beschaffung und die vierte mit Dokumentation und Rechnungslegung über die Mittel.

Die Idee, daß man ein komplexes Problem – jedes Problem – in Angriff nehmen sollte, indem man zuerst übergreifende Entscheidungen trifft, diese dann durch speziellere Entscheidungen ausführt, und dann wiederum diese ausführt, ist in der Organisationsliteratur geläufig – und in Büchern über „richtiges Denken". Dieser Plan verwechselte eine analytische Beschreibung des Verwaltungsprozesses mit einer Liste der Verwaltungseinheiten, die für die Durchführung eines bestimmten Regierungsprogramms benötigt wurden.

Tatsächlich können gewisse Elemente, die später in der ECA auftraten, mit den vom Haushaltsamt vorgeschlagenen Einheiten als identisch angesehen werden. Aber abgesehen vom Fall des Controllers war dies Zufall und keine Planung, und als die Organisation durch schrittweise Anpassung modifiziert wurde, nahm die der Politikkoordination entsprechende Einheit immer mehr die Funktionen der Programmabteilung auf, und die Programmabteilung übernahm vollständig die Betriebsabteilung. Die Gründe werden vielleicht im folgenden verständlich.

Die Entwicklung der Programmorganisation

Nachdem wir einen Überblick über einige der hauptsächlichen Konzeptionen des Auslandshilfeprogramms gegeben haben, die im April 1948 in Washington festgestellt werden konnten, können wir jetzt unseren Bericht über den tatsächlichen Organisationsprozeß fortsetzen. Während der Prozeß der Zellteilung weiterging, fand jede der beschriebenen Programmkonzeptionen eine konkrete Verwirklichung in einer oder mehreren der entstehenden Organisationseinheiten.

Das Schicksal, das jeder Einheit widerfuhr, hing tendenziell von zwei Dingen ab. Ihr Schicksal hing erstens davon ab, wie einfach und deutlich die ihr zugrundeliegende Konzeption des Programmes tatsächlich ausgeführt werden konnte. Jede Programmkonzeption lieferte nur eine Grundlage für eine Organisation, wenn sie weiter ausgearbeitet und anhand konkreter organisatorischer Tätigkeiten deutlich gemacht wurde und zu einer arbeitsfähigen Verteilung von Entscheidungsverantwortlichkeiten führte. Im Falle der ECA beispielsweise konnte eine Programmkonzeption nicht als arbeitsfähig angesehen werden, wenn sie nicht zu einem Entscheidungsprozeß für die Verteilung von 5 Milliarden Dollar zwischen den westeuropäischen Nationen und für die Umsetzung dieser Verteilung in Bewilligungen zum Kauf bestimmter Güter und Dienstleistungen weiterentwickelt werden konnte. Nicht alle Ansätze waren zur Ausführung in diesem Sinne geeignet – einige waren einfach nicht arbeitsfähig.

Zweitens hing das Schicksal einer Einheit von den natürlichen Verbindungen ab, die sie mit mächtigen Washingtoner Behörden in der Umgebung der ECA fand und die ihre Konzeption für das Programm der Behörde teilten.[9] Soweit mehr als eine Programmkonzeption in dem gerade dargestellten Sinne arbeitsfähig gemacht werden konnte, konnten solche Verbindungen das Ergebnis in bezug auf konkurrierende Ansätze entscheiden.

Was wir gerade beschreiben, ist also ein Machtkampf, in dem Ideen – insbesondere die Programmkonzeption – eine wesentliche Rolle sowohl als *Waffen* als auch als *Motive* für den Aufbau von Herrschaftsbereichen spielten. Die Konzeptionen waren Waffen, weil sie von den jeweiligen Organisationseinheiten, die sie repräsentierten, dazu benutzt werden konnten, ihre Ansprüche auf einen größeren Anteil am Programm geltend zu machen. Sie waren Motive für den Aufbau von Herrschaftsbereichen, weil die Leiter dieser Einheiten die Ausweitung der Funktionen ihrer Einheiten als die hauptsächlichen Mittel zur Ausführung ihrer Programmkonzeptionen ansahen. Ich glaube nicht, daß diese Art des Machtkampfes eine Besonderheit der ECA war, sondern vielmehr, daß eine tiefere Analyse des Phänomens des Aufbaus von Herrschaftsbereichen in der Regierung und in der Wirtschaft zeigen würde, daß diese Elemente immer gegenwärtig und sehr oft von zentraler Bedeutung sind. Wegen der Veränderlichkeit der Organisation ist es einfacher, sie in der frühen Geschichte der ECA festzustellen, als in einer Behörde, die bereits durch einen Prozeß der „natürlichen Auslese" gegangen ist.

Die Güterauswahl-Sichtweise des Programms der ECA herrschte in der Beschaffungsabteilung (der neue Name der Überbrückungshilfegruppe des Außenministeriums) und in zwei Programmeinheiten vor, die auf einer Güterbasis eingerichtet worden waren: der Nahrungsmittel-Abteilung und der Industrie-Abteilung. Die Nahrungsmittel-Abteilung stand weitgehend unter dem Einfluß des Landwirtschaftsministeriums, und alle drei Einheiten hatten enge Arbeitsbeziehungen mit dem Amt für Internationalen Handel im Wirtschaftsministerium. Güterauswahl war auch die vorherrschende Konzeption in der Controller-Abteilung der ECA.

Die *Herkunft* des Güterauswahl-Ansatzes ist bis zu den Hilfsprogrammen der Kriegszeit zurückverfolgt worden. Die *Arbeitsfähigkeit* der Konzeption beruhte größtenteils auf mehreren Bestimmungen des Gesetzes selbst. Eine von ihnen forderte, daß die Hilfe nicht die Erfüllung lebenswichtiger Bedürfnisse des amerikanischen Volkes beeinträchtigen dürfte. Rohöl sollte soweit wie möglich außerhalb der Vereinigten Staaten gekauft werden; kein Fleisch, außer Pferdefleisch, sollte im Inland gekauft werden. Andere Klauseln zum Schutz der amerikanischen Wirtschaft bezogen sich auf Weizenmehl, landwirtschaftliche Maschinen, Kunstdünger, landwirtschaftliche Erzeugnisse mit reichlichem Angebot und überschüssiges Kriegsmaterial. Private Handelskanäle sollten soweit wie möglich bei der Beschaffung der Waren genutzt werden, und mindestens die Hälfte der Güter sollte auf amerikanischen Schiffen verladen werden. Schließlich wurde gefordert, daß Waren außerhalb der Vereinigten Staaten nicht zu höheren Preisen (mit bestimmten Anpassungen) als dem amerikanischen Preis gekauft werden sollten.

Die Wirkung all dieser Bestimmungen bestand darin, daß die Prüfung einzelner Transaktionen erforderlich war. Innerhalb der ECA wurden diese Klauseln weitgehend durch die Beschaffungsgruppe und (besonders die Preisbestimmungen) durch die Controller-Abteilung verwaltet. Außerhalb der ECA waren das Wirtschafts-, Landwirtschafts- und Innenministerium mit diesen selben Vorschriften intensiv beschäftigt.

Paradoxerweise erzeugten diese Bestimmungen auch eine grundsätzliche Schwäche im Güterauswahl-Ansatz. Die kritische Entscheidung bei der Auswahl knapper Güter war nicht, ob ihr Kauf aus ECA-Mitteln finanziert wurde, sondern ob sie aus den Vereinigten Staaten exportiert werden sollten. Daher mußten Kontingente der Gesamtlieferungen jeder Ware festgelegt werden, und diese Kontingente mußten durch Exportlizenzen statt durch die Finanzierungsgenehmigung durchgesetzt werden. Als eine Folge mußte die Hauptverantwortung dem Wirtschafts- und dem Landwirtschaftsministerium zufallen statt der ECA.[10]

Die gleiche Schwäche unterminierte die naivere, aber stark vertretene Konzeption, daß der Zweck der Auswahl einzelner Transaktionen der sparsame Umgang mit dem Geld des amerikanischen Steuerzahlers war, indem sichergestellt wurde, daß die europäischen Nationen die Mittel nur für „notwendige" Dinge verwandten. Da 50% der gesamten europäischen Exportdollars durch den normalen internationalen Handel verdient und nur 50% durch die ECA zur Verfügung gestellt wurden, konnte bei Ablehnung einer Transaktion der spezielle betroffene Gegenstand statt dessen mit „verdienten" Dollars beschafft und durch einen anderen Gegenstand auf der ECA-Liste ersetzt werden. Wie wünschenswert auch immer die Schonung der amerikanischen Mittel war, so konnte dieses Ziel nicht durch Entscheidungen über einzelne Transaktionen sichergestellt werden.

Letztlich mußte sich mithin die ECA an die Tatsachen anpassen, daß Exportlizensierung und nicht die Auswahl von Beschaffungstransaktionen das wirksame Mittel zur Kontrolle der einzelnen Transaktionen war und daß die Auswahl nicht wirksam zur Kontrolle des gesamten europäischen Importprogramms eingesetzt werden konnte. Die Controller-Abteilung mit ihren Überwachungsverantwortlichkeiten und ihrem Interesse an der Preisvorschrift verblieb als das einzige Machtzentrum für den Güterauswahl-Ansatz. Dieser Ansatz verschwand langsam aus den Konzeptionen der Programmabteilungen.

Die *Handelsbilanzkonzeption* fand ihre – zuerst sehr instabile – Grundlage bei den Ökonomen, die größtenteils von Bissell und größtenteils mit Beraterstatus langsam in die Behörde gebracht wurden. Mr. Hoffmann und die meisten direkt mit ihm verbundenen höheren Mitarbeiter waren in den Anfangstagen durch externe Probleme völlig in Anspruch genommen. Sie mußten Beziehungen mit dem Außenministerium ausarbeiten und die bilateralen Vereinbarungen aushandeln; sie mußten Anweisungen für das Pariser Büro entwickeln, das gerade im Entstehen war, und sie mußten sich auf die Bewilligungsanhörungen im Kongreß vorbereiten. (Das Gesetz zur Bewilligung der Mittel wurde erst am 28. Juni beschlossen.)

Damit blieb die Aufgabe der Entwicklung der Verfahren zur Programmerstellung und der Überprüfung der Programme für die Auslandsunterstützung im zweiten und dritten Quartal bei den Ökonomen. Und tatsächlich war, nach allem, was ich beobachten konnte, die eigentliche Programmüberarbeitung die Arbeit von ein paar fähigen und tatkräftigen, sehr jungen und sehr unauffälligen Männern, die an den abteilungsübergreifenden Ausschüssen zur Überprüfung des ursprünglichen CEEC-Vorschlages teilgenommen hatten und die nun unter Bissell arbeiteten. Die genaue Größe oder Identität dieser Gruppe war nicht leicht zu bestimmen, aber sie konnte aus nicht mehr als einem halben Dutzend Fachleuten bestanden haben.

Der *Europäische-Zusammenarbeits-Ansatz* war leichter zu beschreiben als auszuführen.[11] Im wesentlichen erforderte er die Stärkung der Organisation, durch die diese Zusammenarbeit von den europäischen Nationen selbst geplant werden sollte – der OEEC (Organisation für Europäische Wirtschaftliche Zusammenarbeit). Weil das Pariser Büro eindeutig die geeignete Einheit für den Verkehr mit der OEEC war und weil die Ziele der Zusammenarbeit wenig Relevanz für die Alltagsaufgaben der Programmentwicklung und Finanzierung der Unterstützung hatten, erfuhr dieser Ansatz nie eine starke organisatorische Darstellung im Washingtoner Büro. Die Abteilung für Finanz- und Handelspolitik, die sich später entwickelte, hatte am meisten mit ihm zu tun, aber der Schwerpunkt lag bei ihrem Pariser Partner.

Der Zusammenarbeits-Ansatz hatte jedoch eine negative Folge, die die Überlegungen über die Washingtoner Behörde beeinflußten. Es gab die starke Versuchung, „Länderbüros" einzurichten, die sich auf die Probleme der einzelnen Länder spezialisieren sollten. Tatsächlich waren Gebietseinheiten dieser Art im Organisationsplan des Haushaltsamtes erwogen worden. Sie sollten in der Programm-Abteilung angesiedelt werden, die eine Nachbildung der FEA-Organisation sein sollte – mit einer „Gebiets"-Abteilung und einer „Güter"-Abteilung. Diese Konzeption war jedoch gegenüber dem Angriff anfällig, daß sie bilaterale Beziehungen mit den einzelnen Ländern anstatt Kooperation zwischen ihnen begünstigen würde. Diese Einwände verhinderten, daß Länderbüros sich so schnell in der Behörde entwickelten, wie sie es sonst möglicherweise getan hätten. Langfristig verhinderten sie nicht völlig, daß Länderbüros in solchen Teileinheiten entstanden, in denen spezialisierte Kenntnisse über die einzelnen Länder zur Programmgestaltung und zur Erarbeitung von Handelsbilanzschätzungen benötigt wurden.

Wie bereits erwähnt, wurden *bilaterale Vereinbarungen* mit den zusammenarbeitenden Nationen vom Gesetz gefordert. Die Aushandlung der Verpflichtungen war eine hochrangige Angelegenheit, an der die Führung des Außenministeriums beteiligt war. Im Washingtoner Büro der ECA war nur das Amt des General Counsel stark beteiligt. Nachdem die Verpflichtungen unterzeichnet worden waren, ging ihre Durchführung notwendigerweise weitgehend auf das Pariser Büro und die ECA-Sondermissionen in den kooperierenden Ländern über. Daher übten die Vereinbarungen nie einen wichtigen Einfluß auf die Organisation des Washingtoner Büros aus. (Wiederum ist die Abteilung für Finanz- und Handelspolitik, die in enger Verbindung mit dem Schatzamt arbeitete, eine teilweise und unbedeutende Ausnahme.)

Der *Investitionsbank*-Ansatz fand seine hauptsächliche interne Unterstützung beim Betriebsdirektor, Mr. Taylor, und externe Unterstützung bei der Export-Import-Bank. Die Konzeption war, wenn überhaupt, nur auf einen geringen Teil des Gesamtprogramms der Behörde anwendbar. Die Einheit von Mr. Taylor wurde bald vom Fluß der Alltagstransaktionen in der Behörde isoliert und trocknete allmählich am Stamme aus. Der schnelle Abstieg dieser Einheit war leicht anhand der Mitarbeiterzahl, Titeländerungen (Mr. Taylor wurde „Assistent des Behördenleiters") und der konkreten Lage der Büroräume sichtbar.

Die Einheit begründete früh ihren Anspruch als die zuständige Fachabteilung für Darlehensgenehmigungen der Behörde, aber es entwickelte sich ein wachsender Konflikt zwischen den Investitionskriterien und den Zahlungsbilanzkriterien für Darlehen. Eine Krise im Herbst 1948, die sich aus der Tatsache ergab, daß ein großer Teil der Darlehensmittel noch ungebunden war, brachte einen überzeugenden Nachweis für die mangelnde Arbeitsfähigkeit des Investitionsbank-Ansatzes und führte zu einer Lösung des Konfliktes zugunsten des Handelsbilanz-Ansatzes. Da ich nicht Augenzeuge dieser Ereignisse war, kann ich sie nicht im einzelnen beschreiben.

Aus all dem ergibt sich, daß während der ersten zwei oder sogar drei Monate der gesamte Ausführungsteil der ECA aus drei Gruppen bestand. Die erste, die aus Mr. Hoffmann und einigen hochrangigen Mitarbeitern bestand, leitete sozusagen die „internationalen Beziehungen" der Behörde mit dem Kongreß, mit dem Außenministerium, mit anderen Bundesministerien und mit den teilnehmenden Nationen. Während dieses Zeitraumes handelten sie die bilateralen Vereinbarungen aus und brachten das Mittelbewilligungsgesetz durch den Kongreß. Eine zweite Gruppe, in Mr. Bissells Abteilung, arbeitete ein vierteljährliches Hilfsprogramm aus und brachte die Programmgestaltungsverfahren in endgültige Form, die später offiziell angenommen wurden. Eine dritte Gruppe, die aus dem Außenministerium übernommen wurde, bearbeitete die Hilfsanforderungen und sorgte für gefüllte Nachschubkanäle. Zusammen mit ihrer Unterstützung durch Bürokräfte können diese drei Gruppen aus nicht mehr als 75 Personen bestanden haben, vielleicht sogar weniger. Während dieser Periode war die übrige Behörde nicht so sehr mit „Machen" befaßt, sondern sie bereitete sich darauf vor.

Die Abteilung Organisation und Management

Wir haben nun eine Organisation beschrieben, die wuchs und eine einigermaßen zusammenhängende Form annahm, ohne offenbar jemals geplant worden zu sein. Ich glaube, das ist eine angemessene Beschreibung der Ereignisse oder zumindest eine erste Annäherung an eine solche Beschreibung. Was wurde von der Organisations- und

Managementabteilung während dieser Zeit getan, um ihre Existenz zu rechtfertigen?

Während der ersten Tage war es äußerst schwierig, sich mehr als ein sehr fragmentarisches Bild davon zu machen, was vorging oder wer was tat. Bei den ausführenden Mitarbeitern hatte jeder begriffen, daß er eine Arbeit zu tun hatte und wenig Zeit, um sie zu erledigen. Sie wollten ihre Zeit nicht damit zubringen, mit Verfahrensspezialisten zu reden oder organisatorische Bekanntmachungen zu lesen. Die O- und M-Abteilung unternahm einen mutigen Versuch, die tatsächlich vorhandenen Verfahren herauszufinden und aufzuzeichnen, und ich glaube, daß sie teilweise erfolgreich war. Wenn die Abteilung überhaupt einen Einfluß auf die Gestalt hatte, die die Organisation annahm, dann war es mit Hilfe von Techniken, die üblicherweise nicht in Handbüchern über Arbeitsverfahren beschrieben werden.

Ein kleiner Stab, der Anfang April in die Abteilung gebracht wurde, um Organisationspläne zu entwickeln, verbrachte zwei fieberhafte Wochen in dem Bemühen, zu seinen eigenen Vorstellungen über das Auslandsunterstützungsprogramm und den organisatorischen Folgen dieser Vorstellungen zu kommen. Wie auch immer, die beiden Konzeptionen, die die stärkste Anerkennung in der Abteilung fanden, waren der Handelsbilanz-Ansatz und der Europäische-Zusammenarbeits-Ansatz.

Der erste wichtige Versuch, der in der dritten Aprilwoche unternommen wurde, um die Organisation in Richtung auf die Ausführung dieser Vorstellungen zu beeinflussen, bestand aus einer vervielfältigten Denkschrift – „Grundprinzipien der ECA-Organisation" –, die von der Abteilung am 30. April als Entwurf in Umlauf gesetzt wurde. Diese Denkschrift vernachlässigte weitgehend den vorgeschlagenen Plan des Haushaltsamtes, hob den Handelsbilanz-Ansatz hervor und stellte die Schwächen im Güterauswahl-Ansatz und im Investitionsbank-Ansatz heraus. Sie betonte die Notwendigkeit zur Stärkung des Pariser Büros, um multilaterale statt bilateraler Verhandlungen zu fördern und warnte vor den Gefahren der „Länderbüros".

Es wurde kein Versuch unternommen, die formale Genehmigung der in der Denkschrift enthaltenen Prinzipien zu erlangen, wodurch ein langwieriger und wahrscheinlich unendlicher Prozeß zur Erreichung der Zustimmung vermieden wurde. Die Denkschrift war mehr als eine Reihe grundlegender Voraussetzungen und ihrer organisatorischen Folgen formuliert statt als Organisationsplan oder Kompendium von funktionalen Beschreibungen.

Dem Schriftstück lag die Idee zugrunde, daß ein relativ kurzer Entwurf von ungefähr 2000 Wörtern eine gewisse Verbreitung in der Behörde erreichen *könnte*, daß er tatsächlich von einigen einflußreichen Leuten gelesen werden *könnte* und daß einige der zentralen Konzepte aufgenommen werden und die weiteren Überlegungen über die Organisation beeinflussen *könnten*. Bei späteren Kontakten mit der Behörde fand ich einige Hinweise, daß die Schrift nicht unbeachtet blieb, aber es wäre unmöglich, genau abzuschätzen, welchen Einfluß sie hatte.

Ungefähr zu gleichen Zeit fand die O- und M-Abteilung heraus, daß die Personalabteilung von ihr wegen der Bereitstellung von Stellenbeschreibungen abhängig war, damit Arbeitsplätze eingestuft und Einstellungen bei den verschiedenen Einheiten genehmigt werden konnten. Dies brachte die O- und M-Abteilung in eine höchst strategische Position zur Beeinflussung der Wachstumsraten der Einheiten. Solange eine Einheit nicht ihre Funktionen der O- und M-Abteilung beschreiben und ein gewisses Maß an Zustimmung über die Rolle erhalten konnte, die sie in der Struktur einnehmen sollte, fand sie sich bei den Bemühungen um Genehmigung ihrer Einstellungen einer undurchdringbaren Wand von Papierkrieg (oder vielleicht wäre „Stellungskrieg" eine bessere Metapher) gegenüber. Sicherlich konnten Mitarbeiter von einem entschlossenen Abteilungschef auf Beratungsbasis im Dienst gehalten werden, aber das Fehlen eines Organisationsschaubildes machte die Position einer Einheit sehr ungewiß und hemmte eindeutig ihre Erweiterung. Dieses Verfahren machte in den Anfangswochen eine wirksame Verzögerungsaktion gegen die Einrichtung von „Länderbüros" und die Vermehrung von statistischen Abteilungen möglich.

Zweifellos ging es in dieser Situation der Einheit unter dem Betriebsdirektor am schlechtesten, da die O- und M-Analytiker sich außerstande sahen, Mr. Taylors Vorstellungen über seine Aufgabe mit der Gesamtstruktur in Übereinstimmung zu bringen, die sich in der Behörde herausbildete. Obwohl ich glaube, daß das Schicksal dieser Einheit langfristig sowieso das gleiche gewesen wäre, gab der Stillstand ihrer Ausweitung während dieser kritischen Wochen Mr. Bissell und seinen Mitarbeitern Zeit, ihre Tätigkeiten in eine gewisse abgestimmte Struktur zu organisieren.

Ein glücklicher Zufall gab der O- und M-Abteilung ihr drittes Instrument an die Hand. Bei den Bewilligungsanhörungen wurde Mr. Hoffmann von dem Kongreßabgeordneten Taber gebeten, die maximale Personenzahl anzugeben, die er im Washingtoner Büro der Behörde benötigen würde. Diese Zahl konnte eigentlich nur aus der Luft gegriffen werden, aber Mr. Hoffmann griff 600. Obwohl ich keinen zuverlässigen Weg zur Verteidigung der Zahl kenne, schien es mir immer, daß dies eine sehr gute Zahl war. Wie dem auch sei, nachdem Mr. Hoffmann die Zahl angegeben hatte, mußte er mit ihr leben. Er hatte auch ein Mittel in der Hand, um den unvermeidlichen Anforderungen der Washingtoner Einheiten nach mehr und immer mehr Personal entgegenzuwirken, als der Zellteilungsprozeß weiterging.

Als Anfang Juni der von den Leitern der einzelnen Einheiten angegebene „Personalbedarf" zusammengerechnet wurde, stellte sich heraus, daß die Gesamtzahl 600 beträchtlich überstieg, und ein Personalzuteilungsprozeß mußte vorgenommen werden. In dieser Situation wandte sich der stellvertretende Behördenleiter an die O- und M-Abteilung, um Unterstützung bei der Erreichung eines ausgewogenen Organisationsbildes zu erhalten. Mit den Leitern der einzelnen Abteilungen wurde eine Reihe von Anhörungen abgehalten, um Personalobergrenzen zu bestimmen, und Mitarbeiter aus der O- und M-Abteilung nahmen an diesen Anhörungen teil.

Letztlich mußte sich die Obergrenze natürlich ausweiten. Ende Juli überschritt das

Personal in Washington 700. Aber so, wie die Behörde endgültig entstand, war sie sicherlich eindrucksvoll kleiner als jede Regierungsbehörde, die eine ähnlich große Aufgabe durchführte, und die plötzliche Abnahme ihrer Wachstumsrate gegen Ende Juli kann nur den Obergrenzen zugerechnet werden.

Am 26. Juli wurde das erste offizielle Organisationsschaubild des Washingtoner Büros der ECA vervielfältigt. Das Schaubild erzeugte keine neuen organisatorischen Einteilungen, sondern bestätigte und festigte die Strukturen, die provisorisch entstanden waren. Ab Anfang August schaffte es eine Reihe historischer Grenzen, anhand derer neue Gebietsforderungen begründet werden mußten.

Es sollte durch die Schilderung dieser Ereignisse hinreichend deutlich sein, daß die Ansichten der O- und M-Abteilung keineswegs der vorherrschende Einfluß auf die endgültige Gestalt der ECA-Organisation waren. Diese endgültige Gestalt verkörperte zum großen Teil die Ansichten, die in der am 30. April verbreiteten Denkschrift über „Grundprinzipien" geäußert wurden, aber diese Beziehung war nur zum geringen Teil ursächlich. Die Denkschrift stellte weniger einen Einfluß auf die Organisation dar als eine ziemlich genaue Voraussage der Form, in die die Organisation durch die Anforderungen ihrer Aufgaben und Ziele gezwungen würde – durch die Bedingungen der „Arbeitsfähigkeit".

Die Nachwirkungen

Ein Organisationsschaubild, das im *Zweiten Bericht an den Kongreß* der ECA abgedruckt ist, zeichnet die Struktur des Washingtoner Büros, wie es am 1. Dezember 1948 bestand.[12] Dieser Plan zeigt, daß der Schwerpunkt der Programmaktivitäten im Büro des zweiten stellvertretenden Leiters für das Programm, Mr. Bissell, lag. Unter ihm wurde der Handelsbilanz-Ansatz durch die Abteilung für Programmkoordination mit Unterstützung der Abteilungen für Nahrungsmittel, Industrie sowie Finanz- und Handelspolitik ausgeführt. Gesetzesvorschriften, die nicht mit den zentralen Programmgestaltungsfunktionen in Beziehung standen, wurden von den Abteilungen für China, Korea, Strategische Materialien und Transport sowie dem Büro für Arbeitsberatung abgewickelt. Die Controlling-Abteilung führte Prüfungsfunktionen durch, und eine Abteilung für Statistik und Berichte „prüfte" die Auswirkung des Programms auf die europäische Wirtschaft.

Die anderen wichtigen Kästchen auf dem Schaubild entsprechen den üblichen Dienstleistungseinheiten – Verwaltungsdienste, Personal, O und M, Haushalt, Sicherheit und Information. Mr. Taylor war Assistent des Behördenleiters geworden und hatte einen kleinen Stab. Die Abteilung für Beschaffung war zu einer kleinen Stabsabteilung für Programmverfahrenskontrolle geschrumpft, die Mr. Bissells Büro angegliedert war. Insgesamt waren 770 Personen im Washingtoner Büro beschäftigt, 290 im Pariser Büro und 1127 in den Ländermissionen.

Das ursprüngliche Organisationsschaubild vom 26. Juli wich nur in kleineren Details vom Schaubild vom 1. Dezember ab. In weniger als 4 Monaten, während derer sie schon arbeitete, hatte die Organisation praktisch ihre endgültige Gestalt angenommen. Diese Gestalt wurde vorgeschrieben von und war voraussagbar durch: (1) die jeweilige politische Unterstützung für unterschiedliche Konzeptionen der Aufgabe der Behörde; (2) die Identifikationen und Konzeptionen der anderen Regierungsbehörden in der Umgebung der ECA; und (3) die Zweckmäßigkeit der Struktur für die Ausführung jener Konzeption für die Aufgabe der Behörde, die sich behauptete.

Aber während die Gestalt voraussagbar war, so war sie sicherlich nicht geplant. Der Prozeß der Zellvermehrung und die Machtkämpfe innerhalb der Behörde und in ihrer Umgebung waren die Hauptprozesse, durch die diese schnelle Anpassung und Evolution einer leistungsfähigen Organisation stattfand.

Dies legt eine überaus enge Analogie nahe zwischen der Entwicklung, die die Behörde zur Erreichung einer leistungsfähigen Organisation durchlief, und den Prozessen, die ein Individuum bei der Lösung eines komplexen Problems durchläuft. (Vgl. Kapitel V und XI oben.) Die Welt in ihrer ganzen Komplexität kann nicht in einem einzelnen Bild erfaßt werden. Problemlösen beinhaltet die Erfindung und Prüfung einer ganzen Reihe vereinfachter Annährungen, von denen jede eine teilweise Darstellung des komplexen Gesamtproblems liefert. Das Problem ist gelöst, wenn ein „Bild" der Situation enstanden ist, das zwar immer noch eine Vereinfachung der wirklichen Situation, aber hinreichend realistisch und hinreichend umfassend ist, um eine sinnvolle Annäherung zu bieten.

Jeder der „Ansätze", die ich beschrieben habe, war solch ein vereinfachtes Bild des komplexen Verwaltungsproblems, das die ECA bewältigen mußte. Die Organisation, die sich herausbildete, stellte eine Übervereinfachung der Aufgabe dar – eine Überbetonung von bestimmten ihrer Aspekte und eine relative Vernachlässigung von anderen. Aber sie stellte eine Übervereinfachung dar, die die zentralen Grundzüge der Aufgabe und der erforderlichen politischen Schwerpunkte umfaßte, und das relativ leistungsfähig.

In diesem Sinne kann die Organisationsstruktur der ECA als Spiegelbild der Art angesehen werden, in der das Auslandsunterstützungsproblem durch menschlichen Verstand strukturiert wurde, der sich bemühte, mit seiner Komplexität fertig zu werden. Jede organisatorische Einheit kann grob mit einem identifizierbaren Element in einer der konkurrierenden Konzeptualisierungen des Problems gleichgesetzt werden. Die Abteilung für Programmkoordination und die anderen Programmgestaltungsabteilungen unter Mr. Bissell lassen sich mit den Teilen der Handelsbilanz-Konzeption gleichsetzen. Die sich allmählich verändernden Funktionen der Abteilungen für Nahrungsmittel und Industrie und ihre schließliche Unterordnung unter die Programmkoordination und Exportlizensierung lassen sich mit dem allmählichen Sieg von Handelsbilanz über Warenauswahl gleichsetzen. Das Verschwinden der Beschaffungsabteilung war ein Verschwinden der Politikverwaltungs-Konzeption. Aus Mr. Taylors Bemühungen entstand keine Darlehensabteilung, weil das Investitionsbank-Konzept nicht in einen arbeitsfähigen Organisationsplan übersetzt werden konnte. Die Beispiele könnten vervielfacht werden und mehrere andere sind früher angeführt worden.

Die Behauptung, daß sich eine Organisation mit Änderungen ihrer Aufgabe und ihrer Umwelt wandelt, ist nicht neu. Sie ist in vielen Fällen bestätigt worden – z. B. in der guten Analyse der Geschichte des Landwirtschaftsministeriums der Vereinigten Staaten von Gaus und Wolcott.[13] Wenn wir diese Prozesse als Ganzes betrachten, sehen wir sie jedoch nur im Gleichgewicht. Sie sind scheinbar unvermeidliche Anpassungen einer Organisation an ihre politische und technologische Umwelt.

Wenn wir diese gleichen Prozesse kurzfristig und besonders in einem Augenblick der starken und schnellen Veränderung beobachten, erkennen wir, daß Umweltkräfte Organisationen durch Vermittlung des menschlichen Verstandes formen. Der Prozeß ist ein Lernprozeß, bei dem sich wachsende Einsichten und aufeinanderfolgende Umstrukturierungen des Problems, wie es den Menschen erscheint, die sich mit ihm befassen, in den strukturellen Elementen der Organisation selbst widerspiegeln.

Diese Sichtweise hat erhebliche Auswirkungen für den Prozeß der Reorganisation von Verwaltungen. Erstens verleiht sie der Behauptung zusätzliches Gewicht, wenn überhaupt mehr Gewicht erforderlich ist, daß Reorganisation selten die Leistungsfähigkeit beeinflussen kann, ohne Programmziele zu beeinflussen. Wenn wir die Organisation verändern, dann verändern wir das Bild, das die Menschen in ihr von der konkreten Arbeit haben, die zu tun ist, und von den konkreten Zielen, die zu erreichen sind – ihr Konzept von dem Programm. Wenn wir das Konzept des Programms verändern, dann verändern wir die relative Betonung, die die verschiedenen Teile des komplexen Ganzen erhalten werden, wir verändern Verteilungen von Ressourcen und relative Prioritäten zwischen Zielen.

Zweitens wirft die hier dargelegte Sicht vielleicht etwas Licht auf die Bedeutung der formalen Organisation. Organisationspläne beeinflussen Verhalten auf zumindest zwei Arten. Erstens schöpfen sie, wenn sie offiziell genehmigt sind, Kraft aus der Motivation der Rechtmäßigkeit – die Mitarbeiter glauben, daß sie die Pläne beachten *sollten,* weil sie das Autoritätssystem akzeptieren, das sie genehmigt hat. Zweitens haben wir hier gesehen, daß Pläne Verhalten beeinflussen können, weil sie den Mitarbeitern ein konzeptionelles Schema des Programms der Verwaltung zur Verfügung stellen, ein Schema, das als Bezugsrahmen für Entscheidung und Handlung dient. Wenn das Schema „arbeitsfähig" ist – wenn es das komplexe Problem der Verwaltung in Begriffe übersetzt, die für die Personen, die sie zu lösen haben, klar und verständlich sind, wenn es zu einer verhältnismäßig einfachen Aufteilung von Tätigkeiten führt und als Anleitung für Entscheidungen hilfreich ist – dann wird seine Arbeitsfähigkeit eine wirksame Kraft im Hinblick auf seine Anerkennung sein.

Fußnoten zu Kapitel XVI

1 Dieses Kapitel ist mit geringen Änderungen entnommen und mit Genehmigung abgedruckt aus: Public Administration Review 13, 1953, S. 227–236.
2 Die hauptsächlichen veröffentlichten Quellen, anhand deren meine Beobachtungen geprüft wurden, sind:
PCFA. President's Committee on Foreign Aid (Harriman Committee), European Recovery and American Aid, 7. November 1947.
HSC. 80th Congress, Second Session. House Select Committee on Foreign Aid (Herter Committee), Final Report, H. R. 1845, 1. Mai 1948.
ECA_1. Economic Cooperation Administration, First Report to Congress, for the Quarter Ended June 30, 1948.
ECA_2. Economic Cooperation Administration, Second Report to Congress, for the Quarter Ended September 30, 1948.
Auf diese Berichte wird durch Verwendung der angegebenen Anfangsbuchstaben Bezug genommen. Die ersten beiden beziehen sich auf den Zeitraum vor der Beschlußfassung über das Gesetz, die letzten beiden auf die ersten sechs Monate des Bestehens der ECA.
3 Zu einer Darstellung der Organisation der Überbrückungshilfe vgl. *HSC,* S. 758–763.
4 Eine Diskussion von Konzeptionen, die in der Güterauswahl für die Exportkontrolle enthalten sind, ist zu finden in *HSC,* S. 638–643 und 646–687.
5 Die Schätzverfahren der PCFA und HSC sind klar auf dem Handelsbilanzansatz aufgebaut.
6 Vgl. *HSC,* S. 21–56, 603–604; *PCFA,* S. 4–6, 31–32.
7 Vgl. *HSC,* S. 869–877; *PCFA,* S. 108, 273–277; ECA_1, Anhang I.
8 Vgl. *HSC,* S. 634–636, 718–719.
9 Vgl. *HSC,* S. 698–730, 755–778; ECA_1, S. 42–45.
10 Vgl. *PCFA,* S. 113; *HSC,* S. 672–686; ECA_1, S. 14–18, 44.
11 Vgl. ECA_1, S. 6–13, 46.
12 Vgl. ECA_2, S. 85; auch ECA_1, S. 37–42.
13 Vgl. *Gaus,* J. M. / *Wolcott,* L. O., Public Administration and the U. S. Department of Agriculture, Chicago 1941.

KAPITEL XVII

Die „Wirtschaftshochschule“*: Ein Problem der Organisationsgestaltung[1]

Die Organisationstheorie ist zu einem Standardthema der Lehre und Forschung an der Wirtschaftshochschule geworden. Wirtschaftshochschulen sind natürlich Organisationen, die im allgemeinen jenen größeren Organisationen angegliedert sind, die wir Universitäten nennen. Es scheint daher angemessen, die Frage aufzuwerfen, ob Wirtschaftshochschulen nicht selbst interessante Gegenstände – oder Prüffälle – für die Organisationstheorie sind. Läßt sich etwas von dem, was wir über die Gestaltung von Organisationen wissen, auf Wirtschaftshochschulen anwenden? Können wir unser organisationstheoretisches Wissen zur Verbesserung unserer eigenen Institutionen benutzen?

Es gibt mehrere Ansätze zur Organisationsgestaltung, von denen keiner eine vollständige Grundlage für einen fertigen Plan liefert. Ein häufig fruchtbarer Ansatzpunkt besteht jedoch darin, die Informationsflüsse zu untersuchen, die für die Erfüllung der Organisationsziele wesentlich sind, und dann zu prüfen, was diese Informationsstrukturen für die Organisationsstruktur bedeuten.

Ziele von Wirtschaftshochschulen

Die Aufgaben einer Wirtschaftshochschule sind die berufliche Ausbildung von Menschen für die Managementpraxis (oder ein spezielles Managementgebiet) sowie die Entwicklung neuen Wissens, das für die Verbesserung der Unternehmensführung relevant sein kann.[2] Die Ausbildung kann auf verschiedenen Wegen und auf mehreren Ebenen stattfinden: Eine Wirtschaftshochschule kann Einführungs- oder Fortgeschrittenenveranstaltungen für junge Menschen anbieten, die beabsichtigen, in die Wirtschaft zu gehen, die aber nicht viel oder keine betriebliche Erfahrung mitbringen; sie kann Fortbildungsveranstaltungen für Manager auf verschiedenen Verantwortungsebenen anbieten; sie kann Forschungsveranstaltungen für Menschen anbieten, die sich auf Laufbahnen in betriebswirtschaftlicher Lehre und Forschung vorbereiten wollen.

* Anmerkung der Übersetzer: „Wirtschaftshochschule“ meint die amerikanische „Business School“. Sie ist eine Institution für die fortgeschrittene berufsorientierte Ausbildung mit akademischem Abschluß. Sie ist nicht ganz mit den bei uns bekannten früheren Wirtschafts- bzw. Handelshochschulen zu vergleichen, hat aber ähnliche Aufgaben und Probleme.

Die in einer Wirtschaftshochschule durchgeführte Forschung kann ein breites Spektrum abdecken, das von Untersuchungen zur Weiterentwicklung des Grundlagenwissens über menschliches Verhalten, der ökonomischen Theorie und sogar der Mathematik bis zu Untersuchungen reicht, die ziemlich direkt auf die Verbesserung der betrieblichen Praxis abzielen. Gleich, wo die Forschung auf diesem Spektrum liegt, die Tatsache, daß sie in der Umwelt einer Wirtschaftshochschule durchgeführt wird, bedeutet vermutlich, daß sie direkt oder indirekt eine gewisse Relevanz für die Wirtschaft hat. Ich werde später versuchen, die Relevanzkriterien näher anzugeben.

Die Informationsgrundlagen der fachlichen Hochschule

Wirtschaftshochschulen sind eine besondere Spezies der Art, die als fachliche Hochschulen bekannt sind. Die Ziele aller fachlichen Hochschulen – für Technik, Medizin, Recht, Erziehung, Wirtschaft, Architektur oder was immer – lassen sich in den gleichen allgemeinen Begriffen ausdrücken: Erziehung und Ausbildung für zukünftige oder gegenwärtige Praktiker in dem Fachberuf und für Personen, die in der fachlichen Hochschule lehren und forschen wollen – forschen, um das für die Ausübung der Fachberufe relevante Wissen voranzutreiben. Wir sollten deshalb erwarten, daß auf einer geeigneten Ebene der Verallgemeinerung die Probleme der Organisationsgestaltung bei allen fachlichen Hochschulen im wesentlichen gleich sind.[3] In dieser Erwartung werden wir nicht enttäuscht und es wird aufschlußreich sein, Wirtschaftshochschulen mit einigen der anderen obengenannten Arten fachlicher Hochschulen zu vergleichen.

Informationen und Fähigkeiten, die für die Erfüllung der Lehr- und Forschungsziele einer fachlichen Hochschule relevant sind, kommen aus zwei Hauptquellen. Erstens kommen sie aus der Welt der Praxis: Informationen über die institutionelle Umwelt, in der der Fachberuf ausgeübt wird, über die Probleme des Praktikers, die Fähigkeiten, die er braucht, sowie die Techniken, die für die Bewältigung fachlicher Probleme entdeckt worden sind. Daher muß die Wirtschaftshochschule die Wirtschaftsumwelt, die Art der Aufgaben und Probleme des Managers sowie die Fähigkeiten und Techniken, die von erfolgreichen Managern und erfolgreichen Wirtschaftsorganisationen angewendet werden, verstehen. Vergleichbare Kataloge des Bedarfs an Informationen und Fähigkeiten aus der Welt der Praxis lassen sich für Technische Hochschulen, Medizinische Hochschulen, Hochschulen für Erziehung und die übrigen aufstellen.

Zweitens muß die fachliche Hochschule einen wirksamen Zugang zu Informationen und Fähigkeiten innerhalb der verschiedenen Wissenschaften haben, die für die fachliche Praxis relevant sind und zu ihrer Verbesserung beitragen. Im Falle der Wirtschaftshochschule umfassen die relevanten Wissenschaften zumindest die Wirtschaftswissenschaften, Psychologie, Soziologie, angewandte Mathematik und Informatik. Die Wirtschaftshochschule muß solche Ideen wie das Marginalprinzip, die Theorie menschlicher Motivation, politische Prozesse, die Theorie der linearen Programmierung, die Struktur problemorientierter Computersprachen und die Wahrscheinlichkeitstheorie verstehen.

Von dem „Wirtschaftshochschulwissen" über die Welt der Praxis und über die relevanten Wissenschaften zu sprechen ist natürlich eine Metapher. Die Hochschulen „wissen" nicht, sondern die Menschen in ihnen. Nachdem ich die allgemeinen Konturen der Organisation dargelegt habe, werde ich im einzelnen danach fragen, wer in der Wirtschaftshochschule was wissen muß. Bis dahin werde ich die Metapher der Kürze wegen weiter benutzen.[4]

In eindeutiger Beziehung zu den beiden Hauptbereichen an Informationen und Fähigkeiten, die die fachliche Hochschule kennen muß, stehen zwei Gruppen sozialer Systeme, die das Wissen besitzen: das soziale System der Praktiker einerseits und die sozialen Systeme der Wissenschaftler in den entsprechenden Disziplinen andererseits. Diese sozialen Systeme haben selbst hochentwickelte Institutionen und Verfahren, um Wissen zu speichern, zu übermitteln, zu entwickeln und anzuwenden. In der Wirtschaft sind diese Institutionen Unternehmen, Wirtschaftsverbände und Berufsverbände von Wirtschaftspraktikern. In den Wissenschaften sind diese Institutionen Hochschulen, Forschungsinstitute und Berufsverbände. Allgemein gesagt ist der wichtigste Weg, durch den eine Organisation Zugang zu den Informationen und Fähigkeiten erhalten kann, die von einem sozialen System gespeichert und übermittelt werden, die Teilnahme an diesem sozialen System. Wenn dies von der Wirtschaftshochschule getan werden soll, dann muß die Hochschule wirksam am Sozial- und Informationssystem der Wirtschaft einerseits und an den Sozial- und Informationssystemen der Wissenschaften andererseits teilnehmen.

Allgemeine und fachliche Bildung

Um die organisatorischen Gestaltungsentwürfe zu verstehen, die in diesem Aufsatz entwickelt werden, ist es wesentlich, daß die hier getroffene Unterscheidung zwischen wissenschaftlichem und fachberuflichem Wissen nicht mit der Unterscheidung verwechselt wird, die so oft zwischen „allgemeinbildendem" und „nützlichem" Wissen getroffen wird. Die erste bezieht sich auf die Wissensquellen, die letzte (wenn sie überhaupt eine sinnvolle Unterscheidung ist, was fragwürdig ist) bezieht sich auf die Verwendung von Wissen.

Pierson spricht in seiner Untersuchung der amerikanischen Wirtschaftsausbildung an Colleges und Universitäten als „dem Produkt aus zwei unterschiedlichen und manchmal konfliktären Traditionen. Nach der ersten ... wird Wissen um seiner selbst willen erstrebt... Die meisten Vertreter dieser Ansicht... würden die direkte Vorbereitung auf bestimmte Berufswege als dem Zweck akademischer Arbeit im Grunde fremd betrachten... Die andere bedeutende Tradition... würde ausreichend Raum für solche Studenten lassen, die sich auf bestimmte Berufswege vorzubereiten wünschen. Nach dieser Tradition wird weder die Suche nach Wahrheit deshalb angefochten, weil sie sich als nützlich herausstellt, noch ist Bildung notwendigerweise deshalb unwürdig, weil sie wegen ihres beruflichen Wertes angestrebt wird.“[5]

Das vorliegende Kapitel geht davon aus, daß die Ziele einer Universität sowohl das Streben nach Wissen um seiner selbst willen als auch die Anwendung von Wissen zu praktischen Zwecken einschließen. Es geht *nicht* davon aus, daß eines dieser Ziele alleine im Besitz der Wissenschaften, das andere alleine im Bezitz der Fachberufe ist. Im Gegenteil, es gibt keinen Grund, warum Wissen über die Physik nutzlos sein sollte; und weiterhin keinen Grund, warum Wissen über optimale Lagerhaltung oder Organisationsstruktur nicht intellektuell und ästhetisch interessant sein sollte.

Die manchmal explizite Voraussetzung, daß Nützlichkeit der einzige Prüfstein der Relevanz für Wissen in der fachlichen Hochschule sei, und die manchmal implizite Voraussetzung, daß *Un*nützlichkeit der einzige Prüfstein der Relevanz in den Wissenschaften sei, sind boshafte Doktrinen, die der Ausbildung sowohl in den Fachberufen als auch in den Wissenschaften unsagbaren Schaden zugefügt haben.

Selbst wenn wir um der Diskussion willen Nützlichkeit als das wichtigste Kriterium höchster fachlicher Relevanz akzeptieren würden, müßte ein viel breiteres Kriterium innerhalb der fachlichen Hochschule angewandt werden, um aus ihr ein lebensfähiges Ausbildungsunternehmen zu machen. Ausbildung kann auf einer befriedigenden Ebene nicht ohne intellektuelle Herausforderung und Erregung vorsichgehen. Die fachliche Hochschule muß in der Forschung ebenso wie in der Lehre kraftvoll sein und muß sowohl dem fachlichen als auch dem wissenschaftlichen Teil ihrer Interessen einen zuverlässigen intellektuellen Kern bieten. Der nächste Abschnitt erörtert die Bedingungen für die Erzeugung erfolgreicher Forschung an der fachlichen Hochschule; in einem späteren Abschnitt wird mehr über das Problem der Intellektualisierung der „Kunst“ der professionellen Gestaltung ausgeführt.

Wissenserfordernisse für die Forschung

Für die spätere Diskussion wird es nützlich sein, in etwas mehr Detail das Wissen darzulegen, das erforderlich ist, wenn die Wirtschaftshochschule erfolgreich ihrer Forschungsverantwortung nachkommen soll – ihrer Aufgabe zur Schaffung neuen Wissens. Eine der zentralen Schwierigkeiten bei Erfindungen besteht darin, daß sie zwei recht unterschiedliche Arten von Wissen fordern: Wissen über Bedürfnisse, die erfüllt werden sollen, und Wissen über Dinge, die machbar sind (also über die Naturgesetze und was sie ermöglichen).

Erfindung ist am einfachsten, wenn sie auf dem einen oder dem anderen Extrem des Bereiches zwischen Anwendungsanforderungen und Naturgesetzen arbeiten kann. Der leistungsfähige Verkaufs- oder Produktingenieur an einem Ende des Bereiches vertieft sich in Informationen aus der Anwendungsumwelt. Er versucht zu entdecken, welche Produkte die Kunden haben möchten und in welcher Hinsicht die gegenwärtigen Produkte beim Gebrauch nicht ganz befriedigend sind. Dann wendet er bekannte Technologien an, um neue oder verbesserte Produkte bereitzustellen.

Am anderen Ende des Bereichs vertieft sich der reine Wissenschaftler in Wissen aus der Umwelt der Naturwissenschaften. Er versucht herauszufinden, welche Fragen über natürliche Phänomene noch nicht beantwortet worden sind. Dann wendet er bekannte Forschungstechniken an, um diese Fragen zu beantworten.[6]

Forschung wird dann viel schwieriger, wenn sie es unternimmt, mehrere Arten von Fragen gleichzeitig zu beantworten. Die Produkttechnik wird schwieriger, wenn sie über die offensichtlichen Informationen über Kundenbedürfnisse hinauszugehen sucht, die aus der Anwendungsumwelt aufgegriffen werden können, und sich vorzustellen versucht, welche Bedürfnisse der Kunde haben würde, wenn er sie nur kennen würde! Ein Weg dahin ist die Hinwendung zur Umwelt wissenschaftlicher Erkenntnisse, um dort nach Materialien und Verfahren zu suchen, die noch nicht praktisch angewendet worden sind, und dann zu fragen, welche Anwendungen sie haben könnten. Wenn sie gelingt, hat diese Art der Produkterfindung wahrscheinlich eine weit größere Auswirkung als routinemäßige Verkaufs- und Produkttechnik.

In entsprechender Weise wird reine Wissenschaft schwieriger, wenn sie über die offensichtlich unbeantworteten Fragen hinausgeht, die in der Umwelt der Wissenschaft selbst zu finden sind, auf Anwendungsbereiche für neue Arten unbeantworteter Fragen blickt und dann versucht, die Methoden der Wissenschaft zu ihrer Beantwortung heranzuziehen. Es ist schwieriger, weil in der üblichen, vorher beschriebenen Art reiner Wissenschaft der Wissenschaftler eine ursprünglich gestellte Frage, die er nicht beantworten kann, so modifizieren und vereinfachen kann, bis sie lösbar zu sein verspricht. Aber wenn er mit einer Frage aus dem Anwendungsbereich konfrontiert ist, dann hat er diese Wahl nicht: Er kann sie nicht durch eine einfacher lösbare Frage ersetzen, wenn diese nicht das reale Problem löst.

Wenn Wissenschaft schwieriger wird, während sie es unternimmt, Fragen zu beantworten, die von außerhalb gestellt werden, so erwirbt sie auch das Vermögen, fruchtbarer zu werden. Viele der sehr guten Probleme der Wissenschaft, die zu außergewöhnlichen Entwicklungen in der reinen Wissenschaft geführt haben, sind von außen gestellt worden. Die industrielle Chemie lieferte viele der Anstöße für die reine Forschung in organischer Chemie sowie Telegraphie, Funk und Telefon für die reine Forschung im Bereich der Elektrizität und des Magnetismus. In den Sozialwissenschaften setzten die Kontakte der Wirtschaftswissenschaften mit militärischen Einsatzproblemen während des Zweiten Weltkrieges eine größere Revolution in der Theorie der

Unternehmung in Gang, während die Notwendigkeit, die Weltwirtschaftskrise zu verstehen und mit ihr fertigzuwerden, früher der Makroökonomie einen ähnlichen Dienst erwiesen hat. Mithin ist Notwendigkeit tatsächlich die Ursache wichtiger Erfindungen, darunter viele, die für die reinen Wissenschaften wichtig sind.

Diese alternativen Wege, Wissenschaft zu betreiben, sind herausgearbeitet worden, weil sie einen breiten Bereich von Möglichkeiten für die Wirtschaftshochschule aufdecken. Die Wirtschaftshochschule ist nicht einfach eine Umwelt, in der Forscher mit stark anwendungsorientierten Interessen bekannte Prinzipien der Wirtschaftswissenschaften oder Psychologie oder bekannte Techniken der Statistik nehmen und zur Lösung von praktischen Wirtschaftsproblemen nutzen können. Wenn dies die einzige Art der Forschung wäre, für die die Umwelt günstig wäre, dann würde die Art der Personen, die für die Fakultäten von Wirtschaftshochschulen gewonnen werden könnten, ernsthaft – fast lebensgefährlich – beschränkt.

Die Wirtschaftshochschule *kann* eine überaus produktive und herausfordernde Umwelt für Grundlagenforscher sein, die die Vorteile des Zuganges zur „realen Welt“ als einem Generator für Probleme der Grundlagenforschung und einer Datenquelle verstehen und ausnützen können. Später werde ich zeigen, warum die Wirtschaftshochschule für solche Forscher nicht nur attraktiv gemacht werden *kann,* sondern *muß,* wenn sie ihre Aufgabe erfüllen soll.

Grundlagenforschung an anderen fachlichen Hochschulen

Daß die Möglichkeit zur Schaffung einer attraktiven Umwelt für die Grundlagenforschung an einer fachlichen Hochschule nicht hypothetisch, sondern real ist, läßt sich anhand der Erfahrungen der besseren Technischen und Medizinischen Hochschulen in den Vereinigten Staaten demonstrieren. (Andernorts vielleicht ebenso, aber ich bin nur mit der amerikanischen Erfahrung vertraut.)

Hochschulen wie die California, Carnegie und Massachusetts Institutes of Technology könnten fast eher als wissenschaftliche denn als technische Hochschulen beschrieben werden. Eine Überprüfung der Dissertationen von diesen und anderen leistungsfähigen technischen Hochschulen offenbart, daß die meisten Forschungsthemen auch für Physik-, Chemie- und Mathematikfachbereiche von Universitäten angemessen wären. Nur wenige sind speziell „technische“ Themen in dem Sinne, daß sie auf Gestaltung ausgerichtet oder auch nur stark anwendungsorientiert sind.

Ähnlich haben die Medizinischen Hochschulen an solchen Universitäten wie Chicago, Johns Hopkins und Harvard in vieler Hinsicht engere Beziehungen zur Forschung in Biologie und Biochemie als zur medizinischen Praxis. Ein großer Teil der Grundlagenarbeit in Biochemie wird heute im Bereich der Medizinischen Hochschulen durchgeführt.

Tatsächlich hat die Betonung der reinen Wissenschaft bei den guten Technischen Hochschulen sowie den guten Medizinischen Hochschulen einen Punkt erreicht, an dem Bedenken entstehen, ob die Bedürfnisse der Berufspraxis noch erfüllt werden. Ich werde später auf dieses wichtige Problem des Ausgleichs – oder eher der Synthese – zurückkommen. Die im Moment anstehende Frage ist, ob reine Wissenschaft leistungsfähig in der Umwelt einer fachlichen Hochschule betrieben werden kann. Die gerade angeführte Erfahrung stellt eine eindeutig bestätigende Antwort dar.

Der Zugang zur Wissensgrundlage: Wirtschaft

Wir sind oben zu dem Schluß gekommen, daß der wichtigste Weg, durch den eine Organisation Zugang zu dem Wissen erhalten kann, das von einem sozialen System gespeichert und übermittelt wird, die Teilnahme an diesem System ist. Wie können Wirtschaftshochschulen wirksam am Wirtschaftssystem teilnehmen?

Historisch betrachtet haben die Hochschulen diese Frage auf mehrere Arten zu beantworten versucht. Sie haben Fakultätsmitglieder mit Managementerfahrung gesucht; sie haben Beratungspraxis der Fakultät unterstützt und haben der Wirtschaft Beratungs- und angewandte Forschungsdienstleistungen angeboten; sie haben Geschäftsleute zu Gastvorträgen eingeladen; sie haben Fortbildungsveranstaltungen als einen weiteren Weg angeboten, Manager in ihre Mauern zu bringen. Hinter all diesen Maßnahmen steht die Idee, so nahe wie möglich an die tatsächliche Praxis und Wirtschaftsumwelt heranzukommen. Wie gut haben sich diese Verfahren bewährt?

Fakultätsmitglieder mit Wirtschaftserfahrung

Die Suche nach Fakultätsmitgliedern mit Managementerfahrung hat eine Reihe außergewöhnlicher Erfolge sowie unzählige Fehlschläge und mittelmäßige Ergebnisse erbracht. Wenn wir genau über die Erfolgsbedingungen nachdenken, werden wir weniger von den Fehlschlägen überrascht und mehr von den beachtlichen Ausnahmen beeindruckt sein. Was könnte einen Menschen motivieren, eine Wirtschaftskarriere zeitweilig oder dauerhaft aufzugeben, um an einer Wirtschaftshochschule zu lehren?

Er könnte nur eine relativ niedrige Ebene im Management mit bescheidenen Aussichten für weiteren Aufstieg erreicht haben, so daß die Wirtschaftshochschule ihm finanzielles und berufliches Fortkommen anbietet. Falls er nicht recht jung zur Zeit seiner Entscheidung ist, wird dieser Mann wahrscheinlich – und die Erfahrung bestätigt dies – auch im akademischen Bereich nicht mehr Glanz verbreiten als in der Wirtschaft. Im Ausnahmefall, und es gibt Ausnahmen, bringt er in die Wirtschaftshochschule seine Fähigkeiten ein, nicht Wirtschaftserfahrung, denn er hat auf zu niedrigen Ebenen gearbeitet, um seine Erfahrung besonders wertvoll zu machen.

Er könnte sich dem Ruhestand nähern und das Gefühl haben, daß seine Kraft ihm nicht länger erlaubt, mit dem schnellen Tempo der Managementtätigkeit Schritt zu halten. Natürlich gibt es keinen Beweis und noch weniger Erfahrung, daß geringe Kraft und der Wunsch nach teilweisem Ruhestand hervorragende professorale Leistung produzieren. Dieser Mann wird wahrscheinlich an der weiteren gefährlichen Illusion leiden, daß gute Wirtschaftsvorlesungen darin bestehen, „den Jungs zu erzählen, wie ich es gemacht habe“.

Er könnte nach einem neuen Erfahrungsbereich suchen, eine enge Beziehung zu intellektuellen Fragen haben und die Anregung einer erstklassigen Universitätsumwelt aufgreifen. Er ist die Ausnahme, der seltene Vogel, den wir um jeden Preis fangen müssen.[7] Und nachdem wir ihn eingefangen haben, müssen wir die Herausforderung liefern, nach der er gesucht hat. Wir müssen ihm helfen, lehren zu lernen, auch mit den etwas langhaarigen seiner Kollegen fruchtbare Beziehungen zu entwickeln, und ihm das Gefühl der Spannung erhalten, das ihn zum Wechsel führte. Wenn er meint, Professor zu sein, entspreche dem Geschäftsmann aus zweiter Hand und mit niedrigerem Gehalt, dann haben wir ihn verloren, und je früher, desto besser für ihn. Wir werden so wenigen seiner Art in einem Leben begegnen, daß wir ihn in allen Altersgruppen und auf allen Ebenen der Wirtschaft suchen müssen. Wir dürfen nicht den Mann verfehlen, dessen Alter auf die Nähe seines Ruhestandes hindeutet, der aber wirklich darauf erpicht ist, ihn zu vermeiden (d. h. seine Ruhe, nicht nur seinen Status).

Das „typische“ Fakultätsmitglied einer Wirtschaftshochschule wird jedoch kein Mann mit viel oder überhaupt Managementerfahrung sein, selbst wenn er stark anwendungsorientiert ist. Er wird ein Mann sein, der eine akademische Karriere verfolgt hat. Wir müssen Wege finden, auf denen er Zugang zur Wirtschaftsumwelt erhalten kann. (Wir müssen diese Wege selbst für den Mann finden, der Wirtschaftserfahrung gehabt hat, denn diese Erfahrung wird schnell an Wert verlieren.)

Beratungspraxis und Feldforschung

Beratungspraxis ist potentiell ein ausgezeichneter Zugangsweg. Ihr Potential wird nur dann genutzt, wenn eine starke institutionelle Tradition zugunsten von Nichtroutineberatung auf einer hohen professionellen Ebene und gegen Routineberatung besteht. Wenn die Hochschule einen Nutzen aus der Beratungspraxis ihrer Fakultätsmitglieder ziehen soll, muß diese Praxis auch innerhalb vernünftiger Zeitgrenzen bleiben – ein Durchschnitt von einem Tag pro Woche ist eine Daumenregel, die viele Hochschulen zweckmäßig gefunden haben.

Forschung, die das Fakultätsmitglied für viele Stunden in das Unternehmen bringt – während es durch Beobachtung und Interview Daten sammelt oder während es für die Forschung mit Mitgliedern der Unternehmensführung zusammenarbeitet – ist wahrscheinlich mindestens so wertvoll wie Beratung. Es bedarf keiner scharfen Grenze zwischen beiden, ausgenommen:

1. Sowohl dem Fakultätsmitglied als auch der Unternehmung, mit der es zusammenarbeitet, sollte glasklar sein, wann es das eine tut und wann das andere.
2. Es sollte eigentlich nie eine Bezahlung erhalten, wenn es eine Forschungsarbeit macht, aber immer, wenn es berät.
3. Die Forschungsvereinbarung sollte niemals wertvolle Ergebnisse für das Unternehmen versprechen, obwohl solche Ergebnisse begrüßt werden sollten, wenn sie als Nebenprodukt entstehen.
4. Forschung sollte im allgemeinen auf einer Vereinbarung zwischen der Hochschule und dem Unternehmen beruhen, Beratung auf einer direkten Beziehung zwischen dem Professor als Individuum und dem Unternehmen.

Forschung spielt eine besonders wichtige Rolle, um den Zugang zur Wirtschaftsumwelt für die jüngeren Falkultätsmitglieder sowie für diejenigen zu ermöglichen, die am wenigsten anwendungsorientiert arbeiten. Beteiligung an der Forschung ist auch ein wichtiges Mittel, damit sie sich Kenntnisse und Fähigkeiten erwerben, die ihnen langsam ein Erfahrungskapital bringen, das durch Beratungstätigkeit genutzt werden kann. Es ist überhaupt nicht wichtig, ob die Forschung ihrer Absicht nach „angewandt" oder „rein" ist; sie sollte sich auf Fragen beziehen, die die Fakultätsmitglieder für bedeutsam halten. Für den hier zur Diskussion stehenden Zweck ist wichtig, daß die Durchführung der Forschung die Fakultätsmitglieder intensiv dem tatsächlichen Verhalten innerhalb des Unternehmens aussetzt.

Es ist ein Fehler zu glauben, daß der Kontakt mit der Wirtschaftsumwelt eng „angewandte" Tätigkeiten erfordert. Die Manager selbst sind für die Bewältigung kurzfristiger, praktischer Probleme, die genaue Kenntnisse des Geschäfts erfordern, bei weitem besser qualifiziert als Außenstehende, ob Professoren oder nicht. Der Außenstehende ist in einer besseren Position, um etwas zu lernen, und eine dauerhafte Beziehung aufzubauen, wenn er sowohl etwas zu geben hat als auch etwas mitnehmen kann. Das heißt gewöhnlich, daß er sich mit langfristigen, grundlegenden Fragen beschäftigen sollte, die sowohl Informationen von außerhalb des Unternehmens als auch Informationen von innerhalb benötigen – die Art von Fragestellungen, die wahrscheinlich von dem Unternehmen selbst wegen seiner vorrangigen Beschäftigung mit drängenden Angelegenheiten vernachlässigt werden. Selbst die Beratungsbeziehung befriedigt am meisten, wenn sie sich mit relativ langfristigen Fragen beschäftigt.

Die anderen oben erwähnten Mittel, um Zugang zur Wirtschaftsumwelt zu gewinnen – Vorträge durch Geschäftsleute und Fortbildungsveranstaltungen – bedürfen keiner ausführlichen Erläuterung. Der externe Lehrbeauftragte wird häufig, aber nicht immer gut eingesetzt. Viele der obigen Erläuterungen über Forschung und Beratung haben Auswirkungen auf die Gestaltung der Beziehung zu Teilnehmern am Fortbildungsstudium. Ich will ihre nähere Entwicklung dem Leser überlassen.

Der Zugang zur Wissensgrundlage: Die Wissenschaften

Wenn die Fakultätsmitglieder der Wirtschaftshochschule nicht aus der Wirtschaft gewonnen werden, dann werden sie unter den Personen gewonnen, die sich (1) an Wirtschaftshochschulen oder (2) in den für die Wirtschaft relevanten wissenschaftlichen Disziplinen weiterqualifizieren. Vorausgesetzt, daß bestimmte, ziemlich schwierige Bedingungen erfüllt werden, wird die letzte Gruppe Zugang zu dem wissenschaftlichen Wissensvorrat eröffnen, der mit ihren Disziplinen verbunden ist.

Die schwierigen Bedingungen entstehen, weil es nicht genügt, einfach Mitarbeiter aus den wissenschaftlichen Disziplinen zu gewinnen; die Wirtschaftshochschulen müssen *erstklassige* Mitarbeiter gewinnen. Wenn nur selten ein erstklassiger Geschäftsmann der Fakultät einer Wirtschaftshochschule beitreten will, dürfen wir nicht annehmen, daß erstklassige Wissenschaftler diesen Drang häufiger verspüren. In den Wertstrukturen nahezu aller wissenschaftlichen Disziplinen überträgt das Wort „rein“ positive und das Wort „angewandt“ negative Inhalte. Reine und Grundlagenforschung ist Forschung mit hohem Status. Ob wir es schätzen oder nicht, das ist eine Tatsache, und zwar eine Tatsache, die Wirtschaftshochschulen bei ihrer Fakultätsplanung in Betracht ziehen müssen.

Die Wirtschaftshochschule kann daher nicht annehmen, daß der typische kluge, gut ausgebildete Wirtschaftswissenschaftler, Psychologe oder Mathematiker Mitglied ihrer Fakultät werden will. Sie kann realistischer annehmen, daß „Wirtschaftshochschule“ für ihn ein Schimpfwort ist. Sie muß gute Gründe finden und Bedingungen schaffen, die ihn überzeugen, daß er bedeutsame, grundlegende Arbeit in der Umwelt der Wirtschaftshochschule leisten kann und das *wirksamer,* als in einem der traditionellen wirtschaftswissenschaftlichen, psychologischen oder mathematischen Fachbereiche. Hohe Gehälter können bei der Überzeugung helfen, aber sie werden die Arbeit nicht ohne Hilfe leisten.

Welche stichhaltigen Gründe *kann* die Wirtschaftshochschule einem Wissenschaftler dafür geben, daß sie ihm eine überlegene Forschungsumwelt anbieten wird? Das Hauptargument wurde im vorhergehenden Abschnitt genannt: In der Wirtschaftshochschule wird er mit Problemen der Anwendung konfrontiert werden, die aus der Wirtschaftsumwelt entstehen und die er in aufregende Nichtroutineprobleme der Grundlagenforschung übertragen kann. Zwanzig Jahre Erfolg mit dieser Strategie der Formulierung von Forschungsproblemen an mehreren Wirtschaftshochschulen machen das Argument überzeugender, als es vor einer Generation war. Aber noch heute wird es hauptsächlich den Abenteuerlustigen, den Einzelgänger ansprechen. Das schadet nicht, außer daß Menschen, die zugleich klug und abenteuerlustig sind, immer sehr rar sind.

Für die Wirtschaftshochschule besteht keine Chance, erstklassige Wissenschaftler zu gewinnen, wenn sie darauf besteht, daß die gesamte in ihrem Bereich betriebene Forschung direkte Relevanz für die Wirtschaft haben muß. Es ist besser, wenn sie ihre Achtung für Grundlagenforschung dadurch ausdrückt, daß sie in ihrer Fakultät zumindest einige Mitglieder hat und hoch schätzt, deren Arbeit zum großen Teil *keine* offensichtliche Relevanz für die Wirtschaft besitzt, aber über hohes Ansehen in ihrer Disziplin verfügt. Ich werde darüber mehr sagen, wenn ich zum Thema „Synthese" komme. Wenn Relevanzprüfungen durchgeführt werden, ist es gleichermaßen wichtig, daß diese von Leuten vorgenommen werden, die den verschlungenen, viele Schritte umfassenden Prozeß verstehen, durch den Grundlagenwissen allmählich für praktische Probleme fruchtbar gemacht werden kann.

Seit in Wirtschaftshochschulen, wie auch in Medizinischen und Technischen Hochschulen, so vorgegangen wird, ist es zweifellos möglich, gute Wissenschaftler für die Fakultät der fachlichen Hochschule zu gewinnen und eine Umwelt zu schaffen, in der sie produktiv sein werden und sich auch so fühlen. Wo so vorgegangen wurde, geschah das durch Achtung des Wunsches des Wissenschaftlers nach Identifikation mit und Anerkennung durch seine wissenschaftliche Disziplin. Wenn ein Wirtschaftswissenschaftler nicht von Wirtschaftswissenschaftlern respektiert wird, dann wird er kaum Selbstrespekt aus seinen Beiträgen zur Betriebswirtschaftslehre oder sogar aus seinen Beiträgen zu den Wirtschaftswissenschaften gewinnen, die auf seinem Kontakt mit der Betriebswirtschaftslehre beruhen.

Der Preis, der für die Mitarbeit guter Wissenschaftler zu zahlen ist, wenn es ein Preis ist, besteht darin, daß ein gewisser Teil ihrer Tätigkeit einfach gute Wissenschaft zur Folge haben wird, die nicht besonders relevant für die speziellen Interessen der Wirtschaftshochschule ist. Wenn *alle* ihre Tätigkeiten dieser Art sind, ist der Grund für ihr Dasein an den Wirtschaftshochschulen verfehlt. Dies führt uns schließlich zum Problem der Synthese des Wissens, das aus den zwei Umwelten in die Wirtschaftshochschulen gebracht wird.

Die fachliche Hochschule in der Universität

Es gibt keine einzige oder einfache Antwort auf die Frage, wieweit die fachliche Hochschule von anderen Fachbereichen der Universität bei der Lehre in den wissenschaftlichen Fächern abhängen oder wieweit sie unabhängig sein sollte. Es gibt auch keinen Grund, hier die üblichen Warnungen vor der Verdoppelung von Fakultät und Lehrangebot in der Universität zu wiederholen.

Unter allen Umständen jedoch lassen sich starke Argumente dafür vorbringen, die anderen Disziplinen nicht gänzlich aus der Fakultät der fachlichen Hochschule auszuschließen. Zumindest sollte jede der relevanten Disziplinen einen wirksamen Brükkenkopf in der fachlichen Hochschule haben. Die Wirtschaftshochschule z. B. braucht einige Sozial- oder Organisationspsychologen, einige angewandte Mathematiker und Statistiker und einige Wirtschaftswissenschaftler ebenso wie ihre berufsorientierten Fakultätsmitglieder. Sie braucht sie, gleich ob (vielleicht könnte man fast sagen „besonders wenn“) diese Disziplinen in anderen Fakultäten vertreten sind oder nicht.

Wenn die Universität einen leistungsfähigen wirtschaftswissenschaftlichen oder einen leistungsfähigen psychologischen Fachbereich hat, dann muß die Wirtschaftshochschule in wirksamer Kommunikation mit Mitgliedern dieser Fachbereiche stehen, um Zugang zu dem entsprechenden Teil ihrer Wissensgrundlage zu haben. Mitglieder dieser Disziplinen in ihrer eigenen Fakultät, zumindest durch gemeinsame Ernennung, deren „Gemeinsamkeit“ mehr als bloß nominal ist, sind fast unentbehrlich, um solche Kommunikation aufrechtzuerhalten. Es versteht sich von selbst, daß Fakultätsmitglieder mit Zweitmitgliedschaft ihre Funktion nur erfüllen können, wenn sie für die Mitglieder der wissenschaftlichen Fachbereiche *nicht nur* auf minimaler Ebene als Kollegen akzeptierbar sind. Bürger zweiter Klasse können die Arbeit nicht leisten.

Einige der Psychologen und Wirtschaftswissenschaftler mit Zweitmitgliedschaften müssen hinreichend stark mit ihren Aufgaben in der Wirtschaftshochschule identifiziert sein, um eine tatkräftige Rolle bei der Personal- und Lehrplanung der Wirtschaftshochschule zu übernehmen. Absprachen, nach denen die Fachbereiche „Dienstleistungs“-Veranstaltungen für die fachliche Hochschule erbringen, ohne eine wesentliche Verantwortung dafür zu übernehmen, was in dieser Hochschule vorgeht, werden garantiert die intellektuellen Grundlagen der berufsorientierten Ausbildung allmählich zerstören.

Eine Art, wie die fachliche Hochschule ihre Verbindungen mit den Fachdisziplinen verstärken kann, ist die Beschaffung von Mitteln für die Grundlagenforschung in Bereichen, die *im weiteren Sinne* für ihren Auftrag relevant sind, und die Bereitstellung dieser Mittel an geeignete Wissenschaftler in den Fachdisziplinen – und besonders an Paare oder Gruppen von Fakultätsmitgliedern, die die Hochschule mit den Fachdisziplinen verbinden. Tatsächlich sind die praktischen Schritte zur Herstellung einer besseren Kommunikation zwischen dem Fachberuf und den Fachdisziplinen wirklich ziemlich dieselben, unabhängig davon, ob die Fachwissenschaftler außerhalb oder innerhalb der fachlichen Hochschule angesiedelt sind. Wir werden deshalb unsere Erörterung dieser Fragen unter der Annahme fortsetzen, daß zumindest einige Fachwissenschaftler in der Hochschule angesiedelt sind.

Die Wissensgrundlage: Synthese

Die Wirtschaftshochschule, die wir uns in den letzten drei Abschnitten vorgestellt haben, würde größtenteils aus einer Fakultätsgruppe bestehen, die aus den wissenschaftlichen Disziplinen stammt und einer zweiten, mehr „anwendungsorientierten" Gruppe, die an den Wirtschaftshochschulen selbst ausgebildet wurde. Die Gefahr besteht darin, daß die Barriere zwischen diesen beiden sozialen Systemen einfach aus der Außenwelt in das Innere der Wirtschaftshochschule selbst übertragen wird. Daher ist das Problem der Gestaltung der Wirtschaftshochschulorganisation nur zur Hälfte gelöst worden, wenn die Hochschule feststellt, daß sie mit je einem Fuß fest in jedem dieser Systeme steht.

Ein soziales System, das sich selbst überlassen bleibt, strebt auf einen Gleichgewichtszustand hin – zur maximalen Entropie sozusagen. Die Position der maximalen Entropie für eine fachliche Hochschule besteht darin, daß der Teil der Fakultät, der im Fachberuf ausgebildet ist, in der Kultur des Fachberufs aufgeht, während der Teil, der in einer der zugrundeliegenden Fachdisziplinen ausgebildet ist, in der Kultur dieser Disziplin aufgeht, wodurch zwischen ihnen eine tiefe Kluft offenbleibt.

Unglücklicherweise erlaubt diese Gleichgewichtsposition der Wirtschaftshochschule nicht, ihre Lehr- und Forschungsaufgaben wirksam zu erfüllen. Das „praktische" Segment der Fakultät wird von der Wirtschaftswelt als alleinige Quelle für Wissensinput abhängig. Anstatt Innovator, wird es ein leicht veralteter Lieferant von fast aktueller Wirtschaftspraxis. Wiederum ist dieses Ergebnis keine Besonderheit für Wirtschaftshochschulen, sondern ist oft in Technischen Hochschulen, Hochschulen für Erziehung und anderen fachlichen Hochschulen zu Zeiten festgestellt worden, in denen ihre Orientierung höchst „praktisch" war.

Ähnlich wird unter Gleichgewichtsbedingungen das fachdisziplinorientierte Segment der Fakultät der fachlichen Hochschule von seinen Ursprungsdisziplinen im Hinblick auf Ziele, Werte und Anerkennung abhängig. Abgeschnitten von der Umwelt des Praktikers wird diese Umwelt für sie als Quelle für Daten, für Forschungsprobleme oder für die Entwicklung und Anwendung von Innovationen unzugänglich und irrelevant. Zwei gleichermaßen schädliche Entwicklungen folgen. Einerseits fordern die Mitglieder jeder Fachdisziplin in der fachlichen Hochschule wachsende Autonomie, damit sie die Ziele ihrer Fachdisziplin ohne Beachtung der „irrelevanten" Ziele der fachlichen Hochschule verfolgen können. Andererseits verliert die Umwelt der fachlichen Hochschule jede besondere Anziehungskraft, die sie als Ort der Forschung und Lehre haben könnte, und die Gruppe ist immer weniger imstande, erstklassige Mitglieder anzuziehen und zu halten.

Einiges von dieser Dynamik kann an der historischen Entwicklung der amerikanischen Wirtschaftshochschulen beobachtet werden. In den meisten Fällen ursprünglich in wirtschaftswissenschaftlichen Fachbereichen geboren, haben sie sich allmählich in

Richtung auf die Wirtschaftsumwelt bewegt, bis die „reinen“ Wirtschaftstheoretiker Minderheitsenklaven bildeten. Ihr Minderheitenstatus und ihre Gleichgültigkeit gegenüber der fachberuflichen Orientierung der übrigen Hochschule führte die Wirtschaftstheoretiker ihrerseits zu Suche nach Autonomie und oft Trennung von der Wirtschaftshochschule.[8] Eine ähnliche Geschichte läßt sich im Verhältnis von psychologischen Fachbereichen zu Hochschulen für Erziehung und von naturwissenschaftlichen Fachbereichen zu Technischen Hochschulen verfolgen.

Die Verwaltung einer fachlichen Hochschule – der Dekan und die älteren Fakultätsmitglieder – hat die niemals endende Aufgabe, das natürliche Anwachsen der Entropie zu bekämpfen, das System an der Bewegung auf das Gleichgewicht hin zu hindern, das es sonst anstreben würde. Wenn die Hochschule nicht mehr in der Lage ist, durch fortwährende Maßnahmen das Gefälle zu erhalten, das sie von ihrer Umwelt unterscheidet, erreicht sie das Gleichgewicht mit der Welt, das Tod bedeutet. Bei der fachlichen Hochschule bedeutet „Tod“ Mittelmäßigkeit und Unfähigkeit, ihre speziellen Funktionen zu erfüllen.

Alle Bemühungen, diesen Gleichgewichtszustand des Todes zu verhindern, müssen darauf abzielen, die Barriere abzubauen, die die Kommunikation zwischen den fachdisziplinorientierten und den berufsorientierten Flügeln der Fakultät behindern. Wenn die Wissenschaftler in der fachlichen Hochschule den Ansprüchen und Überzeugungsversuchen ihrer Disziplin widerstehen sollen, um die Ziele zu erreichen, die sie am besten in der Umwelt einer fachlichen Hochschule erreichen können, müssen sie Zugang zum Informationssystem des Fachberufes haben. Wenn die beruflich orientierten Fakultätsmitglieder mehr als Stammtischstrategen in der Welt der Praxis sein sollen, müssen sie Zugang zu dem in den Disziplinen erzeugten neuen Wissen haben.

Die besonderen Maßnahmen, die dieses Ziel am besten erreichen, werden sich mit Zeit und Ort ändern. Sie reichen vom Einfachen und Konkreten bis zum Hochentwickelten und Subtilen. Solche trivialen Dinge wie die Lage der Büros können wichtig sein. Homogene Büroanordnung der Fakultätsmitglieder – die homogene Gruppen beim Mittagessen und die Beschränkung der ungezwungenen Unterhaltung auf homogene Gruppen fast garantiert – ist die schlechtestmögliche Anordnung, aber gerade die Anordnung, die normalerweise entsteht, wenn sie nicht bewußt vermieden wird.

Innerhalb der fachlichen Hochschule dürfen sich keine Abteilungsstrukturen entwickeln oder, wenn sie unvermeidbar sind, muß ihre Bedeutung minimiert werden. Es kann notwendig sein, spezialisierten Teilgruppen einige besondere Verantwortlichkeiten bei der Gewinnung und Beurteilung von Fakultätsmitgliedern innerhalb ihrer Spezialgebiete zu geben – aber unter keinen Umständen alleinige Verantwortung.

Auch die Planung des Lehrangebotes kann am besten durch Gruppen vorgenommen werden, die disziplinäre Grenzen überschreiten. Marketing ist ein Aspekt wirtschaftlicher Betriebe, aber Beeinflussungsprozesse sind ein wichtiger Gegenstand der Sozialpsychologie, und die Theorie der Konsumentenentscheidung ist ein Gegenstand der Wirtschaftstheorie. Sie befassen sich alle mit dem gleichen menschlichen Verhalten, müssen somit im Lehrplan zusammengebracht, nicht getrennt werden. Lagerkontrolle ist ein Gebiet der fruchtbaren Anwendung moderner quantitativer Techniken, die wiederum die marginalanalytischen Grundprinzipien des Wirtschaftstheoretikers einschließen.

Auf die gleiche Art läßt sich fast jedes Lehrgebiet so organisieren, daß praktische Managementprobleme mit wirtschaftswissenschaftlichen und psychologischen Theorien sowie mathematischen Techniken aufpoliert werden – und umgekehrt. Diese Arten gemeinsamer Planungstätigkeiten könnten mit der Zeit auch zur Zusammenarbeit in der Lehre selbst führen und zum Interesse von disziplinären Spezialisten, ihre Lehre auf Anwendungen zu erweitern und umgekehrt.

Parallele Gelegenheiten zur Förderung der Kommunikation über die Grenzen hinweg können in der Forschung gesucht werden. Es gibt kein garantiertes Wunder bei der „interdisziplinären Forschung". Versuche, diese Formel mechanisch und ohne realistische Bewertung der Zweckmäßigkeit und Machbarkeit einer bestimmten Form der Zusammenarbeit anzuwenden, haben kolossale Fehlschläge produziert. Aber wenn sich Mitglieder der Fakultät aus unterschiedlichen Disziplinen in häufigem Kontakt miteinander befinden, werden zwei oder drei gelegentlich einen Bereich gemeinsamen Interesses entdecken, in dem sie eine gemeinsame Arbeit durchführen wollen. Es ist nicht die Aufgabe der Hochschulverwaltung, künstliche und unfruchtbare formale Pläne für interdisziplinäre Arbeit zu entwerfen, sondern die Kontakte zu unterstützen, die die spontane Entwicklung von Projekten anregen, und diese zu unterstützen, wenn sie entstehen.

Die Unterstützung von Problemstellungen für Doktorarbeiten, die vom Studenten fordern, mit Fakultätsmitgliedern von mehreren Disziplinen zusammenzuarbeiten, ist oft ein nützliches Mittel, um die Fakultäten mit ihrer Arbeit untereinander bekanntzumachen. Fortgeschrittene Studenten können einen wertvollen Gärstoff liefern, wenn man ihnen nicht eine zu frühe oder zu enge Spezialisierung in ihrer eigenen Ausbildung erlaubt.

Ich bin sicher, daß diese Beispiele die Möglichkeiten zur Senkung der Kommunikationsschwellen zwischen den Disziplinen nicht ausschöpfen. Es ist nicht wichtig, welche besonderen Techniken in jedem besonderen Fall ins Spiel gebracht werden. Wichtig ist, daß die Verwaltung der fachlichen Hochschule die Senkung der Kommunikationsschwellen als wichtiges Ziel ihrer Politik übernimmt. Verfahren, die die Bindungen der Spezialisierung stärken, die in der Gelehrten- oder Wirtschaftswelt herrschen, sind zu vermeiden oder mit äußerster Zurückhaltung zu akzeptieren. Verfahren, die die gegenteiligen Wirkungen haben, müssen gesucht, unterstützt und unermüdlich angeregt werden. Um dies durchzuführen, muß die Organisation gewillt sein, fortwährend Energie aufzuwenden, um den sozialen Kräften gegenüberzutreten, die sie andernfalls zum Gleichgewicht mit ihrer Umwelt treiben würden.

Kunst und Wissenschaft

Eine der tiefen Quellen der Kommunikationsschwierigkeit zwischen den wissenschafts- und den praxisorientierten Mitgliedern der Fakultät einer fachlichen Hochschule rührt aus dem Unterschied zwischen Wissenschaft und Kunstlehre, zwischen Analyse und Synthese, zwischen Erklärung und Gestaltung. Das Ziel des reinen Wissenschaftlers ist die Erklärung von Naturphänomenen: der Gesetze der Physik, der Physiologie oder des Konsumentenverhaltens, wie dem auch sei. Das Ziel des Praktikers ist die Entwicklung von Handlungen oder Prozessen oder physikalischen Strukturen, die arbeiten – die einem bestimmten Zweck dienen.

Die Techniken, die der Wissenschaftler für seine Ziele benutzt, werden gewöhnlich „analytisch“ genannt. Um Phänomene zu erklären, unterteilt er sie, zerlegt sie in einfachere, bekanntere Elemente. Die Techniken des Praktikers werden gewöhnlich „synthetisch“ genannt. Er gestaltet, indem er bekannte Prinzipien und Einrichtungen in größere Systeme organisiert.

Analyse, die zur Erklärung führt, wird im allgemeinen selbst als der Analyse und Systematisierung zugänglich erachtet. Sie wird für lehrbar gehalten, weil sie explizit darstellbar ist. Explizitheit und Gesetzmäßigkeit sind Charakteristika, die der Wissenschaft zugeschrieben werden. Synthese, die auf Gestaltung zielt, wird im allgemeinen als intuitiv, urteilend und nicht vollständig explizit angesehen. Gestaltung kann nicht vollständig systematisiert werden, daher ist sie eine Kunst, so sagt man. Medizin ist eine Kunst, Technik ist eine Kunst, Management ist eine Kunst, Lehren ist eine Kunst.

Der Charakter der Fachberufe als Künste hat in moderner Zeit eine Barriere für ihre vollständige Akzeptanz als rechtmäßige Bewohner der Universität geschaffen. (Historisch freilich *waren* die Universitäten im Mittelalter fachliche Hochschulen.) Man konnte sich nicht denken, daß Synthese und Gestaltung im gleichen Sinne Gegenstände der systematischen Ausbildung sein könnten wie Analyse und Erklärung. Die ersten waren keine vollwertigen „intellektuellen“ Gegenstände und daher nur am Rande für die Universitätsausbildung und besonders die Doktorandenausbildung geeignet. Ein Hauptgrund, warum die angewandte Wissenschaft fast die Technik aus den Forschungs- und fortgeschrittenen Ausbildungsprogrammen der Technischen Hochschulen vertrieben hat, und die moderne Biologie und Biochemie fast die Medizin von den Medizinischen Hochschulen vertrieben hat, liegt darin, daß die erstgenannten Gegenstände in jedem Falle eine Qualität von intellektueller „Härte“ und Explizitheit gehabt haben, die die letzteren vermissen ließen.

Eine vollständige Lösung des Organisationsproblems der fachlichen Hochschulen hängt daher von den Aussichten für die Entwicklung einer expliziten, abstrakten, anspruchsvollen *Theorie* der Prozesse der Synthese und Gestaltung ab, einer Theorie, die auf die gleiche Art und Weise analysiert und gelehrt werden kann, wie die Gesetze der Chemie, der Physiologie und der Wirtschaftswissenschaften. Die Grundlagen für eine solche Entwicklung können hier nicht ausführlich erörtert werden, aber ich werde einfach mit einigen Ausführungen behaupten, daß die Aussichten gegenwärtig außerordentlich gut sind.

Der wichtigste Grund für die guten Aussichten liegt darin, daß in mehreren Bereichen der fachberuflichen Praxis (insbesondere Technik und Wirtschaft) der Entscheidungsprozeß, der der Gestaltung zugrunde liegt, heute hinreichend gut verstanden wird, so daß Computerprogramme geschrieben worden sind, die sie in bedeutsamen Fällen automatisieren. Da diese Programme zur Synthese nicht ohne Verständnis des Gestaltungsprozesses hätten geschrieben werden können, liefern sie greifbare Beispiele der internen kognitiven Struktur von Gestaltung und Synthese, die der Prüfung für die Zwecke von Forschung und Lehre offenstehen. Wir müssen nicht länger das Etikett „Kunst" auf diese Arten von Gestaltungsaktivitäten anwenden, um unser Unwissen über die Prozesse, die sie einschließen, zu verbergen.

Unsere wachsende Fähigkeit, Synthese und Gestaltung als strenge intellektuelle Disziplinen anzugehen – diese Prozesse zu eigentlichen Gegenständen von Forschung und Lehre zu machen – liefert ein fehlendes Bestandteil für die Konstruktion der leistungsfähigen Organisation einer fachlichen Hochschule. Denn diese neuen Disziplinen schaffen einen Bezugspunkt für den fachberufsorientierten Teil der Fakultät und eine Reihe von Aufgaben, die stärker herausfordern als nur die Beobachtung und Interpretation der Informationssysteme der Wirtschaftsumwelt oder sogar die Anwendung vorhandenen Wissens auf Wirtschaftsprobleme. Sie geben uns daher Mittel für die Erhöhung der intellektuellen Anziehungskraft der praktisch orientierten Anliegen der Hochschule und machen dadurch die Einrichtung sinnvoller Kommunikation zwischen den Fakultätsmitgliedern, die sich mit diesem Anliegen beschäftigen, einerseits und den wissenschaftlich orientierten Fakultätsmitgliedern andererseits leichter. Wir können auf eine allmähliche Verminderung des Mißtrauens der Universität gegenüber dem „angewandten" Charakter der Aufgaben der fachlichen Hochschule hoffen und auf eine nachfolgende Zunahme der Achtung, die den fachberuflich orientierten Mitgliedern der Fakultät entgegengebracht wird.

Ein paralleles Problem: Forschung und Entwicklung

Ich habe durchweg betont, daß das Organisationsproblem, dem Wirtschaftshochschulen gegenüberstehen, nicht ausschließlich bei ihnen besteht, sondern mit allen anderen fachlichen Hochschulen geteilt wird. Alle haben das gemeinsame Problem, die Lücke zwischen dem sozialen System, das wissenschaftliche Erkenntnisse erzeugt, einerseits, und dem sozialen System, in dem Berufspraxis stattfindet, andererseits, zu überbrükken.

Wenn dies eine richtige Charakterisierung des zentralen Organisationsproblems ist, dann ist es ein Problem, das nicht nur den fachlichen Hochschulen gemein, sondern in allen Arten von Forschungs- und Entwicklungsorganisationen vorhanden ist. Denn die grundlegende Aufgabe einer Forschungs- und Entwicklungstätigkeit ist der Gebrauch von wissenschaftlichem Grundlagenwissen zur Schaffung und Verbesserung industrieller Produkte und Prozesse und der Gebrauch von Informationen über die Bedürfnisse der Industrie und ihrer Kunden als Quelle guter Forschungsprobleme für Wissenschaftler. Die Forschungs- und Entwicklungstätigkeit ist dann erfolgreich, wenn sie diese Ziele erreicht; sie scheitert, wenn eine Lücke irgendwo in der Kommunikationskette zwischen reinen Wissenschaftlern auf der einen Seite und den Fertigungs- und Verkaufsingenieuren auf der anderen Seite auftritt.

Das natürliche Gleichgewicht einer Forschungs- und Entwicklungsorganisation ist wie das natürliche Gleichgewicht einer fachlichen Hochschule Mittelmäßigkeit und Nutzlosigkeit. Forschungs- und Entwicklungsmanagement muß wie die Verwaltung von fachlichen Hochschulen den Abbau der disziplinübergreifenden Kommunikationsschranken als eine zentrale Aufgabe ansehen. Die besonderen Techniken, die für die industriellen und die Universitätsumwelten geeignet sind, können sich unterscheiden, aber die Organisationsstruktur, die sie zu erreichen suchen, ist grundlegend die gleiche. Was wir über erfolgreiche Organisation in dem einen Fall lernen, wird sicherlich wertvolle Lehren für den anderen bringen.

Schluß

Die zentrale These dieses Artikels ist hinreichend einfach, so daß es keiner längeren Schlußfolgerung bedarf. Die Organisation einer fachlichen Hochschule oder einer Forschungs- und Entwicklungsabteilung entspricht recht gut dem Mischen von Öl und Wasser: Es ist leicht, das beabsichtigte Produkt zu beschreiben, weniger leicht, es zu produzieren. Und die Aufgabe ist nicht beendet, wenn das Ziel erreicht worden ist. Sich selbst überlassen, werden sich Öl und Wasser wieder scheiden. So geschieht es auch bei den Disziplinen und den Fachberufen. Organisieren ist in diesen Situationen keine einmalige Tätigkeit. Es ist eine fortwährende Verwaltungsverantwortung, die für den dauerhaften Erfolg des Unternehmens lebenswichtig ist.

Fußnoten zu Kapitel XVII

1 Dieses Kapitel ist mit geringen Änderungen entnommen und mit Genehmigung abgedruckt aus: Journal of Management Studies 4, 1967, S. 1–16.

2 Vgl. *Gordon*, R. A. / *Howell*, J. E., Higher Education for Business, New York 1959, Kap. II.

3 Vgl. *Henry*, N. B. (Hrsg.), Education for the Professions, 61st Yearbook of the National Society for the Study of Educa-

tion, Part II, Chicago 1962; Education for Professional Responsibility, Proceedings of the Inter-Professions Conference on Education for Professional Responsibility, Buck Hill Falls, 12.–14. April 1948, Pittsburgh 1948.

4 Ich werde auch der Kürze halber „Wissen" nicht nur für „Wissen über" (also Tatsachen und Gesetze von einigen Phänomenen) gebrauchen, sondern auch für „Wissen wie" (also wie gewünschte Ergebnisse erzeugt werden können, wie eine Untersuchung durchgeführt werden kann, wie Probleme gelöst werden können usw.).

5 *Pierson*, F. C., The Education of American Businessmen, New York 1959, S. 16–17.

6 Die Erfindung von neuen Forschungstechniken ist selbstverständlich eine weitere Art der Tätigkeit reiner Wissenschaft.

7 Vier (aber keine zehn) hervorragende Beispiele solcher Ausnahmen fallen mir ein, während ich dies schreibe: drei dieser Leute fanden in ihren vierziger Jahren zur Wissenschaft, einer in seinen sechzigern. Zwei hatten Hochschulerfahrung zu Beginn ihrer Karriere.

8 Vgl. *Pierson*, a.a.O., Kap. 3.

Stichwortverzeichnis